全国高等教育自学考试指定教材
企业财务管理专业（独立本科段）

国际财务管理

（含：国际财务管理自学考试大纲）
（2015年版）

全国高等教育自学考试指导委员会 组编
主　编　李胜坤
副主编　刘海英　李俊华

中国人民大学出版社
·北京·

图书在版编目（CIP）数据

国际财务管理/李胜坤主编. —北京：中国人民大学出版社，2015.3
全国高等教育自学考试指定教材
ISBN 978-7-300-20869-5

Ⅰ.①国… Ⅱ.①李… Ⅲ.①国际财务管理-高等教育-自学考试-教材 Ⅳ.①F811.2

中国版本图书馆 CIP 数据核字（2015）第 036467 号

全国高等教育自学考试指定教材
企业财务管理专业（独立本科段）
国际财务管理
（含：国际财务管理自学考试大纲）
（2015 年版）
全国高等教育自学考试指导委员会 组编
主 编 李胜坤
副主编 刘海英 李俊华
Guoji Caiwu Guanli

出版发行	中国人民大学出版社		
社 址	北京中关村大街 31 号	**邮政编码**	100080
电 话	010-62511242（总编室）		
网 址	http://www.crup.com.cn http://www.ttrnet.com （人大教研网）		
印 刷	北京市鑫霸印务有限公司		
规 格	184mm×260mm 16开本	**版 次**	2015 年 4 月第 1 版
印 张	19.5	**印 次**	2021 年 3 月第 3 次印刷
字 数	450 000	**定 价**	35.00 元

官方淘宝店 网址：http://shop136348527.taobao.com

本书如有质量问题，请与教材供应部门联系。

组编前言

21 世纪是一个变幻难测的世纪，是一个催人奋进的时代。科学技术飞速发展，知识更替日新月异。希望、困惑、机遇、挑战，随时随地都有可能出现在每一个社会成员的生活之中。抓住机遇，寻求发展，迎接挑战，适应变化的制胜法宝就是学习——依靠自己学习、终生学习。

作为我国高等教育组成部分的自学考试，其职责就是在高等教育这个水平上倡导自学、鼓励自学、帮助自学、推动自学，为每一个自学者铺就成才之路。组织编写供读者学习的教材就是履行这个职责的重要环节。毫无疑问，这种教材应当适合自学，应当有利于学习者掌握和了解新知识、新信息，有利于学习者增强创新意识，培养实践能力，形成自学能力，也有利于学习者学以致用，解决实际工作中所遇到的问题。具有如此特点的书，我们虽然沿用了“教材”这个概念，但它与那种仅供教师讲、学生听，教师不讲、学生不懂，以“教”为中心的教科书相比，已经在内容安排、编写体例、行文风格等方面都大不相同了。希望读者对此有所了解，以便从一开始就树立起依靠自己学习的坚定信念，不断探索适合自己的学习方法，充分利用自己已有的知识基础和实际工作经验，最大限度地发挥自己的潜能，达到学习的目标。

欢迎读者提出意见和建议。

祝每一位读者自学成功。

全国高等教育自学考试指导委员会

2014 年 3 月

目　录

国际财务管理自学考试大纲

出版前言 …… 2
Ⅰ　课程性质与课程目标 …… 3
Ⅱ　考核目标 …… 4
Ⅲ　课程内容与考核要求 …… 5
Ⅳ　关于大纲的说明与考核实施要求 …… 18
附录　题型举例 …… 21
后记 …… 23

国际财务管理

第一章　国际财务管理概述 …… 27
　第一节　国际财务管理的概念 …… 28
　第二节　国际财务管理的目标 …… 31
　第三节　国际财务管理的环境 …… 35
第二章　外汇风险管理 …… 43
　第一节　外汇及外汇市场 …… 44
　第二节　外汇交易方式 …… 49
　第三节　外汇风险的概念及测量 …… 54
　第四节　外汇风险的管理 …… 62
第三章　国际筹资概述 …… 77
　第一节　国际筹资环境 …… 78
　第二节　国际筹资中的利率 …… 82
第四章　国际贷款筹资 …… 90
　第一节　国际贷款筹资概述 …… 91
　第二节　国际贷款筹资的成本测算与货币选择 …… 97
第五章　国际证券筹资 …… 107
　第一节　国际证券市场 …… 108

第二节　国际股票筹资 …… 112
第三节　国际债券筹资 …… 120
第六章　其他国际筹资方式 …… 137
第一节　国际租赁融资 …… 138
第二节　国际贸易信贷筹资 …… 143
第三节　国际项目融资 …… 147
第七章　国际直接投资 …… 156
第一节　国际直接投资概述 …… 157
第二节　国际直接投资的方式 …… 160
第三节　国际直接投资的环境评价 …… 163
第四节　国际直接投资的项目决策 …… 168
第五节　国际投资的风险管理 …… 175
第八章　国际证券投资 …… 187
第一节　国际证券投资概述 …… 188
第二节　国际证券投资的收益和风险 …… 193
第三节　国际证券组合投资 …… 201
第九章　国际并购投资 …… 210
第一节　国际并购概述 …… 211
第二节　国际并购方式 …… 217
第三节　国际并购估价简介 …… 220
第十章　国际营运资金管理 …… 227
第一节　国际营运资金管理概述 …… 228
第二节　国际营运资金存量管理 …… 230
第三节　国际企业资金转移管理 …… 245
第十一章　国际转移价格 …… 259
第一节　国际转移价格概述 …… 260
第二节　影响国际转移价格制定的因素 …… 265
第三节　国际转移价格的确定方法 …… 268
第十二章　国际税收管理 …… 273
第一节　国际税收概述 …… 274
第二节　国际重复征税的免除 …… 279
第三节　国际企业税收筹划 …… 283
附表　时间价值计算的有关系数表 …… 291
主要参考书目 …… 303
后　记 …… 304

国际财务管理

自学考试大纲

出版前言

为了适应社会主义现代化建设事业的需要，鼓励自学成才，我国在 20 世纪 80 代初建立了高等教育自学考试制度。高等教育自学考试制度是个人自学、社会助学和国家考试相结合的一种高等教育形式。应考者通过规定的专业考试课程并经思想品德鉴定达到毕业要求的，可获得毕业证书，国家承认学历并按照规定享有与普通高等学校毕业生同等的有关待遇。经过 30 多年的发展，高等教育自学考试为国家培养造就了大批专门人才。

课程自学考试大纲是国家规范自学者学习范围、要求和考试标准的文件。它是按照专业考试计划的要求，具体指导个人自学、社会助学、国家考试、编写教材、编写自学辅导书的依据。

随着经济社会的快速发展，新的法律法规不断出台，科技成果不断涌现，原大纲中有些内容过时、知识陈旧。为更新教育观念，深化教学内容和方式、考试制度、质量评价制度改革，使自学考试更好地提高人才培养的质量，各专业委员会按照专业考试计划的要求，对原课程自学考试大纲组织了修订或重编。

修订后的大纲，在层次上，专科参照一般普通高校专科或高职院校的水平，本科参照一般普通高校本科水平；在内容上，力图反映学科的发展变化，增补了自然科学和社会科学近年来研究的成果，对明显陈旧的内容进行了删减。

高等教育自学考试指导委员会经济管理类专业委员会组织制定了《国际财务管理自学考试大纲》，经教育部批准，现颁发施行。各地教育部门、考试机构应认真贯彻执行。

全国高等教育自学考试指导委员会
经济管理类专业委员会
2015 年 1 月

Ⅰ　课程性质与课程目标

一、课程性质和特点

“国际财务管理”课程是全国高等教育自学考试企业财务管理专业（独立本科阶段）的必修课程，是为培养和检验自学应考者的国际财务管理的基本理论知识和应用能力而设置的一门专业课程。

本课程是在“财务管理学”课程的基础上，针对开放条件下的国际企业在跨国经营中财务管理环节新出现的问题进行介绍。主要内容包括：国际财务管理的环境、外汇风险管理、国际筹资管理、国际投资管理、国际营运资金管理、国际转移价格管理、国际税收管理等。该课程综合性强，内容丰富，涉及面广；涉及的各类国际财务管理的决策和方法既包括定性的分析，也包括定量分析；方式方法灵活多样，计算较为复杂。

二、课程目标

本课程的学习目标是：明确国际财务管理的概念、目标和基本内容，比较全面、系统地掌握国际财务管理的基本理论、基本知识和基本方法，充分认识国际理财活动的规律性，掌握外汇风险管理、国际筹资管理、国际投资管理、国际营运资金管理、国际转移价格管理、国际税收管理的基本方法，能够运用所学知识，正确地进行国际财务决策，以便毕业以后能更好地适应国际财务管理工作的需要。

三、与相关课程的联系与区别

“国际财务管理”是在“财务管理学”课程的基础上，对跨国企业国际财务管理内容进行的扩展，“财务管理学”课程中的各项内容是学习本课程的基础。另外，本课程还涉及经济学、金融学、会计学、管理学、数学等学科的知识，要求考生在学习本课程前先学习相关的基础课程。

四、课程的重点和难点

本课程的重点章节包括：第二章的第二、三、四节；第四章的第一、二节；第五章的第二、三节；第六章的第一、二、三节；第七章的第二、四节；第八章的第二、三节；第九章的第二节；第十章的第二、三节；第十一章的第二、三节；第十二章的第二、三节。

本课程的难点章节包括：第二章的第三、四节；第四章的第二节；第七章的第四节；第八章的第二节；第十章的第二节；第十二章的第二节。

Ⅱ　考核目标

本课程考试依据理论联系实际的原则，要求考生能够深刻理解国际财务管理的基本原理和方法，并能结合具体的问题加以应用，着重考查国际财务管理的基本理论和方法。具体要求包括识记、领会、简单应用和综合应用四个层次。

识记：是指考生经过学习后能够识别和记住的内容，包括基本概念、基本原理、基本方法以及有关法规制度等。能够根据考核要求，做出正确的表述、选择和判断。

领会：要求在识记的基础上，能够全面掌握国际财务管理的概念、原理、方法和有关法规的内容，能够完整表述国际财务管理的基本内容，能够根据考核的不同要求对有关国际财务管理问题进行逻辑推理和论证，并做出正确的解释和说明。

简单应用：要求考生能够灵活运用国际财务管理的某一个基本原理或技术方法解决公司国际财务管理实践中较为单一的问题，这是对应用能力的较低层次要求。

综合应用：要求考生能够运用国际财务管理知识，分析并解决综合性较强的国际财务管理问题，这是考查应用能力的最高层次要求。

Ⅲ　课程内容与考核要求

第一章　国际财务管理概述

一、学习目的与要求

通过本章的学习，掌握国际财务管理的概念，明确国际财务管理的目标，了解国际财务管理的发展过程，熟悉国际财务管理的环境。本章对国际财务管理的基本理论问题进行了论述，可以使学生对国际财务管理有一个总括的认识。学好本章，有利于以后各章的学习。

二、课程内容

1.1　国际财务管理的概念

1.1.1　国际财务管理的定义

1.1.2　国际财务管理产生的背景

1.1.3　国际财务管理的内容

1.2　国际财务管理的目标

1.2.1　国际财务管理目标的特点

1.2.2　财务管理目标主要观点及评价

1.2.3　国际财务管理目标的合理组合

1.3　国际财务管理的环境

1.3.1　国际财务管理环境的分类

1.3.2　国际财务管理的经济环境

1.3.3　国际财务管理的政治环境

1.3.4　国际财务管理的社会文化环境

1.3.5　国际财务管理的法律环境

1.3.6　国际财务管理的金融环境

三、考核知识点与考核要求

（一）国际财务管理的概念

识记：①国际财务管理的定义；②国际财务管理的内容。

领会：国际财务管理产生的背景。

（二）国际财务管理的目标

识记：国际财务管理目标的特点。

领会：①财务管理目标的不同观点及评价；②国际财务管理目标的合理组合。

（三）国际财务管理的环境

识记：①宏观财务管理环境与微观财务管理环境；②企业内部财务管理环境和企业外

部财务管理环境；③静态财务管理环境和动态财务管理环境；④计划经济体制和市场经济体制的特征；⑤经济周期；⑥国际财务管理政治环境的内容；⑦国际财务管理社会文化环境的内容；⑧金融市场。

领会：①经济周期与经济发展水平对国际财务管理的影响；②通货膨胀和通货紧缩对国际财务管理的影响；③国际财务管理法律环境的构成；②金融市场对企业理财活动的作用。

四、本章重点、难点

本章的重点是国际财务管理的定义、内容；国际财务管理的目标；国际财务管理的各种环境的内容及对国际财务管理的影响。难点是财务管理目标的主要观点及评价。

第二章　外汇风险管理

一、学习目的与要求

通过本章的学习，理解外汇、汇率、外汇市场的概念；掌握外汇市场的类型、外汇市场的功能，了解外汇市场的参与者和我国外汇市场的状况；熟悉汇率的标价方法，掌握汇率的分类；理解各类外汇交易方式；掌握外汇风险的概念和分类，熟练掌握各类外汇风险的测量；理解外汇风险管理的策略；了解外汇风险管理的程序；熟悉各类外汇风险管理方法的运用。

二、课程内容

2.1　外汇及外汇市场

2.1.1　外汇的概念

2.1.2　外汇市场的概念和类型

2.1.3　外汇市场的功能

2.1.4　外汇市场的参与者

2.1.5　汇率的概念、标价方法及分类

2.2　外汇交易方式

2.2.1　即期外汇交易

2.2.2　远期外汇交易

2.2.3　掉期交易

2.2.4　其他外汇交易

2.3　外汇风险的概念及测量

2.3.1　外汇风险的概念及分类

2.3.2　交易风险的测量

2.3.3　经济风险的测量

2.3.4　折算风险的测量

2.4　外汇风险的管理

2.4.1　外汇风险管理的策略

2.4.2　外汇风险管理的程序

2.4.3　交易风险管理

2.4.4　经济风险管理

2.4.5　折算风险管理

三、考核知识点与考核要求

（一）外汇及外汇市场

识记：①外汇的概念；②外汇市场的概念；③外汇市场的分类；④汇率的概念；⑤汇率的分类。

领会：①外汇市场的功能；②外汇市场的参与者；③汇率的标价方法。

（二）外汇交易方式

识记：①即期外汇交易的概念；②远期外汇交易的概念；③套汇交易；④套利交易；⑤外汇期货交易；⑥外汇期权交易。

领会：①即期外汇交易的方式；②远期外汇交易的种类；③掉期交易。

简单应用：①即期外汇交易的报价；②远期外汇交易的报价。

（三）外汇风险的概念及测量

识记：①外汇风险的概念；②外汇风险的分类。

领会：①交易风险、折算风险、经济风险；②各类交易风险测量的原理；③交易风险综合测量的原理；④外币折算方法对折算风险的影响。

简单应用：交易风险的分项测量。

综合应用：①交易风险的综合测量；②经济风险的测量。

（四）外汇风险的管理

识记：①外汇风险管理的策略；②外汇风险管理的程序；③交易风险管理方法的分类；④加价保值法；⑤压价保值法；⑥借贷和投资法的步骤；⑦财务多元化；⑧经营多元化；⑨资产负债表套期保值法。

领会：①各类外汇风险管埋策略的优缺点和适用条件；②经济风险管理的方法；③折算风险的管理方法。

综合应用：交易风险管理方法的应用。

四、本章重点、难点

本章的重点是外汇的概念，外汇市场的概念和主要类型，汇率的标价方法；外汇交易方式及其应用；各类外汇风险的测量、各类外汇风险管理方法的运用。难点是交易风险的综合测量及交易风险管理方法的应用。

第三章　国际筹资概述

一、学习目的与要求

通过本章的学习，掌握国际筹资的特点，了解国际企业资金的来源，掌握国际金融市场的概念及分类，了解主要的国际金融机构，掌握利率的概念，熟悉利率水平的测算。

二、课程内容

3.1　国际筹资环境

3.1.1　国际筹资的特点

3.1.2　国际企业资金来源
3.1.3　国际金融市场
3.1.4　国际金融机构
3.1.5　国际筹资方式
3.2　国际筹资中的利率
3.2.1　利率的概念和种类
3.2.2　利率的影响因素
3.2.3　未来利率水平的测算

三、考核知识点与考核要求

（一）国际筹资环境

识记：①国际筹资的概念、特点；②国际企业资金来源；③国际金融市场分类；④国际金融市场的作用。

领会：①全球性的国际金融机构；②地区性的国际金融机构。

（二）国际筹资中的利率

识记：①利率的概念；②利率的种类；③利率的影响因素；④未来利率水平的测算。

领会：①利率的构成；②风险报酬的种类；③名义利率与实际利率的关系。

四、本章重点、难点

本章的重点是国际金融市场的分类；利率的构成；名义利率与实际利率的关系。难点是名义利率与实际利率的关系。

第四章　国际贷款筹资

一、学习目的与要求

通过本章的学习，了解国际贷款筹资的渠道；熟悉国际商业银行贷款的特点；掌握国际商业银行贷款的种类；掌握国际商业银行贷款的费用；熟悉辛迪加贷款筹资；掌握国际贷款筹资成本测算的方法；掌握国际贷款筹资货币的选择方法。

二、课程内容

4.1　国际贷款筹资概述
4.1.1　国际贷款筹资渠道
4.1.2　国际商业银行贷款的种类
4.1.3　国际商业银行贷款的费用
4.1.4　国际商业银行贷款的偿还
4.1.5　国际商业银行贷款的特点
4.2　国际贷款筹资的成本测算与货币选择
4.2.1　国际贷款筹资成本的测算
4.2.2　国际贷款的货币选择

三、考核知识点与考核要求

（一）国际贷款筹资概述

识记：①国际贷款筹资的渠道；②国际商业银行贷款的种类；③国际商业银行贷款的

费用。

领会：①国际商业银行贷款的特点；②中长期贷款的偿还方法；③辛迪加贷款筹资。

(二) 国际贷款筹资成本的测算与货币选择

识记：①国际贷款筹资成本的决定因素；②影响国际贷款筹资货币选择的主要因素。

领会：国际贷款筹资货币选择的方法。

简单应用：①国际贷款实际筹资成本的计算方法；②货币选择的预期成本分析法；③货币选择的标准离差分析法；④货币选择的临界点分析法。

四、本章重点、难点

本章的重点是国际商业银行贷款的费用分类；国际贷款实际筹资成本的计算方法；国际贷款筹资货币选择的预期成本分析法、标准离差分析法及临界点分析法。难点是国际贷款筹资成本的计算和货币选择。

第五章　国际证券筹资

一、学习目的与要求

通过本章的学习，了解国际证券市场的功能、类别和发行方式；了解影响国际股票发行价格的因素；了解国际债券的评级；熟悉国际股票筹资的上市方式和国际债券的发行条件；掌握国际债券的类型和特征；掌握国际股票和国际债券发行价格的确定方法。

二、课程内容

5.1　国际证券市场

5.1.1　证券市场的地位与功能

5.1.2　证券市场的分类

5.1.3　证券的发行方式

5.1.4　国际证券市场简介

5.2　国际股票筹资

5.2.1　国际股票发行概述

5.2.2　国际股票的类型

5.2.3　国际股票发行的法律文件

5.2.4　国际股票的发行程序

5.2.5　国际股票的发行价格

5.2.6　国际股票筹资的优缺点

5.3　国际债券筹资

5.3.1　国际债券市场概述

5.3.2　国际债券市场的类型

5.3.3　国际债券的发行

5.3.4　国际债券的偿还

5.3.5　国际债券的评级

三、考核知识点与考核要求

（一）国际证券市场

识记：①证券市场在金融市场体系中的地位；②证券市场的功能；③证券市场的分类。

领会：证券的发行方式。

（二）国际股票筹资

识记：①国际股票的类型；②存托证的基本特征。

领会：①国际股票发行的法律文件；②国际股票的发行程序；③国际股票发行价格的确定要素；④国际股票筹资的优缺点。

简单应用：国际股票发行价格的确定方法：市盈率定价法、净资产倍率法、现金流量折现法。

（三）国际债券筹资

识记：①国际债券市场的概念；②国际债券市场的类型；③偿债基金和赎回条款。

领会：①欧洲债券的发行条件、程序；②国际债券的调换；③国际债券信用评级的影响因素。

简单应用：债券发行价格的确定方法。

四、本章重点、难点

本章的重点是证券市场在金融市场体系中的地位；国际股票的种类以及存托证的基本特征；国际股票发行价格的确定方法；国际债券市场的类型；国际债券信用评级的分类以及影响因素。难点是股票和债券发行价格的确定。

第六章　其他国际筹资方式

一、学习目的与要求

通过本章的学习，掌握国际租赁融资、国际贸易信贷筹资和国际项目融资的概念；熟悉国际租赁融资、国际贸易信贷筹资和国际项目融资的种类和形式；掌握融资租赁租金的计算。

二、课程内容

6.1　国际租赁融资

6.1.1　国际租赁融资的概念

6.1.2　国际租赁的种类

6.1.3　从事国际租赁业务的机构

6.1.4　国际租赁的程序

6.1.5　融资租赁租金的确定

6.2　国际贸易信贷筹资

6.2.1　国际贸易信贷的概念

6.2.2　国际贸易信贷的形式

6.3　国际项目融资

6.3.1　国际项目融资的概念

6.3.2　国际项目融资的参与者

6.3.3　国际项目融资的模式

三、考核知识点与考核要求

（一）国际租赁融资

识记：①经营性租赁和融资租赁的概念；②融资租赁的类型。

领会：①经营性租赁和融资租赁的特点；②融资租赁的确认。

简单应用：融资租赁租金计算的平均分摊法、等额年金法和附加利率法。

（二）国际贸易信贷筹资

识记：①国际贸易信贷的概念；②国际贸易筹资的方式。

领会：①国际贸易信贷的分类；②出口信贷筹资的特点；③出口信贷筹资的形式。

（三）国际项目融资

识记：①国际项目融资的概念；②国际项目融资的分类；③国际项目融资的特征；④国际项目融资的资金来源。

领会：①国际项目融资的参与者；②国际项目融资的模式。

简单应用：①国际项目融资 BOT 模式；②资产证券化项目融资模式。

四、本章重点、难点

本章的重点是国际融资租赁租金的计算，出口信贷的卖方信贷、买方信贷和福费廷三种融资方式，BOT 项目融资模式和资产证券化项目融资模式。难点是国际融资租赁租金的计算。

第七章　国际直接投资

一、学习目的与要求

通过本章的学习，掌握国际直接投资的概念、动机和程序，理解各类国际直接投资的方式及其优缺点，掌握国际直接投资的环境评价方法及国际直接投资的风险管理，熟悉国际直接投资的决策方法并会运用。

二、课程内容

7.1　国际直接投资概述

7.1.1　国际直接投资的概念

7.1.2　国际直接投资的动机

7.1.3　国际直接投资的程序

7.2　国际直接投资的方式

7.2.1　国际合资投资

7.2.2　国际合作投资

7.2.3　国际独资投资

7.2.4　跨国并购

7.3　国际直接投资的环境评价

7.3.1　国际直接投资环境的分类

7.3.2　国际直接投资环境评价的主要内容

7.3.3　国际直接投资环境的评价方法

7.4　国际直接投资的项目决策

7.4.1　项目投资决策方法

7.4.2　国际直接投资决策的特殊问题

7.4.3　国际直接投资决策实例

7.5　国际投资的风险管理

7.5.1　国际投资风险的概念

7.5.2　国际投资风险的分类

7.5.3　国际投资风险的来源

7.5.4　国际投资风险的控制

三、考核知识点与考核要求

（一）国际直接投资概述

识记：①国际投资的概念及分类；②国际直接投资的程序。

领会：①国际直接投资和国际间接投资的含义；②国际直接投资的动机。

（二）国际直接投资的方式

识记：①国际合资投资的主体、合作形式、出资比例、出资方式；②国际合作投资的类型、合同内容；③国际独资投资的形式、限制条件。

领会：①各种国际直接投资方式的含义；②各种国际直接投资方式的优缺点。

（三）国际直接投资的环境评价

识记：①国际直接投资环境；②国际直接投资环境的分类；③国际直接投资环境评价的主要内容。

领会：①投资障碍分析法；②投资环境冷热比较分析法；③多因素等级评分分析法。

简单应用：加权平均评分法。

（四）国际直接投资的项目决策

识记：①现金流量的构成；②净现值的计算步骤。

领会：①净现值法；②国际直接投资项目评价的主体；③国际直接投资项目现金流量的计量。

综合应用：利用净现值法对国际直接投资项目进行评价。

（五）国际投资的风险管理

识记：①国际投资风险的概念；②国际投资风险的分类；③国际投资风险的评价和预测。

领会：①国际投资风险的来源；②国际投资风险的管理。

四、本章重点、难点

本章的重点内容是国际直接投资的方式、国际直接投资的环境评价、国际直接投资的项目决策。难点是国际直接投资的项目决策方法的运用。

第八章　国际证券投资

一、学习目的与要求

通过本章的学习，掌握国际证券投资的对象、国际证券的分类，了解国际证券投资的目的，熟悉国际股票投资和国际债券投资的优缺点，掌握国际证券投资收益的计算，理解国际证券投资风险的来源，掌握国际证券组合投资对收益和风险产生的影响。

二、课程内容

8.1　国际证券投资概述

8.1.1　国际证券投资的对象

8.1.2　国际证券的分类

8.1.3　国际证券投资的目的

8.1.4　国际债券投资和国际股票投资

8.2　国际证券投资的收益和风险

8.2.1　债券投资的收益

8.2.2　股票投资的收益

8.2.3　汇率变动对国际证券投资收益的影响

8.2.4　国际证券投资的风险

8.3　国际证券组合投资

8.3.1　证券组合投资的风险与报酬

8.3.2　国际证券的相关性与国际证券组合投资的意义

8.3.3　国际证券组合投资的策略与方式

8.3.4　国际证券组合投资的障碍

三、考核知识点与考核要求

（一）国际证券投资概述

识记：①国际证券投资的对象；②国际证券的分类；③国际证券投资的目的。

领会：国际股票投资和国际债券投资。

（二）国际证券投资的收益与风险

领会：国际证券投资的风险。

简单应用：①债券的价值评估；②债券收益率的计算；③股票的价值评估；④股票收益率的计算。

综合应用：汇率变动对国际证券投资收益的影响。

（三）国际证券组合投资

识记：①国际证券组合投资的策略与方式；②国际证券组合投资的障碍。

领会：①可分散风险与不可分散风险；②国际证券组合投资的意义。

简单应用：①证券组合投资风险报酬的计算；②夏普性能测试的计算。

四、本章重点、难点

本章的重点内容是国际债券投资和国际股票投资的影响因素、优缺点，债券和股票收益率的计算，国际证券组合投资对收益与风险的影响。难点是证券收益率的计算及国际证券组合投资对收益和风险的影响。

第九章　国际并购投资

一、学习目的与要求

通过本章的学习，掌握国际并购的分类，了解国际并购的发展，理解国际并购的动因；掌握现金并购、股票并购和杠杆并购的含义、特点；掌握国际并购估价的各类方法。

二、课程内容

9.1　国际并购概述

9.1.1　国际并购的类型

9.1.2　国际并购的产生与发展

9.1.3　国际并购的动因

9.1.4　国际并购的限制

9.2　国际并购方式

9.2.1　现金并购

9.2.2　股票并购

9.2.3　杠杆并购

9.3　国际并购估价简介

9.3.1　并购估价的基本方法

9.3.2　现金流量折现法在国际并购估价中的应用

9.3.3　国际并购的价值分析

三、考核知识点与考核要求

（一）国际并购概述

识记：国际并购的类型。

领会：①各种类型并购的含义；②国际并购的动因；③国际并购的限制。

（二）国际并购方式

识记：股票并购、杠杆并购的概念。

领会：①现金并购的特点；②股票并购需要考虑的问题；③杠杆并购的特点与条件。

（三）国际并购估价简介

领会：①各类国际并购评估方法的含义；②国际并购的价值分析。

四、本章重点、难点

本章的重点是国际并购的分类、动因；国际并购的方式。难点是国际并购的估价。

第十章　国际营运资金管理

一、学习目的与要求

通过本章的学习，了解国际营运资金管理的内容，理解国际营运资金管理的目标，掌握国际营运资金管理需要考虑的环境因素，掌握国际企业现金管理、应收账款管理、存货管理的内容及方法，掌握国际企业营运资金的流量管理。

二、课程内容

10.1　国际营运资金管理概述

10.1.1　国际营运资金管理的内容

10.1.2　国际营运资金管理的目标

10.1.3　国际营运资金管理必须考虑的环境因素

10.2　国际营运资金存量管理

10.2.1　现金管理

10.2.2　应收账款管理

10.2.3　存货管理

10.3　国际企业资金转移管理

10.3.1　国际企业资金移动的基本政策

10.3.2　国际资金流动的限制因素

10.3.3　国际企业资金转移计划

10.3.4　国际营运资金转移的方式

三、考核知识点与考核要求

（一）国际营运资金管理概述

识记：①国际营运资金管理的内容；②国际营运资金管理必须考虑的环境因素。

领会：国际营运资金管理的目标。

（二）国际营运资金存量管理

识记：①现金管理的内容；②现金管理的目标；③应收账款管理的内容；④存货管理的内容。

领会：①现金管理的方法；②国际企业独立顾客应收账款的管理；③国际企业内部的应收账款管理；④存货的购置决策。

简单应用：①国际企业内部应收账款的管理方法；②存货的定价决策。

综合应用：现金管理的方法。

（三）国际企业资金转移管理

识记：①国际企业资金移动的基本政策；②国际企业资金流动的限制因素；③国际企业资金转移计划。

领会：国际营运资金转移的方式。

简单应用：①内部贷款方法；②统算与非统算方法的比较。

四、本章重点、难点

本章的重点内容是国际企业现金管理、应收账款管理、存货管理的内容及方法，国际企业资金转移的方式。难点是现金管理方法、国际企业内部应收账款的管理方法及国际营运资金转移的方式。

第十一章　国际转移价格

一、学习目的与要求

通过本章的学习，掌握国际转移价格的概念，理解国际转移价格的作用，掌握国际转移价格制定的影响因素和确定转移价格的方法。

二、课程内容

11.1　国际转移价格概述

11.1.1　国际转移价格的概念

11.1.2　国际转移价格的作用
11.2　影响国际转移价格制定的因素
11.2.1　影响国际转移价格制定的内部因素
11.2.2　影响国际转移价格制定的外部因素
11.3　国际转移价格的确定方法
11.3.1　以市价为基础的定价方法
11.3.2　以成本为基础的定价方法
11.3.3　交易自主的定价方法
11.3.4　双重定价方法

三、考核知识点与考核要求

（一）国际转移价格概述

识记：国际转移价格的概念。

领会：国际转移价格的作用。

简单应用：国际转移价格在资金配置和减轻税负方面的作用。

（二）影响国际转移价格制定的因素

领会：①影响国际转移价格制定的内部因素；②影响国际转移价格制定的外部因素。

（三）国际转移价格的确定方法

领会：①以市价为基础的定价方法；②以成本为基础的定价方法；③交易自主的定价方法；④双重定价方法。

四、本章重点、难点

本章的重点是国际转移价格的作用和国际转移价格制定的方法。难点是国际转移价格确定方法的运用。

第十二章　国际税收管理

一、学习目的与要求

通过本章的学习，理解国际税收的概念，掌握国际重复征税产生的原因、危害，掌握避免国际重复征税的方法，理解税收筹划的概念，掌握国际税收筹划的基础和主要方式。

二、课程内容

12.1　国际税收概述
12.1.1　国际税收的概念
12.1.2　国际税收的种类
12.1.3　国际所得税制度的种类
12.1.4　国家税收管辖权
12.1.5　国外税收抵免
12.1.6　国际税收协定
12.1.7　国际税收管理的目标
12.2　国际重复征税的免除

12.2.1　国际重复征税产生的原因

12.2.2　国际重复征税的危害

12.2.3　避免国际重复征税的方法

12.3　国际企业税收筹划

12.3.1　国际企业税收筹划的基础

12.3.2　国际企业税收筹划的主要方式

12.3.3　限制国际税收筹划的国际反避税措施

三、考核知识点与考核要求

（一）国际税收概述

识记：①国际税收的概念；②国际税收的种类。

领会：①国际税收的管辖权；②国际税收管理的目标。

（二）国际重复征税的免除

领会：①国际重复征税产生的原因；②国际重复征税的危害。

简单应用：避免国际重复征税的方法。

（三）国际企业税收筹划

识记：①国际企业税收筹划的基础；②限制国际税收筹划的国际反避税措施。

领会：国际企业税收筹划的主要方式。

简单应用：利用转移价格进行税收筹划。

四、本章重点、难点

本章的重点是国际重复征税的免除、国际企业的税收筹划。难点是国际重复征税免除方法的运用和转移价格在税收筹划中的运用。

Ⅳ 关于大纲的说明与考核实施要求

一、课程自学考试大纲的目的和作用

课程自学考试大纲是根据专业自学考试计划的要求，结合自学考试的特点而确定的。其目的是对个人自学、社会助学和课程考试命题进行指导和规定。

课程自学考试大纲明确了课程学习的内容及其深度和广度，规定了课程自学考试的范围和标准。因此，它是编写自学考试教材和辅导书的依据，是社会助学组织进行自学辅导的依据，是自学者学习教材、掌握课程内容知识范围和程度的依据，也是进行自学考试命题的依据。

二、课程自学考试大纲与教材的关系

课程自学考试大纲是进行学习和考核的依据，教材是学习掌握课程知识的基本内容与范围，教材的内容是大纲所规定的课程知识和内容的扩展与发挥。课程内容在教材中可以体现一定的深度或难度，但在大纲中对考核的要求一定要适当。

大纲与教材所体现的课程内容应基本一致；大纲里面的课程内容和考核知识点，教材里一般也要有。反过来，教材里有的内容，大纲里就不一定体现。

三、关于自学教材

《国际财务管理》，全国高等教育自学考试指导委员会组编，李胜坤主编，中国人民大学出版社，2015年版。

四、关于自学要求和自学方法的指导

本大纲的课程基本要求是依据专业考试计划和专业培养目标而确定的。课程基本要求明确了课程的基本内容，以及对基本内容掌握的程度。基本要求中的知识点构成了课程内容的主体部分。因此，课程基本内容掌握程度、课程考核知识点是高等教育自学考试考核的主要内容。

为有效地指导个人自学和社会助学，本大纲已指明了课程的重点和难点。根据学习对象业余自学的情况及本课程的特点，学习“国际财务管理”这门课程应该重点做到以下几点：

1. 在全面系统学习的基础上掌握基本理论、基本知识、基本方法。本课程内容涉及国际财务管理的各个方面，知识范围广泛，各章之间既有联系又有很大区别，有的还有相对独立性。自学应考者首先应全面系统地学习各章，记忆应当识记的基本概念、名词，深入理解基本概念，弄懂基本方法的内涵；其次，要认识各章之间的联系，注意区分相近的概念和相类似的问题，并掌握它们之间的联系；最后，在全面系统学习的基础上，掌握重点，有目的地深入学习重点章节，但切忌在没有全面学习教材的情况下孤立地去抓重点。

2. 把学习国际财务管理理论和应用国际财务管理方法结合起来。本课程的内容既有理论又有方法，自学应考者应在学习国际财务管理理论的同时掌握国际财务管理方法。

3. 重视理论联系实际，结合财务管理实际进行学习。自学应考者在学习中应把本课程的内容同我国现实财务活动联系起来，进行对照比较，分析研究，以增强感性认识，更深刻地领会教材内容，将知识转化为能力，提高自己分析问题和解决问题的能力。

五、对社会助学的要求

社会助学是个人自学和国家考试之间的重要环节，也是自学考试的重要组成部分。对社会助学单位辅导的要求有以下几点：

1. 讲授基础知识，培养自学能力。参加自学考试的考生文化基础不一样，学习毅力、勤奋程度等非智力因素也不尽相同，自学能力有高低之分。由于种种原因，考生并不都具备自学大学课程的基础和能力，需要对其进行切合需要的基础知识辅导，培养高效的自学能力。

2. 传授自学方法，提升运用知识的能力。作为应知应会的基础知识，虽有其重要性，但是作为高等教育的一门课程，还要把培养应用、分析、综合、评价的能力放在更重要的位置上。在教师的讲解、辅导过程中，帮助考生掌握系统知识，教会考生掌握整理知识的方法，锻炼和提高自己的动手能力，强化获取和运用知识的能力。

3. 重视教育学习的过程，养成良好的道德品质。传统的自学考试往往只注重考试结果，而不重视教育学习过程。而考试只能反映专业学习的成绩，不能反映学习过程中综合素质方面的情况。教师要把思想政治教育纳入教学活动之中，帮助考生树立正确的世界观、人生观和价值观，培养良好的道德品质。

六、对考核内容的说明

1. 本课程要求考生学习和掌握的知识点都作为考核的内容。课程中各章的内容均由若干知识点组成，在自学考试中成为考核知识点。因此，课程自学考试大纲中所规定的考试内容是以分解考核知识点的方式给出的。由于各知识点在课程中的地位、作用以及自身的特点不同，自学考试将对各知识点分别按四个认知层次确定其考核要求。

2. 考试之日 6 个月前，由全国人民代表大会和国务院颁布或修订的法律、法规都将列入相应课程的考试范围。凡大纲、教材内容与现行法律、法规不符的，应以现行法律法规为准。命题时，也会对我国经济建设和科技文化发展的重大方针政策的变化予以体现。

七、关于考试命题的若干规定

1. 本课程采取闭卷笔试方式，试卷满分 100 分，60 分及格，考试时间为 150 分钟。考试时可以携带无存储功能的计算器。

2. 本大纲各章所规定的基本要求、知识点及知识点下的知识细目，都属于考核的内容。考试命题既要覆盖到章，又要避免面面俱到。要注意突出课程的重点和章节重点，加大重点内容的覆盖度。

3. 命题不应超出大纲中考核知识点的范围，考核目标不得高于大纲所规定的相应的最高能力层次要求。命题应着重考核自学者对基本概念、基本知识和基本理论是否了解或掌握，对基本方法是否会用或熟练掌握。不应出与基本要求不符的偏题或怪题。

4. 本课程在试卷中对不同能力层次要求的分数比例大致为：识记占 20%，领会占 30%，简单应用占 35%，综合应用占 15%。

5．要合理安排试题的难易程度，试题的难度可分为易、较易、较难和难四个等级。每份试卷中不同难度试题的分数比例一般为：20％、35％、35％和10％。

必须注意，试题的难易程度与能力层次有一定的联系，但二者不是等同的概念。各个能力层次中对于不同的考生都存在着不同的难度。在大纲中要特别强调这个问题，应告诫考生切勿混淆。

6．本课程考试命题的主要题型一般有单项选择题、多项选择题、简答题、计算题、论述题等。(题型举例附后)

在命题工作中，必须按照本课程大纲所规定的题型命题，考试试卷使用的题型可以略少，但不能超出本课程对题型的规定。

附录　题型举例

一、单项选择题

1. 国际财务管理就是（　　）。

A. 跨国公司财务管理

B. 比较不同国家财务管理制度的差异

C. 研究世界范围内普遍适用的财务管理的原理和方法

D. 组织国际企业财务活动、处理国际企业财务关系

2. 两种货币通过第三种货币的中介作用而推算出来的汇率被称为（　　）。

A. 基本汇率　　B. 交叉汇率

C. 固定汇率　　D. 有效汇率

3. 企业的合并报表受汇率波动影响的外汇风险，称为外汇的（　　）。

A. 会计风险　　B. 经济风险

C. 交易风险　　D. 折算风险

4. 假设某企业需要资金 10 000 美元，银行需要补偿余额为 20%，企业正常存款余额为 1 000 美元，该企业贷款数量应为（　　）。

A. 9 000 美元　　B. 10 000 美元

C. 11 000 美元　　D. 11 250 美元

5. 国际企业再开票中心一般设在（　　）。

A. 母公司所在国　　B. 低税管辖区

C. 子公司所在国　　D. 高税管辖区

二、多项选择题

1. 按包括的范围划分，财务管理环境分为（　　）。

A. 企业内部财务管理环境　　B. 微观财务管理环境

C. 企业外部财务管理环境　　D. 动态财务管理环境

E. 宏观财务管理环境

2. 国际投资环境的评价方法主要有（　　）。

A. 投资障碍分析法　　B. 技术分析法

C. 多因素等级评分分析法　　D. 冷热比较分析法

E. 加权平均评分法

3. 国际证券投资风险包括（　　）。

A. 违约风险　　B. 利率风险

C. 购买力风险　　D. 流动性风险

E. 汇率风险

三、简答题

1. 简述外汇风险管理的程序。

2. 简述国际证券投资组合的障碍。

四、计算题

1. 国内某企业按8%的利率取得一笔期限为1年的10万美元贷款。企业收到该笔贷款后将其兑换为人民币，以向供应商支付货款。当时的汇率是1美元=6.2元人民币。如果预期期末还款时的汇率将变为1美元=6.4元人民币，要求：

(1) 计算期末以美元和人民币表示的还款数额；

(2) 计算该笔贷款的预期成本率。

2. 某跨国公司下属的生产子公司向销售子公司提供产品的相关数据如下：

生产子公司发生的销售成本为2 000万美元，销售子公司对外的销售价格为3 500万美元，生产子公司和销售子公司发生的销售费用分别为160万美元和300万美元，所得税税率分别为50%和30%。对于内部转移价格的确定，公司的管理人员有两种意见：一种意见认为3 000万美元更有利，另一种意见认为2 500万美元更有利。请通过计算两种转移价格条件下的所得税和净收益，分析确定应采纳何种意见，并说明在内部销售业务中，国际企业是如何制定转移价格的。

五、论述题

试述国际企业投资后的风险管理对策。

后　　记

2013年7月，由全国高等教育自学考试指导委员会办公室召开了全国高等教育自学考试课程大纲、教材编前会，会上确定了“国际财务管理”课程自学考试大纲编写的指导思想、基本原则和要求。

本大纲由河南师范大学李胜坤副教授在2001年版本的基础上重新修编。大纲完成后，中国人民大学徐泓教授、刘俊彦副教授参加审稿工作，由全国高等教育自学考试指导委员会经济管理类专业委员会审定。

全国高等教育自学考试指导委员会
经济管理类专业委员会
2015年1月

国际财务管理

第一章　国际财务管理概述

学习目标

理解国际财务管理的概念、国际财务管理的目标，掌握国际财务管理的内容、国际财务管理环境等国际财务管理的基本理论问题。

第一节　国际财务管理的概念

国际财务管理是现代财务管理的一个新分支。在西方，把国际财务管理作为一个专题加以研究始于20世纪50年代，到80年代受到广泛重视，我国对该学科的研究始于20世纪80年代后期。

一、国际财务管理的定义

作为一门新的学科，国际财务管理的目标、内容、方法体系尚不十分成熟，国内外学者关于国际财务管理的定义也存在不同观点。有人将国际财务管理定义为跨国公司的财务管理，认为国际财务管理主要研究跨国公司在组织财务活动、处理财务关系时所遇到的特殊问题；有人认为国际财务管理是世界财务管理，其主要目标是寻求能在全世界范围内普遍适用的财务管理原理和方法，使世界各国的财务管理逐渐走向统一；有人将国际财务管理定义为比较财务管理，其内容主要是对各国的财务管理进行深入的研究和比较。

我们认为，国际财务管理作为传统财务管理学的一个新的分支，是财务管理向国际领域的延伸与拓展，其研究的范围应该是在企业跨国经营、资金跨越国界运动的情况下，财务管理活动出现的新变化和新问题。虽然跨国公司财务管理是国际财务管理研究的重点内容，但将国际财务管理定义为跨国公司的财务管理并不准确。国际财务管理应研究一切国际企业在组织国际财务活动和处理由此产生的财务关系时所遇到的特殊问题。国际企业是相对国内企业而言的，它泛指一切超越国境从事生产经营的企业，包括跨国公司、外贸公司、合资公司。可以说，国际企业是从事国际经营活动的经济实体的统称。因此，一个国际企业可能不是跨国公司，但任何跨国公司都属于国际企业，跨国公司是国际企业发展的较高阶段，是企业国际化程度较高的组织形式。国际财务管理研究的并不是国际企业全部的财务活动，国际企业的财务活动既包括国内财务活动又包括国际财务活动，国际财务管理研究的内容不应该包括国际企业的国内财务活动，而是只研究其国际财务活动。综上所述，可以把国际财务管理的定义表述为：国际财务管理是按照国际惯例和国际经济法的有关条款，根据国际企业财务收支的特点，组织国际企业的财务活动，处理国际财务关系的一项经济管理活动。

二、国际财务管理产生的背景

国际财务管理产生和发展的历程就是企业财务管理国际化的过程，企业财务管理的国际化是在经济全球化背景下企业经营国际化的结果。

（一）贸易国际化产生外汇结算及收支管理

当一国的生产力发展到一定水平，生产的产品在国内市场处于饱和状态之后，就会将其产品向国外市场销售。18 世纪 60 年代至 19 世纪的工业革命大大提高了生产力，推动国际贸易迅速发展。第二次世界大战后，由于世界市场容量的迅速扩大，导致了交易商品的种类和数量大大增加，商品结构和地域布局发生重大改变。在商品结构上，工业制成品在进出口业务中所占比重上升，新兴工业、高科技产品比重越来越大。在国际贸易的地域布局方面，尽管发达国家在世界贸易中仍占主导地位，但越来越多的发展中国家也成为国际贸易的重要伙伴。随着国际贸易的迅速发展，出现了无形贸易和国际劳务贸易。由于世界产业结构发生了变化，第三产业迅速发展，加上国际旅游业日益兴旺，使无形贸易的增长大大超过整个国际贸易的增长。无形贸易的范围不仅包括传统的银行业、保险业、交通运输业、国际旅游业等，而且增加了一些新的项目，如租赁、咨询服务等。从事国际贸易，必然产生外汇资金的收支结算，外汇收支的结算与管理成为财务管理的新内容。

（二）生产国际化产生国际直接投资的财务管理

随着世界各国经济的不断发展，一些国家出现了过剩资本，企业为了获得高额利润或扩大产品在外国的销售市场，抑或为了获得国外的自然资源，就会将资本输出，投到国外创办生产型企业，一个企业的生产活动既在本国进行又在国外进行，于是就出现了与国际投资联系在一起的生产国际化。生产国际化是生产过程的全球化，是从生产要素的组合到产品销售的全球化。随着国际直接投资的不断发展，逐渐形成了国际投资方面的财务管理，包括资本投出、利润汇回、国际双重征税避免和资本抽回等内容。

（三）金融全球化产生国际筹资、国际证券投资等财务管理内容

随着生产国际化、资本国际化和国际贸易的发展，金融市场也逐步国际化。金融全球化是当代世界经济的重要现象，是整个世界经济一体化最为关键的一个发展环节。当今世界经济是规模巨大、高度发达的金融化经济，国际金融本身已成为重要的国际产业。国际证券融资的制度障碍、货币障碍和政策障碍等变得越来越小。20 世纪 70 年代后，一大批新兴国际金融市场迅速崛起，金融市场国际化大大加快了财务管理的国际化，国际金融市场的形成和发展，为企业进行筹资和投资开辟了新的途径和领域，并产生了国际筹资和国际证券投资等一系列国际财务管理内容。

三、国际财务管理的内容

国际财务管理的内容有哪些？国内外的财务著作对这一问题的阐述有所不同。有的把属于国际金融的一些内容，如国际货币体系、国际收支、国际银行业务等列作国际财务管理的内容；有的把属于国际会计的一些内容，如合并财务报表、通货膨胀会计、比较会计等列作国际财务管理的内容。但是根据财务管理的基本职能是合理筹集资金和有效运用资金（包括投资和日常生产经营中资金的使用与收回）的理论，前述内容均不属于国际财务管理的内容，而是学习国际财务管理必备的知识。国际财务管理的内容应该是围绕着国际财务活动的各个环节进行的管理以及由此产生的国际财务管理的特殊内容，具体可以归纳为以下几个方面。

（一）外汇风险管理

外汇风险管理是国际财务管理的最基本内容之一，也是国际财务管理与国内财务管理的重要区别之所在。国际财务管理的其他内容都是在此基础上展开论述的。所谓外汇风险，是指由于汇率的变动而给企业收益带来的不确定性。外汇风险可以分为三类，即交易风险、换算风险和经济风险。外汇汇率的大幅变动可能会给企业带来收益，但也可能会造成重大损失。国际企业的财务管理人员必须熟知外汇风险管理的程序和方法，以便为企业增加收益，减少损失。

（二）国际筹资管理

以低成本、低风险筹集大量国际资金是国际企业具有竞争能力的主要表现，也是国际财务管理的基本内容。国际企业的资金来源十分广泛，筹资方式十分灵活。例如，可以进行全球性的股本融资，也可以在国际金融市场上筹集短期或中长期信贷资金，还可以进行项目融资或租赁融资，等等。国际财务管理研究各种融资方法、融资机会和金融工具，对各种融资方案进行预测、分析，从中选择资金成本低、风险小的最佳方案。

（三）国际投资管理

国际投资是把筹集到的资金用于国际生产经营活动，以获取收益的行为。按投资方式不同，可以把国际投资分成直接投资和间接投资；按时间长短不同，可以把国际投资分成中长期投资和短期投资。企业进行国际投资，往往要涉及比较复杂的环境因素和较大的投资风险。所以，在进行国际投资时，必须做好以下几方面的工作：（1）认真分析国外投资环境；（2）合理选择投资方式；（3）对国外的投资项目进行财务上的可行性分析。一般而言，在对国外项目进行财务分析时，要作两套：一是计算国外项目的现金流量的净现值；二是把国外现金流量按预测的汇率折算成本国的现金流量，计算出总公司获得的净现值。

（四）国际营运资金管理

营运资金管理是财务管理的一项重要内容，合理安排、调度企业的营运资金，是实现财务目标的重要手段。国际企业的经营涉及多个国家和地区，资金的运动跨越国界，营运资金管理更加复杂。国际营运资金的管理主要包括存量管理和流量管理两方面内容。营运资金的存量管理着眼于各类资金处置，目的是使现金、应收账款和存货处于最佳的持有水平。营运资金流量管理着眼于资金从一地向另外一地的转移，其目的是使资金得到合理的配置，确定最佳的配置地点和最佳的持有币种，以避免各种风险和损失。

（五）国际财务管理的其他内容

国际企业通过全球化经营可以利用不同国家和地区的资源优势、市场差异、税率差别等取得高过国内经营的收益，这种经营全球化给国际企业带来的好处需要企业站在整体利益的角度进行全球范围的资源配置才能实现。国际企业可以利用不同国家和地区税制的差异及不同国家和地区之间的税收协定，合理地规避过高的税赋；可以利用转移定价调节收入和费用，实现利润在不同子公司之间的转移；可以通过国际并购活动实现其全球经营战略。因此，国际税收管理、国际转移价格、国际并购等构成了国际财务管理的新内容。

第二节　国际财务管理的目标

财务管理的目标是企业财务活动希望实现的结果，是评价企业财务活动是否合理的基本标准。国际财务管理的目标与国内企业财务管理的目标基本是一致的，但受不同国家文化与制度差异的影响，国际财务管理的目标与国内企业财务管理的目标会存在一定的差异。

一、国际财务管理目标的特点

（一）国际财务管理的目标在一定时期内具有相对稳定性

任何一种财务管理目标的出现，都是一定的政治、经济环境的产物。随着环境因素的变化，财务管理的目标可能会发生变化，国际财务管理的目标在不同时期、不同国家均不完全一样，人们对国际财务管理目标的认识也不断深化，国际财务管理的目标也就不可能永远不变。但国际财务管理的目标是进行国际财务管理的根本目的，又不能是多变的，所以在一定时期和一定条件下，国际财务管理的目标是相对稳定的。

（二）国际财务管理的目标具有多元性

多元性是指国际财务管理的目标不是单一的，而是适应多因素变化的综合目标群。现代国际财务管理是一个系统，其目标也是一个多元的有机构成体系。在这些多元目标中，有一个处于支配地位、起主导作用的目标，称为主导目标；其他一些处于被支配地位、对主导目标的实现有配合作用的目标，称为辅助目标。例如，国际财务管理在努力实现“财富最大化”这一主导目标的同时，还必须努力实现履行社会责任、加快现金流动、提高偿债能力等一系列辅助目标。

（三）国际财务管理的目标具有层次性

国际财务管理目标的层次性是指国际财务管理的目标是由不同层次的系列目标所构成的目标体系。国际财务管理目标之所以具有层次性，主要是因为国际财务管理的具体内容可以划分为若干层次。例如，国际财务管理的基本内容可以分为国际筹资管理、国际投资管理、国际营运资金管理、国际税收管理等几个方面，而每一个方面又可再进行细分，如国际投资管理就可以再分为研究投资环境、确定投资方式、作出投资决策等几个方面。国际财务管理内容的这种层次性和细分化，使国际财务管理目标成为一个由整体目标、分部目标和具体目标三个层次构成的目标体系。整体目标是指国际企业进行国际财务管理所要达到的最终目标，它决定着分部目标和具体目标；分部目标是指在整体目标的制约下，进行某一部分财务活动所要实现的目标，如筹资目标、投资目标等；具体目标是指在整体目标和分部目标的制约下，从事某项具体财务活动所要达到的目标，如一次借款要达到的目标。具体目标是财务目标层次体系中的基层环节，它是整体目标和分部目标的落脚点，对保证整体目标和分部目标的实现有重要意义。

（四）国际财务管理的目标具有复杂性

由于国际企业经营范围的全球化，涉及的国家和地区可能存在巨大的文化、经济制度、道德标准、法律法规的差异，使得国际企业财务管理涉及多种复杂的理财环境和各个国家的财务管理惯例，国际企业财务管理目标的设定和实现，不得不考虑这些因素的影响，这就使得国际企业对财务目标的选择变得更加复杂。

二、财务管理目标主要观点及评价

在不同的历史阶段和不同的社会环境中，曾经出现过多种关于财务管理目标的表述，其中影响较大的有以下三种观点。

（一）利润最大化

利润最大化是指通过对企业财务活动的管理，不断增加企业利润，使利润达到最大。以利润最大化作为企业财务管理目标有合理的一面，这是因为企业要想取得利润最大化，就必须讲求经济核算，加强管理，改进技术，提高劳动生产率，降低产品成本，这些都有利于经济效益的提高。但以利润最大化作为财务管理的目标存在以下缺点：

（1）利润最大化目标没有考虑利润发生的时间以及资金的时间价值；

（2）利润最大化目标没能有效地考虑风险问题，这可能会使财务人员不顾风险的大小而去追求最多的利润；

（3）利润最大化目标往往会使企业财务决策带有短期行为的倾向，即只顾实现目前的最大利润，而不顾企业的长远发展。

应该看到，利润最大化的提法，只是对经济效益浅层次的认识，存在一定的片面性，利润最大化并不是财务管理的最优目标。

（二）股东财富最大化

股东财富最大化又称为股东价值最大化，是指通过财务上的合理经营，将股东的财富最大化。对股份公司而言，股东财富由其所拥有的股票数量和股票市场价格两方面来决定，在股票数量一定时，当股票价格达到最高时，则股东财富也达到最大。所以，股东财富最大化又演变为股票价格最大化。与利润最大化目标相比，股东财富最大化目标有其积极的方面，这是因为：

（1）股东财富最大化目标考虑了风险因素，风险的高低会对股票价格产生重要影响；

（2）股东财富最大化目标在一定程度上能够克服企业在追求利润上的短期行为，因为不仅目前的利润会影响股票价格，预期未来的利润也会对企业股票价格产生重要影响；

（3）股东财富最大化目标比较容易量化，便于考核和奖惩。

但应该看到，股东财富最大化也存在一些缺点：

（1）它只适合上市公司，对非上市企业则很难适用；

（2）它只强调股东的利益，而对企业其他关系人的利益不够重视；

（3）股票价格受多种因素影响，并非都是公司所能控制的，把不可控因素引入理财目标是不合理的。

尽管股东财富最大化目标存在上述缺点，但如果一个国家的证券市场高度发达，市场效率极高，上市公司就可以把股东财富最大化作为财务管理的目标。

（三）企业价值最大化

传统观点认为，股东取得企业的剩余收益，承担全部的剩余风险，股东在企业业绩良好时可以最大限度地享受收益，在企业亏损时也将承担全部亏损。与债权人和职工相比，股东的权利、义务、风险、报酬都比较大，这决定了他们在企业中有着不同的地位，所以运用传统思路考虑财务管理目标时，更多地从股东利益出发，选择“股东财富最大化”或“股票价格最大化”。但是，现代企业与传统企业有很大差异，现代企业是多边契约关系的总和，股东当然要承担风险，但债权人、管理者、企业员工、供应商等利益相关者也承担着一定的风险。企业的经营对各利益集团都会产生影响，财务管理目标应与企业多个利益集团有关，是这些利益集团共同作用和相互妥协的结果，在一定时期和一定环境下，某一利益集团可能会起主导作用，但从企业长远发展来看，不能只强调某一利益集团的利益，而置其他利益集团的利益于不顾。也就是说，不能将财务管理的目标仅仅归结为某一利益集团的目标，而应该是各利益集团共同的目标。从这个意义上说，股东财富最大化不是财务管理的最优目标。从理论上来讲，各个利益集团的目标都可以折中为企业长期稳定发展和企业总价值的不断增长，各个利益集团都可以借此来实现其最终目标。所以，以企业价值最大化作为财务管理的目标，比以股东财富最大化作为财务管理的目标更科学。

企业价值最大化是指通过企业财务上的合理经营，采用最优的财务政策，充分考虑资金的时间价值和风险与报酬的关系，在保证企业长期稳定发展的基础上使企业总价值达到最大。这一定义看似简单，实际包括丰富的内涵。如同利润最大化向股东财富最大化转变一样，从股东财富最大化向企业价值最大化的转变是财务管理目标的又一次飞跃。企业价值最大化的基本思想是将企业长期稳定发展摆在首位，强调在企业价值增长中满足各方利益关系，具体内容包括以下几个方面：

（1）强调风险与报酬的均衡，将风险限制在企业可以承担的范围之内。

（2）创造与股东之间的利益协调关系，努力培养安定性股东。

（3）关心本企业职工利益，创造优美和谐的工作环境。

（4）不断加强与债权人的联系，重大财务决策请债权人参加讨论，培养可靠的资金供应者。

（5）关心客户的利益，在新产品的研制和开发上有较高投入，不断推出新产品来满足客户的要求，以便保持销售收入的长期稳定增长。

（6）讲求信誉，注意企业形象的宣传。

（7）关心政府政策的变化，努力争取参与政府制定政策的有关活动，以便争取对自己有利的法规，但一旦法规颁布实施，不管是否对自己有利，都要严格执行。

从理论上来讲，企业价值应该等于企业未来为各利益相关者带来的全部报酬的现值之和。企业的价值与预期报酬成正比，与企业风险成反比，从财务管理假设可知，报酬和风险是同增的，即报酬越高，风险越大，报酬的增加是以风险的增加为代价的，而风险的增加将会直接威胁企业的生存。企业的价值只有在风险和报酬达到比较好的均衡时才能达到最大。

以企业价值最大化作为财务管理的目标，具有以下优点：

（1）企业价值最大化目标考虑了取得报酬的时间，并用资金时间价值原理进行了计量。

（2）企业价值最大化目标科学地考虑了风险与报酬的关系。

（3）企业价值最大化目标能克服了企业追求利润的短期行为，因为不仅目前的利润会影响企业的价值，预期未来的利润同样会对企业价值产生影响。

进行企业财务管理，就是要正确权衡报酬增加与风险增加的得与失，努力实现二者之间的最佳平稳，使企业价值达到最大。因此，企业价值最大化目标体现了对经济效益的深层次认识，它是现代财务管理的最优目标。所以，应以企业价值最大化作为财务管理的整体目标，并在此基础上，确认财务管理的理论体系和方法体系。

尽管企业价值最大化是现代企业财务管理的最优目标，但在其他利益相关者能够得到完美保护而又不存在代理冲突的情况下，股东为增加自身财富必须通过增加企业价值来实现，此时企业价值最大化等同于股东财富最大化。

三、国际财务管理目标的合理组合

从理论上讲，国际企业的财务管理目标与单一的国内企业的财务管理目标应该是一致的，都应该是股东财富最大化或企业价值最大化。但是由于国际企业经营范围的全球化，涉及的国家和地区可能存在巨大的文化、经济制度、道德标准、法律法规的差异，使得各国企业财务人员所设定的财务管理目标也不完全一样。如果国际企业只是单纯地追求股东财富最大化或企业价值最大化目标，不考虑其他因素，就不可避免地会与东道国的期望以及当地的经营标准发生冲突。如果子公司管理人员雇用的是东道国当地居民，还会因财务目标差异而在国际企业内部发生冲突。

因此，财务人员在确定财务管理目标时，首先必须重视各国财务管理目标的差异，同时注意各国制度、文化、政治及税收等因素的影响。事实上，为国际企业选择一个单一的财务管理目标是很难做到的，国际企业的财务管理目标可以通过合理组合后确定。在这个组合中，起决定作用的主导目标仍是股东财富最大化，同时结合国际企业的特点及东道国的具体情况，设定若干辅助目标，其中比较主要的有以下几个方面：

（1）长期合并收益。股东价值不等于企业的收益，但企业的收益会对股东价值产生直接的影响，长期合并收益要求国际企业不能只注重眼前的、局部的收益，而必须关注长远的、整体的收益。当国际企业的利益与经营所在国的利益发生冲突时，国际企业为了长远的、整体的收益，甚至要暂时放弃或牺牲眼前的、局部的收益，以确保企业整体的长期利益。同时，某一子公司利益的最大化并不一定能使企业总体利益最大化，在子公司利益与企业总体利益发生冲突时，必须考虑企业的总体利益，使企业的合并收益最大。

（2）资产流动性和偿债能力。资产流动性和偿债能力反映了企业财务风险的大小，一般而言，资产流动性越好，偿债能力越强，说明企业财务风险越小；反之，则说明财务风险越大。与国内企业相比，国际企业更需要保持资产流动性。不仅要保持企业整体的资产流动性，而且要保持各子公司的资产流动性，以消除有关债权人和供应商的风险，保障其正当权益，避免所在国政府可能进行的某些干预。

（3）结合子公司东道国的特点设置相应子公司目标或分部目标。国际企业的子公司或分部设置在不同的国家，由于所在国的政治、经济、法律、文化等各方面所具有的特殊性，这些子公司或分部的财务管理目标有时很难与母公司保持一致，如果只强调与国际企业的总体目标协调，很可能导致与子公司所在国发生矛盾或冲突，最终影响国际企业总体目标的实现。因此，在必要的时候，国际企业需要为不同地区的子公司设置不同的财务管理目标，通过对所在国环境的临时妥协，达到长远的目标。

第三节　国际财务管理的环境

同国内的财务管理一样，国际财务管理也必须与特定的环境相适应。由于国际财务管理会涉及多个国家和地区，各个国家和地区的财务管理环境又存在很大的差异，因此国际财务管理的环境很复杂。

一、国际财务管理环境的分类

国际财务管理环境是一个多层次、多方位的复杂系统，按照不同的标准，国际财务管理的环境可以进行以下划分。

（一）按所包括的范围分类

按所包括的范围，财务管理环境分为宏观财务管理环境和微观财务管理环境。

宏观财务管理环境是对财务管理产生影响的宏观方面的各种因素，就国际财务管理来讲，宏观财务管理环境是指对世界各国的国际企业均会产生影响的、超越国境的全球性财务管理影响因素，如国际贸易、金融市场、区域性或国际性的组织、国际性的协议等。不论国际企业在何处经营，这些宏观环境因素都可能对其产生影响。宏观环境是国际财务管理活动无法回避的前提环境。

微观财务管理环境是对财务管理有重要影响的微观方面的各种因素。国际财务管理的微观环境是指国际企业的经营所涉及的单个国家范围内的环境因素，如单个国家的自然环境及社会环境以及企业组织形式、生产状况、企业的产品销售状况、企业的资源供应情况等企业自身的内部环境。微观环境的变化一般只对特定企业的财务管理产生影响。

（二）按与企业的关系分类

按与企业的关系，财务管理环境分为企业内部财务管理环境和企业外部财务管理环境。

企业内部财务管理环境是指企业内部的影响财务管理的各种因素，如企业的生产情况、技术情况、经营规模、资产结构、生产经营周期等。相对而言，企业内部财务管理环境比较简单，往往有现成资料，具有较容易把握和加以利用等特点。

企业外部财务管理环境是指企业外部的影响财务管理的各种因素，如国家政治形势、经济形势、法律制度、企业所面临的市场状况等。企业外部财务管理环境构成比较复杂，需要认真调查、收集资料，以便分析研究、全面认识。

（三）按变化情况分类

按变化情况，财务管理环境分为静态财务管理环境和动态财务管理环境。

静态财务管理环境是指那些处于相对稳定状态的影响财务管理的各种因素，通常指那些变化性不大、相对容易预见的财务管理环境因素，它对财务管理的影响程度相对平稳、起伏不大。财务管理环境中的地理环境、法律制度等一般属于静态财务管理环境。

动态财务管理环境是指那些处于不断变化状态的影响财务管理的各种因素。从长远观点来看，财务管理环境都是发展变化的，都是变化状态下的财务管理环境。这里所谓的动态财务管理环境，是指变化性强、可预见性差的财务管理环境因素。比如资金的供求状况及利率的高低、外汇汇率等，这些就是不断变化的，属于动态财务管理环境。在财务管理中，应着重研究、分析动态财务管理环境，并及时采取相应对策，以提高企业对财务管理环境的适应能力和应变能力。

除上述分类以外，财务管理环境按内容可以分为经济环境、社会环境、法律环境、自然环境等。本节将对国际财务管理的经济环境、政治环境、社会文化环境、法律环境、金融环境进行深入的分析。

二、国际财务管理的经济环境

财务管理的经济环境是影响企业财务管理的各种经济因素，包括经济体制、经济周期与经济发展水平、通货膨胀或通货紧缩等具体内容。

（一）经济体制

经济体制是指对有限资源进行配置而制定并执行决策的各种机制。当今世界典型的经济体制有计划经济体制和市场经济体制两种。

计划经济体制的基本特征是：（1）基层单位没有决策权，决策权归某一个高层权力机构或某几个高层权力机构；（2）决策指令是通过有关计划文件的形式由上而下最终下达给基层单位的；（3）基层单位必须执行这些决策指令，并努力完成决策中所规定的各种计划指标。

市场经济体制的基本特征是：（1）企业的经营决策由企业根据市场供求关系和价格变动所提供的信息来作出；（2）企业不断对市场信息作出反应，以便不断调整其各种决策；（3）政府一般不对基层单位直接下达指令或命令，只是通过宏观调控影响企业的决策。

在计划经济体制下，企业进行财务管理的权力比较小，企业的筹资权、投资权都归高层决策机构，企业只有执行权，而无决策权。国际企业在以计划经济为主导的国家或地区经营时，有可能受到东道国政府过多的干预，或在与东道国其他企业发生业务关系时，受到间接的影响。在这类国家或地区中，国际企业财务管理的各个方面很可能因此受到制约，丧失自主性，财务决策的方案数量会因此受到限制，国际企业很难按照财务管理的目标作出最优的决策。在市场经济体制下，企业筹资、投资的权力归企业所有，企业具有经营和财务管理的自主权和灵活性，经营和财务决策更具科学性，企业财务管理的内容和可以使用的手段也比较丰富。

（二）经济周期与经济发展水平

市场经济条件下，经济的增长通常会表现出周期性的波动，从而形成循环式增长，这种循环被称为经济周期。经济周期会对一国或一个地区的产品需求规模和投资需求规模产生较大的影响，企业的财务管理活动应该根据经济周期的变化适时作出调整，以适应环境的变化。一般而言，在萧条阶段，由于整个宏观环境的不景气，产品市场萎缩，企业销售减少，投资需求减少，企业的现金流量也急剧减少，可能会导致资金短缺，引起财务困难。此时，国际企业在该国的财务管理活动应以维持基本的运营、避免财务危机为主。在繁荣阶段，市场需求旺盛，销售额大幅度上升，国际企业在该国的财务管理活动应以扩大收入、扩大投资为中心。总之，面对经济的周期性波动，财务人员必须预测经济变化情况，适当调整财务政策。

经济周期反映的是同一个国家或地区不同阶段经济的变化，经济发展水平则反映不同国家或地区在同一时期经济发展的差异。经济发展水平与财务管理的发展水平密切相关。经济发展水平越高，财务管理水平也越高；经济发展水平较低，财务管理水平也低。按照经济发展水平，世界上的国家可以分为发达国家、发展中国家和经济落后国家。发达国家经历了较长时间的资本主义经济发展历程，资本的集中和垄断已达到了一定的程度，经济发展水平在世界处于领先地位，这些国家的财务管理水平比较高。发展中国家的经济发展水平不是很高，但都在千方百计地提高，这些国家与财务管理有关的法律政策频繁变更，给企业财务管理带来一定的困难。不发达国家的经济发展水平很低，这些国家的共同特征一般表现为以农业为主要经济部门，工业特别是加工工业很不发达，企业规模小，组织结构简单，这就决定了这些国家的财务管理水平很低、发展较慢。

（三）通货膨胀或通货紧缩

通货膨胀和通货紧缩是现代经济发展中经常出现的现象，这两种现象均会对国际企业财务管理产生重大影响。因此，国际企业的财务管理必须考虑通货膨胀和通货紧缩的影响。

东道国的通货膨胀对国际企业财务管理的影响主要体现在以下几个方面：

(1) 通货膨胀对国际企业现金流量的影响。东道国通货膨胀对国际企业财务管理最直接的影响是企业在东道国市场上销售产品的价格上涨以及从东道国市场上取得的原材料、劳动力、资本成本提高，从而导致国际企业现金流量的波动。由于国际企业的产品市场和原材料等生产要素市场不一定分布在同一个国家，所以某一个东道国的通货膨胀对国际企业整体现金流的影响需要根据具体情况确定。比如，使用大量进口原材料或零部件并在当地销售产品的子公司在当地发生通货膨胀时，现金流入量可能增加；反之，如果子公司在东道国取得生产资料进行生产，将产品销往国外市场或其他子公司，则通货膨胀引起的成本提高将减少国际企业的现金流量。如果再考虑到通货膨胀与汇率之间的相互作用，某一个东道国发生或可能发生的通货膨胀引起国际企业现金流量的变化将难以估计，企业的经营风险和决策风险都将加大。

(2) 通货膨胀对财务状况的影响。东道国的通货膨胀可能造成在该国生产的子公司实物资产重置成本增加、货币性资产贬值、货币性负债获得利益，在该国销售的子公司收益虚增。由于重置资产的需要以及因收益虚增带来的纳税增加，子公司的资金需要量上升，为保持实物资产的规模和经营能力，对子公司的投资需求不断增加，给国际企业的筹资带来压力。由于通货膨胀国家的资本成本相应上升，子公司在当地的融资受到制约，国际企业的筹资策略可能因此而发生改变。

(3) 通货膨胀通过汇率和利率对财务管理的综合影响。通货膨胀与汇率和利率之间存在着复杂的关系，一国出现通货膨胀时应考虑其对汇率和利率的影响，这会使得国际企业财务的决策难度加大，财务活动面临的风险也会变大。

同通货膨胀一样，通货紧缩会从反方向增大国际企业的风险，增加国际企业财务管理的难度。通货紧缩时，当地产品市场需求锐减，企业资产贬值，原有的债务负担加重，企业利润骤减，企业经营出现困难。但是，通货紧缩也会带来出口产品竞争力增强、银行利率下降的好处。对于国际企业而言，某个东道国通货紧缩会导致在该国的子公司现金流量骤减，运营出现危机。由于通货紧缩往往导致一国经济的严重衰退，故比起通货膨胀，通货紧缩给国际企业带来的风险可能更大。

三、国际财务管理的政治环境

政治属于上层建筑，以经济为基础，是经济的集中表现。在任何国家，经济活动都受到政府的管制，企业的活动也都处在政府的管辖控制之下。企业是否能够取得经营的权利、企业经营活动的范围有多大、企业资金是否能够顺利流动、企业可以支配多少利润等都在政府的管制范围之内，政治环境是企业财务管理不可回避的环境因素之一。

相对于国内企业的财务管理，政治因素对国际企业的财务管理的影响更加突出。每个独立国家都拥有允许或禁止外国企业在其政治边界之内开展业务的政治权力。东道国政府按照自己的意愿，对国际企业的财务管理活动实施控制或限制，办法是对其采取鼓励、支持或抑制、禁止等措施。对于国际企业而言，要在其他国家进行经营和开展各项财务活动，需要认真分析东道国的政治环境。这种分析至少应包括：(1) 现行政体；(2) 现行政策体系；(3) 政府政策的内容、稳定性和连续性；(4) 该国政治给外国公司带来哪些风险或利益。

国际企业的财务管理人员在制定国际理财计划、战略时，要切实理解、把握东道国的政治环境。世界各国政府对于工商业活动的干预程度是不同的，作为外国企业，必须努力使自己的活动在政治上能为东道国所接受，否则会因政治上的原因引起种种麻烦。此外，政府政策是否具有连续性更是国际企业进行财务管理的一个难题。对于一个高水平的财务管理人员来说，在一个多变甚至险恶的政治环境中做生意，并不一定意味着没有成功的把握，关键在于把握住政治的脉搏，制定出相应的对策。

四、国际财务管理的社会文化环境

社会文化环境包括教育、科学、文学、艺术、新闻出版、广播电视、卫生体育、世界观、理想、信念、道德、习俗以及同社会制度相适应的权利义务观念、道德观念、组织纪律观念、价值观念、劳动态度等。作为人类的一种社会实践活动，财务管理必然受社会文化的影响。但是，社会文化的各方面对财务管理的影响程度是不尽相同的，有的具有直接影响，有的可能只有间接影响，有的影响比较明显，有的影响则可能是微乎其微。

社会文化环境中的文化价值观对国际财务管理有着最重要的影响。处在不同社会文化环境中的人们，有着不同的文化价值观，人们具有不同的时间取向、风险偏好、权利意识和集体主义观念等，会产生不同的财务管理目标、财务组织结构、财务决策的控制模式以及财务业绩的评价标准。比如，在具有长期取向的国家中，企业目标更重视长远的回报和长远利益的增长，如扩大市场份额的目标往往高于增加当期投资收益的目标，社会更希望企业能够考虑保障雇员的利益，注重雇员的培训和稳定雇佣关系，在企业经营出现困难的时候，也较少为了维护股东的利益进行裁员；而短期取向国家的投资者更看中企业的短期利益，因此企业的管理者必须关心利润等短期财务指标，希望有更快速、可计量的回报，在企业遇到经营困境时，管理者通常通过迅速裁员达到维持当期利润水平的目的。再如，在以美国为代表的个人主义色彩较浓厚的国家，个人的报酬和晋升主要取决于其包括财务业绩在内的业绩考核，强调业绩评价必须与工作存在明确的相关性，讲求依据客观、诚实、公正的数据，在考核中，资历、经验是次要的；而在以日本为代表的集体主义国家中，保持群体的和谐是最重要的，企业尽量避免管理人员之间的竞争，因此在考核中，年龄、某成员在组织或群体中的身份或地位等个人背景比工作业绩更为重要。

除了文化价值观以外，其他文化差异也会对国际企业的经营和财务管理产生潜在的影响。比如，一国的教育水平可能决定其人才市场上是否具备高素质的财务管理人才，从而影响国际企业财务管理人员本地化的程度；一国的科技水平可能决定当地劳动力市场的特征，某些专门科技人力资源充足可能吸引国际企业的研究开发投资或特殊产品生产投资；不同国家的人们对物质利益的态度可能影响企业财务考核和激励的方法和措施；社会的资信程度影响企业的筹资方式和筹资成本。

由于不同国家和地区的社会文化传统有着很大的差异，国际企业进行财务管理时必须充分考虑社会文化差异对国际财务管理的影响，尽可能避免企业的经营和财务活动与东道国的社会文化产生冲突。

五、国际财务管理的法律环境

财务管理作为一种社会行为，必然要受到法律规范的约束，各个国家都会有一系列与企业财务管理有关的法律、法规。按照法律对财务管理内容的影响情况，可以分成以下几类。

（一）影响企业筹资的各种法律

企业筹资是在特定的法律约束下进行的，影响企业筹资的法律法规主要有公司法、证券法、金融法、证券交易法、经济合同法、企业财务制度等。法律法规对企业筹资活动规范的主要内容包括：（1）规范不同类型企业的筹资渠道；（2）规范不同组织类型企业的筹资方式；（3）规范企业筹集资金的条件。

（二）影响企业投资的各种法律

企业的投资活动必须在特定的约束下才能进行，这方面的法律法规主要有企业法、证券交易法、公司法、企业财务制度等。法律法规对企业投资活动规范的主要内容包括：(1) 规范企业投资时的出资方式；(2) 规范企业投资的程序；(3) 规范企业投资的方向。

(三) 影响企业利润分配的各种法律

企业在进行利润分配时，必须遵守有关法律法规的规定，这方面的法律法规包括税法、公司法、企业法、企业财务制度等。法律法规对企业利润分配活动规范的主要内容包括：(1) 规范企业成本、费用的开支范围；(2) 规范企业缴纳的税费及其计算方法；(3) 规范税后利润分配程序。

(四) 税收法律

课税对企业理财有最直接、最经常、最重要的影响，各国的税收制度有较大差异，国际企业开展国际财务管理活动时必须对各国的税法有较深入的了解，灵活运用税收规定，为国际理财创造更好的税收环境。影响国际财务管理的主要税收制度内容包括：(1) 各国的税种和税率；(2) 税收优惠政策和亏损弥补；(3) 国际上避免双重征税的协议。有关税收法律与国际财务管理的关系将在第十二章国际税收管理中作详细介绍。

除了规范所有企业财务管理活动的法律法规外，一些国家为了发挥国际企业的积极作用，抑制其对本国的不良影响，还会设立相关的法律法规调整和控制国际企业的行为以及这些行为所产生的各种关系，比如对国际企业在本国设立企业时的股权比例、分红原则、共同管理、采用当地原材料和劳务等进行限制；对国际企业的资本转移、转移定价、税务、信息披露、垄断行为、资本退出等进行管制等。这些法律法规也是国际企业进行财务管理活动时必须遵守的。

由于各国法律体制不同，法律的规定也不完全相同，有的甚至截然不同，而国际企业的理财行为会涉及不同的国家、地区，要同时考虑多个国家的法律规范。因此国际企业在进行经营和财务管理时，需要对相关国家的法律进行研究，要特别针对所要进入或正在经营的东道国的相关法律法规做出财务决策。

六、国际财务管理的金融环境

金融市场是指资金供应者和资金需求者双方通过某种形式融通资金达成交易的场所。金融市场对于企业理财活动具有重要影响，表现在以下几方面：

(1) 金融市场是企业融资和间接投资的场所，在现代市场经济条件下具有举足轻重的地位，对企业理财活动起着直接的制约和调节作用。它可以调剂资金供求，提高企业资产的流动性，企业可以通过金融市场实现长短期资金的相互转化。

(2) 金融市场为企业理财提供有意义的信息，是企业进行生产经营和财务决策的重要依据。例如，金融市场上利率的变化反映了资金的供求状况；有价证券市场的行情反映了投资者对企业经营状况和盈利水平及前景的评价。

(3) 金融市场为企业理财提供各种金融服务，为企业理财活动提供了极大便利。

国际企业进行国际财务管理时必须了解相关国家的金融市场、金融机构及相关的各种制度，有关国际金融市场的分类及国际金融机构的内容将在第三章第一节国际筹资环境中作详细介绍。

本章小结

国际财务管理是按照国际惯例和国际经济法的有关条款，根据国际企业财务收支的特点，组织国际企业的财务活动，处理国际财务关系的一项经济管理活动。贸易国际化、生产国际化和金融全球化是促进财务管理国际化的主要原因。国际财务管理的主要内容包括：外汇风险管理、国际筹资管理、国际投资管理、国际营运资金管理等。国际财务管理的目标应该是以股东财富最大化或企业价值最大化为主导的多目标组合。

国际财务管理环境是一个多层次、多方位的复杂系统，按照不同的标准可以划分为不同的类型。以影响财务管理的环境内容来划分，国际财务管理的环境包括经济环境、政治环境、社会文化环境、法律环境、金融环境，每一类环境又包括多种具体的因素。

思考题

1. 如何理解国际财务管理的含义？
2. 国际财务管理包括哪些主要内容？
3. 国际财务管理的目标有哪些？
4. 国际财务管理的经济环境包括哪些因素？
5. 如何理解国际财务管理的政治环境和社会文化环境？
6. 影响国际财务管理的法律因素有哪些？

案例分析

中国在境外设立的直接投资企业近 2.2 万家

国际在线消息：据《经济日报》报道，2014 中国海外投资新年论坛在北京举行，全国人大财经委副主任委员辜胜阻在会上表示，中国对外投资将保持高速增长，中国有望在 2020 年为世界经济贡献超过 1 万亿美元的对外投资。

据悉，近十几年来，中国企业对外投资一直保持快速增长，2003 年到 2012 年的平均增长率达到 41.6%。2012 年中国直接对外投资流量达到 878 亿美元，成为世界上第三大对外投资国。目前，中国企业境外投资正处于方兴未艾的势头，2013 年前 11 个月中国非金融类对外直接投资达到 802.4 亿美元，同比增长 28.3%。中国投资协会会长张汉亚介绍，截至 2012 年年底，中国在境外设立的直接投资企业近 2.2 万家，遍布全球 179 个国家和地区，投资行业涉及国民经济所有的行业类别。

据介绍，目前中国企业跨国并购的成功概率约为 40%，全球跨国并购的成功概率约为

25%，中国企业跨国并购的成功概率高于全球的平均水平。

资料来源：http://gb.cri.cn/42071/2014/01/14/5931s4389804.htm。

思考与讨论：

1. 中国企业进行大量境外投资的原因是什么？
2. 中国企业进行境外投资时需要考虑的财务管理问题有哪些？

第二章　外汇风险管理

学习目标

理解外汇、外汇市场的概念，掌握外汇市场的类型、外汇市场的功能，了解外汇市场的参与者，理解各类外汇交易方式，熟悉汇率的概念、标价方法及分类。

掌握外汇风险的概念和分类，掌握各类外汇风险的测量，熟悉外汇风险管理的策略与程序，掌握各类外汇风险的管理方法。

第一节 外汇及外汇市场

由于各国货币制度不同，每个国家的价格标准和价格符号不一，而通常本国货币也只能在本国流通，不同国家之间清偿国际债务时需要进行货币的兑换，这就涉及外汇和外汇市场的概念。

一、外汇的概念

外汇是以外国货币表示的能用于国际结算的资产。国际货币基金组织（IMF）对外汇的定义是：外汇是货币行政当局（中央银行、货币机构、外汇平准基金组织、财政部）以银行存款、财政部库券、长短期政府债券等形式保存的，在国际收支逆差时使用的债权。人们通常所说的外汇是指狭义的外汇，即以外币表示的可直接用于国际结算的支付手段。我国 2008 年 8 月修订的《外汇管理条例》规定，外汇是指下列以外币表示的可以用作国际清偿的支付手段和资产：(1) 外币现钞，包括纸币、铸币；(2) 外币支付凭证或者支付工具，包括票据、银行存款凭证、银行卡等；(3) 外币有价证券，包括债券、股票等；(4) 特别提款权；(5) 其他外汇资产。

二、外汇市场的概念和类型

(一) 外汇市场的概念

外汇作为一种资产，可以与其他商品一样进行买卖，外汇交易也是通过市场来进行的，由此就产生了外汇市场。外汇市场是由各种专门从事外汇买卖的媒介机构和个人所构成，各方主体共同参与外汇交易的市场。由于外汇市场的存在，世界范围内因时间、地点、信息和主观判断等因素而时刻发生变动和产生差异的汇率水平在庞大的交易系统中随时地波动和趋同。尽管目前世界上还存在着在固定场所交易的有形市场，但是大部分是以电话、电报、电传或网络等现代化通信设施为媒介交易的无形市场。参与外汇交易的各国中央银行、商业银行、外汇经纪商、非银行金融机构、进出口商以及其他外汇供求者，基于自身的目的经营各种现汇交易及期汇交易的市场，统称为外汇市场。外汇市场的构成有两个层次：其一是银行同业市场，这一层次的市场主要参与者为各种银行、外汇经纪商及各国央行，交易的金额都比较大，是外汇市场的主体；其二是客户与银行之间的交易市场，这一市场中的交易通常是在银行的柜面上进行的，银行在这一交易过程中的角色是外汇供求的中介者，通过外汇的买入或卖出赚取买卖的差价。外汇市场的构成见图 2—1。

随着通信网络的日益发达和迅捷，全球外汇市场已连成一个整体，各国外汇市场由于时差此关彼开，可以 24 小时进行交易，其作用是调剂外汇资金的余缺，提供避免外汇风险的手段，便于中央银行进行稳定汇率的操作。

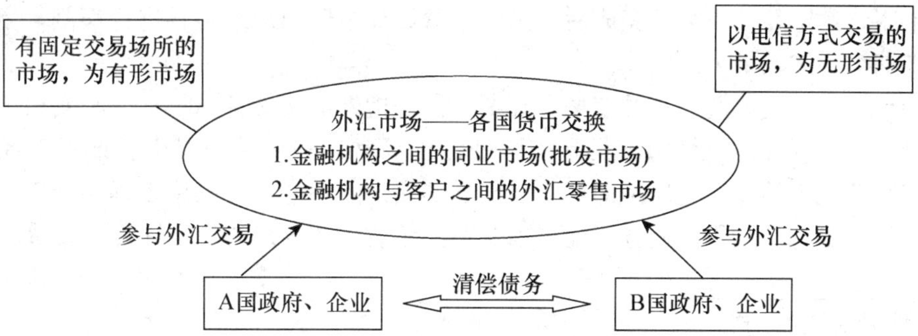

图 2—1 外汇市场的构成

(二) 外汇市场的类型

1. 依据有无集中的交易场所分为有形市场和无形市场

有形市场是指设有具体、集中的交易场所，参与者在一定的营业时间内，聚集在该交易场所进行买卖；无形市场是指尽管外汇交易的规模很大，却没有专门的交易场所。前者是面对面进行洽谈和交易，如巴黎、法兰克福、阿姆斯特丹和米兰等外汇市场；后者是通过电子计算机、信息网络、通信手段进行交易，是目前外汇市场的主要形式，如伦敦、纽约和东京外汇市场等。

2. 依据参加交易市场的对象不同分为客户市场和银行间市场

客户市场是银行与客户（个人、公司等）之间进行外汇买卖的行为及场所，又称外汇零售市场。银行在与客户的外汇交易中起中介作用，一方面从客户手中买入外汇，另一方面又将外汇卖给客户，从中赚取外汇买卖差价。我国银行间市场是指经国家外汇管理局批准的可以经营外汇业务的境内金融机构（包括银行、非银行金融机构和外资金融机构）之间通过中国外汇交易中心进行人民币与外币之间的交易市场。银行在向客户买入或卖出外汇时，可能出现多头（买入金额大于卖出金额）或空头（卖出金额大于买入金额），为了避免遭受汇率变动损失，就在银行间进行外汇买卖，以调剂余缺。

1994 年，我国全面建立了全国统一银行间外汇市场，最初只有美元和港币两个币种的交易，1995 年增加了日元兑人民币的交易，2002 年增加了欧元兑人民币的交易。为活跃交易、提高流动性，2002 年 4 月和 7 月，中国外汇交易中心分别在欧元和港币交易上开始试行做市商制度，2003 年 10 月 1 日起，允许交易主体当日进行买卖双向交易，2005 年 5 月 18 日开办了八种“货币对”交易，同年 8 月 15 日推出远期外汇交易，2006 年 1 月 4 日开始即期交易，增加询价方式并正式引入做市商制度，2006 年 4 月 24 日推出人民币与外币掉期业务，2006 年 8 月 1 日增设英镑交易，在增加交易品种的同时，交易时间进一步延长。

3. 依据交割时间的长短分为即期市场、远期市场和掉期市场

即期市场是指从事即期外汇买卖的市场，也称现汇交易市场，其交割日一般在外汇买卖完成后的两个营业日内，是外汇市场上最经济、最普通的形式。即期市场中的交易有标准日（成交后第二个营业日）交割、次日交割和当日交割三种。如香港交易市场，港元兑换美元是当天交割，而港元兑换日元、新加坡元、澳元则是在次日交割，其他则在成交后的第二个营业日交割。

远期市场是远期外汇交易的市场，又称期汇外汇市场，交易双方以约定的外汇币种、

金额、汇率，约定在外汇买卖完成后的第二个营业日之后的未来某日进行交割，主要是为了避免即期汇率波动带来的风险。

掉期市场是外汇掉期交易的市场。掉期交易是指外汇交易者同时买入及卖出金额相等但交割日不相同的外汇。掉期交易是国际外汇市场常用的一种规避中长期汇率风险的手段，大多数情况下的掉期交易是即期交易与远期交易的结合，可以用于远期结售汇业务提前交割，解决了远期结售汇业务不能提前交割的矛盾，使客户的资金周转更灵活。

三、外汇市场的功能

（一）国际支付工具

国际上的政治、经济、文化行为都会产生国际支付，交易者需要借助外汇市场进行资金调拨，清偿由此产生的债权债务关系，通过外汇市场来进行货币互换，实现购买力的转移，以完成各种交易及投资行为。

（二）国际金融活动的媒介

国际金融活动包括由国际贸易、国际借贷、国际投资、国际汇兑等引起货币收支的一系列金融活动，这些金融活动必然会涉及外汇交易。货币市场、资本市场上的交易活动经常需要进行外汇买卖，两者相互配合才能顺利完成交易。外汇市场还能提供第三种信用来源，成为国际贸易顺利进行的辅助条件，如信用证和银行承兑的使用，可以为经营者方便地提供信用。外汇市场不仅能使国际金融活动顺利进行，而且在很大程度上进一步带动和促进了其他市场的交易活动。

（三）降低外汇汇兑风险

由于不同货币之间汇率的波动，拥有国外资产（如工厂）的公司将这些资产折算成本国货币时，可能遭受一些风险。当以外币计价的国外资产在一段时间内价值不变时，如果汇率发生变化，以国内货币折算这项资产的价值时，就会产生损益。公司可以通过远期外汇市场等对冲手段来消除这种潜在的损益，交易结果可以抵消由汇率变动而产生的外币资产的损益。

（四）投机牟利

外汇市场的参与者，可依据对汇率升值或贬值的预期而购买或抛售该外汇资产而从中获利；或者利用不同的外汇市场、不同的货币种类、不同的交割时间，以及一些货币汇率和利率上的差异，低价买进、高价卖出，从中赚取利润。

四、外汇市场的参与者

（一）中央银行

中央银行是外汇市场的主要参与者，其参与外汇市场的主要目的是合理调节国际储备和维持汇率稳定。中央银行调节外汇储备时，与一般外汇参与者相同；进行汇率管理时，通过参与外汇交易来干预汇率，调整外汇市场资金的供求关系，使汇率维系在一定水平上。中央银行通常设立外汇平准基金，当市场中的外汇求过于供，汇率上涨时，抛售外币，收回本币；当市场中的外汇供过于求，汇率下跌时，买进外币，投放本币。一般情况下，中央银行并不直接参加外汇市场的活动，而是通过经纪人和商业银行进行交易，它不以盈利为目的，通过采用一些调控措施（如买进卖出）对市场进行干预，维持市场正常运行。因此，从某种意义上讲，中央银行不仅是外汇市场的参加者，而且是外汇市场的实际操纵者。

（二）商业银行

商业银行既参与外汇批发市场又参与外汇零售市场，是最主要的外汇市场参与者，其交易活动构成外汇市场活动的主要部分，同时，它也是外汇各类交易和各类风险的主要承担者。通常情况下，银行向外报出外汇买入价和外汇卖出价，前者低于后者，通过买卖差价赚取利润；也可以通过正确预测汇率的变动而获利。例如，当商业银行预期外汇将升值时，可以故意保持自己的外汇不平衡地位，留下一个“敞口”，如果未来外汇真的升值，即可通过这一操作获得利润。另外，商业银行还可为投资者提供交易便利，在这种情况下，商业银行不赚取差价，只收取佣金。

（三）进出口商

进出口商参与外汇市场的主要目的是货币兑换和规避风险。与商业银行一样，进出口商也是外汇市场最初的参与者，并且是风险的主要承担者，同时正是基于进出口商的需求，商业银行才会进行货币兑换。所以，外汇市场的最主要业务也是其最基本的职能就是帮助进出口商进行货币兑换。当然，进出口商的外汇兑换也需要规避风险，故外汇的避险是外汇业务的主要组成部分，这种避险业务也是由商业银行来完成的。最初，正是进出口商的交易所造成的货币需求才促成了货币的流动以及外汇市场上各类货币的需求和供给，但目前外汇市场有很大一部分交易已经不是由进出口商的货币需求引致的，而主要是因非银行金融机构和投资者、投机者的交易需求而出现的。

（四）外汇经纪人

外汇经纪人是指在中央银行、外汇银行和客户之间进行联系、接洽的媒介。他们熟悉外汇市场的供求关系和市场行情信息，在买主和卖主之间积极活动，为双方促成交易，这样可以使错综复杂的外汇交易简便易行。他们只是使外汇市场交易顺利进行的中介，本身并不从事外汇交易，也不承担外汇风险，只是赚取佣金。外汇经纪人产生于信息不发达时代，随着互联网越来越发达，外汇经纪人的生存空间逐渐被压缩。

（五）个人投资者

个人投资者的交易额在外汇市场的成交量中所占比例很小，随着经济的发展以及各国投资条件和相关规定的改变，个人投资者越来越容易参与到外汇市场里。随着互联网的普及，从 20 世纪末开始，个人投资者的人数急剧上升，从而成为外汇市场的参与者。个人投资者交易额所占比重虽然不大，但是由于涉及人数较多，其影响也不可忽视，个人投资者参与交易时大多是投资与投机的混合体。

我国外汇市场是伴随着经济体制改革深化和对外开放程度的不断加强而产生并发展起来的。1985 年 12 月，在深圳特区诞生了我国第一个外汇调剂中心，正式开办留成外汇调剂业务。1994 年，我国进一步改革外汇管理体制，建立了全国统一的银行间外汇交易市场，即中国外汇交易中心，使我国的外汇市场发生了实质性的变化。

我国外汇市场包括柜台市场和同业市场。前者是零售市场，是外汇指定银行与客户之间的交易市场；后者是银行间市场，是外汇指定银行为了轧平其外汇头寸，互相进行投机交易而形成的外汇买卖市场。目前，我国外汇市场的参与者主要包括外汇指定银行、客户、中央银行以及外汇经纪人和经纪商。

五、汇率的概念、标价方法及分类

(一) 汇率的概念

汇率又称汇价，就是外汇买卖的价格，即两国货币兑换的比率，是以一种货币表示的另外一种货币的相对价格。例如，USD1＝CNY6.12，就是以人民币表示的美元的价格，也即人民币与美元的比率或者比价。如果说外汇交易是两种不同货币之间的买卖行为，是对兑换行为的质的表述，汇率则是外汇买卖的价格，是对兑换行为的量的度量。从外汇交易的角度来看，汇率是一种资产价格，即外汇价格；从外汇作为一种特殊商品可以进行交易的角度来看，汇率就是外汇交易的价格，即汇价；从银行挂牌对外公布的价格角度来说，本币兑换外币的汇率又被称为外汇牌价。

(二) 汇率的标价方法

两个国家的货币相互折算，首先要确定用哪一个国家的货币作为标准，标准不同，就会产生不同的外汇汇率。汇率的常见标价方法有直接标价法和间接标价法两种。

(1) 直接标价法。又称应付标价法，即以本币表示外币的价格，是以单位外币为标准，折合成若干数量本币的方法。我国人民币汇率采用的就是这种方法，世界上大多数国家也是采用直接标价法。在直接标价法下，外国货币的数额固定不变，本国货币的数额随着外国货币或本国货币币值的变化而变化。如果一定数额的外国货币比以前换得较多的本国货币，则说明外汇汇率升高，本国货币币值下降；反之，如果一定数额的外国货币比以前换得较少的本国货币，则说明外汇汇率下降，本国货币币值上升。所以，在直接标价法下，外汇汇率升降，与本国货币币值呈反向关系。

(2) 间接标价法。又称应收标价法，即以外币表示本币的价格，是以单位本币为标准，折合成若干数量外币的方法。在间接标价法下，本国货币的数额固定不变，外国货币的数额随着本国货币和外国货币的币值变动而变动。当一定单位的本国货币可以兑换较多的外国货币时，说明汇率上升，本国货币升值；反之，当一定单位的本国货币只能兑换较少的外国货币时，说明汇率下降，本国货币贬值。因此，在间接标价法下，外汇汇率的升降与本国货币币值呈同方向变化。目前，世界上采取间接标价法的国家有美国、英国。

在国外的外汇市场上，一般都采用直接标价法，但伦敦外汇市场一直采用间接标价法，美国纽约外汇市场自 1978 年 9 月 1 日起改用间接标价法。

(三) 汇率的分类

根据不同的分类标准，汇率可以划分为不同的种类。

(1) 按外汇交割期限划分为即期汇率和远期汇率。

即期汇率：指买卖双方成交后，在两个营业日内办理交割所使用的汇率。

远期汇率：指买卖双方事先约定的，据以在未来某一特定日期进行外汇交割的汇率。

（2）按衡量货币价值的角度划分为名义汇率、真实汇率和有效汇率。

名义汇率：指未作任何调整的、人们通常使用的汇率。一般意义的汇率均指名义汇率。

真实汇率：指对价格进行调整后的名义汇率。具体地说，真实汇率是从名义汇率中扣除物价因素得到的。

有效汇率：是综合衡量一种货币变化情况的指数。衡量一种货币的价值仅靠双边汇率是不够的，在外汇市场上经常可以看到，一种货币对某种货币的价值在上升，但对另一种货币的价值在下降，在这种情况下，需要使用有效汇率。有效汇率是各种双边汇率的加权平均，权数为一国主要贸易伙伴在其对外贸易总额中所占的比重。

（3）按计算汇率时是否涉及第三国货币划分为基本汇率和套算汇率。

基本汇率：指一国货币对某一关键货币的比率。关键货币是指一国国际支付中使用最多的、同时在国际上被普遍使用的货币。目前，各国一般把美元当做关键货币，把对美元的汇率作为基本汇率。

套算汇率：又称交叉汇率，是指两种货币通过第三种货币作为中介而推算出的汇率。在当今国际主要外汇市场多是按美元标价法计算外汇汇率的情况下，人们欲了解美元以外的两种货币之间的比率，就必须借助于套算汇率。

（4）按国际汇率制度的不同划分为固定汇率和浮动汇率。

固定汇率：规定本国货币与其他货币之间维持一个基本固定的比率，汇率的波动被限制在一定范围内，用官方干预来保证汇率的稳定。在 19 世纪初到 20 世纪 30 年代的金本位制时期、第二次世界大战后到 20 世纪 70 年代初以美元为中心的国际货币体系，都实行固定汇率制。

浮动汇率：指两国货币的比价不是由官方制定的，而是由外汇市场供求关系决定，汇率可以自由浮动，官方只是在汇率出现过度波动时才进行干预。这是布雷顿森林体系垮台后西方普遍实行的汇率制度。浮动汇率制度又可进一步分为自由浮动、管理浮动、联合浮动、钉住浮动等类型。

第二节　外汇交易方式

外汇交易有狭义和广义之分。狭义的外汇交易是指各种外国货币的买卖，广义的外汇交易则包括各种以外国货币计价的债权工具、股权工具等信用工具的买卖及黄金交易。本节仅介绍狭义的外汇交易。

一、即期外汇交易

即期外汇交易又称现货交易，是指外汇买卖成交后，交易双方于两个交易日内办理交割手续的一种交易行为。即期外汇交易是市场上最常用的一种交易方式，其交易额占外汇交易总额的比重较大。

(一) 即期外汇交易的方式

即期外汇交易的方式依交割方式不同有电汇、信汇和票汇等。

电汇：是汇款人向当地外汇银行交付本国货币，委托银行以电报、电传、全球银行间金融电信网络等方式通知收款所在地的分行或代理行立即付外币给收款人。

信汇：是汇款人向当地银行交付本国货币，由银行开具汇款委托书或支付委托书，用信函邮寄给国外代理行，办理付出外汇业务。

票汇：是汇出行应汇款人申请，在汇款人把汇款（本国货币）交给银行后，代汇款人开具以其分行或代理行为解付行的银行即期汇票，交由汇款人自行寄送给收款人或亲自携带出国，收款人凭票取款。

(二) 即期外汇交易的报价

即期外汇交易的报价是指外汇银行在交易中报出的买入或卖出外汇的汇价。一般采取“双档”报价法，即外汇银行在交易中同时报出买价（bid rate）和卖价（offer rate）。如US＄1＝HK＄7.751 6～7.752 6，前者为买入价，后者为卖出价。银行的买卖价格之差(spread)，就是外汇银行买卖外汇的收益，一般为1‰～5‰。在实际操作中，外汇交易员不申报全价，只报出汇率小数点后的最后两位数。同上例，如果当时汇率为US＄1＝HK＄7.7516～7.752 6，则香港银行接到询问时就仅报出16～26或16/26。这是因为外汇汇率一天之内的变化一般不会超过最后两位数，不用报全价，这也是银行报价的习惯。如果汇率在一天内暴涨暴跌打破惯例，则另当别论。

二、远期外汇交易

远期外汇交易是指买卖双方在交易时，就货币交易的种类、汇率、数量及交割期限达成协议，并以合约的形式固定下来，然后在规定的交割日双方再履行合约，按约定的汇率办理有关货币金额的收付结算。

远期外汇交易一般发生在银行和非银行客户之间，其合约内容包括类型（买或卖）、货币种类、数额、远期汇率、到期日等。远期合约的期限一般为一年以下，随着国际金融市场的发展，已经出现了长期的远期合约，最长可达10年。买卖双方签订远期合约后，不管汇率如何变动，都必须按事先约定的汇率进行交割。

在确定远期汇率交割日的时候，要遵循“对月、对日、不跨月”原则，具体涉及三个惯例：(1) 顺延惯例，即交割日恰逢银行例行节假日，则顺延到节假日后银行第一个营业日；(2) 回推惯例，即交割日恰逢银行例行节假日，顺延时又恰逢跨月，违背了“对月、不跨月”原则，则应回推到节假日之前的最后一个营业日；(3) 最后营业日惯例，即交割日恰逢该月的最后一个营业日，那么远期交割日也须安排在对应月份的最后一个营业日。

(一) 远期外汇交易的种类

按实际交割日是否确定分为固定远期外汇交易和择期远期外汇交易。

(1) 固定远期外汇交易。指外汇买卖双方按照成交日商定的具体日期进行实际交割的外汇交易。交割日既不能提前也不能推后。

在出口商以短期信贷方式出卖商品，进口商以延期付款方式购买商品的情况下，从成交到结算有一段时间差，这段时间差容易给进出口带来汇率风险。为减少汇率风险，进出口商就会运用远期外汇交易进行套期保值。有远期外汇收入的出口商与银行签订卖出远期外汇的合约，锁定本币收入，防止因汇率下跌而减少收入；而有远期外汇支出的进口商与银行签订买入远期外汇的合约，一定时期后按规定的价格向银行购买规定数量的外汇，锁定外汇支出成本，防止因汇率上升增加成本。

(2) 择期远期外汇交易。是远期外汇的购买者或者卖出者在合约的有效期内任何一天，有权要求银行进行交割的一种外汇业务。它能够满足交割日难以确定的客户的特殊需求，在价格确定上则倾向于对银行有利。

对于进口商来说，如果能确定在某一固定时间有一笔外汇支付，为避免汇率风险，进口商可以与银行签订远期固定合约，从银行买入固定交割日的期汇，以固定换汇成本。如果该进口商的支付日期一直无法确定，那么它可以与银行签订择期远期合约，在规定期限的任何一天实施交割。择期远期外汇交易对于客户来说，最不利的是与银行成交的择期汇率可能是整个择期内最高的汇率，即最不利汇率。

(二) 远期外汇交易报价

远期外汇交易报价包括直接报价和点数报价。

(1) 直接报价。又称单纯远期外汇报价、买断卖断远期报价，就是直接报出远期汇率的全部数字。例如，东京外汇市场：

某日即期汇率：　1美元=107.5日元～107.8日元

三个月远期汇率：1美元=107.2日元～107.6日元

单纯远期外汇报价通常是银行为那些单纯从事远期外汇交易的客户提供的报价。一般来说，远期汇率的买卖价差大于即期汇率的买卖价差。

例如，某日纽约外汇市场英镑兑美元的汇率为：

即期汇率	1个月远期汇率	3个月远期汇率	6个月远期汇率
1.968 2/87	1.969 0/95	1.969 7/08	1.971 5/25

(2) 差价报价。是指不公布远期汇率，只报出即期汇率、远期汇率与即期汇率的差价，由客户根据差价计算真正的远期汇率。

某一时点上远期汇率与即期汇率的差价又叫掉期率，可以分为升水、贴水和平价三种方式。其中：升水表示远期汇率比即期汇率高；贴水表示远期汇率比即期汇率低；平价表示远期汇率与即期汇率相等。

汇率的标价法不同，升水和贴水的计算方法也不同。

在直接标价法下：

远期汇率=即期汇率+升水

远期汇率=即期汇率－贴水

在间接标价法下：

远期汇率=即期汇率－升水

远期汇率=即期汇率+贴水

在外汇市场上，汇率的升水和贴水多用点数表示。所谓点数，就是表明货币比价数字中的小数点以后的第四位数。一般情况下，汇率在一天内的变动范围也就在小数点后第三位，表示远期汇率的点有两栏数字，分别代表买入价和卖出价。在直接标价法，买入价在前，卖出价在后；间接标价法则相反。用点数报价的远期汇率也称换汇汇率，其意义是把远期市场和即期市场的行情联系起来，为那些同时从事远期交易和即期交易的机构提供信息。

【例 2—1】某日，纽约外汇市场英镑兑美元的汇率为：

即期汇率	1 个月掉期率	3 个月掉期率
1.968 2/87	25/35	60/40

计算真正的远期汇率。

1 个月的掉期率两栏数字前小后大，那么就应该在即期汇率的基础上对应的加上点数。但是注意代入点数的时候，不是代入 25 和 35，而是应该代入 0.002 5 和 0.003 5，那么 1 个月的远期汇率应该是￡1＝＄1.970 7/22。这个汇率标志着在纽约外汇市场中外币英镑升值，本币美元贬值。

计算 3 个月的远期汇率，两栏点数前大后小，所以应该是在即期汇率的基础上减去相应的点数，得到 3 个月的远期汇率就是￡1＝＄1.962 2/47。这个汇率标志着在纽约外汇市场中外币英镑贬值，本币美元升值。

下面，我们再来看间接标价法下远期汇率的计算。假设同样是纽约外汇市场，某日美元兑换港币的汇率为：

即期汇率	1 个月掉期率	6 个月掉期率
7.809 1/99	25/36	140/110

根据上述数据，可得到 1 个月的远期汇率为 US＄1＝HK7.811 6/35，它标志着本币美元升值，外币港币贬值。3 个月的远期汇率应为 US＄1＝HK7.795 1/89，它标志着本币美元贬值，外币港币升值。

在以点数报价时，如果不知道即期汇率，判断以一种货币表示远期外币的价格是大于还是小于即期汇率，只需比较点数报价中的买入点值和卖出点值。因为无论是即期还是远期，买入价一定低于卖出价，对于外汇经营者来说，由于远期外汇交易风险比即期外汇交易风险大，所以远期汇率买卖的差价比即期汇率买卖的差价大。判断规则是：如果买入点值大于卖出点值，则即期汇率高于远期汇率；如果买入点值小于卖出点值，则即期汇率低于远期汇率（见表 2—1）。

表 2—1

点数情况	直接标价法	间接标价法
前小后大	外币升值，本币贬值	外币贬值，本币升值
前大后小	外币贬值，本币升值	外币升值，本币贬值

三、掉期交易

在短期资本投资或资金调拨活动中，如果将一种货币兑换成另一种货币，为避免外汇汇率风险，常常运用掉期交易，即买进或卖出即期外汇的同时，卖出或买进远期外汇，以防范可能发生的损失。例如，德国某银行因业务需要，购买日元存放于东京银行，存期 3

个月，为了预防3个月后日元贬值，该德国银行可利用掉期交易，卖出3个月日元的期汇，以规避风险。

掉期交易实际上是由两笔交易组成：一笔是即期交易，另一笔是远期交易。掉期交易，买卖差价上只损失一次，如果分成两笔业务，不仅操作麻烦，而且在报价上也会损失更多的买卖差价。

(1) 即期对远期的掉期交易。指买进或卖出现汇的同时，卖出或买进一笔期汇，这是掉期交易最基本、最常见的形式。例如，泰国某银行在当地吸收一笔期限为3个月的定期存款，由于一时没有好的投资机会，且美国的3个月期存款利率高于泰国，所以银行决定换成美元投放在亚洲美元市场上。等到存款到期时，再把美元贷款本息换回泰铢兑付存款，由于担心美元贬值，泰国银行可以在买进美元的同时卖出3个月美元期汇，这一掉期交易就是用以降低风险的。

(2) 即期对即期的掉期交易。指买进或卖出一笔即期外汇的同时卖出或买进另一笔同种货币的即期外汇。在这一过程中，两笔交易的交割日期不同，通常用于银行同业的短期资金拆借，目的是避开汇率变动风险。常见的有今日对明日的掉期交易和明日对后日的掉期交易。

(3) 远期对远期的掉期交易。指买进并卖出两笔同种货币不同交割期的远期外汇。当国际银行或跨国公司有期限不同的应收和应付资金，而远期外汇市场不同期限的远期汇率结构对其有利时，采取远期对远期的掉期交易可以最大限度地利用汇率谋利。

【例2—2】美国某银行（英国境内）在1个月后将收到一笔100万英镑的收入，同时在3个月后应向外支付100万英镑。

纽约	/£
即期汇率	1.696 0/1.697 0
1个月远期汇率	1.686 8/1.688 0
3个月远期汇率	1.672 9/1.674 2

如果该银行进行一笔远期对远期的掉期交易，其美元收支如何？如果进行两笔即期对远期的掉期交易，其美元收支如何？哪种掉期交易更划算？

(1) 一笔远期对远期的掉期交易。

买入3个月远期（1.674 2），卖出1个月远期（1.686 8）：

$$毛利=(1.686\,8-1.674\,2)\times 100=1.26(万美元)$$

(2) 两笔即期对远期的掉期交易。

买入3个月的期汇同时卖出现汇：

$$1.674\,2(3个月汇率)\times 100=167.42(万美元)$$
$$1.696\,0(即期汇率)\times 100=169.60(万美元)$$

盈利2.18万美元。

卖出1个月的期汇同时买入现汇：

$$1.686\,8(1个月汇率)\times 100=168.68(万美元)$$
$$1.697\,0(即期汇率)\times 100=169.70(万美元)$$

亏损1.02万美元。

总计盈利=2.18−1.02=1.16(万美元)

结论：做一笔远期对远期的掉期交易更划算。

四、其他外汇交易

除了上述常见的交易方式以外，外汇交易还有套汇交易、套利交易、外汇期货交易以及外汇期权交易等方式。

(1) 套汇交易。套汇是指利用不同的外汇市场、不同的货币种类、不同的交割时间以及一些货币汇率和利率上的差异，从低价一方买进、高价一方卖出，从中赚取利润的外汇交易方式，包括直接套汇和三角套汇两种方式。前者是利用两地外汇市场中两种货币在同一时间出现的汇率差异进行的套利活动；后者是利用三地或三国汇率的差异来进行的套利活动。

(2) 套利交易。套利是指利用两国货币市场出现的利率差异，将资金从一个市场转移到另一个市场，以赚取利润的交易方式，包括不抛补套利和抛补套利。前者适用于同一时间外汇市场上某两种货币的即期汇率和远期汇率的差异小于当时两种货币的利率差，而且这两种货币的汇率在短期内波动幅度不大的情况；后者是指套利者在将资金从低利率地区调往高利率地区的同时，在外汇市场上卖出远期高利率货币，以避免汇率风险。

(3) 外汇期货交易。外汇期货是指以汇率为标的物的期货合约，用来规避汇率风险。它是金融期货中最早出现的品种。

(4) 外汇期权交易。外汇期权买卖的是外汇，期权买方在向期权卖方支付相应期权费后获得一项权利，即期权买方有权在约定的到期日按照双方事先约定的协定汇率和金额同期权卖方买卖约定的货币，同时期权买方也有权不执行上述买卖合约。

例如，英国金融市场上短期利率是年息2.5%，美国为5%，即期汇率£1=US$2.000 0，3个月远期汇率为£1=US$2.005 0。某投资者以年息2.5%借入1 000万英镑，购入2 000万美元现汇，汇往美国，同时签订3个月后到期的以美元买入英镑的远期合约。因为美元的利率比英镑高，假设投资了3个月，本利和共为2 000×(1+5%×3/12)=2 025万美元，汇回英国后应该得到2 025÷2.005 0=1 009.975万英镑。但是我们这时还不能说这笔投资交易净赚了9.975万英镑，因为这笔资金在英国也有利息支出，其在英国3个月的本利和为1 000×(1+2.5%×3/12)=1 006.25万英镑。所以，这次套利活动的最终利润为1 009.975−1 006.25=3.725万英镑。

第三节　外汇风险的概念及测量

一、外汇风险的概念及分类

(一) 外汇风险的概念

国际企业在涉外经营过程中，以外币计量的资产、负债会因汇率变动而发生变化，从而影响企业的经营成果。企业对外投资形成的国外子公司的会计报表与母公司的会计报表合并时，国外子公司的资产、负债和经营成果会随外汇汇率变动而发生变化。外汇汇率的变动对企业以外币计价的资产、负债和经营成果产生的影响是双向的，既可能是有利影响，使资产和经营成果增加、负债减少，也可能是不利影响，使资产和经营成果减少、负债增加。即使企业完全在国内经营，不涉及外汇业务，当外汇汇率发生变动时，也会通过对国家进出口的影响，使企业的产品和原材料市场发生变化，对企业的经营结果产生影响。这种汇率变动的不确定性可能带给企业的影响就是外汇风险。对于依靠扎扎实实的经营以提高收益的企业来说，必须首先考虑到汇率变动有发生损失的可能性，要避免这种可能性或把这种可能性尽量降低。由于有些人在谈到外汇风险时，首先或着重考虑的是汇率变动可能对企业资产、负债和经营成果产生的不利影响及可能带来的损失，因此，把外汇风险定义为“因汇率变动有可能受到的影响，特别是意味着有可能蒙受的损失”。

（二）外汇风险的分类

企业的外汇风险从形态上可以分为交易风险、折算风险和经济风险。下面对这三类风险分别加以说明。

1. 交易风险

交易风险是指以外币计价的各类交易活动自发生到结算过程中，因汇率变动而引起损失的可能性。这种交易包括以信用方式进行的商品进出口、外汇借贷、外汇买卖、远期外汇交易等。企业的上述交易会产生未来的外币现金流入或流出，企业的各种外币现金流入在转换成本币时要受汇率的影响，外币现金流出也一样。企业未来的现金流量因受汇率波动的影响而变得不确定，从而产生交易风险。

2. 折算风险

折算风险亦称会计风险，是指在将国外附属公司的外币会计报表采用一定的方法，按照一定的汇率折算成母公司所在国的货币，汇总编制整个公司的合并会计报表时，受汇率变动的影响，外币报表折算产生损失或利得的风险。由于汇率的变动，使得交易发生日和会计报表折算日的汇率不一致，报表的不同项目采用不同汇率（现行汇率、历史汇率、平均汇率）折算，因而产生损失或利得，从而形成折算风险。

3. 经济风险

经济风险是指由于汇率的变动而引起的企业预期的现金流量净现值发生变动所造成损失的可能性。汇率变动会使企业未来的销售量、价格和成本等经济指标发生变动，从而引起企业未来一定时期的利润和现金净流量减少或增加，从而产生经济风险。

应当认识到，一个企业即使没有任何跨国经营活动，也会面临经济风险。一国货币的升值或贬值会影响本国企业的进出口，即使一个企业的购销活动都只在国内进行，没有外汇收支，但在本国货币升值时，一些跨国经营的企业从国外以外汇购买的原材料的成本会降低，这会使国内企业在竞争中处于不利地位而遭受损失。

二、交易风险的测量

交易风险是由于某项以外币计价的交易，在交易发生到交易完成的这段时间内因汇率发生变动而产生的风险。跨国经营只要涉及外币交易，就有可能出现交易风险，交易风险的管理是国际企业外汇风险管理最重要的内容。

（一）交易风险的分项测量

交易风险反映的是汇率变动对未来现金流量的直接影响，这种影响主要表现在交易发生时的货币数目与交易完成时的货币数目不一致。引起交易风险的各种交易包括：以信用方式进行的商品进出口交易、外汇借贷交易、外汇买卖、远期外汇交易、以外汇进行的投资等。

1. 商品或劳务进出口交易产生的外汇风险

商品或劳务进出口交易产生的外汇风险是指企业进行商品或劳务进出口的交易过程中，用外币计价结算，由于成交日到结算日汇率发生变动，使企业以本币计算的收入、支出可能增加或减少而导致的风险。

以中国企业出口商品为例，如果出口以美元计价结算，则当人民币贬值时，收回的美元货款折合成人民币的数额就会增加；当人民币升值时，收回的美元货款折合成人民币的数额就会减少。设某企业以分期收款方式出口产品一批，货款为 100 万美元，成交日为 6 月 1 日，汇率为 1 美元＝6.10 元人民币，货款折合为 610 万元人民币。收款情况分别为 7 月 1 日收回 50 万美元，8 月 1 日收回 50 万美元。假设 7 月 1 日的即期汇率为 1 美元＝6.05 元人民币，8 月 1 日的即期汇率为 1 美元＝6.00 元人民币。则外汇风险损失为：

$$610-(50\times6.05+50\times6.00)=7.5\text{（万元人民币）}$$

进口交易的外汇风险测量原理与出口交易相同，只是方向相反。如进口以美元计价结算，则人民币贬值时，付出的人民币会增加；人民币升值时，付出的人民币会减少。

2. 以外币计价的债权债务带来的外汇风险

以外币计价的债权债务带来的外汇风险与以外币计价的进出口赊买赊卖相似。赊买实际上等于取得一笔短期借款（产生债务），赊卖实际上等于提供一笔短期贷款（产生债权）。

但是，以外币计价的债权债务若为长期的债权债务，由于在长期内汇率波动幅度可能较大，因而会带来较大的外汇风险。

3. 外汇买卖的汇率风险

外汇买卖的汇率风险是指企业买入外汇，持有一段时间后卖出，由于买入到卖出这一期间汇率发生变动从而使本币数额增多或减少的风险。例如，某公司于 1 月初买入 100 万美元，半年后又卖出，有关事项列示如下：

买入时：汇率为 1 美元＝6.20 元人民币
　　　　用 620 万元人民币买入 100 万美元
　　　　人民币年利率为 6%
　　　　人民币存款利息为 18.6（620×6%×0.5）万元
　　　　合计 638.6 万元人民币

卖出时：汇率为 1 美元＝6.10 元人民币
　　　　美元存款年利率为 4%

美元存款利息为 2（100×4%×0.5）万美元

合计 102 万美元

卖出 102 万美元得到 622.2 万元人民币

风险损失：16.4（638.6－622.2）万元人民币

4. 远期外汇交易的汇率风险

远期外汇交易的汇率风险是指在远期外汇交易中，由于合约规定的远期汇率与合约到期日的即期汇率不一致，使按远期汇率换得（或付出）的货币数额多于或少于按即期汇率换得（或付出）的货币数额而发生的风险。例如，某企业于 6 月 10 日与银行签订用人民币买美元的远期外汇交易合约，期限半年，远期汇率为 1 美元＝6.10 元人民币，购入金额为 100 万美元。12 月 10 日合约到期时，假设即期汇率为 1 美元＝6.05 元人民币，如果该企业未签订远期外汇交易合约，按即期汇率买入 100 万美元需支付人民币 605 万元，执行远期外汇交易需支付人民币 610 万元，风险损失为 5（610－605）万元人民币。

5. 企业海外投资、利润汇回和资本撤回的交易风险

企业以外汇对境外投资，需要将本国货币兑换成当地货币，在汇回投资收益或投资期满收回本金时，又要兑换成母国货币汇回。在此期间，如果汇率变动，会使企业面临外汇风险。例如，某中国公司投入人民币 124 万元作为美国分公司的流动资本，投入时的汇率为 1 美元＝6.20 元人民币，兑换成 20 万美元。5 年后撤回资本，汇率变为 1 美元＝6.10 元人民币，则只能换回 122 万元，发生外汇风险损失 2 万元人民币。如果本例中美元升值，则该公司将获得汇率风险收益。

在测量交易风险时要考虑未来的即期汇率，但未来的即期汇率是不确定的，需要财务人员采用一定的方法进行预测。实际上，企业很难准确预测未来的汇率，但企业至少可以根据一些历史数据来评估一种外币可能的波动幅度，从而评估各单项交易风险的大小。

（二）交易风险的综合测量

前面的举例都是说明如何测量某一项交易的汇率风险。单从一项交易的角度来衡量交易风险是较容易的，但在实际工作中，企业财务管理人员是站在整个企业的角度考虑全部交易风险的净影响结果，因此必须考虑一些较复杂的因素。不仅要测量交易中每一笔外汇应收款、应付款、借款的汇率风险，而且应注意综合测量整个企业交易中全部外汇债权与外汇债务（包括外汇应付款、外汇借款等）相抵后净债权和净债务的汇率风险。

1. 当企业只有一种外汇债权债务时，交易风险的综合测量

一种外币的交易风险取决于两个因素，即货币暴露净头寸的大小和汇率波动的幅度。货币暴露头寸是指一段期间内承受汇率波动风险的现金流入或现金流出。由于现金流入与流出可以相互抵消，所以真正承受外汇风险的是现金净流量，即货币暴露净头寸。例如，一家中国企业于 3 月 1 日出口了一批以美元计价、价值 10 万美元的商品，约定在 6 月 1 日付款；同时这家企业又借入 20 万美元，3 个月后偿还。两笔交易相抵后，从 3 月 1 日到 6 月 1 日，企业的美元暴露净头寸就只有 10 万美元的现金流出。假设 3 月 1 日的汇率为 1 美元＝6.20 元人民币，6 月 1 日的汇率变为 1 美元＝6.25 元人民币，则发生风险损失 0.5［10×(6.25－6.20)］万元人民币。在这里要注意，只有时间上匹配的现金流量才能

相抵，即如果这家企业是在 6 月 1 日借入 20 万美元，则现金流量就不能互抵。对跨国公司来说，应集中管理外汇风险，这样使得许多子公司、分公司的现金流量可以互抵，从而避免重复支付管理费用，以达到总体的股东权益最大化。

2. 当企业有多种外汇债权债务时，交易风险的综合测量

企业交易计价使用的外币可能并不唯一，此时交易风险的大小不仅要看汇率变动的方向和变动幅度，而且要看各种外汇汇率变动的相关性。各种外汇的汇率变化都具有不确定性，正是汇率的不确定性导致了外汇风险。各种外汇汇率变化之间存在着一定的关联性。如果两种外汇对本国货币同时升值或同时贬值，则称为正相关；两种外汇对本国货币，一种升值，另一种贬值，则称为负相关。下面举例说明各种外汇汇率变动的相关性对交易风险的影响。

假设我国某企业有美元和欧元两种外汇债权债务，可能存在以下几种情况：

（1）美元为净债权，欧元为净债务；美元和欧元汇率变化正相关。

两种外汇汇率变化正相关，则有可能出现同时升值或同时贬值的情况。当美元和欧元都升值时，企业的美元净债权会产生外汇风险收益，欧元净债务则会产生外汇风险损失，两者可以部分或全部抵消；当美元和欧元都贬值时，企业的美元净债权会产生外汇风险损失，欧元净债务则会产生外汇风险收益，两者同样可以适当抵消。此时企业的交易风险较小。

（2）美元为净债务，欧元为净债权；美元和欧元汇率变化正相关。

此时两种外汇与人民币的汇率变动对企业交易风险的影响与（1）相同，不再重述。

可以看出，在一种外汇是净债权、另一种外汇是净债务的情况下，当两种外汇都贬值或升值，即汇率变动正相关时，损失和收益能全部或部分抵消，从而降低外汇风险。

（3）美元为净债权，欧元为净债务；美元和欧元汇率变化负相关。

两种外汇汇率变化负相关，则有可能出现一种货币升值、另一种货币贬值的情况。当美元升值、欧元贬值时，企业的美元净债权会产生外汇风险收益，欧元净债务同样会产生外汇风险收益。如果美元贬值、欧元升值，则企业的美元净债权和欧元净债务均会产生外汇风险损失。此时企业的交易风险较大。

（4）美元为净债务，欧元为净债权；美元和欧元汇率变化负相关。

此时两种外汇与人民币的汇率变动对企业交易风险的影响与（3）相同，不再重述。

可以看出，在一种外汇是净债权、另一种外汇是净债务的情况下，当一种外汇升值、另一种外汇贬值，即汇率变动负相关时，损失和收益则会相互叠加，从而提高外汇风险。

（5）美元和欧元都是净债权，美元和欧元汇率变化正相关。

如果美元和欧元同时升值，企业的美元和欧元净债权均会产生外汇风险收益；如果美元和欧元同时贬值，企业的美元和欧元净债权均会产生外汇风险损失。此时企业的交易风险较大。

（6）美元和欧元都是净债务，美元和欧元汇率变化正相关。

此时两种外汇与人民币的汇率变动对企业交易风险的影响与（5）相同，不再重述。

可以看出，在两种外汇都是净债权或净债务的情况下，当两种外汇都贬值或升值，即汇率变动正相关时，损失和收益则会相互叠加，从而提高外汇风险。

(7) 美元和欧元都是净债权或净债务，美元和欧元汇率变化负相关。

在这种情况下，一种货币升值的同时，另一种货币贬值，不管两种货币是净债权还是净债务，均会出现一种外汇产生外汇风险损失，而另一种外汇产生外汇风险收益的情形，两者可以适当抵消。

可以看出，在两种外汇都是净债权或净债务的情况下，当一种外汇升值、另一种外汇贬值时，损失和收益能全部或部分抵消，从而降低外汇风险。

三、经济风险的测量

经济风险反映的是汇率的变动引起的企业预期现金流量净现值发生变动而造成损失的可能性。汇率变动对现金流量的影响是多方面的，尤其对于跨国经营的国际企业来说，汇率变动对现金流量的影响更为复杂。因此，国际企业要准确测量其所承受的经济风险是十分困难的。经济风险的测量一般采用经济分析的方法，首先预测汇率出现的各种可能的变化，然后估计在汇率出现各种变化的情况下，对企业销售量、销售价格和成本产生的影响，最终测算出汇率变动给企业带来的外汇风险损失或收益。

经济风险测量的一种常用方法是在某一预测汇率水平下分别估计损益表各项目，并计算现金流量水平，然后改变预测的汇率，重新估计损益表各项目相应的数值。通过分析损益表中税前利润随不同的预测汇率变化而变化的数值，企业就可以衡量汇率变动对企业税前利润和现金流量的影响。

下面举例说明汇率变动对现金流量的影响。

【例 2—3】 我国某企业生产的甲产品部分在国内销售，部分出口国际市场，并从国外进口部分原材料。出口产品和进口原材料均以欧元计价和结算。该企业 2014 年 10 月预测 2015 年全年将会产生的利润和现金流量如表 2—2 所示。

表 2—2　　2015 年损益及现金流量预测表

项目		金额（元）
销售收入	内销 200 000 件，单位售价 85 元	17 000 000
	外销 200 000 件，单位售价 85 元折合 10 欧元	17 000 000
销货成本	400 000 件，单位成本 60 元	24 000 000
现金营业费用	固定费用	2 000 000
	变动费用（销售收入的 10%）	3 400 000
折旧		800 000
税前利润		3 800 000
所得税（30%）		1 140 000
税后利润		2 660 000
加回折旧		800 000
现金净流量		3 460 000

表 2—2 的预测数据是假定欧元汇率保持在 1 欧元＝8.5 元人民币的水平下作出的，但是 2015 年欧元汇率可能会发生与预期不符的变化，在欧元汇率发生变化后，出口产品的销售价格、销量、进口材料的成本均会受到影响，国内销售情况受汇率变化的影响也可能

发生变化。因此，需要考虑欧元汇率变化给企业现金流量带来的影响，即企业面临的外汇经济风险。假设2015年欧元汇率有可能出现1欧元=8.00元人民币、1欧元=8.50元人民币、1欧元=9.00元人民币三种结果，根据汇率变化的可能结果，分析汇率发生变化以后，销售价格、销量、销售成本受到的影响。为简单起见，我们假定产品的国内销售情况、固定营业费用不受影响，汇率只影响单位产品成本和出口产品的销售情况。

(1) 欧元汇率由1欧元=8.50元人民币下降为1欧元=8.00元人民币。此时欧元贬值，企业进口材料支付的人民币数额减少，经预测，产品单位成本下降为55元，企业仍然按单价10欧元的价格出口产品，保持原有的销量，则出口部分的销售收入下降为16 000 000（200 000×10×8.00）元。

(2) 欧元汇率由1欧元=8.50元人民币上升为1欧元=9.00元人民币。此时欧元升值，企业进口材料支付的人民币数额增加，经预测，产品单位成本上升为65元，企业仍然按单价10欧元的价格出口产品，保持原有的销量，则出口部分的销售收入上升为18 000 000（200 000×10×9.00）元。

根据上述分析，重新预测汇率发生变化以后企业现金流量的变化，如表2—3所示。

表2—3　　汇率变动对企业现金流量的影响分析表　　金额：元

汇率	8.00	8.50	9.00
内销	17 000 000	17 000 000	17 000 000
外销	16 000 000	17 000 000	18 000 000
销售成本	22 000 000	24 000 000	26 000 000
现金营业费用（固定费用）	2 000 000	2 000 000	2 000 000
变动费用	3 300 000	3 400 000	3 500 000
折旧	800 000	800 000	800 000
税前利润	4 900 000	3 800 000	2 700 000
所得税（30%）	1 470 000	1 140 000	810 000
税后利润	3 430 000	2 660 000	1 890 000
加回折旧	800 000	800 000	800 000
现金净流量	4 230 000	3 460 000	2 690 000
与原预测值的差额	+770 000	0	−770 000

由表2—3可以看出，欧元贬值后，企业出口产品的销售收入减少，但进口材料成本降低使企业的销售成本降低，综合两方面的影响后，企业的净现金流量增加770 000元。欧元升值后，企业出口产品的销售收入增加，但进口材料成本上升使企业的销售成本增加，综合两方面的影响后，企业的净现金流量减少770 000元。

上述分析是基于企业国内销售情况不变、出口产品的欧元价格保持不变而作出的。实际上，外汇汇率的变化对企业经营的影响是非常复杂的。外汇汇率变化以后，企业出口产品的价格也可能会进行调整，以保持原有的销售规模，或者价格和销售量同时发生变化。而且受汇率变化影响，产品出口受到影响后，国内市场的竞争状况也会发生改变，国内的销售情况自然会受到影响。企业只有综合考虑汇率变化对企业经营的各种影响后，才能合理测量经济风险。

四、折算风险的测量

折算风险是企业的合并会计报表受汇率波动影响而出现的风险。当跨国公司的子公司资产和负债项目不以历史汇率折算时，合并资产负债表就会受这一期间汇率波动的影响，合并损益表也会因此而发生变化。但是，为编制合并报表目的进行折算不会对企业现金流量产生影响。与交易风险、经济风险不同，折算风险是一种存量风险。

折算风险产生的原因在于外国分支机构的会计报表项目在不同时期折算为母公司所在国货币时所采用的汇率不同。在不同的折算方法下，会计报表项目折算采用的汇率是不同的。因此，折算风险的测量结果会因企业编制合并会计报表时选用的折算方法不同而不同。国际上常用的方法主要有流动/非流动法、货币/非货币法、时态法和现行汇率法。

在流动/非流动法下，子公司的所有流动资产和流动负债都按照现行汇率折算，其他资产、负债和所有者权益项目则按历史汇率折算。这种方法遵循的依据是：只有在国外发生的短期项目或流动性项目才会有风险，而长期项目或非流动性项目则被看做按母公司的货币固定下来。使用这种折算方法，在本币升值或外币贬值的情况下，如果外国子公司的营运资金为正数，母公司账上就会出现外汇折算损失；反之，则会有外汇折算收益。在这种方法下，外国子公司的折算风险暴露部分就是其营运资金。

货币/非货币法是对货币资产负债和非货币资产负债进行不同的折算。对货币资产负债以当前汇率折算，对非货币资产负债以历史汇率折算，所有者权益也按历史汇率折算。在这种方法下，外国子公司的折算风险暴露部分就是货币性资产减去负债后的差额。

时态法与货币/非货币法十分相近，唯一的不同在于存货和对外投资的处理。如果存货和对外投资以当前市价表示，则按现行汇率折算；如果以历史成本表示，则以历史汇率折算，此时与货币/非货币法一致。

现行汇率法是将外国子公司的所有资产和负债都按现行汇率折算，因此，所有国外的资产和负债都面临折算风险。此时，折算风险暴露部分是国外子公司的净资产。

以上四种方法中，现行汇率法是目前最流行的折算方法。从美国来看，1976 年之前主要采用流动/非流动法，美国公司还可以自由选择折算方法，许多公司结合采用流动/非流动和货币/非货币两种方法。1981 年颁布的美国财务会计准则第 52 号废弃了货币/非货币法，采用现行汇率法，并将折算损益作为所有者权益的一项内容在资产负债表中反映而不在损益表中列示。我国财政部 1995 年 2 月颁布的《合并会计报表暂行规定》中规定，我国企业对子公司外币会计报表折算采用现行汇率法。2006 年我国颁布的《企业会计准则第 19 号——外币折算》作出了进一步的明确规定。

国际会计准则第 21 号要求，境外企业外币报表的折算方法应根据境外经营的业务和财务特点来确定。该准则将境外经营分为以下两类：第一类为境外实体。由于汇率的变动不会直接影响母公司的现金流量，但会影响母公司在境外经营中的投资净额，该准则认为，折算后的报表应尽可能保留其境外报表所反映的财务成果和比例关系，因此应采取单一汇率法即现行汇率法进行折算，折算发生的差额不应计入损益，而应记作股东权益。第二类为母公司经营有机组成部分的经营单位。由于汇率变动会直接影响母公司经营的现金流量，相当于母公司从事该项经营所受的影响，故应采用时态法对不同性质的项目分别按不同汇率进行折算，折算发生的差额一般计入当期损益。

除了折算方法以外，影响折算风险的因素还有：

（1）外国分支机构业务所占的比重。跨国公司的国外分支机构业务在公司总的业务中比重越大，折算风险越高。比如一家在全球广泛直接投资的公司和一家很少进行直接投资而主要通过出口的公司相比，前者的折算风险将大于后者，尽管后者的交易风险可能较高。

（2）外国分支机构所在国。外国分支机构的财务报表的编制一般使用当地货币，当地货币价值的变动剧烈程度决定着折算风险的大小。如对一家美国企业来说，在加拿大设立公司会比在日本设立公司的折算风险要小，因为美元对加拿大元的汇率波幅要小于对日元的汇率波幅。

第四节　外汇风险的管理

一、外汇风险管理的策略

企业外汇风险管理的策略是指企业根据自己的利益和具体情况在外汇风险管理方面所采取的对策与谋略。各企业应根据自身跨国经营规模的大小、受险的项目及各个项目受险的程度、风险管理费用的多少、企业承受风险的能力强弱、对风险的偏好及预测汇率变动的能力选择不同的外汇风险管理策略。

外汇风险管理策略可以分为下述三类。

（一）保守策略

保守策略是一种安全第一、不留下任何不稳定因素的策略，其管理目标是避免承担任何外汇风险损失。采用保守策略的财务决策要么拒绝所有可能带来外汇风险的项目，要么对所有存在外汇风险的项目通过金融市场进行套期保值。在第一种情况下，企业可能会因为拒绝这些项目而丧失较好的筹资或投资机会，限制了企业的发展，因而会遭受难以估算的损失。在第二种情况下，企业需要支付较高的交易费用，有些时候可能造成企业支付的交易费用超过了可能遭受的损失。采取这种管理策略的企业或者在涉外业务中只使用本币结算，或者在合同签订日就将未来应收应付的外汇按合同约定汇率折算成本币，以避免未来兑换的汇率风险。

企业的财务管理者厌恶风险，或者认为企业承担风险的能力很弱时，可能会采取保守策略。

完全回避外汇风险的管理会造成一些消极的影响。第一，在对外贸易中采用本币计价将使交易对方处于风险暴露状态，如果对方也是风险厌恶者，则可能会丧失一些贸易机会；第二，完全回避外汇风险的管理可能产生较高的交易成本，得不偿失。所以，大多数跨国公司认为保守策略是不可取的。

（二）冒险策略

冒险策略是一种消极的、顺其自然的策略。在这种策略下，企业对涉及外汇的各项经营业务不采取任何外汇风险管理措施，如果汇率变动对企业有利，就获取风险报酬；汇率出现不利变动而造成的损失也由企业全部承担。在这种情况下，企业不会发生外汇风险管理费用。

这一策略的理论基础是购买力平价和利率平价成立，汇率的波动是暂时的，但其升降的机会相等，因而对实体经济影响不大。从长期来看，风险报酬和风险损失可以互相抵消，企业也因此节约了一笔风险管理的费用。实际上，购买力平价和利率平价不能完全发挥作用，汇率变动对企业的资产有着实质性的影响。

采取这种策略的企业，一般是涉及外汇的经营业务很少或相对于其他经营业务来讲不重要，管理者乐于冒风险，企业的承受能力强，而且预测计划期内汇率变动不大，认为汇率偶尔变动造成的损失是企业经营的正常成本，不影响企业的正常经营。采用现金结算或只按短期商业信用进行交易的进出口商可以较安全地采取这种策略；已充分实行经营多元化和财务多元化的大型跨国公司，由于风险已相当分散，汇率变动造成的净损失较小，因而也可采取这种策略。但在实际工作中，采取冒险策略的企业是很少见的。

（三）中间策略

中间策略是一种介于前两种极端策略之间的策略，是大多数企业采用的通行的外汇风险管理策略。在这种策略下，企业按照成本效益原则，预测汇率变动的趋势、时间和幅度，估计承受的各种外汇风险，选择适当的管理方式。对涉及外汇的各项业务区别对待，区分主次，对某些受险程度高的涉外业务，采取合适的外汇风险管理措施进行重点管理；对某些受险程度低的涉外业务，则不采取外汇风险管理措施。

企业不论采用上述何种策略，在进行外汇风险管理时，都必须遵循成本效益原则。企业涉及外汇的各项业务，汇率变动可能会使企业受损，也可能会使企业受益，外汇风险管理的目的主要在于防止外汇风险损失的发生。为了防止外汇风险损失，往往会发生相应的费用，主要包括外汇汇率预测及咨询费用，在经营决策时采取外汇风险管理措施付出的代价，以及为了防范外汇风险而在金融市场进行各种外汇交易、外汇借款等行为时所付出的交易费用、借款利息等。外汇风险管理的效益是指采取管理措施使外汇风险损失减少的数额。如果进行外汇风险管理发生的费用大于采取管理措施使外汇风险损失减少数，显然是不合算的，也就是说，只有当前者小于后者时，采取管理措施才是必要的。

最佳外汇风险管理策略不仅要考虑企业的综合财务计划过程，而且应该考虑企业的筹资、融资、流动资金管理、资本预算、税收政策、股息汇出与转移价格以及其他短期和长期财务政策。此外，企业还应该对各部门在外汇风险管理中可能出现的问题进行预测并制定较为明确的程序加以规范。

二、外汇风险管理的程序

外汇风险管理是一项十分复杂的工作，必须按科学的程序进行。这一程序应包括下述几个方面。

（一）预测外汇汇率变动情况

外汇风险产生的根本原因是汇率的变动，所以，预测汇率的变动情况是外汇风险管理工作中十分重要的步骤。在预测前，首先要确定合理的预测期。汇率变动情况的预测包括相互联系的三个方面，即变动的方向、变动的时间和变动的幅度。汇率变动情况的预测是一项非常复杂的工作，通常情况下，国际收支、国内物价变动、财政状况和经济增长是汇率变动的主要影响因素，但国家政治局势、人们预期收入的变化等也会对汇率变动产生影响，需要在考虑各种因素的基础上进行综合分析，才能得出合理的预测结果。

国际上常见的汇率预测方法有技术分析法、因素分析法、市场分析法和混合分析法。(有关影响汇率变动情况的理论及汇率预测方法的使用请参考“国际金融”课程的相关内容)

(二) 测算外汇风险的受险额

测算外汇风险的受险额就是从数量上确定企业面临外汇风险的大小。以交易风险为例，交易风险的受险额等于结算期限相同的外币债权与外币债务之间的差额。为了正确计算企业所有的交易风险的受险额，应按不同的币种、不同的结算期来分别计算。在计算过程中，若外币债权大于外币债务，其差额为正受险额；反之，则为负受险额。

企业在分析其受险情况和进行外汇风险管理活动时，应同时权衡考虑三种不同的外汇风险类型，因为旨在减少一种类型的外汇风险的行为可能增加另一种类型的外汇风险。例如在降低折算风险时可能增加了交易风险或经济风险。

(三) 确定是否采取外汇风险管理措施

根据受险额和预测的汇率变动幅度测算外汇风险损失额，并预测采用某种方法防范风险将发生的费用（成本），然后将外汇风险管理的成本与外汇风险管理的效益进行比较，如果前者小于后者，则应采取措施防范风险。一般而言，在以下几种情况下，企业可不采取任何行动：

(1) 受险额是正值，而该种外币预计会升值，汇率变动后，企业将获得收益。

(2) 受险额是负值，而该种外币预计会贬值，汇率变动后，企业将获得收益。

(3) 受险额为零，不管汇率如何变动，都不存在外汇风险。

(4) 外汇风险管理的成本大于外汇风险管理的效益。

如果外汇风险管理的成本小于外汇风险管理的效益，在以下几种情况下，一般都要采用适当的方式避险：

(1) 受险额是正值，而该种外币预计会贬值。

(2) 受险额是负值，而该种外币预计会升值。

(3) 受险额可能是正值也可能是负值，外币是升值还是贬值很难估计。

(四) 选择有效的外汇风险管理方法

20 世纪 70 年代初以来，汇率和利率变动频繁，外汇风险增大，为了有效地避免外汇风险，各种避险方法应运而生。国际企业应根据对汇率的预测和自身的实际情况，认真分析各种避险方法的优缺点，选择最适当的避险方法管理外汇风险。

(五) 实施选定的管理方法

在实施选定的管理方法过程中，企业应不断地进行检查，发现问题并及时解决。

三、交易风险管理

一般认为，交易风险对企业利益的影响是最直接的，交易风险是外汇风险管理的重点。越来越多的迹象显示，相对于经济风险和折算风险，企业更关注交易风险，这也表现在交易风险管理方法日趋多样和完善上。

管理交易风险的方法可分为事先防范法和事后防范法两类。前者是指在经营决策时，在签订交易合同前，就采取措施防范外汇风险，如选择有利的计价货币、适当调整商品价格、在合同中订立货币保值条款和汇率风险分摊条款等；后者是指已经用软货币签订了出口合同或用硬货币签订了进口合同，因无法在合同条款上加以弥补，就只能通过外汇市场进行远期外汇交易、外汇期权交易、外汇期货交易和外汇掉期交易，通过国际货币市场、资本市场进行借款和投资等方法来防范外汇风险。

（一）在进行交易决策时采取避险方法

在交易决策时，财务管理人员就应考虑交易风险的防范。此时可以采用的方法有：

1. 选择有利的计价货币

选择有利的计价货币，即在外汇收支中，原则上应争取收汇用硬货币，付汇用软货币。例如，在进出口贸易中，对进口付汇争取用软货币，出口收汇争取用硬货币；在借用外资时，一般应争取借软货币。但上述仅是理论上的说法，实际上选择什么计价货币是个较复杂的问题。货币的"软"和"硬"只是相对的，不是一成不变的。货币的"软"和"硬"基于企业对汇率的预测，有很大的不确定性。另外，货币的选择并不是由一方的意愿来决定，而是需要双方协商同意，并且往往与贸易条件或利率高低紧密相连。所以，财务管理者需权衡利弊，作出适当决策。

在国际经济交易中，最常使用的方法有：

（1）多种货币法。由于只用一种货币很难准确判断其汇率变动情况，不利于避免或降低风险。企业的出口收汇或进口付汇使用多种货币计价结算，有的货币贬值，有的货币升值，汇率风险可适当抵消。企业借入多种货币，汇率有升有降，利率有高有低，可以分散风险。

（2）软硬货币组合法。为了使交易双方分担汇率风险，可以采取软硬货币各半的方法，硬货币币值上升，软货币币值下降，相互抵消，可以减少汇率变动风险。

（3）进出口平衡法。它是在一笔交易发生后，再进行一笔同币种、同金额、收付日期也相同，但资金流向相反的交易，使两笔交易所面临的汇率风险相互抵消。

（4）用本币计价结算。进出口商品如果能够采用本国货币计价的话，清偿时不会发生本币与外币之间的兑换，则不论汇率如何变动，也没有外汇风险。

2. 适当调整商品价格

在进出口贸易中，一般应坚持出口收硬货币、进口付软货币的原则，但有时企业不得不在计价货币上作出适当让步，接受不利的计价货币，这样就存在外汇风险。为了弥补风险，可采取调整价格法。调整价格法主要包括加价保值法和压价保值法两种。

（1）加价保值法。主要用于出口交易，当出口商接受软货币计价时，可将部分或全部汇价损失摊入出口商品价格中，以转嫁汇价风险。如果企业将全部损失摊入出口商品价格中，则商品单价可按下列公式计算：

$$加价后的商品单价=原单价\times(1+本国货币升值率)$$

【例 2—4】 我国某企业的一种商品对外出口，估计 3 个月后可收回货款。在签订合同时，即期汇率为1美元＝6.10元人民币，这种商品原来以美元标价，每台1 000美元，折合人民币6 100元。预计未来美元将贬值，估计3个月后的美元汇率为1美元＝6.00元人民币，则人民币相对美元的升值率为1.67%$\left[\left(\frac{1}{6.00}-\frac{1}{6.10}\right)\div\frac{1}{6.10}\times 100\%\right]$，如果出口商品仍然以美元计价和结算，则：

加价后的商品单价＝1 000×(1＋1.67%)＝1 016.7(美元)

3个月后的1 016.7美元折合（1 016.7×6.00）6 100.2元人民币，我国企业不遭受外汇风险损失，如果企业加价后的价格介于1 000美元至1 016.7美元之间，则企业转嫁部分汇价损失。

（2）压价保值法。主要用于进口交易，当进口商接受硬货币计价时，要求将部分或全部汇价损失从进口商品价格中剔除，以转嫁汇价风险。如果企业将全部损失摊入出口商品价格中，则商品单价的计算公式如下：

压价后的商品单价＝原单价×(1－本国货币贬值率)

在进行国际借贷时，可适当调整利率，其原理与调整商品价格相同。

3. 在合同中订立汇率风险分摊条款或货币保值条款

当交易双方为使用何种计价货币发生争执时，多数情况下会在合同中加列一些条款以共同承担风险。这些条款包括汇率风险分摊和货币保值两大类。

（1）汇率风险分摊是指如果计价货币汇率发生变动，即以汇率变动幅度的一半重新调整价格，由双方分摊由汇率变动带来的损失或利益。其计算公式为：

$$调整后的货价＝原定货价\pm\frac{原定货价\times 汇率变动幅度}{2}$$

【例2—5】我国某企业从国际市场进口商品，用欧元计价，价格为1 000欧元，签订合同时的汇率为1欧元＝8.50元人民币，货价折合人民币8 500元。

如果不签订汇率风险分摊条款，则在欧元升值时，进口企业将要承担汇率风险损失；在欧元贬值时，进口企业将会获得汇率风险收益。为降低风险，假定合同订有汇率风险分摊条款，交易双方以汇率变动幅度的一半分摊汇率变动的收益或损失。这样，在双方结算时就需要根据欧元汇率的变动调整原来的货价。

第一种情况，假设欧元升值，结算时汇率变为1欧元＝8.80元人民币，货价折合人民币8 800元。如未签订汇率风险分摊条款，进口企业将承担汇率风险损失300元。如订立了汇率风险分摊条款，则调整后的价格为：

欧元升值幅度＝(8.80－8.50)÷8.50×100%＝3.53%

$$调整后的货价＝1\,000-\frac{1\,000\times 3.53\%}{2}＝982.35(欧元)$$

第二种情况，假设欧元贬值，结算时汇率变为1欧元＝8.00元人民币，货价折合人民币8 000元。如未签订汇率风险分摊条款，进口企业将会获得汇率风险收益500元。如订立了汇率风险分摊条款，则调整后的价格为：

欧元贬值幅度＝(8.00－8.50)÷8.50×100%＝－5.88%

$$调整后的货价=1\,000+\frac{1\,000\times5.88\%}{2}=1\,029.4(欧元)$$

上述计算方法，从表面上看好像是双方均摊了损益，但实际上双方损益的分摊并不完全均等。有时候风险分摊按下列公式计算：

$$调整后的货价=\frac{签订合同时的外币货价折合人民币数\times2}{签订合同时外币与人民币汇率+结算时外币与人民币汇率}$$

(2) 货币保值是指选择某种与合同货币不一致的、价值稳定的货币，将合同金额用所选货币来表示，在结算或清偿时，按所选货币表示的金额用合同货币来完成收付。使用货币保值实际上是用一种价值稳定的货币计价，这样交易双方都不吃亏。可以用作保值货币的有黄金、欧洲货币单位和特别提款权等一揽子货币。例如，中国某企业出口商品一批，合同规定货款用美元结算，合同单价为 100 美元，为避免美元汇率波动给企业带来的风险，合同规定采用黄金进行保值。如果在结算时黄金的美元价格不变，则货款仍按每单位 100 美元结算；如果美元贬值，黄金的美元价格上升了 10%，则将单价调整为 100 ×(1+10%)=110 美元；如果美元升值，黄金的美元价格下降了 10%，则将单价调整为 100 ×(1−10%)=90 美元。这时不管美元汇率如何变化，企业收到的货款总是相当于一定数量的黄金，从而避免了美元汇率变动的影响。当然，为了避免价格频繁的调整，有时候也会规定，只有当汇率变动超过一定幅度后才进行调整，汇率如出现小幅波动，则不对货价进行调整。

4. 提前或延期结汇

国际企业可采用适当的方法来调整外汇的受险额，以达到避免外汇风险的目的。国际企业的总公司与国外的分公司之间以及国外的各分公司之间通常有很多的资金往来。例如，在材料采购、产品销售、管理服务、资金筹措等方面都会产生资金调度问题，可以通过提前或延缓支付的方式来调整外汇受险额。提前或延缓支付的基本原则是：当预计某种外币即将贬值时，应加速收款、延缓付款；当预计某种外币即将升值时，应推迟收款、加速付款。例如，人们预测日元将会升值，预计将会有日元收入的出口商应尽可能延迟收汇，以待日元真的升值后能以日元兑换更多的其他货币；而预计将会有日元支出的进口商应尽可能加速付款，以减少可能发生的汇率损失。企业提前或延期结汇的方法组合见表 2—4。

表 2—4　　提前或延期结汇的方法组合

项目	预测外币汇率上升（本币贬值）	预测外币汇率下跌（本币升值）
收汇	推迟收汇	提前收汇
付汇	提前付汇	推迟付汇

(二) 在金融市场上利用金融工具进行避险

在进行交易决策时所采用的外汇风险管理方法使用起来较简单，亦不需支付较高的交易费用，因而应用较普遍。但这些方法的基本原理是将风险转嫁给交易对方，而一项交易能成立首先要求风险和利益的均衡。因此，上述方法的应用存在很大的局限性，企业不可能无限制地使用这些方法来管理交易风险。

除了在交易决策时进行风险管理外，企业还可利用金融市场，使用有关套期保值工具以达到防范风险的目的。管理短期交易风险可使用的方法有如下几种。

1. 利用即期外汇交易防范风险

利用即期外汇交易防范风险就是企业可以用调整各种外汇存款余额的方法来防范外汇交易风险。如果企业有近期需要偿还的一种外汇债务，企业当前持有其他外币或本币存款，就可以通过进行即期外汇交易的方式防范风险。例如，A公司有一笔将于本月20日到期的美元债务，金额为20万美元。目前，A公司只有日元存款，美元兑日元的即期汇率为1美元=100日元，按此汇率还清货款需要2 000万日元。预计未来美元将升值、日元将贬值。企业如果不采取风险管理措施，偿还到期的美元债务将需要更多的日元，出现外汇风险损失。A公司现在用2 000万日元购买20万美元，以备支付货款，这样就可以避免外汇汇率变动带来的风险。这种做法只能防止外汇应付款的汇率上升风险，而不能解决外汇应收款的汇率下跌风险。

2. 利用远期外汇交易防范风险

为了避免交易风险，企业可以与办理远期外汇交易的外汇银行签订一份合同，约定将来某一时间按合同规定的远期汇率买卖外汇。远期外汇交易在签订合约时就确定了未来的交割日买入或卖出外汇的汇率，因而可及早确定企业收支数额，消除日后汇率变动的风险。

（1）在进口商品时，如果进口贸易合同约定以硬货币计价，进口企业可通过远期外汇交易按远期汇率购买硬货币，以避免硬货币币值上升的风险。例如，中国某企业于5月1日向一家美国公司购买设备，用美元计价，货款为100万美元，半年后付款。5月1日即期汇率为1美元=6.05元人民币，6个月到期的远期汇率（11月1日）为1美元=6.07元人民币。企业预测美元将升值，于是5月1日与银行签订远期外汇交易合同，约定11月1日支付人民币607万元换取100万美元，以支付到期货款。该企业这笔进口货款应付人民币数额在5月1日（签订远期外汇交易合约时）就已固定，不受今后汇率变动（11月1日实际即期汇率高低）的影响，从而避免了汇率风险。

当然，远期外汇交易本身是存在风险的。如果上述企业的预测是正确的，11月1日的即期汇率是1美元=6.10元人民币，若不进行远期外汇交易，兑换100万美元就必须支付人民币610万元，也就是说，这一远期外汇交易使企业少支付了3万元人民币。但是，该企业的预测也可能不准确，如果11月1日的即期汇率是1美元=6.06元人民币，若不进行远期外汇交易，11月1日兑换100万美元只需支付人民币606万元，进行远期外汇交易反而使企业多支付了1万元人民币。可见，企业能否避免损失和获得收益，关键在于汇率的预测是否准确。

（2）在出口商品时，如果出口贸易合同规定以软货币计价，则出口企业可通过远期外汇交易按远期汇率卖出软货币，以避免软货币币值下降的风险。例如，中国某企业于3月1日以赊销方式出口商品一批，应收货款100万美元，9月1日到期。3月1日即期汇率为1美元=6.10元人民币，6个月到期的远期汇率（9月1日）为1美元=6.08元人民币。企业预测美元将贬值，于是3月1日与银行签订远期外汇交易合同，约定9月1日以现在的远期汇率卖给银行100万美元，到期企业将收到608万元，不受到期日实际即期汇率的影响，从而避免了汇率风险。与进口时对应付款的风险管理相同，用于出口应收款外汇风险管理的远期外汇交易本身也是存在风险的，这里不再详述。

除了管理进出口业务时的外汇风险外，企业还可以利用远期外汇交易对证券投资、国外存款、直接投资等以外币表示的资产，以及向国外资本市场借入的资金等以外币表示的负债进行保值避险。其原理同上述进出口业务的外汇风险管理是相同的。

3. 利用外汇期货交易防范风险

外汇期货合约是标准化的远期合约，财务管理人员可以利用期货交易防范外汇交易风险，具体有以下两种情况：

（1）在外汇期货合约到期日与外汇应收、应付款到期日相同，企业持有外汇期货合约到期并实际交割的情况下，其实际做法和作用与远期外汇交易基本相同。例如，甲公司有90天到期的应收账款10万美元，现在的即期汇率是1美元＝6.10元人民币，甲公司预测90天后美元将贬值，汇率将变为1美元＝6.05元人民币。甲公司如不采取风险管理措施，应收账款到期时只能兑换60.5万元人民币。为了避免美元可能贬值带来的损失，甲公司卖出一份到期日与应收账款到期日相同的美元兑人民币期货合约（期货合约空头），合约金额为10万美元，期货合约的价格为1美元＝6.08元人民币。甲公司持有合约到期，收回应收账款10万美元，并执行期货合约交割10万美元，最终得到60.8万元人民币，此结果不受到期日美元即期汇率的影响，避免了外汇风险。当企业有外汇应付账款时，如果预测外汇将升值，企业可买入相应的外汇期货合约（期货合约多头），这时就可以确切地知道外汇应付款到期时折合为应付本国货币的数额，不受今后即期汇率变动的影响。

（2）在期货合约到期日与外汇应收、应付款到期日不同的情况下，企业可将现货市场交易与期货市场交易结合起来进行，用外汇期货交期的利得来弥补外汇现货交易的损失。例如，我国某公司在美国的子公司A于4月1日从德国进口设备，货款为50万欧元，双方约定于8月1日支付货款。4月1日的即期汇率为1欧元＝1.38美元，A公司预测8月1日支付货款时欧元会升值，如不采取风险管理措施，到期时购入50万欧元需要支付更多的美元。为降低外汇风险，A公司在4月1日购买4份9月份到期的欧元兑美元的期货合约，每份合约金额为12.5万欧元，期货合约的汇率为1欧元＝1.40美元。假定8月1日应付账款到期时的即期汇率为1欧元＝1.44美元，此时9月份到期的欧元兑美元的期货合约的汇率为1欧元＝1.45美元，A公司现货和期货交易情况见表2—5。

表2—5

现货市场	期货市场
4月1日，进口设备，货款50万欧元 汇率：1欧元＝1.38美元 折合69万美元	4月1日，购买4份9月到期的欧元期货，共50万欧元 汇率：1欧元＝1.40美元 应付：70万美元
8月1日，偿还50万欧元 汇率：1欧元＝1.44美元 需支付：72万美元	8月1日，卖出4份9月到期的欧元期货，共50万欧元 汇率：1欧元＝1.45美元 应收：72.5万美元
损失：3万美元	盈利（未考虑交易费用）：2.5万美元

上例中，欧元兑美元的汇率在现货市场和期货市场均升值，企业在现货市场承担损失，在期货市场盈利，现货市场的损失可以由期货市场的盈利补偿。由于现货市场和期货合约中的欧元汇率的变化并不完全一致，因此现货市场的损失没有全部被期货市场的收益所抵补，而且在 4 月 1 日进行期货交易时，并不能准确确定 8 月 1 日的期货合约价格。因此，此套期保值策略仍然具有不确定性，外汇风险没有完全被消除。但一般情况下，现货市场和期货市场的价格会保持相同方向的变化，企业可以利用期货合约消除现货市场的大部分风险。

上例中，如果出现相反情况，欧元贬值，则企业在现货市场盈利，在期货市场承担损失。可见，利用期货市场进行套期保值是一种对等的交易手段，是以放弃未来可能的利润为代价而避免未来可能遭受的损失，从而确保现货交易的确定性。采取保守策略的企业可能对所有交易都用期货进行套期保值，这不仅使企业负担大量的期货交易费用，还可能丧失汇率有利变动产生的利润。如果采用中间策略进行风险管理，只对预测汇率将有不利变动的交易进行期货套期保值，可能会使企业的风险管理更有效率。

4. 利用外汇期权交易防范风险

外汇期权是一种全新的外汇避险形式。它买入的是购买或卖出某项货币的权利，但又不承担相应的义务。外汇期权交易与远期外汇交易相比，具有一定的灵活性，可以选择到期是否执行合约，能使企业避免汇率不利变动的损失，又能从汇率有利变动中获得好处。而远期外汇交易合约签订后，到期企业必须执行。因此，外汇期权是一种很好的避险形式，它有如下优点：

（1）对期权合同的购买方来说，外汇期权类似于保险。因为期权合同购入的是权利而又不必承担义务。如果期权交易无利可图，则可放弃这种权利。

（2）对期权合同的购买方来说，使用外币期权可以使保值成本成为确定因素。不管汇率发生多大变动，期权持有者的保值成本都不会超过期权的购买价格即“期权费”。

外汇期权交易更适合在未来外汇汇率变化方向不确定的情况下对应收、应付款项进行风险防范。例如，中国某企业于 3 月 1 日以赊销方式出口商品一批，应收货款 100 万美元，9 月1 日到期，3 月 1 日即期汇率为 1 美元＝6.10 元人民币。企业难以预测美元将来升值还是贬值，如果采用外汇远期或期货交易来规避应收账款的外汇风险，虽然可以在美元贬值时避免损失，但也会丧失美元升值时给企业带来的收益。于是以每美元 0.10 元人民币的价格买入 6 个月后以 1 美元＝6.10 元人民币的汇率出售 100 万美元的期权。如果 9 月1 日美元升值，该企业即放弃行使期权，在金融市场将美元兑换成人民币；如果 9 月 1 日美元贬值，企业即行使期权，以 1 美元＝6.10 元人民币的汇率售出 100 万美元，保证可以收回 610 万元人民币。但企业为此付出了 10 万元人民币的成本。如果企业持有外汇应付账款，可以通过买入一定外汇的期权进行套期保值。运用期权套期保值是否更有利，取决于汇率变动的幅度，只要汇率变动的幅度大于期权费，则运用期权较为有利。实际上，由于形势不利，许多购买者最终都放弃了行使期权的权利，而且期权费往往比较高，利用外汇期权交易并不是一种低成本的风险管理方法。

（三）通过国际信贷和投资防范风险

1. 通过国际信贷和投资防范短期应收款的外汇风险

当企业有短期外汇应收款，预测该种外币将贬值时，可以用借款和投资的方法防范外汇风险。借款和投资方法的步骤如下：

(1) 借入与应收款相同的外币，借款期限等于应收款的期限，借款金额可采用借款金额加利息正好等于外汇应收款数额的方法来确定。

(2) 将借入的外汇兑换成本币，并按借款期限在国内投资。

(3) 用收回的外汇应收款偿还外汇借款。

【例 2—6】 中国某企业于3月1日以赊销方式出口商品一批，应收货款105万美元，9月1日到期。3月1日即期汇率为1美元=6.10元人民币，这笔货款折合人民币640.5万元，企业预测9月1日美元将贬值，如不采取措施，则9月1日收到的105万美元将遭受汇率损失。企业为了避免汇率变动可能造成的损失，于3月1日从国外银行借款100万美元，借款期为6个月，假定半年利率为5%，并以即期汇率将借款兑换成人民币在国内进行投资6个月，假定国内投资的半年利率为6%，则企业这笔应收款在9月1日得到的结果是确定的。如不考虑所得税，计算过程如下：

(1) 3月1日借款，借款额为：

105÷(1+5%)=100(万美元)

(2) 3月1日，将美元借款兑换为人民币：

100×6.10=610 (万元人民币)

(3) 将兑换的人民币在国内投资，9月1日的本利和为：

610×(1+6%)=646.6 (万元人民币)

此结果不受9月1日美元即期汇率的影响，因此企业可以完全避免外汇风险。

2. 通过国际信贷和投资防范短期应付款的外汇风险

当企业有短期外汇应付款，预测该种外币将升值时，企业也可以用借款和投资的方法来防范外汇风险。此时，企业应该借入本币，将借入的本币兑换成外币进行投资，到期以外币投资的本利和偿还应付款，用本币偿还本币债务。借款金额可采用使借款兑换的外币投资后的本利和正好等于外汇应付款的方法来确定。

【例 2—7】 我国甲公司于3月1日从美国进口一批商品，货款为105万美元，付款期半年。3月1日的即期汇率为1美元=6.10元人民币，货款折合640.5万元人民币。企业预测9月1日美元将升值，如不采取措施，则9月1日偿还100万美元将需要支付更多的本国货币，遭受外汇汇率损失。企业为了避免汇率变动可能造成的损失，采用借款和投资法。3月1日从本国银行借入人民币，借款期半年，假定半年利率为6%，并以即期汇率将借款兑换成美元，投资购买美国半年期国库券，假定其半年利率为5%，计算过程如下：

(1) 3月1日借款，借款额为：

105÷(1+5%)×6.10=610 (万元人民币)

(2) 3月1日，将人民币借款兑换为美元：

610÷6.10=100 (万美元)

(3) 用兑换的美元购买美国国债，9月1日的本利和：

100×(1+5%)=105（万美元）

(4) 期末用投资得到的105万美元偿还美元应付款，用人民币偿还借款本利和：

610×(1+6%)=646.6（万元人民币）

此结果不受9月1日美元即期汇率的影响，因此企业可以完全避免外汇风险。

(四) 防范交易风险的其他方法

1. 对销贸易法

对销贸易是把进口贸易与出口贸易联系起来进行货物交换的贸易方法，包括易货贸易、补偿贸易、记账贸易等。由于进口商品的价值与出口商品价值一致，债权与债务相抵消，无须支付外汇，或只需支付少量外汇，因而不存在外汇风险，或外汇风险很小。

2. 货币风险保险法

目前，许多国家的保险公司都对某些外汇风险提供保险服务。企业向保险公司交付保险费，在汇率波动超过一定幅度时，汇率风险的损失由保险公司赔偿。

除了上述方法以外，企业还可以通过货币互换交易、背对背贷款和平行贷款等方法防范外汇风险。这些方法将在后续章节中介绍。

四、经济风险管理

经济风险涉及销售、生产、原料供应和财务等各个方面，经济风险是一项十分复杂的风险。对经济风险管理的决策虽然与财务有关，但多数决策超越了财务经理的职权，需要在总经理领导下各有关部门共同参与。

经济风险的管理目标，是预测汇率变动对未来现金流量的影响，并采取防范风险的措施。如果企业的国际经营活动和财务活动多样化，就有可能避免风险，减少损失。因此，经济风险管理的重要策略是走多元化路线，不仅是财务多元化，更重要的是经营多元化。通过多元化经营，使有关各方面产生的不利影响相互抵消，这是控制经济风险的最有效方法。

(一) 财务多元化

对跨国公司来说，财务多元化十分重要。财务多元化包括筹资多元化和投资多元化。企业从多个国家的金融市场筹集资金，用多种货币计算，如果有的外币贬值，有的外币升值，就可以使外汇风险相互抵消。同样，企业可以在多个国家投资，创造多种外币收入，也可以避免外汇风险。

1. 筹资多元化

企业筹资时，要尽量从多种资本市场上筹集资金，用多种货币计算还本付息金额，如果有的外币贬值，有的外币升值，就可以使外汇风险相互抵消。

2. 投资多元化

在投资时，尽可能向多个国家投资，创造多种外汇收入，这样可以避免单一投资带来的风险。

(二) 经营多元化

经营多元化既指在不同业务领域经营，又指在不同国家分散经营。分散经营既能自然地抵消一部分经济风险，同时便于管理人员对企业产品经营情况及时加以比较，迅速作出调整策略，如增加有利产品或有利地区分支机构的生产销售，适当减少某些不利产品或不利地区分支机构的生产销售。

1. 生产多元化

在生产安排上，产品的品种、规格、质量尽可能做到多样化，使之能更好地适应不同国家、不同类型、不同层次的消费者的需求。

2. 销售多元化

在销售上，力争使所生产的产品尽快打入不同国家和地区的市场，并力求采用多种外币进行结算。

3. 采购多元化

在原材料、零配件的采购方面，尽可能做到从多个国家和地区进行采购，并力争使用多种货币结算。

因为多元化经营能抵消、避免部分经济风险，所以跨产业经营并在国外拥有广泛机构网络的大公司承受的经济风险，比产品单一或机构网络较少的小公司承受的经济风险要小。

五、折算风险管理

防范折算风险的主要方法有资产负债表套期保值法、远期外汇合同、货币市场借款与投资等。

（一）资产负债表套期保值法

资产负债表套期保值法，也称为资产负债平衡法，要求公司合并会计报表中受险外币资产和外币负债的数额相等，使汇率变动的影响同时出现在资产、负债两个方面，数额相等而方向相反，使它们能自动地相互抵消。从理论上讲，如果公司的每种外币均能达到这一要求，那么净折算风险就会等于零。这种方法通常用于减少折算风险，也用于减少交易风险和经济风险。

平衡资产与负债的数额时一般应做到以下几点：

（1）弄清资产负债表上各账户、科目的各种外汇规模，明确综合折算风险的大小。

（2）确定调整方向。如果以某种外币表示的受险资产大于受险负债，则应减少受险资产或增加受险负债；否则，应增加受险资产或减少受险负债。

（3）明确外汇规模和调整方向后，进一步明确对哪些账户、科目进行调整，进行分析和权衡，使调整的综合成本最小。

资产与负债的受险部分，取决于公司采用的折算方法。如果公司采用货币与非货币法，应把某种货币的负债总额增加到与该种货币的资产相等，或将该种货币的资产总额减少到与该种货币的负债总额相等。但如公司采用现行汇率法，则不可能使资产与负债完全相等，所以这种管理方法有一定局限性。

（二）远期外汇合同

如果企业预计持有的外汇在未来的某个时期会贬值，就可以与银行签订卖出风险货币的远期合同，如果风险货币在该时期果然贬值，在远期合约到期日，企业就可以在即期外汇市场上以更为便宜的价格购买该货币以办理远期卖出合约的交割。企业可以从远期合约交易中获利，以弥补外币受险资产因贬值发生的折算损失。

由于远期外汇合同的获利取决于未来即期汇率，而未来即期汇率是预测的，远期外汇交易合约的保值或盈利能否完全抵消折算风险损失，是由汇率预测的准确性决定的。有时折算风险能够完全抵消，有时不能完全抵消，有时可能小有盈利，所以这种方法具有一定的投机性。

（三）货币市场借款与投资

货币市场借款与投资与前面所述方法相似，只不过此处的保值对象是折算风险头寸。类似于远期外汇合同，这种方法也有一定的投机性。

近年来，越来越多的公司偏向重视交易风险管理，较为忽视折算交易管理。因为有些人认为分支机构收益在出现货币贬值时，很多情况下无须实际兑换成母国货币，而是被保留在当地，有合适机会时，用作再投资。因此，较弱的当地货币不会影响公司分支机构的经营。

本章小结

外汇是国际汇兑的简称。外汇市场是进行外汇商品交易的市场，分为有形市场和无形市场，客户市场和银行间市场，即期市场、远期市场和掉期市场。

外汇市场有国际支付工具、国际金融活动的媒介、降低外汇汇兑风险、投机牟利功能，其参与者包括中央银行、商业银行、进出口商、外汇经纪人、个人投资者等参与者。

汇率是两国货币兑换的比率，是以一国货币表示的另外一种货币的相对价格。汇率的标价方法有直接标价法和间接标价法。

外汇交易方式有即期外汇交易、远期外汇交易、掉期交易、套汇交易、套利交易、外汇期货交易、外汇期权交易等。

外汇风险是因汇率变动给企业带来的风险，包括交易风险、折算风险和经济风险。

单项外汇风险的测量可以通过预测汇率变化后产生的损失来完成，交易风险的综合测量除需要考虑各种外汇的受险净额外，还需要考虑不同外汇汇率的相关性。

常见的外汇风险管理策略包括保守策略、冒险策略和中间策略。企业外汇风险管理的程序主要包括：预测外汇汇率变动情况、测算外汇风险的受险额、确定是否采取外汇风险管理措施、选择有效的外汇风险管理方法、实施选定的管理方法。

企业在交易决策时可以采取的外汇风险管理方法包括选择有利的计价货币、适当调整商品价格、在合同中订立汇率风险分摊条款或货币保值条款、提前或延期结汇。交易完成后常见的外汇风险管理方法包括利用金融工具进行避险、通过国际信贷和投资防范风险及对销贸易法、货币风险保险法等其他方法。经济风险的管理主要通过多元化的方式进行。折算风险的管理可以采用资产负债表套期保值法、远期外汇合同和货币市场借款与投资等方法。

思考题

1. 外汇市场的功能有哪些？
2. 如何根据远期外汇市场的报价计算实际远期汇率？
3. 何为掉期交易？掉期交易有哪些方式？
4. 外汇风险有哪些种类？
5. 如何进行外汇交易风险的综合测量？
6. 外汇风险管理的策略有哪几种？企业选择外汇风险管理策略时应考虑哪些因素？
7. 企业常见的外汇交易风险管理方法有哪些？
8. 企业如何降低外汇经济风险？

案例分析

四大航遭遇“汇兑损失”　主业下滑困局难解

截至2014年4月30日，四大国有航空公司（中国南方航空公司、中国东方航空公司、中国国际航空股份有限公司、海南航空股份有限公司）先后发布了2014年一季度报告。报告显示，在汇兑损失的影响下，四大航业绩集体跳水，净利均现大幅下降。南航、东航一季度分别亏损3亿元和2亿元，净利润同比大幅下滑636.84%和56.49%。国航、海航虽在一季度勉强实现盈利，但净利润也分别减少62.71%和11.76%。

尽管四大航都将亏损主要原因归结为“汇兑损失”，但在分析人士看来，航空业正面临结构性因素影响。一方面是经济下滑，客源发生结构性变化，公商务出行受限；另一方面，行业竞争日益激烈，面临高铁和低票价航空公司的冲击。

“事实上，从2013年财报来看，四大航主业就已经出现亏损。只不过，汇兑收益大幅上升掩盖了这一变化。”不愿具名的券商航空业研究员对《中国经营报》记者表示。

从四家航企一季度报告来看，尽管一季度营业收入有所增长，但因汇兑损失带来的财务费用出现大幅增加，净利润同比大幅下滑。

东航于5月1日发布的修正报告显示，在营业收入较去年同期增长4.17%的情况下，亏损额继续增加，归属于母公司所有者的净利润减少0.74亿元至−2.05亿元，同比增加56.49%。

东航表示，主要是由于汇兑损失等非经营因素影响，使得归属于母公司所有者的净利润减少。因一季度人民币兑美元贬值2.6%，公司披露的汇兑损失较去年同期增加7.97亿元，致使财务费用同比增加583.67%。

2014年一季度，南航净利润从去年盈利3 600万元急剧下滑到今年亏损3.06亿元，财务费用从上年同期的人民币900万元飙升至13.8亿元，主要也受汇兑损失拖累。

国航公布，2014年一季度归属于上市公司股东的净利润为9 270.8万元，同比亏损62.71%。净利润下降的主要原因也是人民币贬值带来的汇兑净损失，与去年同期相比减少利润8.03亿元。

海航实现营业收入 85.73 亿元，同比增长 6.9%；实现盈利 1.75 亿元，同比下降 11.76%，财务费用受汇兑损失影响，同比增长 59.21%，由 6.35 亿元增至 10.11 亿元。

从季报来看，四大航均将净利润下降的主要原因归结于人民币贬值带来的汇兑净损失。因采购飞机等需求，航空公司往往背负大量以美元计价的债务，当人民币贬值时，意味着折算成人民币的债务增加，会带来航企财务费用的巨额增加。

2014 年一季度，人民币兑美元汇率累计贬值超 2.6%，2013 年同期则表现为升值。据估算，人民币对美元每升值 1%，航空公司可能会享有数以亿元计的汇兑收益。相反，人民币贬值则会给航空公司带来不可避免的汇兑损失。

有数据显示，2014 年第一季度，南航汇兑损失致财务费用同比大增 150 倍，东航的财务费用同比增幅近 6 倍，国航增加近 2 倍。而四大航中，每一家都有千亿元人民币以上的负债，人民币汇率每波动 1%，都会有亿元债务的变化。

“人民币贬值的确是造成一季度四大航财报难看的主要原因，像海航的负债大多为人民币，受汇率影响小，因此看起来业绩就好些。”民族证券交通运输行业分析师李磊表示，“除此之外，一季度是行业淡季，四大航主营业务均是微利。加之宏观经济疲软、‘三公’消费缩紧、票价走低等因素影响，航空公司业绩不好在预料之中。”

资料来源：熊晓辉：《四大航遭遇“汇兑损失” 主业下滑困局难解》，载《中国经营报》，2014-05-12。

思考与讨论：如果四大航预测人民币会继续贬值，应采取什么措施？

第三章　国际筹资概述

学习目标

掌握国际筹资的基本概念、国际金融市场的概念及分类，掌握利率的概念及利率水平的测算。

第一节　国际筹资环境

国际筹资是指国际企业根据其生产经营活动对资金的需求数量，通过一定的金融机构或金融市场，采取适当的筹资方式，获取所需资金的一种行为，是国际财务管理的重要内容。

一、国际筹资的特点

国际企业与国内单一企业相比，在筹资方面既有共同点又有不同点。仅就国内筹资而言，国际企业筹资的基本原理和国内单一企业相差无几，我们不再赘述。在进行国外筹资时，二者却存在很大的差异，其主要表现如下。

（一）在资金需用量方面

由于国际企业为实施全球战略在世界范围内从事各种经营活动，故其所需资金较多；而国内单一企业经营规模较小、生产经营活动较少，因而其所需资金也较少。

（二）在资金来源方面

由于国际企业所需资金较多，不是企业集团内部相互融通所能解决的，也非一般银行或其他单一组织所能完全满足的。因而，国际企业需要跨越国界在地区性市场或国际市场上筹集资金。因此，国际筹资渠道和方式更加多样化，国际企业有更广泛的资金来源。

（三）在筹资机会与风险方面

国际企业不仅在企业集团内部融通资金，更多的是在企业集团外部，尤其是在国际资本市场上筹集资金，筹资的机会相对较多。

与此同时，国际企业在筹资中所受影响的因素也较多，如各国的政治状况、经济环境、文化背景等；同时，大多数因素都处于不断变化之中，不确定性较大，因此国际企业筹资风险也较大。国际筹资除了要承担通常信贷交易中的商业风险（债务人因经营管理不善出现亏损，到期无力偿付贷款或延期偿付的风险）外，还要承担诸如利率风险、外汇风险、国家风险等筹资风险。

（四）在筹资决策方面

无论是在筹资方案的抉择及筹资风险的防范上，还是在筹资结构的设定及筹资成本的估算上，抑或是在筹资渠道的规划及筹资方式的选择上，国际企业所需考虑的因素都较多，难度较大，要求较高。

（五）在筹资监管方面

国际筹资通常是分属不同国家的资金持有者之间跨国境资金的融通和转移，是国际资金流动的一部分，因此始终受到国际惯例、国际协定、各国法律的制约，其要求比国内筹资更严格、更规范。与此同时，国际筹资当事人所在国家的政府，从本国政治、经济利益出发，为了平衡本国的国际收支，贯彻执行本国的货币政策，以及审慎地管理本国金融机构（尤其是银行金融机构），对本国居民（包括金融机构和非金融机构）对外从事筹资行为施加种种干预和管制。因此，国际筹资受到的管制较严格。

二、国际企业资金来源

与国内单一企业相比，国际企业的资金来源有以下四个途径。

（一）公司集团内部的资金来源

国际企业经营规模大、业务多，常常形成国际性的资金融通体系。国际企业内部的各经营实体在日常经营活动中都可能产生或获得大量资金，从而构成了内部资金的广泛来源。这些来源主要包括母公司或子公司的未分配利润、折旧和暂时闲置的经营资金。

（二）母公司本土国的资金来源

国际企业的母公司可以利用它与本土国经济发展的密切联系，从母公司本土国银行、金融机构和有关政府组织获取资金。

（三）子公司东道国的资金来源

国际企业可以从子公司东道国筹集资金。一般来说，多数子公司都在东道国借款，在很多国家，金融机构对本国企业贷款的方式也同样适用于外资企业。

（四）国际资金来源

除公司集团内部、母公司本土国、子公司东道国以外的任何第三国或第三方提供的资金，都可称为国际资金。国际资金包括向第三国银行借款或在第三国资本市场上出售证券、在国际资本市场上出售证券、从国际金融机构获取贷款三个方面。具体来说主要有：

（1）向第三国或国际金融机构借款。当国际企业向第三国购买货物时，可向该国银行申请获取出口信贷。目前，不少发达国家都有类似于美国的进出口银行，为本国或他国国际企业的进出口提供筹资服务，一些发展中国家也开始建立进出口银行提供这类贷款。

此外，国际企业还可以向国际金融机构，如世界银行、亚洲开发银行、国际金融公司等借款。其中，国际金融公司是世界银行集团的成员，它主要对私人公司提供无须政府担保的贷款，这种私人公司通常向发展中国家重点建设项目投资。

（2）通过国际资本市场融资。这种融资对象主要是一些大型跨国银行或国际银团。如国际企业可在国际股票市场上发行股票，由一些银行或银团购买；也可在国际债券市场上发行中长期债券筹资。在国际债券市场中，欧洲债券市场尤为突出。当然，国际企业也可以采用出售外国债券的方法进行筹资，但其外汇风险较大。此外，国际企业还可以在国际租赁市场上筹资。

三、国际金融市场

国际金融市场有狭义和广义之分：狭义的国际金融市场是指国际长短期资金借贷的场所；广义的国际金融市场是指从事各种国际金融业务活动的场所，此种活动可在居民与非居民之间或非居民与非居民之间进行。

（一）国际金融市场的分类

1. 按性质不同划分为传统国际金融市场和离岸金融市场

（1）传统国际金融市场。从事市场所在国货币的国际信贷和国际债券业务，交易主要发生在市场所在国的居民与非居民之间，并受市场所在国政府的金融法律法规管辖。

（2）离岸金融市场。其交易涉及所有可自由兑换的货币，大部分交易是在市场所在国的非居民之间进行，业务活动不受任何国家金融体系规章制度的管辖。

2. 按资金融通期限的长短划分为国际货币市场和国际资本市场

（1）国际货币市场。是指资金借贷期在1年以内（含1年）的交易市场，或称短期资金市场。包括1年内的借贷、银行承兑汇票、商业票据、可转让存单、国库券、同业拆借、期货交易和黄金买卖等市场。

（2）国际资本市场。是指资金借贷期在1年以上的中长期信贷或股票、政府公债、公司债券、金融债券等证券发行、流通的市场，或称长期资金市场。

3. 按经营业务的种类划分为国际资金市场、国际外汇市场、证券市场和国际黄金市场

（1）国际资金市场。是指狭义的国际金融市场，即国际资金借贷市场，按照借贷期限长短可划分为短期信贷市场和长期信贷市场。

（2）国际外汇市场。是指由各类外汇提供者和需求者组成，进行外汇买卖、外汇资金调拨、外汇资金清算等活动的场所。主要业务包括外汇的即期交易、远期交易、期货交易和期权交易。伦敦是世界最大的外汇交易中心，世界上比较重要的外汇交易中心还包括纽约、苏黎世、法兰克福、东京和新加坡等。

（3）证券市场。是指股票、公司债券和政府债券等有价证券发行和交易的市场，是长期资本投资者和需求者之间的有效中介，是金融市场的重要组成部分。

（4）国际黄金市场。是指专门从事黄金交易的市场。

4. 按金融资产交割的方式不同划分为现货市场、期货市场、期权市场

（1）现货市场。是指现货交易活动及场所的总和。

（2）期货市场。主要交易类型有外国货币期货、利率期货、股指期货和贵金属期货等。

（3）期权市场。是指投资者进行期权交易的场所。

5. 按证券发行或交易过程划分为一级市场和二级市场

（1）一级市场。也称初级市场或发行市场，是指新发行金融工具的买卖市场。

（2）二级市场。也称流通市场，是指已发行的金融工具转手买卖的市场。

6. 按有无固定交易场所划分为无形市场和有形市场

（1）无形市场。是指没有固定场所和规定时间，供需双方当面议定，或者通过电信手段协商，完成金融交易的分散的市场。

（2）有形市场。是指有固定场所和规定交易时间的金融市场。

事实上，大部分金融市场都是无形市场，证券交易所属于有形市场。

（二）国际金融市场的作用

国际金融市场的作用主要表现在以下几个方面：

（1）为国际资金筹集提供了方便条件，从而使一个国家可以比较顺利地获得发展经济所急需的资金。

(2) 为国际资金运用、调度和国际债务的结算提供了条件，有利于国际投资和洲际贸易的顺利发展。

(3) 为调节国际收支和外汇提供了条件。

四、国际金融机构

国际金融机构又称国际金融组织，是指世界多数国家的政府之间通过签署国际条约或协定而建立的、从事国际金融业务、协调国际金融关系、维系国际货币和信用体系正常运作的超国家金融机构。

按参与国家的多少、业务范围的大小，国际金融机构可分为全球性的国际金融机构与地区性的国际金融机构。

(一) 全球性的国际金融机构

1. 国际货币基金组织

国际货币基金组织于 1946 年 3 月正式成立，是联合国的一个专门机构。其宗旨是帮助成员国平衡国际收支、稳定汇率，促进国际贸易的发展。其主要任务是：通过向成员国提供短期资金，解决成员国国际收支暂时不平衡问题和满足外汇资金需要，以促进汇率的稳定和国际贸易的扩大。

2. 世界银行

世界银行又称国际复兴开发银行，是根据 1944 年 7 月联合国金融会议的决议于 1945 年 12 月成立的，属于联合国的一个专门机构。其宗旨是通过提供和组织长期贷款和投资，解决成员国战后恢复和发展经济的资金需要。

3. 国际开发协会

国际开发协会是世界银行的一个附属机构，成立于 1960 年 9 月。到目前为止，国际开发协会共有 160 个成员国。其宗旨是专门对较贫困的发展中国家提供条件极其优惠的贷款，以加速这些国家的经济建设。

4. 国际金融公司

国际金融公司是世界银行的一个附属机构，于 1956 年 7 月成立。到目前为止，已有 174 个成员国。其宗旨是鼓励成员国（特别是不发达国家）私人企业的增长，以促进成员国经济的发展。

5. 多边投资担保机构

多边投资担保机构是 1988 年新成立的世界银行附属机构，共有 151 个会员国。其宗旨是为发展中国家的外国私人投资提供政治风险和非商业风险的保险，并帮助发展中国家制定吸引外国资本直接投资的战略。

(二) 地区性的国际金融机构

1. 国际清算银行

国际清算银行是在 1930 年 5 月，由英国、法国、意大利、德国、比利时和日本六国的中央银行，以及美国的摩根银行、纽约花旗银行和芝加哥花旗银行共同联合创立。其成立之初的宗旨是处理第一次世界大战后德国赔款的支付和解决德国的国际清算问题。1944

年，根据布雷顿森林会议决议，该银行应当关闭，但美国仍将它保留下来，作为国际货币基金组织和世界银行的附属机构。此后，该银行的宗旨转变为增进各国中央银行间的合作，为国际金融业务提供额外的方便，同时充当国际清算的代理人或受托人。

2. 欧洲投资银行

欧洲投资银行是在 1957 年成立的欧洲金融机构，其宗旨是维护欧洲共同体的利益，利用国际资本市场和欧洲共同体本身的资金，促进共同市场平衡而稳定地发展。

3. 亚洲开发银行

亚洲开发银行成立于 1965 年，其宗旨是为亚太地区的发展计划筹集资金，提供技术援助，帮助协调成员国在经济、贸易和发展方面的政策，与联合国及其专门机构进行合作，以促进区域内经济的发展。

4. 非洲开发银行

非洲开发银行成立于 1964 年，其宗旨是为成员国的经济和社会发展提供资金，协调各国发展计划，促进非洲经济一体化。

5. 泛美开发银行

泛美开发银行成立于 1959 年，其宗旨是动员美洲内外资金，为拉丁美洲国家的经济和社会发展提供项目贷款和技术援助，以促进拉丁美洲经济的发展。

（三）国际金融机构的作用

国际金融机构的作用是：

（1）提供短期资金，解决国际收支逆差。

（2）提供长期资金，促进发展中国家的经济发展。

（3）调节国际清偿能力，满足世界经济发展的需要。

（4）稳定汇率，促进国际贸易的增长。

但是，国际金融机构也有许多不足之处，主要表现在：

（1）几个全球性金融机构都在大国控制之下，贷款条件过于严格。

（2）利率不断提高，使贷款使用者利息负担沉重。

（3）对贷款使用国的经济进行干预，不利于其经济的自主发展。

五、国际筹资方式

国际企业除了使用一般企业常用的股票、债券等国际证券筹资方式外，还可以使用国际贷款筹资、国际租赁筹资、国际贸易信贷筹资和国际项目筹资等特定筹资方式。各种筹资方式的内容将在后面的章节详细介绍。

第二节　国际筹资中的利率

不论是国际筹资还是国内筹资，企业的筹资活动均和利率有密切联系，离开了利率因素，就无法正确作出筹资决策。

一、利率的概念与种类

（一）利率的概念

利率也称利息率，是指一定时期内利息额同借贷资本总额的比率，是衡量货币资金增值量的基本单位。

从资金流通的借贷关系来看，利率是一个特定时期运用货币资金这一资源的交易价格。也就是说，货币资金作为一种特殊商品，在资金市场上的买卖是以利率作为价格标准的，资金的融通实质上是资源通过利率这个价格体系在市场机制作用下实行再分配。因此，利率在货币资金的分配及个人和企业做出财务决策的过程中起着重要作用。例如，若一个企业拥有投资利润率很高的投资机会，就可以发行较高利率的证券以吸引资金，投资者把过去投资的利率较低的证券出售，来购买这种利率较高的证券，这样，货币资金将从低利率的投资项目不断向高利率的投资项目转移。因此，在发达的市场经济条件下，资金从高收益项目到低收益项目的依次分配，是由市场机制通过货币资金的价格——利率的差异来决定的。

（二）利率的种类

利率按照不同的标准可划分为多个类别，主要包括以下几种。

1. 基准利率和套算利率

基准利率又称基本利率，是指在多种利率并存的条件下起决定作用的利率。所谓起决定作用，就是这种利率变动，其他利率也相应变动。因而，了解了这种关键性利率水平的变化趋势，就可以了解全部利率体系的变化趋势。基准利率在西方通常是中央银行的再贴现率，在中国是人民银行对专业银行的贷款利率。

套算利率是指基准利率确定后，各金融机构根据基准利率和借贷款项的特点而换算出的利率。例如，某金融机构规定，贷款给 AAA 级、AA 级、A 级企业的利率，应分别在基准利率的基础上加 0.5%、1%和 1.5%，若基准利率是 8%，则 AAA 级、AA 级和 A 级企业的贷款利率应分别是 8.5%、9%和 9.5%，这便是套算利率。

2. 实际利率和名义利率

通常，利率在未加说明时都是指名义利率，是以货币计算的。如果存在通货膨胀，按实际购买力来计算则必须打折扣。用 r_n 表示名义利率，用 r_i 表示通货膨胀率，那么，1 元存款年末时名义上变成（$1+r_n$）元，但实际购买力为：

$$\frac{1+r_n}{1+r_i}$$

比年初的 1 元钱增加了：

$$r_r=\frac{1+r_n}{1+r_i}-1=\frac{r_n-r_i}{1+r_i}$$

式中的 r_r 即实际利率。实际利率可能是正数，也可能为负数。当通货膨胀率 r_i 比较小时，上式的近似式为：

$$r_r \approx r_n-r_i$$

因为简便，所以在估计实际利率时经常使用该公式。但当通货膨胀率较大时，近似公式有较大的误差。

【例 3—1】假设名义利率为 12%，通货膨胀率为 16%，则用近似公式估计出的实际利率为：

$$r_r \approx r_n - r_i = 12\% - 16\% = -4\%$$

而真正的实际利率是：

$$r_r = \frac{r_n - r_i}{1 + r_i} = \frac{12\% - 16\%}{1 + 16\%} = -3.448\%$$

可以看出，此时近似公式计算的误差是显著的。

3. 固定利率与浮动利率

固定利率是指在整个借贷期限内，利率不随物价或其他因素的变化而调整。固定利率在稳定的物价背景下便于借贷双方进行经济核算，能为微观经济主体提供较为确定的筹资成本预期。但若存在严重的通货膨胀，固定利率有利于借款人而不利于贷款人。

浮动利率是指在借贷期限内，利率随物价或其他因素变化而相应调整。借贷双方可以在签订借款协议时就规定利率可以随物价或其他市场利率等因素进行调整。浮动利率可避免固定利率的某些弊端，但计算依据多样，手续繁杂。

二、利率的影响因素

正如任何商品的价格都由供给和需求两方面决定一样，货币这种特殊商品的价格——利率也是由供给与需求来决定的。

为了帮助读者更好地理解供给与需求对利率的影响，用图 3—1 加以说明。

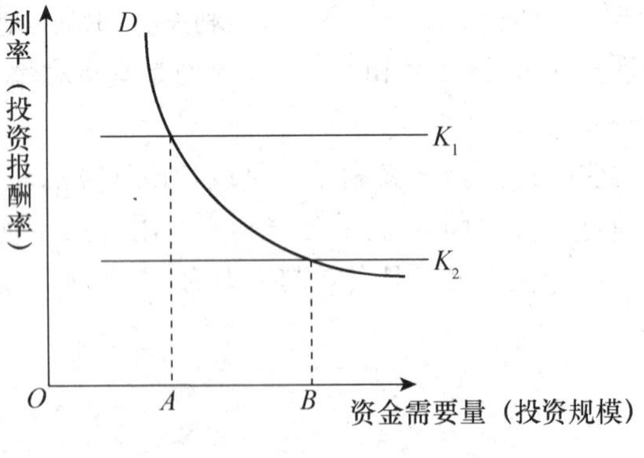

图 3—1　资金需求与利率

在图 3—1 中，纵坐标代表以百分率表示的投资报酬率或利率，横坐标代表企业在不同利率水平下的投资规模，即对资金的需要量。图中的曲线代表投资机会的报酬率。企业在选择投资机会时，总是先选择报酬率高的投资项目，然后再选择报酬率较低的投资项目，这样，随着投资项目的增多，平均的投资报酬率就会呈下降趋势。当利率处于 K_1 水平时，企业便会筹集资金去投资经营 A 点之内的投资项目，但不可能对 A 点以外的项目进行投资，所需资金较少。然而，当利率处于 K_2 水平时，从 A 到 B 之间的项目便成为投资项目。也就是说，随着利率的降低，企业的投资规模会扩大，相应的资金需要量也增加了。可见，利率水平同资金需要量有十分密切的关系。

图 3—2 表示的是资金供应量同利率水平的关系。当利率处于 K_2 水平时，资金供应量位于 A' 点，当利率水平提高到 K_1 时，资金供应量扩大到 B' 点。因此，利率水平同资金供应量也有着十分密切的关系。

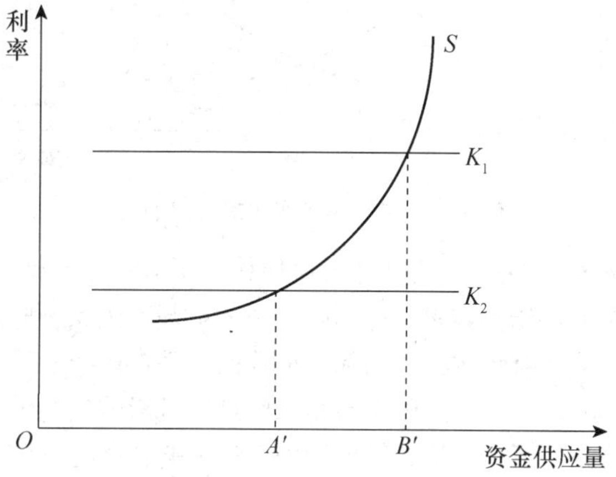

图 3—2　资金供应与利率

将上面两种关系放到同一个直角坐标系中来考察，就会发现利率水平同一般商品价格一样，是由资金需求和资金供应在供需竞争规律支配下，相互交叉平衡而予以确定的。详细情况见图 3—3。

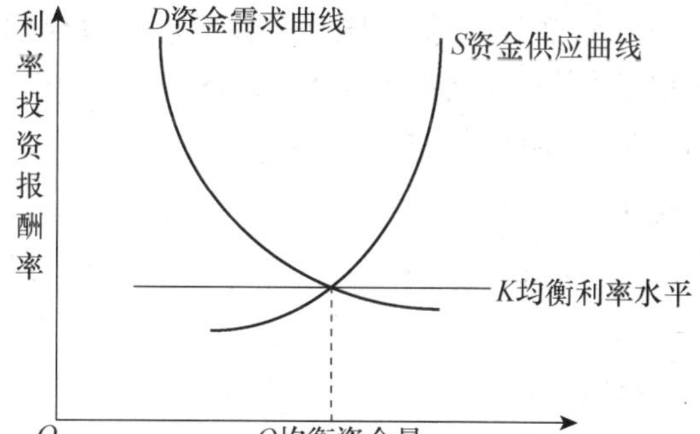

图 3—3　资金供求与利率

图 3—3 表示的是资金供应、资金需求和利率在某一时点的平衡关系，随着资金的供应量和需求量的变化，利率和均衡资金量也会随之变化，如图 3—4 所示。

在图 3—4 中，假设利率在 K 点、资金量在 Q 点时供求达到平衡，如果此时资金需求量增加，则需求曲线由 D 变为 D'，假设资金供应量没有明显变化，则利率会上升到 K'，而均衡资金量也由 Q 变到 Q'。相反，假定资金供应量增加，则供应曲线由 S 变为 S'，利率将降到 K''，均衡点资金量将变成 Q''。这样，随资金供应与需求的不断变化，原来的平

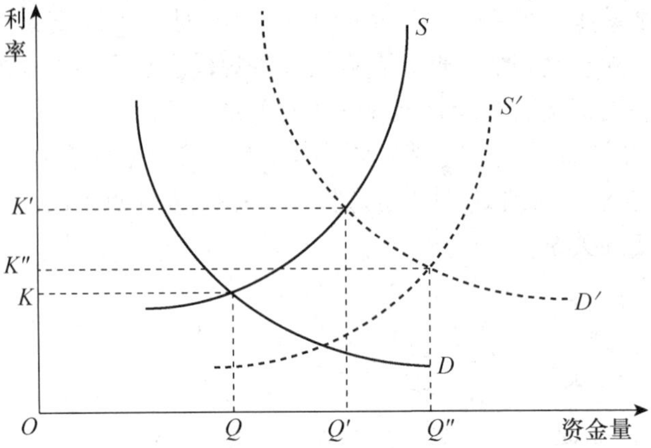

图 3—4 资金供求变化对利率的影响

衡不断被打破，新的平衡出现，如此循环，这便构成了利率水平运动的规律。

上面所分析的资金的供给和需求，是影响利率的最基本因素。除这两个因素外，经济周期、通货膨胀、货币政策和财政政策、国际经济政治关系、国家利率管制程度等，对利率的变动均有不同程度的影响。当然，这些因素有些也是通过影响资金的供给和需求而影响利率的，因此，在市场经济条件下，资金的供给和需求是影响利率的两个最重要的因素。

三、未来利率水平的测算

上述利率水平的运动规律，只是从理论上解释利率为什么会发生变动。那么，究竟应该怎样测算特定条件下未来的利率水平呢？这必须分析利率的构成。一般而言，资金的利率由三部分构成：(1) 纯利率；(2) 通货膨胀补偿；(3) 风险报酬。其中，风险报酬又分为违约风险报酬、流动性风险报酬和期限风险报酬三种。

这样，利率的一般计算公式就可写为：

$$K=K_0+IP+DP+LP+MP$$

式中，K——利率（指名义利率）；

K_0——纯利率；

IP——通货膨胀补偿；

DP——违约风险报酬；

LP——流动性风险报酬；

MP——期限风险报酬。

现对构成利率的五个部分分述如下。

(一) 纯利率

纯利率是指没有风险和没有通货膨胀情况下的均衡点利率。影响纯利率的基本因素是前面谈到的资金供应量和需求量，因而，纯利率不是一成不变的，它随资金供求的变化而不断变化。精确地测定利率是非常困难的，在实际工作中，通常以无通货膨胀情况下的无风险证券的利率来代表纯利率。来自美国的统计资料表明，20 世纪 80 年代的纯利率在

2%～4%范围内浮动。

（二）通货膨胀补偿

通货膨胀已成为世界上大多数国家经济发展过程中难以医治的病症。持续的通货膨胀会不断降低货币的实际购买力，同时，对投资项目的投资报酬率也会产生影响。货币资金的供应者在存在通货膨胀的情况下，必然要求提高利率水平以补偿其购买力损失，所以，无风险证券的利率除纯利率之外还应加上通货膨胀因素，以补偿通货膨胀所带来的损失。例如，政府发行的无风险短期证券（如国库券）的利率就是由这两部分内容组成的，计算公式如下：

无风险短期证券利率＝纯利率＋通货膨胀补偿

$$R_F = K_0 + IP$$

【例 3—2】假设纯利率 $K_0=3\%$，预计下一年度的通货膨胀率是 7%，则一年期无风险证券的利率应为 10%。计入利率的通货膨胀率不是过去实际达到的通货膨胀水平，而是对未来通货膨胀的预期。

当然，利率的变化与通货膨胀率的变化并不是完全同步的。一般而言，利率变化滞后于通货膨胀率。另外，无风险短期证券利率的计算也不一定完全像上述计算公式中那样精确，但随着通货膨胀率的提升，利率有上升的趋势，这一点是完全肯定的。

（三）违约风险报酬

违约风险是指借款者无法按时支付利息或偿还本金而给投资者带来的风险。违约风险反映了借款者按期支付本金、利息的信用程度。借款者如经常不能按期支付本利，说明这个借款者的违约风险高。为了弥补违约风险，必须提高利率。否则，借款者就无法借到资金，投资者也不会进行投资。国库券、公债等证券由政府发行，可以看作没有违约风险，其利率一般较低。企业债券的违约风险则要根据企业信用状况确定，企业的信用状况可分为若干等级，等级越高，信用越好，违约风险越低，利率水平也越低。信誉不好，违约风险高，利率水平自然也高。

在到期日和流动性等因素相同的情况下，各信用等级债券的利率水平同国库券利率之间的差额，便是违约风险报酬。

（四）流动性风险报酬

流动性是指某项资产能否迅速转化为现金的可能性。如果一项资产能迅速转化为现金，说明其变现能力强，流动性好，流动性风险小；反之，则说明其变现能力弱，流动性差，流动性风险大。政府债券、大公司的股票与债券，由于信用好，变现能力强，所以流动性风险小，而一些不知名的中小企业发行的证券，流动性风险则较大。一般而言，在其他因素均相同的情况下，流动性风险小与流动性风险大的证券利率差距介于 1%～2%，这就是所谓的流动性风险报酬。

（五）期限风险报酬

一项负债，到期日越长，债权人承受的不确定因素就越多，承担的风险越大，为弥补这种风险而增加的利率水平就叫做期限风险报酬。例如，同时发行的国库券，5 年期的利率就比 3 年期的利率高，银行存贷款利率也一样。

综上所述，某一特定借款或投资的利率影响因素主要有以上五种，只要能合理预测上述因素，就能比较合理地测定利率水平。

本章小结

国际企业与国内单一企业相比，在筹资方面既有共同点又有不同点。国际企业筹资的来源包括公司集团内部、母公司本土国、子公司东道国以及国际资金。国际金融市场按照不同的分类标准可以分为不同的类别；国际金融机构包括全球性的国际金融机构和地区性的国际金融机构。国际筹资中的利率是指一定时期内利息额同借贷资本总额的比率，其构成包括纯利率、通货膨胀补偿、违约风险报酬、流动性风险报酬和期限风险报酬。

思考题

1. 国际筹资的特点是什么？
2. 国际金融机构的分类包括哪些？
3. 什么是名义利率和实际利率？它们之间的关系是什么？
4. 利率的构成要素包括哪些？

案例分析

天瑞集团水泥有限公司海外筹资之路

天瑞集团是集铸造、水泥、旅游、铝电、煤业等为一体的大型综合性企业集团，拥有员工 18 000 余人，是河南省重点扶持的百户工业企业之一。

天瑞集团水泥有限公司（以下简称天瑞水泥）是天瑞集团的一个产业公司，是国家重点支持的 12 家水泥企业集团公司之一。年产优质熟料 2 500 余万吨、高等级水泥 3 000 余万吨，是与美国 KKR 公司、国际金融公司（IFC）、摩根大通集团联合组建的中外合资企业。

2004 年以前，天瑞水泥主要在河南境内布局，在豫东、豫北、豫南、豫中等地区，通过收购或者新设投资的方式设立了一系列控股、参股子公司，这种网状结构的生产基地，使得其产品基本可以辐射到全省大部分地区。2005 年之后，天瑞水泥开始走出河南，首站选择在辽宁布局，分别在辽东的大连、营口和辽中的辽阳设立子公司。

2006 年，天瑞水泥销售收入突破 10 亿元，毛利率约为 30%。随着天瑞水泥逐步走向全国布局以及产能的不断扩张，其现金流始终处于紧绷状态，在银行贷款之外，天瑞水泥开始寻求私募融资。

2007 年上半年，天瑞水泥先后获得美国私募股权巨头 KKR 公司、国际金融公司总计 1.26 亿美元的投资，其中 KKR 公司出资 1.15 亿美元、国际金融公司出资 1 100 万美元。天瑞水泥是 KKR 公司在中国的第一个投资项目。此次投资完成之后，天瑞集团持有天瑞水泥 52.8%的股权，KKR 公司持有 43.2%的股权，国际金融公司持有 4%的股权，天瑞水泥由此变身为一家中外合资企业。这不仅是KKR公司在中国的第一单直接投资业务，其投资额也是国内民营企业当时引入的最大一笔融资。

而更大的诱惑在于，KKR公司首期资金进入后，即发起一笔巨额银团贷款。此银团贷款由摩根大通银行牵头，中国建设银行、中信银行、国际金融公司等11家国内外知名银行参与。通过此次银团贷款，天瑞水泥获得了折合人民币24.6亿元的资金。该银团贷款于2007年被世界知名金融杂志《国际金融评论》评为2007年中国最佳信贷案例。此次银团贷款为人民币、美元双币组合贷款，同时是国外金融机构的首笔人民币银团贷款，其担保、抵押及银团管理模式也开创了国际贷款先河。这笔银团贷款迅速置换了此前河南各家银行对天瑞水泥的约11亿元短期贷款，财务成本也大幅下降，据了解，当时银团贷款的利率较央行基准利率下浮10%，而此前天瑞水泥部分短贷利率上浮曾达20%。除此之外，天瑞水泥过去分散各处的抵押资产，也实现了集中打包，利于估值安排。

2008年，天瑞水泥继续获得第二轮合计8 252万美元的私募股权融资，其中摩根大通集团投资7 269万美元获得10.03%股权，KKR公司继续跟投914万美元，国际金融公司跟投69万美元。

吸收这些国际知名基金的资金后，资金充裕的天瑞水泥处于持续扩张状态中，在河南的南召、许昌、光山、郑州（荥阳）、宁陵，辽宁的辽阳、营口，安徽萧县以及天津独资设立子公司。截至上市前夕，天瑞水泥在全国共拥有17家全资子公司以及天津水泥60%的股权。

2011年12月23日，中国天瑞集团水泥有限公司（“天瑞水泥”）在香港联合交易所有限公司首次公开发行股票并成功上市。

思考与讨论：天瑞集团的海外筹资之路对我国企业的海外筹资有何启示？

第四章　国际贷款筹资

学习目标

了解国际贷款筹资的渠道，熟悉国际商业银行贷款的特点，掌握国际商业银行贷款的种类，掌握国际商业银行贷款的费用，熟悉辛迪加贷款筹资，掌握国际贷款筹资成本测算的方法，掌握国际贷款筹资货币的选择方法。

第一节　国际贷款筹资概述

一、国际贷款筹资渠道

国际贷款是指国家间的资金借贷，即由一国、数国或国际金融机构向第三国政府、银行或企业提供资金融通。国际借贷是资本转移的一种重要形式。

国际贷款筹资渠道可以分为外国政府贷款、国际金融组织贷款、国际商业银行贷款等。此外，企业还可从外国企业获得贷款。

（一）外国政府贷款

外国政府贷款是指一国政府利用财政资金向另一国政府提供的具有一定赠与性质的优惠性贷款。这种贷款通常依据国际双边协议或国际双边关系而提供，具有贷款期限长、利率低、附加费用少等特点。

根据经济合作与发展组织（OECD）的有关规定，外国政府贷款主要用于城市基础设施、环境保护等非营利项目。中国利用外国政府贷款始于1979年，目前中国同德国、法国等多个国家及机构建立了政府（双边）贷款关系。

（二）国际金融组织贷款

国际金融组织贷款主要是指通过国际金融机构办理的贷款。国际金融组织可分为全球性国际金融组织和地区性国际金融组织。前者主要有国际货币基金组织（IMF）和世界银行集团，后者包括亚洲开发银行、非洲开发银行、泛美开发银行、欧洲投资银行、国际投资银行等。这种贷款通常具有贷款条件优惠、审查严格、手续繁多等特点。

（三）国际商业银行贷款

国际商业银行贷款是指一国的商业银行作为贷款人以协议方式向其他国家的借款人提供的商业贷款。国际商业银行贷款的贷款人往往是一国的大型商业银行或大型跨国银行，借款人可以是各国的银行、企业、政府机构、国际机构等。国际商业银行的资金来源充足，能够根据需要提供大额贷款，贷款利率多以国际金融市场利率为基础。由于国际商业银行贷款的手续相对简便，资金使用不附带商业条款以外的限制条件和附加条件，贷款条件又依据市场原则随行就市，因此，企业从国际商业银行取得贷款是境外筹资的一个主要渠道。

（四）外国企业贷款

外国企业贷款是指境外非金融机构提供的贷款，包括外商投资企业与其境外母（子）公司的债务（应付账款除外）。

二、国际商业银行贷款的种类

国际商业银行贷款是企业国际贷款筹资的最主要形式。在国际金融市场上，提供商业银行贷款的外国银行既包括资金雄厚的大型银行，也包括中小型银行及银行的附属机构。这些银行机构根据客户的需要可以提供多种形式的贷款。

国际商业银行贷款按贷款期限长短可分为短期贷款和中长期贷款。

（一）国际商业银行短期贷款

国际商业银行短期贷款是指借款期在 1 年以内的信贷。国际商业银行短期贷款按当事人来划分有以下两种情况。

1. 商业银行同业拆借

商业银行同业拆借是指具有法人资格的金融机构及经法人授权的非法人金融机构的分支机构之间进行短期资金融通的行为，目的在于调剂头寸和临时性资金余缺。它是一种银行间的批发业务，在整个短期信贷中占主导地位。

商业银行同业拆借市场主要是指银行间存、贷款的批发市场。同业拆借之所以会出现，是因为一些商业银行在某一时间可能出现资金结余，在另一时间则可能出现资金短缺。一个客户账户上的现金提取或转移，通常最终反映在不同银行的另一个客户账户上。即使商业银行系统内的货币总额保持稳定，但仍然存在银行间的资金流动。同业拆解市场将短期资金的供给者和需求者联系起来，其结余资金被借出或进行投资，短缺资金由借款来补充。

如果商业银行不运用其结余资金，这笔资金就会滞留在商业银行按规定开设在央行的账户中，而这些账户中的资金是没有利息的。若借给其他银行，则可以获得利息收入，尽管同业拆借市场上的利率相对较低。

同业拆借市场中的借款是无担保的，因而存在借款行在借款期间不能偿还本金和利息的风险。尽管应收或应付利率取决于交易本身及双方的协商，但对于信誉好的银行，利率较低；反之，则较高。市场规则使得那些具有较高信誉等级的中介银行可以凭借高信誉以低利率借入短期资金，再以高利率向具有较低信用等级的银行贷出（相同期限的资金），以此赚取利润。

LIBOR 代表伦敦的银行同业拆借利率，它是伦敦银行同业拆借市场上的主要基准利率，它可简单定义为：高信用等级的银行贷款给类似银行所收取的利率。由于 LIBOR 的报价包含许多贷款期限，如 1 个月、2 个月、3 个月、6 个月、1 年等，因此在同一时间有许多 LIBOR 报出。任何一个 LIBOR 在到期前都是固定的，如 3 个月 LIBOR 是 5.75%。

2. 银行对非银行客户（企业、政府机构等）的信贷

银行对非银行客户（企业、政府机构等）的短期贷款虽然在银行的短期贷款中不占主要地位，但银行相互之间的借款最终还是要变成对非银行客户的贷款。

短期贷款用途不限，信贷手续简便，通过电话或电传就可以达成交易。借贷双方一般不用签订抵押贷款协议，但借款人的资信状况对信贷条件如贷款金额、期限、利率等有一定的影响。

（二）国际商业银行中长期贷款

国际商业银行中长期贷款是指贷款期在 1 年以上的信贷。1～5 年的为中期贷款，5 年以上的为长期贷款。

国际商业银行中长期贷款期限由三部分组成：宽限期、提款期和还款期。

宽限期即借款人只提用贷款，利息照付，而无须还本的时间，如项目的建设期。一般情况下，建设期只有资金的支付而没有收益，将建设期设定为宽限期，只付息不还本，会减轻借款人的负担。宽限期长短可以根据建设期长短而定。

提款期也称借款人的使用期。在提款期内，借款人可以一次性提取贷款，也可以分次提取；可以任意提款，也可以按规定提款。提款期满未提的余额自动注销。有宽限期的贷款，提款期可以是宽限期，也可以在宽限期内另行规定。

还款期也称偿还期，是指自还款日开始至归还全部本息为止的期间。一般宽限期结束即开始还款，如无宽限期则在提款期结束后开始还款，一般是每半年归还一次。

国际商业银行中长期贷款的方式有独家贷款、联合贷款和辛迪加贷款等多种。

1. 独家贷款

独家贷款也叫双边贷款，是指一家境外银行向某国境内金融机构或企业提供的贷款。这种贷款的优点是灵活方便，贷款利息略低，而且只有一家银行提供贷款，可以减少管理费用，降低贷款成本。

2. 联合贷款

联合贷款是指有一家或数家外国银行联合对某一项目提供的贷款。其贷款金额一般小于辛迪加贷款。

3. 辛迪加贷款

辛迪加贷款也叫国际银团贷款，是指由获准经营贷款业务的一家或数家银行牵头，多家银行与非银行金融机构参加而组成的银行集团，采用同一贷款协议，按商定的期限和条件向同一借款人提供贷款的方式。

辛迪加贷款市场是国际金融市场上最大、最具灵活性的融资场所之一。它具有灵敏度高、资金容量大、市场参与者多样化的特点，是需要巨额资金的借款人的天然市场。

辛迪加贷款多为中长期贷款，采取浮动利率形式，以 LIBOR 为基础，加上附加利率。

参与辛迪加贷款的银行按功能不同可分为牵头银行、代理银行和参与银行。牵头银行接受借款人的委托，负责组成银团、提供贷款、代表银团与借款人商定贷款协议等。代理银行是全体银团贷款参与行的代表，可由牵头银行担任，或由银团指定一个成员担任，负责在整个贷款期内监督管理该项贷款的所有具体工作。参与银行，即提供一部分贷款的银行。参与银行一般都是与牵头银行有过良好合作关系的银行。

辛迪加贷款的特点主要有：

(1) 贷款金额巨大，期限较长。它的贷款金额从几亿美元到数十亿美元不等，贷款期限一般为 3～8 年，有的甚至长达 10 年以上。

(2) 贷款风险分散程度高。组成银团的银行可以是几家、十几家甚至几十家，它们按比例共同承担风险，共享利益，分散了贷款风险，也避免了同业竞争。

(3) 限制性条件少。贷款可以同某一项目联系，也可以没有联系，借款人可以自由使用资金。

(4) 筹资时间短，费用比较合理。国际银团贷款通常在利息之外还要求借款人承担各种费用，如承担费、管理费、代理费、杂费等。但因国际银团贷款速度快、金额巨大，故单位资金费用负担相对较低。另外在宽限期内，借款人可以按工程的进度编制借款计划，随用随支，这正符合大型项目资金周转的需要。

三、国际商业银行贷款的费用

国际商业银行贷款的费用主要由利息费用和其他一些相关费用构成。

（一）利息费用

利息费用是国际商业银行贷款的最主要费用。短期贷款的利率一般以 LIBOR 为准，并在此基础上附加一定利率，因此，LIBOR 又称基本利率。中长期贷款利率一般比短期贷款利率要高，且越来越多地采用浮动利率的办法，现简要说明如下。

1. 基本利率

在国际商业银行贷款中，利率会因借款人的信用状况不同而不同。具有很高信誉、规模巨大、实力雄厚的公司，可以随时以最优惠的基本利率借到无担保贷款。所谓基本利率，是银行给信用非常好、财务状况理想、实力雄厚的大型公司贷款时收取的利率。一般来说，这一利率由大型商业银行设定，在一国内基本统一。只有信用和素质非常卓越的公司才能享受银行贷款的基本利率。

2. 利率加成

如果一个公司不具备基本利率所要求的信用和素质，那么，借款的利率就要高于基本利率。一般会高出0.5%～4%，我们把这部分称为利率加成。国际商业银行贷款的利率可采用固定利率，也可采用浮动利率。如果采用固定利率，则在贷款期间内利率不变。比如贷款时的基本利率为 12%，假设国际商业银行规定一般企业的贷款利率为基本利率加 1.5%，那么，贷款利率就为 13.5%，且整个贷款期间保持不变。如果采用浮动利率，则贷款利率将随基本利率的变化而变化。在上例中，如果基本利率由 12%上升到 12.5%，则贷款利率由 13.5%上升到 14%。浮动利率是美国花旗银行于 1971 年首创的。

3. 补偿余额对贷款利率的影响

补偿余额是银行要求借款的企业在存款账户中保留的最小存款数额，一般为贷款总额的 10%～20%。短期无担保贷款常要求贷款企业要在银行中保留一定的补偿余额。补偿余额的大小会随利率、资金供求状况的变化而变化。例如，当资金供应充足，利率水平较低时，补偿余额的比率可能大幅度降低。如果企业的最低存款余额小于补偿余额。那么，补偿余额的存在就迫使企业扩大借款数量，同时增加了企业借款的成本，因为企业只能使用借入资金的一部分。补偿余额对贷款数量的影响可按下列公式计算：

$$贷款数量=\frac{F-NDB}{1-C}$$

式中，F——企业需要的资金；

NDB——企业正常情况下的存款数量；

C——补偿余额的要求（通常为百分比形式）。

【例 4—1】假设某企业需要资金 20 000 美元，银行要求的补偿余额比例为 20%，企业正常的存款余额为 2 000 美元，那么，企业贷款数量应为：

$$\frac{20\,000-2\,000}{1-20\%}=22\,500(\text{美元})$$

在此情况下，企业的资金成本要比原来的利率高。在本例中，假设贷款利率为10%，那么，在一年中，企业为22 500美元的资金支付2 250美元的利息。在考虑补偿余额以后，贷款的实际利率计算为：

$$\begin{aligned}\text{补偿余额条件下的实际贷款利率}&=\frac{\text{利息支付额}}{\text{借款数量}-(\text{补偿余额要求的资金数额}-\text{企业正常存款额})}\times100\%\\&=\frac{2\,250}{22\,500-(4\,500-2\,000)}\times100\%=11.25\%\end{aligned}$$

(二) 其他费用

企业若举借了国际商业银行中长期贷款，除了按期支付利息外，还要支付其他各种费用。费用因贷款资金供求状况、贷款期限以及金额而有所不同。一般是贷款期限越长，提供贷款金额越大，费用越高。主要费用包括以下几部分。

1. 管理费

管理费又称经理费或手续费。在中长期银行贷款方式下，借款人必须向贷款银团的牵头银行支付管理费，这是借款人对贷款银行成功地组织一笔银团贷款所偿付的报酬。管理费按贷款总额的0.5%～1.0%一次或分次付清。

2. 代理费

代理费属于协议签订后发生的费用。它是借款人向银团中的代理银行支付的报酬。代理银行可以是贷款银团的牵头银行，也可由另一家银行担任。代理银行负责与借款人进行日常的直接联系，在联系过程中发生的各种费用开支，如电话费、电报费、电传费、办公费等，均由借款人以交代理费的形式负担。

3. 杂费

杂费属于签订协议前发生的费用，是在国际银团贷款方式下才发生的费用。它是指借款人申请贷款时与银团中的牵头银行进行联系、协商、谈判，最后完成贷款协议所发生的各项费用，包括牵头银行的交通费、律师费、宴请费等，由牵头银行提供账单，借款人一次付清。

4. 承担费

承担费是借款人对已申请的贷款没有按期使用，致使贷款资金闲置而支付的带有赔偿性的费用。

承担费是借款人向贷款人支付的。由于贷款协议的签字日期与实际用款日期有一定的时间间隔，所以在这段时间里，银行要承担责任，即一经借款人要求，贷款人必须提供贷款。所以银行要准备出一定的资金来应付借款人的提款，但这部分未提款项没有利息。因此，借款人必须根据未提贷款的金额向贷款人支付承担费，作为贷款人承担贷款责任而遭受利息损失的补偿。

承担费按承担期内贷款未使用金额、实际未支用天数和承担费率计算，每季、每半年支付一次。承担费的费率一般为0.125%～0.5%。具体做法是：在贷款协议中规定承担期(如某笔贷款期限5年，承担期半年)，贷款协议签订后，银行就按协议准备资金，在承担期内借款者可随时支用。对承担期内的已支用贷款开始计付利息，对未支用贷款应支付承担费。承担期结束时，贷款未支用部分由银行注销，借款人不能再支用。所以，借款人对申请贷款的数额要计算好，并按期支用。

综上所述，在国际金融市场上要取得中长期贷款，费用支出较高。其成本包括较高的按市场利率计算的利息、附加利息和各种费用。所以当需要通过这个渠道筹资时，一定要慎重地制定预算方案和还款计划。

四、国际商业银行贷款的偿还

国际商业银行中长期贷款的偿还有以下三种方式。

（一）到期一次偿还

当贷款协议签订后，借款方按期分次支用，利息定期（一般半年为一个计息期）支付，贷款期满时，一次偿还本金。这一方式适用于贷款额较小、期限较短的中期贷款。

（二）分次等额偿还

贷款协议签订时，规定一个宽限期，在宽限期内无须还本，只是每半年付息一次。宽限期满后定期还本并付息，每次还本金额相等。这一方式适用于贷款金额大、期限长的贷款。

（三）逐年分次等额偿还

每半年付息一次，并平均等额偿付本金，到贷款期满时，借款人已逐渐还清了本息。这一方式与分次等额偿还方式类似，所不同的是无宽限期。

以上三种方法，第一种对借款人最为有利，第三种条件最为苛刻，偿债负担最重。一般来讲，中长期贷款的期限越长、价格越低、还款期越晚，贷款协议方案越佳。如果企业一旦申请到第三种方式的贷款，作为财务管理者，在资金投入项目之前，一定要计算好现金的净流量和回收期，做好偿债计划，以便及时还本付息。

五、国际商业银行贷款的特点

（1）贷款利率较高。国际商业银行贷款的利率是以市场利率为基础，受市场供求关系的影响，随行就市。借款人除了支付利息外还要支付其他费用，所以借款成本比较高。

（2）贷款资金使用自由。国际商业银行贷款一般不受银行的限制，即借款人可以将贷款用在任何国家的任何用途上，所以也被称为自有外汇贷款。

（3）贷款资金供应充足。在国际市场上有大量的闲散资金可供运用，因此国际商业银行贷款资金充足，不受资金规模的限制。

（4）贷款期限相对较短。国际商业银行贷款通常以中、短期贷款为主，长期贷款一般限于 10 年以内。

需要说明的是，以上国际商业银行贷款的特点是相对于政府贷款、国际金融组织贷款等专项贷款而言的。以贷款期限而言，经济合作与发展组织所属开发援助委员会对发展中国家提供的政府贷款平均期限为 32 年，世界银行项目贷款期限一般为 15～20 年，国际开发协会对最不发达的国家提供贷款的最长期限达50年。但是这些贷款用于特定方向，具有专门用途，带有某种援助和互惠互利的性质。所以申请到这种贷款并非易事，手续复杂，时间长，而且用途受到限制，一般不适合于国际企业生产经营对资金的需求。

第二节 国际贷款筹资的成本测算与货币选择

一、国际贷款筹资成本的测算

（一）国际贷款筹资成本的决定因素

国际贷款筹资成本是指国际企业从国外筹借资金所付出的代价，包括支付的利息、费用和外币折合差额等。外汇借款的成本与借款金额的百分比，就是国际贷款实际筹资成本率。对国际贷款实际筹资成本进行预测，是外汇借款筹资决策的需要。只有当企业的实际筹资成本低于企业资金利润率的时候，才会获得财务杠杆利益，提高企业经济效益。

在现实中，国际企业在国际金融市场上所借货币的币值很可能随借款人的本国货币变动而不断变化。企业实际筹资成本的大小取决于以下因素：

（1）贷款银行确定的利率；

（2）所借货币的币值在贷款期内的波动；

（3）所得税税率的高低。

【例4—2】国内某企业按8%的利率取得一笔期限为1年的1 000万元港币贷款。企业收到该笔贷款后将其兑换为人民币，以向供应商支付货款。当时的汇率是1元港币＝0.84元人民币。如果汇率在整个贷款期内保持稳定，则该企业到期偿还的贷款本利和是：

$$1\,000\times(1+8\%)\times0.84=907.2(\text{万元人民币})$$

该笔贷款的实际利率是：

$$(1\,000\times8\%\times0.84)\div(1\,000\times0.84)\times100=8\%$$

如果在归还贷款时港币汇率升至1元港币＝0.89元人民币，则该企业到期应偿还的贷款本利和是：

$$1\,000\times(1+8\%)\times0.89=961.2(\text{万元人民币})$$

该笔贷款的实际利率是：

$$(961.2-1\,000\times0.84)\div(1\,000\times0.84)\times100\%=14.43\%$$

假如该企业考虑到港币会大幅升值，可能就不会借入港币了。

根据会计制度的规定，短期借款的利息费用计入财务费用。长期借款的利息费用和外币折算差额，若与固定资产购建无关，则计入财务费用。若与购建固定资产有关，在该固定资产达到可使用状态前，计入所购建固定资产的成本；在该固定资产达到可使用状态后，计入财务费用。若利息费用和外币折合差额计入财务费用，则会使企业税前利润减少，从而可少缴一部分所得税。假定本例发生的利息费用允许在税前扣除，该企业适用的所得税税率为 25%，若不考虑汇率，企业借款利息成本净支出＝1 000×8%×(1－25%)＝60（万元港币）。

（二）预测国际贷款实际筹资成本的方法

国际贷款实际筹资成本可按下列公式计算（假定不考虑所得税因素）：

$$K=(1+i)\left[1+\left(\frac{S_1-S_0}{S_0}\right)\right]-1$$

式中，K——实际筹资利率；

i——利率；

S_1——期末即期汇率；

S_0——期初即期汇率。

$\frac{S_1-S_0}{S_0}$反映的是外币即期汇率的变动百分比，现以 e 表示，则上述公式可以改写如下：

$$K=(1+i)(1+e)-1$$

【例 4—3】 承例 4—2，该笔贷款的实际筹资利率可计算如下：

港币汇率变动百分比＝(0.89－0.84)÷0.84×100%＝5.95%

实际筹资利率 $K=(1+i)(1+e)-1=(1+8\%)(1+5.95\%)-1=14.43\%$

例 4—3 与例 4—2 的计算结果相同。实际筹资利率为正数，说明该企业实际归还贷款本利和的人民币金额要多于借入数。如果实际筹资利率为负数，则意味着实际归还贷款本利和的人民币金额要少于借入数。因此，企业在选择借入何种外币时，不应只考虑外币借款的名义利率，还需预计其升值率或贬值率。

若利息等费用可以在税前扣除，考虑所得税的影响，则该笔贷款的税后实际筹资利率计算公式为：

$$K=[(1+i)(1+e)-1]\times(1-T)$$

式中，T——所得税税率。

【例 4—4】 承例 4—2，该笔贷款的税后实际筹资利率可计算如下：

$$K=[(1+i)(1+e)-1]\times(1-T)=[(1+8\%)(1+5.95\%)-1]\times(1-25\%)$$
$$=10.82\%$$

二、国际贷款的货币选择

（一）影响国际贷款货币选择的主要因素

在国际筹资中，常常会涉及以什么货币作为面值货币的问题，如国际商业银行贷款所采用的货币就有三种：借款国货币、贷款国货币和第三国货币。国际贷款筹资中涉及的贷款货币的选择问题，是国际财务管理所遇到的一个特殊问题。由于各国的不同货币之间存在汇率风险，大幅度的汇率波动会使耗费较多成本得到的融资损失其价值，会改变外币偿付流量的价值，会使本可盈利的跨国公司的经营不能获利，最终影响财务的稳定性。所以在筹资决策中，当决定从哪些渠道筹集资金时，需要正确选择面值货币。

借款人在取得国际贷款，面临货币选择时，必须考虑货币软硬（汇率升降）和利率高低两个因素。如果顾此失彼，就可能发生错误，导致损失。

一般来说，借贷双方的利益是对立的。对于借款人来说，取得借款时选用软货币较为有利，因为借款人能从软货币汇率下跌中得到好处，可以减轻债务负担；对于贷款银行来说，发放贷款时使用硬货币比较有利，因为贷款银行能从硬货币汇率的上升中得到好处，增加债权收入。因此在银行借贷中，如果使用软货币，贷款银行为了弥补软货币汇率下跌时发生的损失，就会提高贷款利率；如果使用硬货币，借款人为了预防硬货币汇率上升时发生的损失，就会要求降低贷款利率。在国际金融市场上，以软货币借贷的利率高，以硬货币借贷的利率低，两种货币借贷的利率有时相差很大。

【例 4—5】国内某合资企业拟从银行取得一笔价值 500 000 美元的 1 年期外汇贷款，有美元和港币两种货币可供选择。美元贷款的年利率为 13%，港币贷款的年利率为 8%，期满一次还本付息，借款时的汇率是：1 美元＝7.754 2 元港币，1 美元＝6.056 9 元人民币，1 港币＝0.781 1 元人民币。预测还款时的汇率是：1 美元＝7.733 3 港币，1 美元＝6.270 9 元人民币，1 港币＝0.810 9 元人民币。该企业可借 500 000 美元，或借 3 877 100（500 000×7.754 2）港币，两者都折合 3 028 450 元人民币。

如果只从利率高低来看，显然借港币合算，但把汇率和利率两个因素结合起来考虑，判断借哪种货币比较合算，则必须进行以下计算方可作出结论。

若借美元，期满时本利和为：

500 000×(1＋13%)＝565 000(美元)

若借港币，期满时本利和为：

3 877 100×(1＋8%)＝4 187 268(港币)

将港币本利和折算为美元：

4 187 268÷7.733 3＝541 459(美元)

可见，在上述情况下借港币比较合算，比借美元可少支付 23 541（565 000－541 459）美元。

若将美元和港币本利和都折算为人民币，则更能直接说明问题：

500 000×(1＋13%)×6.270 9＝3 543 059(元人民币)

3 877 100×(1＋8%)×0.810 9＝3 395 456(元人民币)

经过计算比较，在上述情况下借港币比较合算，因为借港币比借美元可少支付 147 603（3 543 059－3 395 456 ）元人民币。如果该企业确信还款时汇率预测是准确的，即可选择借港币。但事实上汇率预测往往不完全准确，因此在具体决策时，还须考虑汇率变动的各种可能性。

（二）汇率不确定情况下的国际贷款货币选择

在国际金融市场上，汇率的波动受多种因素的影响，一般很难预测。这种难以预测的汇率波动就是汇率风险。如何在这种不确定（即风险）条件下进行借贷货币的选择呢？下面介绍几种常用的分析方法。

1. 预期成本分析法

预期成本分析法是比较各种选择结果的数学期望值。这里期望值的经济含义是借款成本的未来值，即预期成本。通过对不同借款的预期成本进行比较，从而作出选择。

计算预期成本可以在对汇率预测的基础上，计算汇率出现各种变动的情况下的筹资成本，然后计算出筹资成本的预期值；也可以先计算出汇率的预期值，直接根据汇率的预期值计算出预期成本。

【例 4—6】承例 4—5，假定汇率变动有不确定性，已知预测还款时汇率波动的各种可能性及相应概率，则预期成本可计算如下（见表 4—1 和表 4—2）。

表 4—1　借美元预期成本

汇率	概率	利息		借款本金（美元）	汇率变动	本金汇率折合差额（人民币元）	借款成本（人民币元）	预期成本（人民币元）
		美元	人民币					
①	②	③	④=①×③	⑤	⑥=①−6.056 9	⑦=⑤×⑥	⑧=④+⑦	⑨=②×⑧
6.260 0	20%	65 000	406 900	500 000	0.203 1	101 550	508 450	101 690
6.270 9	40%	65 000	407 609	500 000	0.214 0	107 000	514 609	205 844
6.300 0	30%	65 000	409 500	500 000	0.243 1	121 550	531 050	159 315
6.331 4	10%	65 000	411 541	500 000	0.274 5	137 250	548 791	54 879
合计	100%							521 728

表 4—2　借港币预期成本

汇率	概率	利息		借款本金（港币）	汇率变动	本金汇率折合差额（人民币元）	借款成本（人民币元）	预期成本（人民币元）
		港币	人民币					
①	②	③	④=①×③	⑤	⑥=①−0.781 1	⑦=⑤×⑥	⑦=④+（7）	⑨=②×⑧
0.784 0	20%	310 168	243 172	3 877 100	0.002 9	11 244	254 416	50 883
0.799 0	30%	310 168	247 824	3 877 100	0.017 9	69 400	317 224	95 167
0.810 9	40%	310 168	251 515	3 877 100	0.029 8	115 538	367 053	146 821
0.812 0	10%	310 168	251 856	3 877 100	0.030 9	119 802	371 658	37 166
合计	100%							330 037

我们可以用另一种方法，即先计算出汇率的期望值，然后在这一汇率水平下对两种借款方案进行评估，从中选择借款成本最低的货币筹资方案。

美元的预期汇率：

$$1\text{美元}=6.260\,0\times20\%+6.270\,9\times40\%+6.300\,0\times30\%+6.331\,4\times10\%$$

$=6.2835$(元人民币)

港币的预期汇率：

1 港币 $=0.7840\times20\%+0.7990\times30\%+0.8109\times40\%+0.8120\times10\%$

$=0.80206$(元人民币)

借美元预期成本 $=[500000\times(1+13\%)]\times6.2835-500000\times6.0569$

$=521728$(元人民币)

借港币预期成本 $=[3877100\times(1+8\%)]\times0.80206-3877100\times0.7811$

$=330037$(元人民币)

两种方法得出的结果一致，借美元的预期成本为 521 728 元人民币，借港币的预期成本为 330 037 元人民币。借港币的预期成本小于借美元的预期成本，所以应该选择借港币。

2. 标准离差分析法

通过概率计算出的期望值代表了预期成本和预期汇率，是对将来可能产生的成本和汇率的最好假设。但这依然仅是一种可能性，实际汇率可能高于或低于期望值。这种偏离期望值的幅度是对风险和可靠性的测量。我们可将这种偏离期望值的幅度数量化，计算标准离差。标准离差越小，说明偏离期望值的幅度越小，风险越小，越可靠。

【例 4—7】承例 4—6，计算过程及结果见表 4—3 和表 4—4。

表 4—3　　借美元标准离差计算

汇率	概率	汇率×概率	汇率－汇率期望值	(汇率－汇率期望值)^2	(汇率－汇率期望值)^2×概率
①	②	③=①×②	④=①－6.283 5	⑤=④×④	⑥=②×⑤
6.260 0	20%	1.252 0	－0.023 5	0.000 6	0.000 10
6.270 9	40%	2.508 4	－0.012 6	0.000 2	0.000 08
6.300 0	30%	1.890 0	0.016 5	0.000 3	0.000 09
6.331 4	10%	0.633 1	0.047 9	0.002 3	0.000 23
合计	100%	6.283 5	—	—	0.000 50

借美元的标准离差 $=\sqrt{0.0005}=0.0224$

表 4—4　　借港币标准离差计算

汇率	概率	汇率×概率	汇率－汇率期望值	(汇率－汇率期望值)^2	(汇率－汇率期望值)^2×概率
①	②	③=①×②	④=①－0.802 1	⑤=④×④	⑥=②×⑤
0.784 0	20%	0.156 8	－0.018 1	0.000 30	0.000 060
0.799 0	30%	0.239 7	－0.003 1	0.000 01	0.000 003
0.810 9	40%	0.324 4	0.008 8	0.000 08	0.000 032
0.812 0	10%	0.081 2	0.009 9	0.000 10	0.000 010
合计	100%	0.802 1	—	—	0.000 105

借港币的标准离差$=\sqrt{0.000\,105}=0.010\,2$

借港币的标准离差小于借美元的标准离差，因此借港币较为有利，风险较借美元要小。

3. 临界点分析法

上述分析方法都是根据预测的汇率、概率，将期末汇率的不确定性（风险）数量化，然后计算出预期成本进行比较决策。临界点分析法则是先求出临界点的汇率，即两种借款方案成本相等时的汇率，然后再做直观分析。

【例 4—8】承例 4—6，采用临界点分析法计算如下：

先计算利率差异的影响：

$$[(1+13\%)-(1+8\%)]\div(1+13\%)\times100\%=4.424\,78\%$$

再计算临界点汇率：

$$7.754\,2\times(1-4.424\,78\%)=7.411\,1$$

计算结果表明：在还款时，若汇率为 1 美元=7.411 1 元港币时，美元借款与港币借款的成本相等；若汇率小于 1 美元=7.411 1 元港币，选择美元借款较合算；反之，则港币借款更合算。

本章小结

国际贷款筹资的渠道包括外国政府贷款、国际金融组织贷款、国际商业银行贷款等。其中，国际商业银行贷款是国际企业的主要筹资方式。国际商业银行中长期贷款的方式主要有独家贷款、联合贷款和辛迪加贷款。其中，辛迪加贷款具有金额大、期限长、风险小等特点。

贷款银行确定的利率、所借货币的币值在贷款期内的波动以及所得税税率的高低都会影响国际贷款筹资成本的大小。国际商业银行贷款的费用包括利息费用和其他费用。企业在选择借入何种外币时，不应只考虑外币借款的名义利率，还需预计其升值率或贬值率，以确定国际贷款的实际筹资成本。

影响国际贷款筹资货币选择的主要因素有货币软硬（汇率升降）和利率高低，国际贷款筹资货币选择的方法包括预期成本分析法、标准离差分析法及临界点分析法。

思考题

1. 国际商业银行贷款有哪些特点？可以分为哪些种类？
2. 什么是国际银团贷款？
3. 哪些因素会影响国际贷款筹资成本？
4. 国际贷款筹资货币选择的方法有哪些？

案例分析

银团贷款案例分析

一、海阳核电银团贷款项目

（一）基本情况

山东核电有限公司成立于2004年9月10日，该公司是中国电力投资集团公司下属二级单位。该公司由六家股东出资设立，分别为：中国电力投资集团公司、山东国际信托投资有限公司、烟台蓝天投资控股有限公司、中国国电集团公司、中国核能电力股份有限公司、华能核电开发有限公司。公司的主要营业范围为：核能发电（仅限筹建），货物、技术的进出口（国家禁止的除外）。

项目规划建设6台百万千瓦级机组，并预留有扩建场地。其中，一期工程建设两台机组。首台机组计划于2014年投入商业运营。山东核电有限公司一期工程投资总规模为430.24亿元人民币（不含配套送变电工程费用），含铺底生产流动资金3.41亿元。各方对山东核电项目的出资比例为：中国电力投资集团公司占65%、山东省国际信托投资有限公司占10%、烟台蓝天投资控股有限公司占10%、中国国电集团公司占5%、中国核能电力股份有限公司占5%、华能核电开发有限公司占5%。

（二）银团组建过程

2007年4月，集团公司财务部起草了山东核电项目融资安排意见，6月5日，集团公司总经理办公会议原则通过。

2007年7月12日，公司一届五次董事会批准了山东海阳项目融资安排意见。

2007年7月15日，公司与锦天城律师事务所签订了融资法律顾问服务委托合同、与中电投财务有限公司签订了融资顾问服务委托合同。

2007年7月至2008年6月，筹资工作小组多次召开会议讨论、修改筹资框架方案及融资邀请函。

2008年6月，筹资工作小组以签报形式将融资情况上报集团公司后发出融资邀请函。

2008年8—12月，筹资工作小组收回银行提交的融资建议书，完成比选并进行多次谈判。

2008年12月22日，集团公司总经理办公会议确认国家开发银行及中国工商银行为牵头银行。2008年12月至2009年6月，筹资工作小组与财务顾问、筹资法律顾问同牵头银行就合同进行多次谈判。

2009年6月15日，集团公司总经理办公会议确定了海阳项目融资方案。

2009年6月30日，公司与相关银行签订一期项目银团贷款协议。

（三）银团贷款交易结构

1. 银团贷款筹资结构

2009年6月30日，山东核电有限公司与国家开发银行、中国工商银行等九家银团成员行共同签署了山东海阳核电一期工程项目银团贷款协议，协议总承贷额为362.89亿元，人民币长期贷款承贷额约为149.97亿元，外币总承贷额约为28.09亿美元。其中，国家开发银行与中国工商银行作为牵头银行，国家开发银行担任贷款代理银行及担保代理银行，中国工商银行作为结算代理银行。具体承贷额和贷款银行见表4—5。

表4—5　　山东海阳核电一期工程项目银团人民币和美元贷款银行及其承贷额

贷款人	贷款比例	承贷额（亿元人民币）	人民币长期贷款承贷额（亿元人民币）	美元长期贷款承贷额（亿美元）
国家开发银行股份有限公司	30.91%	112.189 5	46.375 3	8.682 6
中国工商银行股份有限公司	30.91%	112.189 5	46.375 3	8.682 6
中国农业银行股份有限公司	6.89%	25.000 0	10.329 7	1.935 4
中国银行股份有限公司	6.89%	25.000 0	10.329 7	1.935 4
中国建设银行股份有限公司	6.89%	25.000 0	10.329 7	1.935 4
交通银行股份有限公司	6.89%	25.000 0	10.329 7	1.935 4
中国进出口银行	4.62%	16.755 5	6.918 2	1.297 8
招商银行股份有限公司	4.62%	16.755 5	6.918 2	1.297 8
渤海银行股份有限公司	1.38%	5.000 0	2.062 0	0.389 6
合计	100%	362.890 0	149.967 8	28.092 0

2. 银团贷款协议结构及主要条款

(1) 银团贷款协议结构。

1) 协议构成。银团贷款协议由“4+2+1”构成，以共同条款协议、人民币长期贷款合同、多币种外币长期贷款合同、人民币循环授信合同四大主要协议为主，另包括保险权益转让合同、工程建设合同、权益转让合同及五项支持及承诺函。

2) 贷款结构创新。除银团人民币及外币长期贷款外，为降低筹资成本，公司与银团签订了总额度40亿元的人民币循环授信合同。该循环贷款额度与人民币长期贷款配套使用，只要在人民币总承贷额限度内，公司就可在该额度内循环使用该短期借款，合理调整长短期贷款比例，在保证项目整体资金安全的前提下降低资金成本。

(2) 银团贷款协议主要条款。

1) 总承诺额度。贷款人提供的总承贷额为国家有权机构核准的项目总投资的80%，总承贷额为362.89亿元，人民币长期贷款承贷额约为149.97亿元，外币总承贷额约为28.09亿美元。银团承诺全部债务额度，并提供其他筹资渠道相应的授信，若发生项目超支，在公司股东追加20%超支资金的基础上，银行再追加80%超支资金的额度。

2) 贷款期限。自首次提款日起至全部清偿之日止，贷款期限为22年，含宽限期7年，还款期15年。

3) 贷款利率。人民币贷款利率在同期限人民银行公布的基准利率的基础上下浮10%，利率按年浮动，并约定可按照最大利率下浮幅度进行调整。美元长期贷款利率以6MLIBOR+180BPS封顶，半年浮动。

4) 融资担保。公司的股东向担保代理银行提供下列文件：项目完工支持函、项目资本金到位承诺函、项目超支资金支持承诺函。公司与担保代理银行签署工程建设协议权益转让合同及保险权益转让合同。公司向担保代理银行提供关于土地使用权不设定抵押的承诺函及关于设备和厂房不设定担保权益的承诺函。同时规定，归集售电收入的账户应在代理银行开立。

5）利息支付。在项目建设期，利息每半年支付一次，利息提前打入贷款代理银行账户；项目进入全面商业运行后，利息每季度支付一次，利息亦要转入贷款代理银行账户。

6）还款安排。项目进入全面商业运行时，建设期人民币循环授信额度项下的贷款余额将全部转换为人民币长期贷款；本、外币长期贷款在宽限期满后按季偿还本金；在宽限期和还款期分别可调整一次还款计划；允许公司提前偿还部分或全部贷款，无须因提前还款而向贷款人承担赔偿义务；公司如不能按期偿还贷款，可在贷款到期前向银团申请展期，贷款展期无须附加任何条件。

（四）后续执行情况

山东海阳核电一期工程项目的银团贷款在后续执行过程中经历了两次份额调整、一次利率补偿，份额调整及利率补偿的原因都与当时的金融形势及资金成本直接相关。

1. 首次份额调整

银团协议约定的美元贷款启动利率为 6MLIBOR ＋180BPS。依据当时的金融形势，公司积极与银团沟通，申请根据协议下调银团美元贷款首次适用利差。经过一年多反复沟通与协调，海阳核电一期工程项目银团贷款补充协议正式签订。协议主要内容包括：美元贷款首次适用利差降至 120BPS（1.2%）。建设银行、交通银行、招商银行及渤海银行四家银行因无法同意美元贷款启动利率为 6MLIBOR＋120BPS，同意退出海阳核电一期银团，退出份额由国家开发银行与进出口银行共同全额承接，银团成员行的减少及结构的调整在一定程度上提高了银团运作效率。

2. 利率补偿

2011 年以来，受国家调控影响，银行信贷额度日益趋紧，市场上人民币及美元贷款利率飙升，市场同期人民币贷款利率已达到基准利率上浮 10%～30%，银行间美元拆借成本已达到 500BPS～600BPS（5%～6%）。在此情况下，银团成员行多次提出提高银团美元及人民币贷款利率。为了推进银团的正常运作，保障项目资金供应，公司签订了利率补偿协议。协议约定，对一年内新发放的人民币及美元贷款进行补偿，人民币利率补偿至基准利率，美元利率补偿至 6MLIBOR＋400BPS（4%），补偿期限为一年。

3. 第二次份额调整

自 2011 年以来，银行惜贷现象明显，工商银行作为银团牵头银行之一，贷款发放进度远低于银团整体进度。为了确保工程资金正常供给，公司在确认工行不能按期补足应放贷款，无法履行银团贷款发放义务后，提请工行根据银团协议相关条款，转让未发放的承贷份额，以确保项目建设所需资金，维持银团各项工作的正常运行。

二、项目分析

（一）创新筹资模式

核电建设项目筹资额度大、还款期长、币种多样，普遍采用银团贷款的方式进行。山东海阳核电项目筹资工作启动后对银团贷款进行了细致深入的分析，考虑到项目的实际需求，创新地采取了以币种为主、其他金融服务为辅，同时兼顾各家银行优势的全方位筹资模式，充分利用了国内金融业界之所长，使项目的各项资金及金融服务需求都得到了强有力的保障。

（二）抓住时机，未雨绸缪，创新选择筹资时机

山东海阳核电项目自前期工程至最终经国家发改委核准，跨越了相当长的时间。2008

年，面对当时良好的金融市场条件，海阳核电项目以项目建议书估算金额为基础，以银行可承担的最高限额和最全面服务为条件的方式确定了适合不同项目类型的弹性筹资方案。面对国际金融危机后时代，海阳核电项目筹资条件的提前确定使得公司利益得到了极高的保障。

（三）银团结构创新

海阳核电项目银团贷款总额为362.89亿元，除银团人民币及外币长期贷款外，还创新性地签订了总额度为40亿元的人民币循环授信合同，该循环贷款额度与人民币长期贷款配套使用，只要在人民币总承贷额限度内，借款人可在该额度内循环使用该短期借款，在保证项目整体资金安全的前提下降低了资金成本。

（四）对汇率及利率市场敏锐的观察力和创新性

（1）美元贷款利率创新实现利率封顶。

长期以来，我国的外币贷款实行浮动利率，各家银行参照执行。海阳核电项目除取得了相对当期相当优惠的贷款利率外，还突破性地取得了利率上限180BPS的优惠条件，这在银行业界是极其罕见的优惠条件。

（2）敏锐观察市场动态，确定利率方针。

银团协议约定的美元贷款启动利率为6MLIBOR＋180BPS，依据当时的金融形势，公司敏锐判断，贷款利率有下调的空间，通过积极与银团沟通，海阳核电一期工程项目银团贷款补充协议正式签订，对一期银团美元贷款首次适用利差由180BPS（1.8%）调整至120BPS（1.2%），比当前市场美元短期利率适用利差低70%，节约财务费用近2 000万元人民币。

（五）在合同谈判中积极争取权益

（1）无条件展期。

公司为给海阳核电项目的后续资金管理留下最大可能的灵活性，取得了无条件展期的优惠条件，即只要项目提出，银行在履行必要的手续后需满足项目要求。

（2）无条件提前还款。

提前还款是一项极其重要的贷款条件，对于企业今后的债务结构调整有着非同一般的影响。公司在提前还款条款上，除取得无条件提前还款外，还突破性地将提前还款的时间扩展至整个贷款期。

（六）以退为进，创新性执行银团贷款

在2011年整体金融形势严峻的情况下，银团成员行纷纷提出要修改银团贷款协议中的利率条件，公司顶住压力，创造性地提出通过签订补充协议给予一定期限内的补偿，而不修改整体银团协议贷款利率水平。这种创新既可以保证资金供应，维护银团成员行利益，避免由于成本问题造成资金供应链断裂，又可以维持原银团协议商定的优惠利率，且操作灵活，对将来遇到类似金融形势发生重大变动有借鉴意义。

思考与讨论：海阳核电银团贷款的成功经验有哪些？

第五章　国际证券筹资

学习目标

了解国际证券市场的功能、类别和发行方式，了解影响国际股票发行价格的因素，了解国际债券的评级，熟悉国际股票筹资的上市方式和国际债券的发行条件，掌握国际债券的类型和特征，掌握国际股票和国际债券发行价格的确定方法。

第一节 国际证券市场

证券市场是股票、债券、投资基金等有价证券发行和交易的场所，是社会化大生产和商品经济发展到一定阶段的产物。

一、证券市场的地位与功能

（一）证券市场在金融市场体系中的地位

金融市场是资金融通市场。证券市场在整个金融市场体系中具有非常重要的地位，是现代金融体系的重要组成部分。

从金融市场的功能看，证券市场通过证券发行的方式融通资金，通过证券的买卖活动引导资金流动，促进资源配置的优化，推动经济增长，提高经济效益。从金融市场的运行看，金融市场体系的其他组成部分都与证券市场密切相关。

证券市场在金融市场体系中的地位表现为以下几个方面。

1. 证券市场与货币市场关系密切

证券市场是货币市场的资金需求者。证券发行通常要由证券经营机构垫款，垫款所需要的资金通常依赖于货币市场的资金供给。当证券市场上买卖兴旺、证券价格上涨时，需要更多的资金来帮助交易的完成，引起货币市场上的资金需求增长、利率上升。

2. 长期借贷的资金来源依赖于证券市场

在资本市场内部，长期信贷市场的发展必然依赖证券市场。金融机构的长期信贷资金在很大程度上是通过证券市场来筹集的，如金融机构通过证券市场发行股票筹集资本金、通过证券市场发行金融债券筹集信贷资金等。

3. 任何金融机构的业务都直接或间接与证券市场相关

现实中，任何金融机构的业务都直接或间接与证券市场相关，而且证券金融机构与非证券金融机构有很多交叉业务。

（二）证券市场的基本功能

1. 筹资功能

证券市场的筹资功能是指证券市场为资金需求者筹集资金的功能。这一功能的另一作用是为资金供给者提供投资对象。在证券市场上交易的任何证券，既是筹资的工具也是投资的工具。在经济运行过程中，既有资金盈余者又有资金短缺者。资金盈余者为了使自己的资金增值，就必须寻找投资对象，在证券市场上，资金盈余者可以通过买入证券而实现投资；而资金短缺者为了发展自己的业务，就要从社会中寻找资金，可以通过发行各种证券来达到筹资的目的。

2. 资本定价

证券市场的第二个基本功能就是为资本定价。证券是资本的存在形式，所以，证券的价格实际上是证券所代表的资本的价格。证券的价格是证券市场上证券供求双方共同作用的结果。证券市场的运行形成了证券需求者和证券供给者的竞争关系，这种竞争的结果是：能产生高投资回报的资本，其市场的需求就大，形成的证券价格就高；反之，证券的价格就低。因此，证券市场是资本的合理定价机制。

3. 资本配置

证券市场的资本配置功能是指通过证券价格引导资本的流动而实现资本的合理配置。在证券市场上，证券价格的高低是由该证券所能提供的预期报酬率的高低来决定的。证券价格的高低实际上是该证券筹资能力的反映，而能提供高报酬率的证券一般来自那些经营好、发展潜力巨大的企业，或者是来自新兴行业的企业。这些证券的预期报酬率高，因而其市场价格也高，筹资能力强。这样，证券市场就引导资本流向能产生高报酬率的企业或行业，使资本产生尽可能高的效益，进而实现资本的合理配置。

二、证券市场的分类

证券市场可以从不同的角度，依据不同的标准进行分类。

(一) 按证券的性质不同分类

按证券的性质不同，可分为股票市场、债券市场和基金市场。

1. 股票市场

股票市场是股票发行和流通的场所，是指对已发行的股票进行买卖的场所。股票的交易都是通过股票市场来实现的。一般地，股票市场可以分为一级市场和二级市场，一级市场也称股票发行市场，二级市场也称股票交易市场。

2. 债券市场

债券市场是债券发行和交易的场所，是金融市场的一个重要组成部分。债券市场是一国金融体系中不可或缺的部分。一个统一、成熟的债券市场可以为全社会的投资者和筹资者提供低风险的投融资工具；债券的收益率曲线是社会经济中一切金融商品收益水平的基准。因此，债券市场是传导中央银行货币政策的重要载体。可以说，统一、成熟的债券市场是一个国家金融市场的基础。

债券市场又可进一步分为国库券市场、金融债券市场和公司（企业）债券市场。

3. 基金市场

基金市场是基金证券发行和流通的市场。其中：封闭式基金在证券交易所挂牌交易；开放式基金通过投资者向基金管理公司申购和赎回实现流通。

(二) 按证券的运行过程和证券市场的具体任务不同分类

按证券的运行过程和证券市场的具体任务不同，分为证券发行市场和证券交易市场。

1. 证券发行市场

证券发行市场又称一级市场、初级市场，是发行者为筹集资金向外界及社会公众发行证券的市场，它由发行者（筹资者）、承销商和投资者组成。承销商是在证券市场上协助发行者发行证券或者为发行者寻找投资者的中介机构。如在美国，公司发行的证券大部分都是通过承销商销售的，承销商以投资银行（如第一波士顿投资银行、摩根·斯坦利投资银行、所罗门兄弟公司等）为主。美国投资银行的首要职能是承包和推销公司证券，此外，还从事企业兼并、收购、基金管理和风险投资等业务。

在证券发行过程中，证券发行市场作为一个抽象的市场，其买卖成交活动并不局限于一个固定的场所，它是一个无形的市场，为资金使用者提供了获得资金的渠道和手段。

2. 证券交易市场

证券交易市场也称证券流通市场、二级市场（secondary market）、次级市场，是指对已经发行的证券进行买卖、转让和流通的市场。在二级市场上，销售证券的收入属于出售证券的投资者，而不属于发行该证券的公司。

（三）按组织形式不同分类

按组织形式不同，分为场内市场和场外市场。

场内市场是指由证券交易所组织的集中交易市场，有固定的交易场所和固定的交易时间，是最重要的证券流通市场。

场外市场主要是指店头市场（柜台市场）以及第三市场、第四市场，是指在证券交易所外由证券买卖双方议价成交的市场。它没有固定的场所，其交易主要利用电话进行，凡不在证券交易所上市的证券都可申请在场外进行交易。

三、证券的发行方式

证券的发行方式一般按以下标准进行分类。

（一）按是否经过中介机构分类

按是否经过中介机构可以分为直接发行和间接发行。

1. 直接发行

直接发行又称自营发行，是指发行人不委托其他机构，而是自己直接面向投资者发售证券的方式。

直接发行方式的特点是：发行量小，社会影响面不大；属于内部发行，无须向社会公众提供发行人的有关资料；发行成本较低；投资者大多是与发行人有业务往来的机构。直接发行方式由于没有证券承销商的参与，一旦发行失败，则风险全部由发行人承担。

2. 间接发行

间接发行又称委托代理发行，是指发行人委托证券承销商代其向投资者发售证券的方式。发行人为此需支付代理费用给承销商，而承销商则需承担相应的发行责任和风险。间接发行根据受托证券承销商对证券发行责任的不同，又可以分为以下几种具体方式：

（1）包销。包销是指证券承销商将发行人的证券按照协议全部购入或者在承销期结束时将售后剩余证券全部自行购入的承销方式。包销一般可分为全额包销和余额包销两种。

全额包销发行方式，是由证券承销商将所发行的证券全部买下，然后再转售给社会公众投资者的证券发行方式。使用这种发行方式，发行风险全部由受托证券承销商承担，无论承销商能否将证券全部发行出去，发行人都可以及时、全额取得所筹资金。同时，使用该种发行方式，发行人付出的代理费是最高的。因为证券承销商在向社会公众发行前，已将全部金额支付给发行人，构成资金垫付行为，所以代理费用必然提高。

余额包销发行方式又称助销，是指证券承销商按照规定的发行额和发行条件，在约定的期限内向投资者发售证券，到销售截止日，如投资者实际认购总额低于预定发行总额，未售出的证券由承销商负责认购，并按约定时间向发行人支付全部证券款项。这种发行方式同全额包销方式一样，发行风险全部由证券承销商承担，发行人的筹资金额有保障，不会因为发行额不足而产生筹款金额不足的情况。所不同的是，发行人获得资金的时间不同，在余额包销发行方式下，发行人在发行期结束时才能获得资金；而在全额包销发行方式下，发行人在发行协议签订以后、发行期开始之前即可获得承销商垫付的资金。由于没有资金垫付行为，所以余额包销发行方式的代理费比全额包销发行方式要低。目前，这种发行方式在我国运用得比较多。

（2）代销。代销是指证券承销商代理发行人发售证券，发行期结束时将收入的资金连同未售出的证券全部退回给发行人的证券发行方式。使用这种发行方式，证券发行中的全部风险由发行人承担，代销者对证券能否售出不承担任何责任，因而代理费用最低，通常与实际发售数额挂钩。

（3）联合发行方式。联合发行方式又称承销团发行方式，是指由证券主承销商牵头，联合其他承销商组成承销团，共同承担责任，全额或余额包销代理发行证券的方式。参与联合发行方式的承销商至少在两个以上，一般由主承销商与发行人签订发行协议，再由主承销商与其他副承销商、分销商签订分销协议。证券发行的风险由参与联合发行的承销商共同分担，形式有等额分担和按比例分担两种，一般情况下，主承销商分担的风险和责任最大，相应获得的手续费收入也最多。联合发行方式特别适合于发行数额巨大的证券，由于参与发行的机构较多，可以发挥各自的优势，缩短发行期限，及时取得资金，但内部协调工作也相应增加。

（二）按发行对象不同分类

按发行对象不同可以分为公募发行和私募发行。

1．公募发行

公募发行又称公开发行，是指以不特定的广大投资者为证券发行的对象，按统一的条件公开发行证券的方式。

公募发行方式的特点是：一般来说，数额较大，发行人通常委托证券承销商代理发行，因而发行成本较高；公募发行必须经过严格的审查，发行过程比较复杂，但信用度较高且流通性较好；如果公募发行的证券是债券，其发行利率一般低于私募发行的利率。

2．私募发行

私募发行又称不公开发行，是指以特定的投资者为对象发行证券的方式。

私募发行方式的特点是：数额一般较小，发行程序也比较简单，所以发行人不必委托中介机构办理推销，可以节省手续费，降低成本；发行条件可以根据发行公司和投资者需要随时修订，从而避免复杂化法律条款的限制；由于私募发行未经过严格的审查和批准，所以一般不能公开上市，流动性较差。

四、国际证券市场简介

世界上证券交易的主要市场有：17 世纪荷兰的阿姆斯特丹，18—19 世纪的伦敦，20 世纪 80 年代以前伦敦和纽约并重，20 世纪 80 年代，日本的东京证券交易所发展成为世界最大的证券市场之一，它与纽约交易所、伦敦证券交易所形成鼎足之势，并与我国香港地区的联合证券交易所、新加坡证券交易所构成一个昼夜不停的全球性证券交易运作体系。

根据 2012 年世界证券交易所联合会提供的统计资料，以上市公司的股票市值计算，世界前十大证券交易所依次是：纽约泛欧证券交易所（美国）、纳斯达克 OMX 集团、伦敦证券交易所集团、东京证券交易所集团、纽约泛欧证券交易所（欧洲）、香港证券交易所、上海证券交易所、加拿大多蒙交易所集团、法兰克福证券交易所、澳大利亚证券交易所。有关这些证券交易所的介绍，请参考本章的阅读材料。

第二节　国际股票筹资

一、国际股票发行概述

国际股票是指符合发行条件的公司组织依照规定的程序向境外投资者发行可流转股权证券的国际筹资方式。国际股票的发行和交易过程不只发生在一国内，而是跨国进行的，即股票的发行者和交易者、发行地和交易地、发行币种和发行者所属国本币等有至少一种不属于同一国度。这个概念揭示了国际股票的本质特征，即它的整个筹资过程的跨国性。

一个国家的企业在另一个国家的证券交易所上市发行股票的做法越来越多，国际股票市场得到迅速发展。

国际股权筹资在性质上不同于国际债权筹资，它本质上是股票发行人将公司的资产权益和未来的资产权益以标准化交易方式售卖给国际投资者的行为；与此相对应，投资者认购股份的行为本质上是一种直接投资，依此交易，认股人将取得无期限的股东权利，其内容不仅包括旨在实现资本利益的股东自益权，而且包括旨在控制、监督发行人公司的股东共益权。

二、国际股票的类型

各国证券市场的发育程度、规范程度、监管程度不同，各国的货币政策、利率水平和通货膨胀水平也存在差异。为适应不同的市场条件和投资环境，国际股票具有多种可供选择的筹资形式。

国际股票筹资依照不同的筹资方式可分为不同的类型。在我国的境外股票筹资中，较普遍采用的类型主要包括境内上市外资股结构、境外上市外资股结构、间接境外募股上市结构和存托证境外上市结构等几种。

（一）境内上市外资股结构

境内上市外资股结构是指发行人通过承销商在境外募集股份（通常以私募方式），并将该股票在发行人所在国的证券交易所上市的融资结构。其特点是：以外国货币为面值发行，但在国内上市流通，以供境内外国投资者以外币买卖。

我国证券法规将依此类结构募集的股份称为境内上市外资股，实践中通常称为B股。

由外国投资者直接投资于我国企业的筹资方式形成的国际股票类型就是境内上市外资股结构。

境内上市外资股结构的基本特征有：

（1）我国的境内上市外资股结构主要是依据我国的法律和会计准则构建的，有关发行人公司章程、境内上市外资股的发行条件与审批、境内上市外资股的上市和交易制度均适用中国的有关法律和法规。

（2）境内上市外资股在承销组织上采用了国际股票筹资惯例中的私募方式，并在不违反中国法律的基础上遵循了国际会计准则和股票发行地的有关法律要求。

（3）境内上市外资股的发行必须根据股票发行地和国际融资惯例的要求采用信息备忘录形式，并应符合其信息披露的要求，经审计的发行人会计报表（调整表）应当符合股票发行地国家会计准则的要求。

（4）境内上市外资股结构在公司发起人责任、同业竞争和关联交易等合同安排上应考虑满足股票发行地法律和国际融资惯例的要求。

由于多数国家的法律对于国际股票私募并没有严格的限制，因而境内上市外资股结构所需解决的法律冲突和障碍较少，其结构相对简单。

（二）境外上市外资股结构

境外上市外资股通过境外直接上市的国际股票筹资方式形成，是在外国发行的直接以当地货币为面值并在当地上市交易的股票。具体来讲，境外上市外资股结构是指发行人通过国际承销商在境外募集股份，并将该股票在境外的公开发售地的证券交易所直接上市的筹资结构，此类募股通常采取公开发售与配售相结合的方式。

我国的证券法规将依此类结构募集的股份称为境外上市外资股，实践中，在我国香港地区发行上市的H股、在新加坡发行上市的S股、在纽约发行上市的N股等均属于境外上市外资股。

境外上市外资股结构的基本特征有：

（1）其发行人为根据我国有关公司法规设立的股份有限公司，即中国法人，但规范公司行为的公司章程已根据股票上市地法律进行了必要的补充，因而大体解决了中外法律差异问题。

（2）其股票发行与承销通常由国际性金融机构担任主承销人和保荐人，并且按照股票上市地法律的要求采取公募与私募相结合的方式进行。

（3）其招股说明书须采取股票上市地法律要求的招股章程和信息备忘录形式，并且须符合该法律要求的必要条款规则和信息披露规则。

（4）经审计的发行人会计报表通过国际调整后须符合股票上市地的会计准则，同时应符合中国会计准则。

（5）有关发行人公司的发行申请、上市审核等行为，实际上要受到股票上市地和发行地法律的支配，但发行人公司首先须履行中国有关的申请审批手续。

（6）有关发行人公司及其股东的持续性责任、上市承诺、同业竞争、关联交易和交易规则等应符合股票上市地法律的要求。

境外上市外资股结构充分利用了市场所在国的外汇制度、法律制度、证券交易制度及信息披露制度，采用国际股票筹资实践中惯常的组织方式，故其发行效率和股票流动性均优于境内上市外资股。

（三）间接境外募股上市结构

间接境外募股上市结构是指一国的境内企业通过其在境外的控股公司向境外投资者募集股份筹资，并将该募集股份在境外公开发售地的证券交易所上市的股票筹资结构。间接境外募股上市结构通过境外借壳上市的筹资方式形成。在境外借壳方式下，国内企业股票不直接在境外上市，而是通过某个特定的“壳”，达到间接上市、获取国际资本市场资金的目的。这里所说的“壳”是指已在境外证券交易所上市或能够比较容易取得境外证券交易所上市资格的公司，该公司与国内企业联系密切，我国境内企业可以借助这个“壳”轻松取得间接上市资格。国内企业境外借壳上市的形式依其筹资方式可分为通过企业在境外设立的控股公司申请募集上市（境外造壳上市）和通过收购境外上市公司后增募股份（境外买壳上市）两种。目前，已在境外募股上市的上海实业、北京控股、航天科技、中国制药等公司均采取此类结构。

间接境外募股上市结构的基本特征有：

（1）其发行人为根据股票上市地法律要求设立或收购的境外有限责任公司，为境外法人，其公司章程与公司设立均适用相应的外国法律。

（2）其股票发行申请、上市审核、招股说明书、信息披露责任、股票交易等均适用股票上市地的法律，发行人经审计的会计报表也仅遵循股票上市地要求的会计准则。

（3）发行人公司作为境外投资者通过设立合资企业的方式控股境内的企业，该类境内企业为中外合资有限公司或中外合作有限公司，其公司章程、会计准则、利润分配和境外资金投入均适用中国的有关法律。

（4）根据我国目前法律的规定，间接境外募股上市虽不受计划额度制度的约束，但境内机构（特别是国有机构）对境外控股公司的投资必须取得对外经贸部的批准和许可，以境内机构控股而实施的间接境外上市还必须经证券监管部门批准后方可实施。

间接境外募股上市结构充分利用了境内合资法制和境外市场所在国法制的条件，依此类结构组织的国际股票筹资在发行效率、股票流动性和市场表现上均优于境外上市外资股结构。

（四）存托证境外上市结构

存托证（depositary receipt，DRs）又称存股证，是一种代表拥有外国公司股权的可转让证明。存托证一般是由一国股票托管银行向该国投资者发行，代表对其他国家公司证券的所有权的可流转证券，是为方便证券跨国界交易和结算而创制的原基础证券的派生工具。比如，美国存托证（ADR）就是可在美国证券市场以美元报价、交易的，代表美国投资者买卖外国公司股票的金融工具。

存托证所代替的基础证券通常为其他国家公司的普通股股票，但目前已扩展至优先股和债券，实践中最常见的存托证主要为美国存托证及欧洲存托证（EDR）。

美国的第一张存托证于1927年由摩根银行发行，它出现最早，运作最规范，流通量最大，最具有代表性。现在办理存托证业务的美国银行主要是纽约银行、花旗银行和摩根银行等。我国目前已在境外上市的轮胎橡胶、氯碱化工、上海二纺机、中国华能国际、山东华能、马鞍山钢铁等公司均采取存托证境外上市结构。

存托证境外上市结构依其具体内容可分为不同类型，例如，在美国存托证中，一级有担保的美国存托证和二级有担保的美国存托证不具有筹资功能，而三级有担保的美国存托证和 AAAA 私募美国存托证则具有募股筹资功能。在我国公司境外上市实践中，通常采用的美国存托证类型多为三级有担保的美国存托证和 AAAA 私募美国存托证。

存托证境外上市结构的当事人除发行人和基础证券承销商之外，还包括存托银行、存托证承销商、托管银行等。

存托证境外上市结构的基本特征有：

(1) 发行人公司通过国际承销商向境外配售的基础证券（股票）由某外国的存托银行代表境外投资者认购，并委托基础证券市场所在国的托管银行机构（通常为存托银行的附属机构或代理行）负责保管和管理该基础证券。

(2) 存托银行依据基础证券通过承销商向其本国投资者或国际投资者发行代表该基础证券的存托证，每一单位存托证依发行价代表一定数量的基础证券，并将发行存托证的筹资用于认购基础证券的支付。

(3) 安排存托证在存托银行所在国证券交易所上市，负责安排存托证的注册和过户，同时保障基础证券在其市场所在国的可流转性。

(4) 由存托银行通过托管银行向基础证券发行人主张权利，并以此向存托证持有人派发股息。

(5) 存托银行负责向基础证券发行人咨询信息，并负责向存托证持有人披露涉及基础证券发行人的信息和其他涉及存托证利益的信息。

(6) 存托证注销的过程为：首先，由存托银行以回购要约的形式通过市场向存托证持有人购回存托证；其次，由存托银行通知基础证券市场的经纪商售出基础证券；再次，由存托银行将购回的存托证注销；最后，将基础证券售卖收入偿付给存托证原持有人。由此可见，存托证上市结构是由存托银行提供金融服务的某种衍生证券发行与上市结构，存托银行在其中仅提供中介服务并收取服务费用，不承担相关的风险。

三、国际股票发行的法律文件

国际股票发行所涉及的法律文件主要包括招股说明书、招股说明书附录文件、承销协议与分销协议、收款银行协议等。此外，发行人在公司重组或发行准备阶段为解决实质性法律障碍或股票发行障碍，需签署大量的公司文件和产权交易文件，它们往往被作为招股文件的基础，在招股说明书中加以披露。

（一）招股说明书

招股说明书是对股票公开发行使用的招股章程和股票私募使用的信息备忘录的统称。它是任何类型股票发行所必不可少的基本文件，其信息披露内容与验证质量依不同国家或地区的法律要求和不同证券市场的惯例要求有所不同，但其内容必须满足面向投资者的商业可读性要求。

（二）招股说明书附录文件

招股说明书附录文件的内容较为广泛，但根据多数国家证券法的要求和国际股票融资惯例，招股说明书附录文件中最重要的部分包括国际会计师的审计报告、盈利预测审核函、物业估值报告和发行人公司章程。

（三）承销协议与分销协议

1. 承销协议

承销协议是由国际协调人、承销商与发行人公司签署的旨在承销全部拟发行股票的协议，其承销方式通常为余额包销。股票承销协议在形式上与债券承销协议类似，但在内容和条款上要更为复杂。该协议通常在发行准备阶段即已定稿，但仅自路演完成并确定发行价格至招股书披露日（又称开首日）期间才正式签署。

2. 分销协议

分销协议或承销商协议是指由主承销商、国际协调人和全体承销商签署的旨在明确承销团成员间权利、义务关系的协议。分销协议在许多内容上与承销协议重叠，并且具有将承销协议有关权利、义务进一步分解的法律意义。分销协议通常与承销协议同时签署。

（四）收款银行协议

收款银行协议是由发行人公司、主承销商及国际协调人与收款银行签署的关于委托收款银行在承销期间代收股款并对资金进行专项管理的协议。在国际股票筹资中，由于认购款的收取代表着巨大的利益，而有效认购的确认和超额配售选择权的行使又有一定的期间，为避免利益冲突，股票发行当事人通常应委托独立于承销团成员之外的商业银行（一般具有良好的信誉和广泛的分支网络）担任收款银行。在法律上，收款银行应负责汇总收取有效认股款并对其进行专项管理，在股票发行完全结束（指超额配售选择权期限届满）后，将股款在扣除承销商应得的有关费用后汇转给发行人公司。但在实践中，收款银行的实际收款范围可能更为广泛，而在承销收款结束和发行人公司未将股款调回前，收款银行实际上又起到发行人存款银行的作用。

综上所述，国际股票发行中的法律文件虽以股票发行与承销为直接使用目的，但该类文件几乎均具有效力持续性。其中，招股说明书及其附录文件往往具有较长的持续性承诺效力；而承销协议、分销协议和收款银行协议的效力至少应持续至股票上市和超额配售选择权期限届满后。

四、国际股票的发行程序

国际股票的发行一般要经过如下几个步骤。

（一）组成承销团

因为承销的风险很大，且为了使股票发行价达到最高，作为主承销商的投资银行通常组成一个承销团。主承销商请其他符合要求的银行参加股票的发售，每一家银行承担部分责任。在选择其他投资银行加入承销团时，发行人公司和主承销商必须通力合作。在选择合作的主承销商时，发行人公司可以要求让某些银行加入，这些银行也希望通过承销获得报酬。在发行人公司选择低一级承销银行时，主承销商可以建议吸收一些具有特殊能力的银行。例如，有些银行只为机构投资者服务，有些银行则着重于个人投资者。发行人公司和主承销商还可邀请一些在某一领域有特殊研究成果的银行，或者在某一行业公司股票的二级市场上十分活跃的银行。主承销商经过努力组成一个承销团后，每一家银行承销一部分股票。

（二）推销股票

要成功地推销股票必须做到两点：一是推销资料做得特别好；二是制定好推销展示，把最有吸引力的金融中心作为最可能的购买对象。推销资料主要包括招股说明书和一份制作精美的录像，以最佳方式来展示公司的经营状况，以达到最好的效果。通常，发行人公司的高级管理人员会对公司情况进行陈述，向投资者介绍公司的业务情况和未来前景。

（三）确定发行股票的价格

在股票的发行过程中，定价是最紧张的环节，这不仅是因为定价使主承销商承担很大的责任，也因为定价是十分困难的。而一旦价格定出，二级市场会立刻做出反应。

股票有两种不同的定价方法：

（1）固定价格发行。固定价格发行方法在我国香港地区和欧洲使用。在固定价格发行体系下，通过巡回展示，股票价格已在股票公开发行前由主承销商确定好了。这样，发行人公司和承销商都难以判断在此固定价格上投资者对该股票的需求有多大。为了保证成功地销售股票，每股的价格通常定得较低。

（2）公开定价发行。公开定价发行方法在美国使用。在公开定价发行体系中，投资银行向投资者报出股票的出售价格范围，巡回展示结束后，发行人公司和承销商即可了解在这一价格范围内，投资者的需求量有多大。这样，最终的定价一般是在这个价格范围内的某点上，如果需求很大，还可提高发行价格。

这两种定价方法可以有效地同时使用。例如，一家中国公司选择香港地区作为一级发行市场，但由于该公司股票发行数额很大，因此要向全世界发行。此时，该公司可以选择私募发行，也可以在纽约股票交易所公开上市。作为该公司股票发行主承销商的投资银行首先采用公开定价发行方法，向全世界的投资者发行股票。经过在世界各地的巡回展示以后，投资银行可以得到该公司股票价格的准确数值。然后投资银行把这个已定的价格作为在香港地区公开发行时的固定价格。采用这种混合的定价方法得出的公司股票价格一般比仅使用固定价格发行方法得出的价格要高。

（四）关注后市

股票发行价格确定以后，主承销商的工作并未结束。股票发行后，后市的表现对该次发行及公司股票的最后定价起了决定性的作用。影响股票二级市场运行的主要因素有价格的稳定性、股票可靠性研究和投资者的关系。

在新股市场上，许多公司的股票在公开发行之后的一段时间内，需要一些价格上的支持。如果发行量很大，市场要花一段时间来吸收；如果发行量较小，在足够多的投资者看好该种股票，从而支持市场价格之前也有一段时间。在这一段时间内，主承销商可能采取某些措施支持股票的价格，使之保持或接近于公开发行价格。

价格稳定之后，新股便在市场上自由交易，此时主承销商应开始对发行人公司的股票进行研究，并持续下去。因为发行人公司向投资者提供资料的有限性、时区的差异和语言的障碍，所以投资银行必须在完成发行后对发行股票的公司进行一些研究。投资银行对发行公司的重大发展要及时进行分析，这可使国际投资者增加对该公司的信心，长期支持该公司的股票。

五、国际股票的发行价格

股票发行价格是指股份有限公司出售新股票的价格。在确定股票发行价格时，可以按票面金额，也可以超过票面金额，但不得低于票面金额。

（一）国际股票发行价格的确定要素

在确定国际股票发行价格时，要考虑以下四个方面的数据资料：

（1）公司上市前最近3年来平均每股税后纯利乘上已上市的类似的其他股票最近3年来的平均市盈率。

（2）公司上市前最近4年来平均每股所获股息除以已上市的类似的其他股票最近4年的平均股息率。

（3）公司上市前最近期的每股净资产。

（4）公司当年预计的股利除以银行1年期的定期储蓄存款利率。

（二）国际股票发行价格的确定方法

1. 市盈率定价法

市盈率又称本益比，是指股票市场价格与每股收益的比率。其计算公式如下：

$$\text{市盈率}=\text{股票市价}\div\text{每股收益}$$

市盈率定价法是参照拟发新股的所在行业平均市盈率结合拟发新股的收益、净资产、成长性、发行数量、市场状况以及可比上市公司二级市场表现来确定国际股票发行价格的方法。

按照市盈率计算股票发行价格的计算公式是：

$$\text{发行价格}=\text{每股收益}\times\text{市盈率}$$

式中，

$$\text{每股收益}=\text{税后利润}\div\text{总股本数}$$

确定每股收益有两种方法：一种为完全摊薄法，即用发行当年预测的全部税后利润除以总股本，直接得出每股收益；另一种是加权平均法。

加权平均法的计算公式为：

$$\begin{aligned}\text{发行价格}&=\text{发行当年预测利润}\div\text{发行当年加权平均股本数}\times\text{市盈率}\\&=\frac{\text{发行当年预测利润}}{\text{发行前总股本数}+\text{本次公开发行股本数}\times(12-\text{发行月份})/12}\times\text{市盈率}\end{aligned}$$

$$\text{每股收益}=\frac{\text{发行当年预测利润}}{\text{发行前总股本数}+\text{本次公开发行股本数}\times(12-\text{发行月份})/12}$$

采用不同的方法可得到不同的发行价格，一般来说，采用加权平均法较为合理。因为股票发行的时间不同，资金实际到位的先后对企业效益影响较大，同时投资者在购股后才能享受应有的权益。

市盈率定价法是一种主要的新股发行定价方法，其在市场化定价趋势中具有不可替代的作用。这种定价方法由于考虑到发行风险，因此采用该方法定价时通常会留有一定的空间。

2. 净资产倍率法

净资产倍率法又称资产净值法，是指通过资产评估和相关会计手段，确定发行人公司拟募股资产的每股净资产值，然后根据证券市场的状况将每股净资产值乘以一定的倍率，以此确定股票发行价格的方法。其计算公式是：

发行价格＝每股净资产值×溢价倍数

3. 现金流量折现法

现金流量折现法是通过预测公司未来盈利能力，计算出公司净现值，并按一定比例的折扣率折算，从而确定股票发行价格。该方法首先是用市场接受的会计手段预测公司每个项目未来若干年内每年的净现金流量，再按照市场公允的折现率，分别计算出每个项目未来的净现金流量的净现值。由于未来收益存在不确定性，发行价格通常要对每股净现值折让20%～30%。

4. 竞价确定法

竞价确定法是指由各股票承销商或者投资者以投标方式相互竞争确定股票发行价格的方法。发行底价由发行人公司和承销商根据发行人公司的经营业绩、盈利预测、项目投资的规模、市盈率、发行市场与股票交易市场上同类股票的价格及影响发行价格的其他因素共同研究协商确定。在该种方法下，容易发生机构大户操纵发行价格的情况。

国际主要股票市场对新上市的公路、港口、桥梁、电厂等基建公司的估值和发行价一般采用现金流量折现法。这类公司的特点是前期投资大，初期回报不高，上市时的利润一般偏低，如果采用市盈率定价法，则会低估其真实价值，而对公司未来收益（现金流量）的分析和预测能比较准确地反映公司的整体和长远价值。用现金流量折现法定价的公司，其市盈率往往远高于市场平均水平，但这类公司上市时套算出来的市盈率与一般公司的市盈率之间不具有可比性。

六、国际股票筹资的优缺点

随着企业国际化经营的发展，国家间的经济联系越来越密切，各国企业利用发行国际股票的形式在国际资本市场上吸引外资将成为必然趋势。

（一）国际股票筹资的优点

1. 为企业提供重要的筹资渠道

国际股票市场为那些处于成熟发展阶段的企业提供了重要的资金来源，帮助企业获得大量的外汇资金。1992年10月，华晨汽车在美国上市，开创了中国公司赴美上市的先河，随后上海石化、马鞍山钢铁、仪征化纤等八家公司继续赴美上市。到目前为止，已有

1 000 多家中国公司在美国上市。除此之外，在世界其他主要资本市场，如中国香港、新加坡、法兰克福等，也已有大量中国企业上市。公司上市后，可不时通过向老股东配股、发行可转换债券和认股权证等形式从国际资本市场上直接筹资。

2. 有利于获得较高国际知名度

境外上市能够为企业提供较多的宣传机会，如新股发行时的推介宣传、交易所的挂牌、每年发布的业绩报告、重大事项的披露等。境外交易所将企业的名称展现在境外投资者天天都要关注的股票行情显示屏上，成为企业最有效、最持久的一种宣传形式，可使企业在海外市场上获得较高的知名度。

3. 改善企业的资产负债结构

境外上市可使企业改善内部资产结构，降低负债率，使企业在利用国际贷款、发行国际债券等筹资方式时处于更有利的地位。

4. 便于收购其他企业

很多发展中的企业都选择通过收购其他企业达到拓展业务的目的。上市公司可利用公司股份收购其他企业，而无须使用大量现金。

（二）国际股票筹资的缺点

1. 上市公司需对外披露大量信息

为帮助国外投资者真实透彻地了解企业信息，公司上市时公布的招股说明书的内容涉及公司历史背景、经营现状、发展前景等与公司相关的详细资料，公司上市后还要定期披露经营业绩、财务报告以及公司重大的收购和资产清理行为。

2. 公司上市涉及较高的相关费用

公司筹备上市时需投入大量的时间、人力资源及资金。公司境外上市是一项复杂的工作，公司领导层需要准备大量相关文件、取得政府相关部门的批准，还需要回答中介服务机构提出的各种问题，这个过程既费时又费力。同时，境外上市涉及各种相关费用的支出，包括支付给中介服务机构（如承销商、会计师事务所、律师事务所等）以及上市场所的费用。公司上市后，每年的审计费和律师费将会增加，主要用来向股东提供年度财务报告、散发股东投标说明以及维系与股东间的联系等。

3. 上市公司的管理受到一定的限制

公司上市后，管理层的行为要对广大股东负责，且公司的重大事情还需经股东大会投票决定，管理层在决策时不像上市前那样方便。有时，公司管理层为了维持公司股票二级市场的形象和自身利益，在进行投资项目的决策时会侧重短期利益，不利于公司的长远发展。

第三节　国际债券筹资

一、国际债券市场概述

国际债券市场是指由国际债券的发行人和投资者形成的金融市场，具体可分为发行市场和流通市场。发行市场组织国际债券的发行和认购；流通市场安排国际债券的上市和买卖。这两个市场相互联系、相辅相成，构成统一的国际债券市场。

二、国际债券市场的类型

国际债券市场由外国债券市场和欧洲债券市场两部分组成。最初的国际债券市场就是外国债券市场，于第二次世界大战前在纽约产生。外国债券市场主要有美国扬基债券市场、日本武士债券市场、瑞士法郎债券市场等。欧洲债券市场形成于20世纪60年代。随后，国际复兴开发银行提出可以将扬基债券和欧洲债券统一起来，由此提出了全球债券的概念。

按照面值货币与发行债券所在国的关系，国际债券分为外国债券和欧洲债券，它们是两种不同的筹资工具。外国债券是指一国借款人在本国以外的某一国家发行以发行地所在国货币为面值的债券。只有少数国家允许外国公司在其国内发行外国债券。欧洲债券是指借款人在本国境外市场发行的，不以发行市场所在国的货币为面值的国际债券。全球债券作为扬基债券和欧洲债券结合的产物，是指在全世界的主要国际金融市场（主要是美、日、欧）上同时发行，并在全球多个证券交易所上市，进行24小时交易的债券。

（一）外国债券市场

1. 美国的外国债券市场

美国的外国债券叫扬基债券（yankee bonds），美国扬基债券作为一种非常有效的筹资手段，广为国际企业所采用。美国扬基债券市场发展较快，已成为世界上最大、流动性最强的债券市场。所谓扬基债券，即外国筹资者在美国发行的以美元为面值的债券。

与其他筹资方式相比，扬基债券有以下特点：

（1）发行额大，流动性强。1990年以来，平均每笔扬基债券的发行额大体都在7 500万～15 000万美元。扬基债券的发行地虽在纽约证券交易所，但实际发行区域遍及美国各地，能够吸引美国各地的资金。同时，又因为欧洲货币市场是扬基债券的转手市场，因此，实际上扬基债券的交易遍及世界各地。

（2）期限长。20世纪70年代中期，扬基债券的期限一般为5～7年，20世纪80年代中期后可以达到20～25年。

（3）债券的发行者为机构投资者，如各国政府、国际机构、外国银行等。购买者主要是美国的商业银行、储蓄银行和人寿保险公司等。

（4）无担保发行数量比有担保发行数量多。

（5）由于评级结果与销售有密切的关系，因此非常重视信用评级。

2. 日本的外国债券市场

日本的外国债券叫日元债券，也称武士债券（samurai bonds），期限通常为5～20年。日元债券最初是1970年由亚洲开发银行发行的，1981年后数量激增，超过同期的扬基债券。

日本公募债券缺乏流动性和灵活性，不容易做美元互换业务，发行成本高，不如欧洲日元债券便利。目前，发行日元债券的筹资者多是需要在东京市场筹资的国际机构和一些发行期限在10年以上的长期筹资者，此外，就是在欧洲市场上信用不好的发展中国家的企业或机构。发展中国家发行日元债券的数量占总量的60%以上。

3. 瑞士外国债券市场

瑞士外国债券是指外国机构在瑞士发行的瑞士法郎债券，期限通常为8～15年。瑞士是世界上最大的外国债券市场，瑞士法郎债券的发行方式分为公募和私募两种。瑞士银行、瑞士信贷银行和瑞士联合银行是发行公募债券的包销者。私募发行没有固定的包销团，而是由牵头银行公开刊登广告推销，并允许在转手市场上转让。但是至今为止，瑞士政府不允许瑞士法郎债券的实体票据流到国外，必须按照瑞士中央银行的规定，由牵头银行将其存入瑞士国家银行保管。

4. 英国的外国债券市场

英国的外国债券市场是老牌的外国债券市场。在英国发行的外国债券叫猛犬债券(bulldog bonds)，期限为5～40年，外国政府和企业都可发行。公募的债券由伦敦市场上的银行组织包销团包销。

5. 德国的外国债券市场

德国的外国债券市场主要在法兰克福，其次是瑞士和纽约。该市场的特点是：德国六家主要银行组成外国债券小组委员会，以自我调节方式调整债券的发行。该委员会每月召开一次会议，决定和公布债券发行的时间和发行量等事项，债券期限一般为5～10年。

（二）欧洲债券市场

欧洲债券是指筹资者在其本国境外某一债券市场发行的、以第三国货币为面值的一种国际债券。例如，日本企业在法国债券市场上发行的美元债券。欧洲债券的特点是：发行人在一个国家，发行地在另一个国家，债券面额使用的是第三个国家的货币。目前，欧洲债券选用最多的货币是美元，其次是瑞士法郎、加拿大元和日元等。

1. 欧洲债券市场的特点

(1) 欧洲债券市场是境外市场，是以伦敦为主的一个国际性交易的、多种货币的债券市场，不受任何国家金融当局的管制，在高度竞争的环境中运行，具有其独特的发行、市价交易方面的惯例。国际企业等筹资者可以抓住市场机会在短期内迅速发行欧洲债券。

(2) 欧洲债券发行费用低，二级市场发达，流动性强，投资者免缴利息预扣税，筹资利率较低。

(3) 欧洲债券传统上是固定利率长期证券，采取不记名发行方式。不记名债券即持票人债券，只要持有债券，就拥有该债券的所有权，这一特点对于那些因避税或其他原因而不愿意透露姓名的投资者很有吸引力。同时，浮动利率债券及没有到期日的、可赎回的永久性浮动利率债券及以不同货币支付本金与利息的债券也很有市场。

(4) 欧洲债券通常由国际性金融机构或投资银行组成辛迪加承购发行。选择合适的牵头银行是至关重要的。

(5) 欧洲美元债券发行量最大，期限为3～20年不等。

2. 欧洲债券市场的主要种类

(1) 欧洲美元债券市场。欧洲美元债券是指在美国境外发行的以美元为面额的债券，在欧洲债券中所占的比例最大。

欧洲美元债券市场不受美国政府的控制和监督，是一个完全自由的市场。欧洲美元债券的发行主要受汇率、利率等经济因素的影响。欧洲美元债券的发行没有发行额和标准限制，只需根据各国交易所的上市规定，编制发行说明书等书面资料。和美国的国内债券相比，欧洲美元债券具有发行手续简便、发行数额较大的优点，且欧洲美元债券的发行由世界各国知名的公司组成大规模的辛迪加认购团完成，因而较容易在世界各地筹措资金。

（2）欧洲日元债券市场。欧洲日元债券是指在日本境外发行的以日元为面额的债券。欧洲日元债券的发行不需经过层层机构的审批，但需得到日本大藏省的批准。发行欧洲日元债券不必准备大量的文件，发行费用也较低；债券发行额较大，一般每笔发行额都在200亿日元以上。欧洲债券大多与互换业务相结合，筹资者首先发行利率较低的日元债券，然后将其调换成美元浮动利率债券，从而以较低的利率获得美元资金。

3. 欧洲债券市场的投资工具

欧洲债券种类繁多，特别是国际金融创新使得欧洲债券新工具层出不穷。分析欧洲债券，可以从面值货币和发行条件两个方面进行。从发行条件来看，欧洲债券主要有：

（1）固定利率债券，是在债券发行时就将债券的息票率固定下来的债券。通常每半年或一年付息一次。

（2）浮动利率债券，又称浮动利率票据，是根据市场利率变动状况定期调整利率的债券。其息票是每季度或半年（以每半年居多）支付一次并重新确定；利率的确定以某一基础利率（主要是伦敦同业拆放利率）为基准再加上一定的加息率。

（3）零息票债券，是不支付任何息票的债券，借款人在债券到期前不支付任何利息，而是到期一次还本付息。这种债券以贴现方式发行，到期按面值偿还。债券面值与购买价格之差就是投资者的收益。

（4）可转换债券，除进行正常的利息支付外，还向债券持有人提供在未来某一时间或时期，根据事先确定的条件，把债券转换成另一种证券或其他资产（如黄金、石油等）的权利。

（5）附认股权证债券，是指能获得购买借款企业股票权利的企业债券。投资者一旦购买了这种债券，在该企业增资时，即有购买其股票的优先权，还可获得按股票最初发行价格购买的优惠。发行这种债券的多为大型企业。

（6）双重货币债券，是以某一种货币为债券面值货币，并以该货币购买和支付息票，但本金的偿还按事先确定的汇率以另一种货币支付的债券。双重货币债券实际上是普通债券与远期外汇合同的结合物。

（三）全球债券

1. 全球债券的概念

全球债券（global bonds）是指在全世界的主要国际金融市场（主要是美、日、欧）上同时发行，并在全球多个证券交易所上市，进行24小时交易的债券。全球债券在美国证券交易委员会（SEC）登记，以记名形式发行。这种新型债券为欧洲借款人接近美国投资者提供了工具，同时全球24小时交易也使其具有了高度流动性。

2. 全球债券的发展历史

全球债券由国际复兴开发银行于1989年首先发起。在此之前，世界银行的10年期以内的扬基债券与相应期限的欧洲债券利息差别较大，世界银行的债务管理人员开始寻求降低筹资成本的方法。在欧洲债券市场上，机构投资者占据主导地位，并且欧洲债券市场上的机构投资者和企业零售投资者乐意购买记名债券（如美国国内债券、扬基债券和美国财政部债券），于是世界银行的研究人员认为，通过适当的安排可以将美国扬基债券市场和欧洲债券市场这两个平行市场统一起来。为此，他们提出了全球债券的概念，并于1989年9月由高盛公司和所罗门兄弟公司联合牵头发行了第一笔全球债券。

进入20世纪90年代以后，全球债券的发行逐渐增加。到1993年，全球债券市场已初具规模。在此之前，人们普遍认为只有世界银行才能够发行真正的全球债券，但1993年以来，全球债券在发行人、发行规模、发行货币和期限等方面都出现了多样化趋势，使全球债券市场趋于活跃。全球债券已越来越多地被低信用等级的借款人利用，成为其同时进入多个金融市场的有效途径。同时，新兴的发展中国家也开始利用这一市场。作为信用等级较低的主权借款人，阿根廷发行了10亿美元的全球债券，为低信用等级借款人打开了这一市场。此后，中国也首次发行了全球债券。

3. 全球债券的特点

（1）发行全球债券可以降低筹资成本。发行全球债券的成本可以比发行扬基债券少10～20个基点，比发行欧洲美元债券少近10个基点。同时，在后市交易中的利差不会扩大，这主要是因为投资者可以充分利用各金融市场之间的套利机会进行大笔交易，因而使全球债券的交易量在欧洲清算系统中一直保持在前五位。

（2）流动性强且交易成本较低。目前，美国的国债市场是全球流动性最强的市场，1亿美元以上的交易的买卖差价仅为3美分左右，而世界银行的全球债券流动性仅次于美国国债，其买卖成本低于其他类型债券。买卖主权发行者或国际组织的债券，在美国扬基债券市场上的成本为25美分以上，在欧洲债券市场上成本为15美分，而全球债券的成本仅为10美分，因而受到投资者的欢迎。

（3）全球债券大大降低了清算和托管成本。这是因为在全球债券交易中，欧洲债券市场和美国国内债券市场的交易、清算网络得以联通，从而大大缩短了清算和交割时间，节约了占用资金的利息成本。同时，由于全球债券在各大金融中心都设有托管机构，因而投资者可以直接利用本国的托管机构，而不必求助于国外托管机构，这就大大降低了托管成本。

三、国际债券的发行

国际债券的发行条件比较严格，发行程序比较复杂，现以欧洲债券为例进行简要说明。

（一）欧洲债券的发行条件

欧洲市场上借款者众多，竞争也很激烈，主要借款者有国际或跨国机构、国家政府、国有企业、跨国公司和跨国银行等。进入欧洲市场虽然不一定要有四家信誉级别公司评定的级别，但借款者至少要在三方面符合市场的要求：一是名声，因为投资者一般只接受它们所熟悉的名字；二是规模，借款的数量既要符合市场习惯，又要符合本国、本公司的相应实力；三是借款者经营情况，例如对公司来说，其年收入应在4亿美元以上，净利润要在2 500万美元以上，总资本应在4亿美元以上。此外，公司的税前收入至少要超过利息费用的两倍。

(二)欧洲债券的发行程序

对所有的发行者来说,无论是第一次发行还是有经验的人,都要采取下列几种共同的基本步骤进入欧洲债券市场。

1. 委托牵头经理人

牵头经理人的作用对于一个成功的发行是至关重要的。每个牵头经理人应该积极地组织管理发行的全部过程,特别应集中注意以下几个方面:向发行者提供有关选择市场时机和发行时间的建议;协助等级评定工作;组织市场推销和承销团战略。在计划实施过程中,牵头经理人负责全部初级市场发行和选择承销团工作,并管理全部发行过程,在证券上市后,还要在二级市场提供支持。

2. 确定信用评级策略

欧洲债券投资者与美国投资者不同,并不要求发行人必须公开评级。现在欧洲债券投资者和美国投资者都开始能够接受评级较低或没有评级的债券发行,这就进一步促进了来自世界新兴发展地区(如中南美洲和东南亚地区)发行债券的迅速增长。欧洲和美国的低利率状况,也有助于这种发行。较低成本的筹资环境使债券发行人更有利可图,同时较低信用带来的额外收益更加吸引投资者。

获得信用评级确实有些好处,包括加速对投资者的培训过程和扩大合格的投资者人数。通常,机构投资者在其未评级债券分配方面受到限制,因此,它们希望发行者公布与信用评级有密切关系的财务报告。当然,信用评级过程本身要耗费大量经营时间和财务成本,这些都可能延误债券的发行。大多数债券发行人在取得评级之前就已确定发行上市的时间。

3. 选择货币和期限

选择货币一般基于下列标准:对某种所选货币,发行人信誉的可接受性;所选市场的接受程度;全部成本效益以及发行者的外汇收入与有效期限相一致。欧洲债券市场上,美元债券占最大部分,而以其他货币发行的债券,如日元、英镑,也是欧洲货币市场上至关重要的组成部分。其他货币还包括加拿大元、欧洲货币单位、斯堪的纳维亚的货币等。尽管货币的可选范围很广,但50%以上债券发行人都选择了美元。

期限的选择是由几个因素决定的。如果是未经评级的或是发行人首次发行的欧洲债券,期限较长就很难完成发行。因此发行人的形象对期限的选择是极其重要的因素。此外,有些货币市场的投资者比较喜欢长期债券。欧洲债券市场上债券的特点是期限较短。

4. 准备文件、市场销售定价及开始发行

欧洲债券的法律文件大部分是标准化的,但还是要遵循一些程序。需签署以下合同文件:

(1)债券发行说明书,讲明发行人和所发行债券的期限及条件,以便向投资者提供有关发行企业和债券的正式的详细情况。

(2)认购协议,以证明包销商和发行人之间经合同规定的责任和义务。

(3)财务和支付代理协议,以证明发行人和财务支付代理机构对于支付本金和利息的安排。

在准备就绪后，举债方要将债券发行说明书和资信调查（通常由牵头经理人准备）分送给投资者。另外，举债方还要向各位经理人发邀请函，邀请他们出席发行仪式并说明期限和条件。如果发行人采取专场发行方式，通常要安排有关人员单独引见介绍。在准备发行时，必须组成包括牵头经理人、合作牵头人和合作经理人的承销团，由他们在一级市场上销售债券。

债券合理的定价取决于成功地选择市场销售时机和市场对即将发行的债券的承受能力。市场条件对定价有很大影响。应该认识到，无论在哪个市场上，准确、公平的定价不仅对目前的成功发行非常重要，而且对发行人今后的筹资需要也至关重要。二级市场的状况对欧洲债券的成功发行也是一个重要的影响因素，因为投资者在评估今后的发行情况时，会慎重考虑目前债券的交易。同时，二级市场的状况也显示出牵头经理人为使债券交易活跃而尽其所能去提供债券上市后的流动性的能力。

（三）欧洲债券发行价格的确定

债券的发行价格有三种：面值发行、折价发行和溢价发行。面值发行是指按债券的面值出售；折价发行是指发行价格低于债券的票面价值；溢价发行是指发行价格高于债券的票面价值。

为什么债券会存在折价发行和溢价发行呢？这主要是由于资金市场上的利率经常变化，而企业债券票面利率一经确认，就不能再进行调整，为此，就要靠调整发行价格的办法来使债券顺利发行。

【例 5—1】 北方公司发行面值为 1 000 美元、票面利率为 10%、期限为 10 年的债券。如果债券市场利率发生变化，那么债券发行价格的确定有以下三种情况：

（1）市场利率为 10%，与票面利率保持一致，那么债券的发行价格可按下式计算：

$$\begin{aligned}P_B &= 1\,000\times10\%\times PVIFA_{10\%,10}+1\,000\times PVIF_{10\%,10}\\&=1\,000\times10\%\times6.144\,6+1\,000\times0.385\,5=999.96(\text{美元})\end{aligned}$$

（2）市场利率为 15%，高于票面利率，那么债券的发行价格可按下式计算：

$$\begin{aligned}P_B &= 1\,000\times10\%\times PVIFA_{15\%,10}+1\,000\times PVIF_{15\%,10}\\&=1\,000\times10\%\times5.018\,8+1\,000\times0.247\,2=749.08(\text{美元})\end{aligned}$$

也就是说，只有按 749.08 美元的价格出售，投资者才能购买此债券，并获得 15%的报酬。

（3）市场利率为 8%，低于票面利率，那么债券的发行价格可按下式计算：

$$\begin{aligned}P_B &= 1\,000\times10\%\times PVIFA_{8\%,10}+1\,000\times PVIF_{8\%,10}\\&=1\,000\times10\%\times6.710\,1+1\,000\times0.463\,2=1\,134.21(\text{美元})\end{aligned}$$

也就是说，投资者要按 1 134.21 美元的价格购买北方公司发行的债券，并获得 8%的报酬。

四、国际债券的偿还

国际债券都有到期日，需要偿还或赎回。债券的偿还与赎回有多种方法，其清偿工作通常采用偿债基金和赎回条款等方式进行。

（一）偿债基金

偿债基金（sinking funds）是出于清偿债券的目的而设立的、由债券信托人管理的账户。通常，发行人公司定期提取一定比例的金额交给信托人（一般为金融机构）。信托人则从市场上购回公司的债券，或采用抽签方式随机选择债券，并且一般以债券的票面价值将其赎回。

偿债基金对债权人有双刃效应：

（1）偿债基金可以保护债权人的利益。处在财务困境中的公司可能在偿债基金的支付方面存在困难，偿债基金的支付状况向债权人提供了一种预警机制。

（2）偿债基金对公司具有吸引力。一旦债券价格下跌并低于债券面值，公司就可按较低的市场价值购入债券，用于满足偿债基金的需求。假如债券价格上升并且高于其面值，那么公司可按较低的债券面值购回公司债券。

（二）赎回条款

允许发行国际债券的公司可在某一规定期内以事先确定的价格购回或赎回全部债券，一般来说，赎回价格会比债券的票面价值高。赎回价格与票面价值之间的差额称为赎回溢价（call premium）。赎回条款一般在债券的有效年限初期无效。这种赎回方式称为延期赎回，在这段时间内，债券受赎回条款保护。

（三）债券调换

以新债取代全部或部分已发行在外的债券叫做债券调换。通常，典型的债券调换先是以赎回价格购回全部已发行在外的债券。这是因为资本市场上利率降低时，债券的市场价值上升。发行人公司的利息支付负担较大，还债的动机在于节约利息支出。

公司可能采用债券调换的几个因素有：

（1）税收。如果债券持有人的应纳税率低于公司的税率，那么赎回条款就有利可图。一般来讲，可赎回债券的息票率会高于不可赎回债券。由于息票支付款对公司来说是一种可抵税的利息费用，而对债权人而言却是应税收入。因此，在发行可赎回债券的情况下，公司的所得会大于低税率等级债权人的损失。

（2）投资机会。保护性条款可能会对公司兼并或销售某些资产的权利予以限制，甚至是充分的限制。如果债券能赎回，那么公司就可按赎回价格购回债券，充分利用投资机会。

（3）较低的利率风险。利率上升时，不可赎回债券的价值就会下降。由于可赎回债券具有较高的息票率，因此，可赎回债券价值的下降幅度不会高于不可赎回债券。也就是说，赎回条款会减弱债券价值对利率变动的敏感度。由此可知，在某种条件下，通过赎回条款可以降低债券风险，也可以降低公司的权益风险。

五、国际债券的评级

（一）国际债券信用评级

国际债券具有一定的风险，所以需聘请权威评级机构评定债券级别。国际上流行的债券评级是由两家著名的评级公司——穆迪投资者服务公司和标准普尔投资者服务公司创立的。债券评级取决于：发行人公司违约的可能性；发行人公司违约时，贷款合同能在多大程度上保护债权人。债券评级主要是依据公司提供的信息来进行的。有关债券评级的分类如表 5—1 所示。

表 5—1 债券评级的分类

等级	穆迪	标准普尔	说明
高等级	Aaa	AAA	债券等级中的最高级别，表明债券具有极强的偿付本利的能力。
高等级	Aa	AA	有较强的偿付本利的能力，它同最高等级债券一起构成债券的最高级别。
较高级	A	A	偿还本利能力强，但比较容易随环境和经济状况的变动而发生不利的变动。
较高级	Baa	BBB	被看做具有足够的能力偿还本息。因为它一般都规定有充分的保护措施，因此，比起高级类债券，不利的经济状况或环境变化更能削弱该级别债券的本利偿还能力。这类债券属于中级债务。
投机级	Ba	BB	一般认为该等级债券具有显著的投机性。尽管这类债券可能具有某种特质与保护性特点，但是该等级债券支付能力低，投资者承担的风险较大。
投机级	B	B	该等级债券到期清偿的支付能力脆弱，投资者承担的风险很大。
低级	Caa	CCC	该等级债券到期清偿的支付能力很低，投资者承担的风险极大。
低级	Ca	CC	该等级债券支付能力极低，投资者承担的风险最大。
低级	C	C	该等级归属从未支付利息收益的债券。
低级		D	无力清偿债务的债券被判定为 D 级债券，该种债券无法按时支付本息。

资料来源：[美] 斯蒂芬 A. 罗斯：《公司理财（第九版）》，159 页，北京，机械工业出版社，2012。

债券等级相当重要。因为债券等级越低，就要承担越高的利息成本。但是，没有确凿的证据证明债券等级会对其风险产生影响。因为债券评级以已经公布的信息为基础，故它们本身不能向市场提供新的信息。

标准普尔和穆迪有时候会调整债券等级。标准普尔使用加、减号：A^+ 代表 A 级中的最高级别，A^- 代表 A 级中的最低级别。穆迪采用的符号是 1、2 或 3，其中 1 代表最高级别。

最高级别的证券，几乎没有违约风险。前四类信用等级（穆迪是 Aaa 至 Baa，标准普尔是 AAA 至 BBB）被认为是"投资信用等级"。金融管理机构规定，金融机构如商业银行和保险公司只可以投资于这种证券。第五类以下的信用等级被认为是"投机信用等级"，由于它们具有较高的违约风险，故必须向投资者支付较高的期望收益。

投资机构将评级低于标准普尔 BB 级或低于穆迪 Ba 级的债券标注为垃圾债券，该类债券也称为高收益债券。

（二）债券评级的影响因素

债券评级机构需要综合考虑发行人公司的情况后，才能对债券作出评级。这些因素主要包括：

（1）财务状况。包括分析评价公司的债务状况、偿债能力、盈利能力、周转能力和财务弹性及持续发展的稳定性和发展变化的趋势。

（2）成长机会。主要分析公司所处的行业状况，在该行业中债券发行企业的竞争力、市场占有率等问题。

（3）债券的约束条件。即在发行债券的合同中规定的债券期限、还款方式以及其他保护性条款。

本章小结

证券市场在金融市场体系中的地位表现为：证券市场与货币市场关系密切；长期借贷的资金来源依赖于证券市场；任何金融机构的业务都直接或间接与证券市场相关。证券市场具有筹资功能、资本定价和资本配置功能。证券市场按照证券的性质不同，可以分为股票市场、债券市场和基金市场；按证券的运行过程和证券市场的具体任务不同，分为证券发行市场和证券交易市场；按组织形式不同，分为场内市场和场外市场。证券的发行方式包括直接发行和间接发行，以及公募发行和私募发行。

国际股票是指符合发行条件的公司组织依照规定的程序向境外投资者发行可流转股权证券的国际筹资方式。可以分为不同的种类，我国的境外股票筹资中较普遍采用的类型主要包括境内上市外资股结构、境外上市外资股结构、间接境外募股上市结构和存托证境外上市结构等几种。存托证是由一国存托银行向该国投资者发行的一种代表对其他国家公司证券所有权的可流转证券，实践中最常见的存托证主要为美国存托证（ADR）及欧洲存托证（EDR）。国际股票发行价格确定的方法包括市盈率定价法、净资产倍率法、现金流量折现法和竞价确定法。

国际债券市场是指由国际债券的发行人和投资者所形成的金融市场。国际债券市场由外国债券市场和欧洲债券市场组成。外国债券是指一国借款人在本国以外的某一国家发行以发行地所在国货币为面值的债券；欧洲债券是指借款人在本国境外市场发行的，不以发行市场所在国的货币为面值的国际债券。全球债券是指在全世界的主要国际金融市场上同时发行，并在全球多个证券交易所上市，进行 24 小时交易的债券。国际债券的偿还与赎回有多种方法，其清偿工作通常采用偿债基金和赎回条款等方式进行。国际债券信用评级的影响因素包括：发行公司的财务状况、成长机会和债券的约束条件。

思考题

1. 什么是国际证券的发行市场和流通市场？
2. 什么是国际债券市场？
3. 什么是存托证境外上市结构？其基本特征有哪些？
4. 如何区分外国债券、欧洲债券和全球证券？

案例分析

我国房地产业多元化筹资案例分析

一、背景介绍

1. 公司简介

万科地产公司成立于1984年5月，是目前中国最大的专业住宅开发企业，也是股市里最具代表性的房地产蓝筹股。万科1988年进入房地产行业，至2010年年末，万科的业务覆盖到以珠三角、长三角、环渤海三大城市经济圈为重点的40个城市。

2. 万科的资本结构状况

资本结构是指长期债务资本和权益资本各自在总资本中的占比。可以利用资本结构来评估一个公司的资产是否雄厚、能否抵御生产经营中产生的不同类风险、是否具有以多元化筹资方式获得资金的能力。万科的具体资本构成情况如表5—2所示。

表5—2　　万科的资本构成

资本结构（%）	2008年	2009年	2010年
资产负债率	67.44	67.00	74.69
权益乘数	3.07	3.03	3.95
流动资产/总资产	95.15	94.71	95.31
带息债务/全部投入资产	51.80	46.19	50.88
流动负债/总负债	80.27	73.82	80.50
非流动负债/总负债	19.50	26.18	19.73

资产负债率是衡量企业负债水平及风险程度的重要标志，经营风险较高的企业，为减少财务风险应选择较低的资产负债率。如果考虑扣除744亿元的预收账款，万科2010年的资产负债率仅为40.2%，且净资产负债率为17.5%，为历史最低。鉴于房地产行业属于风险较高的行业，万科稳健的资产负债率说明其长期还债能力较强，良好的筹资结构已经凸显优势。截至2010年报告期末，万科的净资产负债率为17.5%，较2009年年底的19.7%下降了2.2%。权益乘数越高，说明企业的负债程度越高，受2008年金融危机的影响，2009年万科的权益乘数有所下降，但随着危机的消散，2010年万科的权益乘数高达3.95，存在一定的还款压力。万科的资产流动率在2009年经过短暂小幅度下跌后，在2010年升至95.31%。尽管前两项揭示了万科有着较高的资产负债率，但资产流动率证明万科成本收回比较快，资金流动快，偿债能力仍保持在稳定的水平。另外，2008—2010年万科带息资产负债率逐年下降，说明公司现金较为充裕，财务状况较为稳健，这也为还款能力奠定了有利基础。万科的流动负债率在2009年有6.45个百分点的下降，在2010年又重回80%左右。这在一定程度上与万科在2010年积极进行房地产项目开发，需要资金周转有关系。

二、万科近年来的筹资行为

近十年来，万科在资本市场的筹资速度一直逐步加快。早在2004年，万科就开始与德国银行 Hypo Real Estate Bank International（简称 HI）达成合作协议，由后者出资 3 500 万美元，双方共同在中山完成万科城市风景花园项目。值得注意的是，这是以外国直接投资（FDI）为名，行商业贷款之实的信贷筹资。因此，万科是中国第一家取得境外贷款的房地产企业。万科于 2008 年 9 月成功发行 59 亿元公司债券，其额度等同于 2007 年万科地产年度净资产的 40%。万科近几年来实施较高的转增方案而不实施送股方案，可能是出于对股东利益保护的考虑，因为转增无须纳税，而送股要按面值征收 20%的个人所得税，这也体现了万科采用的现金股利发放和转增股本捆绑式的股利政策多方面支持了万科的投资和筹资政策。万科在 2009 年 9 月 15 日举行的 2009 年第一次临时股东大会上，通过了公司 2009 年度公开增发不超过 112 亿元的再融资方案，但截至 2010 年年底，万科已经连续 4 年未利用股市进行再融资，尽管如此，万科公布的各项财务指标及不断进行的扩张之路都表明万科的资金链稳固和资金充足。2012 年年初，万科向华润深国投信托融资人民币 10 亿元用于东莞紫台、东莞金域华府、鞍山惠斯勒项目开发的需要。万科的筹资行为进一步说明随着我国房地产调控政策的力度加大，万科持续通过不同方式和渠道筹集资金，这也是维持资金流的顺畅周转，在未来保持竞争力的有力保障。

万科自 2007 年 8 月公开增发 A 股募集资金净额 99.366 亿元以来，一直未再公开增发 A 股（2009 年公开增发募资的方案审议通过但一直未实行）。而最近的一次非公开募股是在 2006 年 12 月，所募集资金的净额约为 42 亿元。由此可知万科的权益筹资状况较稳定。

三、万科地产多元化筹资方式的分析和启示

由万科 2005—2007 年境外筹资情况（见表 5—3）和万科主要筹资历程（见表 5—4）可以看出，虽然来源于国外的筹资占总筹资规模的比重不大，但万科已非常明显地进行了国内外“双重资源”的利用，筹资轨迹直达东南亚、美国与德国等国家和地区，较为成功地减弱和规避了国内政策的负面影响和筹资的困难。

表 5—3　　万科 2005—2007 年境外筹资情况

筹资工具	筹资方式	筹资金额（万元）
B 股发行	股权筹资	45 128
B 股配股	股权筹资	8 668
海外授信	债券筹资	2005 年，海外贷款总计 34 492 万元
		2006 年，海外贷款总计 47 732 万元
		2007 年，海外贷款总计 355 397 万元
合计		491 417

表 5—4　　万科主要筹资历程

筹资项目	筹资金额（万元）	筹资项目	筹资金额（万元）
初始股本	4 133	“职工持股计划”认股权证	883
A 股 IPO	2 800	可转换债券持股	76 716
B 股 IPO	4 500	资本公积转增	947 400
配股	17 190	非公开发行	4 000
送股	35 979	公开发行	31 716

万科非常高效地利用了我国资本市场这一有利渠道，几乎施行了上市公司能够运用的

全部筹资方式，并在多元化筹资渠道和创新筹资工具的多样性方面达到了全行业的领先位置。在债务筹资方面，除最为常见的商业信用和银行信用之外（见表5—5），还有信托产品、二次可转债、授信额度、房地产开发基金和公司债券，万科为自身的扩展和壮大打造了一条源源不断的资金供给链。在股本筹资方面，除原始股筹资以外，万科根据不同需求运用A股、B股、配股、送股、认股权证认购、可转债转股、资本公积转增、认股权证、定向和公开增发等多种增资扩股渠道获得融资。基于万科的行业地位和未来的资金需求，万科将继续积极和不同金融机构合作开发新型筹资工具和产品。

表5—5　　万科2005—2009年的银行授信项目　　单位：万元

年份	授信项目	金额	短期借款	短期借款占比
2005	与中国建设银行股份有限公司深圳市分行签署了《综合融资额度合同》，提供总金额为人民币20亿元的综合融资额度	200 000	90 000	45%
2006	7月，万科与中国银行股份有限公司签署《战略合作协议》，未来3年内公司将获得总额不超过人民币50亿元的授信额度	500 000	271 547	54.31%
2007	报告期间，万科与中国建设银行股份有限公司签署200亿元授信额度的合作协议	2 000 000	110 485	5.52%
2009	8月17日，万科与中国建设银行股份有限公司签署《战略合作协议》，双方一致同意深化长期战略合作关系，中国建设银行股份有限公司将向万科提供授信额度人民币500亿元	5 000 000	118 825	2.38%
合计		7 700 000	590 857	7.67%

截至2011年，在万科的间接筹资的资金结构中，多元化的筹资渠道已经达到41%以上的规模。尽管万科现在同时具有A股和B股，理论上国内和国外的筹资渠道都已打通，但通过B股这个渠道筹集海外资金有相当的局限性，万科依然在积极开拓海外筹资渠道，为未来更好地从海外资本市场筹资打下基础。由于中国华润总公司作为万科最大的股东在我国香港地区拥有华润北京置地有限公司等数家香港上市公司，也因此帮助万科开拓了香港地区及国际资本市场筹资的渠道。

思考与讨论：根据案例中的资料，分析万科采用的筹资方式及其优缺点。

阅读材料

世界前九大证券交易所简介

一、纽约泛欧交易所集团

纽约泛欧交易所集团（NYSE Euronext）由纽约证券交易所集团（总部位于纽约）和泛欧证券交易所（总部位于巴黎）合并组成，于2007年4月4日在纽交所和欧交所同时挂牌上市，交易代码为NYX。纽约泛欧交易所集团是全球规模最大、最具流动性的证券交易集团，为全球投资者及上市公司提供最多样化的金融产品和服务。

纽约证券交易所是世界上最大的证券交易市场。1792年5月17日，24个从事股票交易的经纪人在华尔街一棵梧桐树下集会，签订了著名的“梧桐树协议”，宣告了纽约股票交易所的诞生，1863年改为现名。自20世纪20年代起，纽交所一直是国际金融中心。作为全球最大和最重要的股票交易场所，纽交所的股价综合指数和选用在纽交所上市股票编制的道·琼斯股价平均指数，是了解股市行情最重要的参考指标之一，也是了解美国经济甚至世界经济的晴雨表。

泛欧证券交易所由荷兰阿姆斯特丹证券交易所、法国巴黎证券交易所、比利时布鲁塞尔证券交易所、葡萄牙里斯本证券交易所合并成立，总部位于巴黎，在上述城市都设有分支机构。

2006年6月，纽约证券交易所击败德国交易所，将泛欧交易所收入旗下，正式合并成为纽约泛欧交易所集团——首个全球性的证券交易所。合并后的交易所把全球总部设在巴黎和阿姆斯特丹，纽约则仍是美国的总部所在。

纽约泛欧交易所集团的股票市场包括纽约证券交易所（NYSE）、纽约泛欧交易所（NYSE Euronext）、纽约泛欧全美证券交易所（NYSE Amex）、纽约泛欧交易所创业板市场（NYSE Alternext）以及纽约泛欧交易所高增长板市场（NYSE Arca），在全球拥有超过8 000只上市产品（不包括欧式结构型商品），占全球现金股票交易量的1/3，其流动性在全球化交易所集团中首屈一指。纽约泛欧交易所集团旗下的伦敦国际金融期货交易所（NYSE Liffe），按交易额计算，是欧洲领先、位列全球第二的衍生品交易市场。

二、纳斯达克 OMX 集团

美国的柜台市场由分散在全国各地的证券公司的交易柜台所组成。20世纪70年代以前，由于柜台交易非常分散，这些交易的行情是用电话通知全国报价局用印刷品公布的，不便于投资者及时掌握时刻变动的市场行情。为了解决柜台交易市场中信息不灵和价格不透明等问题，1971年美国利用电子计算机系统建立了一个全国证券交易商协会自动报价系统，其英文全称为“the national association of securities dealers automated quotations system”，缩写为“NASDAQ”，直译为纳斯达克。纳斯达克的诞生使柜台市场业务发生了根本性变革，它彻底改变了以前完全依靠电话报价的做法，通过计算机网络把全国所有的自营商连接在一起，及时提供准确的行情，形成了全球第一家电子化证券市场。纳斯达克是美国发展最快的证券市场，目前已成为纽约交易所之外的全球第二大股票交易所，为世界各国的投资者服务。

纳斯达克 OMX 集团（NASDAQ OMX）是美国纳斯达克证券交易所与北欧证券交易商瑞典 OMX 公司合并形成的新集团，于2007年5月25日宣布成立，自此成为跨越大西洋的全球证券交易所。

纳斯达克市场的显著特点是高科技公司云集。纳斯达克分为三个不同层次的市场，可以满足不同公司的上市要求和投资者的投资需求：

（1）纳斯达克全球精选市场，入选公司为具有行业领导地位的、大市值、流动性好的公司。

（2）纳斯达克全球市场，即以前的纳斯达克全美市场，入选公司为大中市值、流动性好的公司。

(3) 纳斯达克资本市场，即以前的纳斯达克小盘股市场，入选公司为中小型公司。

纳斯达克的神速发展在于其特有的做市商制度，它不仅成为纳斯达克的核心，也是与其他股票市场的主要区别所在。所谓做市商（market maker）也就是“庄家制度”，是指一些独立的股票交易商为投资者承担某一种股票的买进或卖出，不必等买卖双方同时出现，只要一方同做市商交易即可，凡在纳斯达克上市的股票，必须有两个以上的做市商为其报价，规模较大的往往达到40～45家，平均有12家。做市商制度帮助在纳斯达克上市的公司提高了知名度，提高了市场的流通性，保证了市场不间断的交易活动，这对于市值较低、交易次数少的股票尤为重要。同时，也提高了交易的透明度。由于多个做市商参与，使得同一只股票的价格趋向一致，因而具有发现价格功能。而且，还造就了一大批机构投资者，增进了市场的稳定性。

三、东京证券交易所集团

东京证券交易所与大阪证券交易所、名古屋证券交易所并列为日本三大证券交易所，其市场规模位居世界第三，同时是日本最重要的经济中枢。它于1878年5月15日创立，同年6月1日开始交易，创立时的名称为东京股票交易所。第二次世界大战时曾暂停交易，1949年5月16日恢复交易，并更名为东京证券交易所。

东京证券交易所的发展历史虽然不长，但是世界上最大的证券交易中心之一，其上市的股票市场价格超过伦敦证券交易所。但是在东京证交所上市的海外企业相当少，基本上以日本的企业为主，而纽约等其他国际性的证券交易所则有相当多的外国企业。

东京证券交易所集团由东京证券交易所和大阪证券交易所于2013年1月1日合并形成，并于2013年1月4日在东京证券交易所主板市场上市。两家交易所的股票现货市场从2013年7月起全部交由东京证券交易所运营，而两所的金融衍生品市场在2014年3月前完成交接，由大阪证券交易所运营。东京证券交易所集团目前是世界第三大（继纽约泛欧证交所集团及纳斯达克OMX集团之后）及亚洲最大的证券交易所。

四、伦敦证券交易所集团

作为世界上最具国际化的金融中心，伦敦不仅是欧洲债券及外汇交易领域的全球领先者，还受理超过三分之二的国际股票承销业务。伦敦的规模与位置，意味着它为世界各地的公司及投资者提供了一个通往欧洲的理想门户。在保持伦敦的领先地位方面，伦敦证券交易所扮演着中心角色，它运作着世界上国际化最强的股票市场，其外国股票的交易量超过其他任何证券交易所。

伦敦证券交易所集团是欧洲领先的多元化交易公司，其旗下交易所包括多伦多证券交易所、蒙特利尔证券交易所、多伦多证券交易所创业板（TSX Venture）、蒙特利尔气候交易所及Shorcan经纪有限公司，同时拥有CanDeal公司47%的股权。超过500个成员机构和3 000家以上的企业在这些市场上交易，集团所运营的是欧洲最大且资金流动性最强的股票市场。

五、香港证券交易所

香港证券交易所也称香港交易及结算所有限公司（简称港交所或香港交易所），是一家在香港上市的控股公司，前身为香港联合交易所。2000年3月6日，香港交易所成为联交所的控股公司，并于同年6月在联合交易所上市。

香港证券交易所在香港及伦敦均有营运交易所，旗下成员包括香港联合交易所有限公司（联交所）、香港期货交易所有限公司（期交所）、香港中央结算有限公司、香港联合交易所期权结算所有限公司及香港期货结算有限公司，还包括世界首屈一指的基本金属市场——英国的伦敦金属交易所（London Metal Exchange，LME）。目前，香港证券交易所是唯一一家经营香港股市的机构，拥有及经营香港唯一的股票交易所及证券交易所。

六、上海证券交易所

上海证券交易所于1990年11月26日由中国人民银行总行批准成立，同年12月19日正式营业。上海证券交易所是非营利性事业法人，归属中国证监会直接管理，其宗旨是完善证券交易制度，加强证券市场管理，促进我国证券市场的发展，维护国家、企业和社会公众的合法权益，为我国的现代化建设服务。其业务范围主要包括：提供证券交易的场所和设施；制定证券交易所的业务规则；接受上市申请，安排证券上市；组织、监督证券交易；对会员、上市公司进行监管；管理和公布市场信息。其主要指数为上证指数。

上海证券交易所是国际证监会组织、亚洲暨大洋洲交易所联合会、世界交易所联合会的成员。2012年，上海证券交易所按照市值计算位列世界第六。

七、加拿大多蒙交易所集团

加拿大多蒙交易所集团（TMX Group Inc）由多伦多证券交易所集团和蒙特利尔证券交易所合并成立，总部设在加拿大多伦多，拥有并管理多伦多证券交易所、蒙特利尔证券交易所和其他金融交易机构。

多伦多证券交易所（Toronto Stock Exchange，TSX）是加拿大最大、北美洲第三大、世界第七大的证券交易所，由多伦多证券交易所集团拥有及管理。在该交易所上市的公司种类繁多，在加拿大其他主要城市如温哥华、蒙特利尔、温尼伯及卡尔加里均设有办事处。2011年2月9日，伦敦交易所以约32亿美元（约249.6亿港元）收购多蒙交易所集团，合并后新公司市值约77亿美元（约600亿港元），伦敦交易所股东将持有新公司55%的股权，TMX原股东则持有余下45%的权益。

八、法兰克福证券交易所

法兰克福证券交易所（Frankfurt Stock Exchange）是德国最大的证券交易所，由德国证券交易所拥有及营运。其他德国证券交易所设在柏林、杜塞尔多夫、汉堡、汉诺威、慕尼黑及斯图加特等。法兰克福证券交易所的证券交易业务全部由德国政府商会管理。上市交易超过80万种德国和其他国家的多种金融产品，其中包括来自130多个国家的超过11 000家公司的股票、逾1 000种交易所交易基金（ETF）、交易所交易商品（ETC）及交易所交易债券（ETN）；23 000种固定收益证券，如债券、抵押债券和无担保债券；大约3 000种投资基金和超过70万种的结构性产品，如凭证和认股权证。

九、澳大利亚证券交易所

澳大利亚证券交易所（Australian Stock Exchange，ASX），其全称为澳大利亚证券交易有限公司，根据《澳大利亚证券交易及国家保证金法案》注册后，于1987年4月1日成立。它是澳大利亚唯一一家证券交易机构，其他六个州的证券交易所均是其全资子公司。

澳大利亚证券交易有限公司是一个律师管理机构，公司在悉尼设立了全国性的秘书处。它的主要作用是为证券及其相关产品提供并维护一个公正、有效、信息通畅、有国际竞争性的市场，保证投资者及各个公司在产品市场上的信心。澳大利亚证券交易所的主要活动包括提供交易系统、结算清算系统及证券市场调节的管理。

第六章　其他国际筹资方式

学习目标

掌握国际租赁融资、国际贸易信贷筹资和国际项目融资的概念，熟悉国际租赁融资、国际贸易信贷筹资和国际项目融资的种类和形式，掌握融资租赁租金的计算。

第一节 国际租赁融资

一、国际租赁融资的概念

根据国际会计准则第 17 号公告（IAS17），租赁是指出租人将特定资产的使用权于约定期间转让给承租人，以收取一笔款项或一系列款项的协议。

租赁有国内租赁和国际租赁之分，国内租赁的参与者处于同一个国家，租金的支付也只涉及本国货币，而国际租赁往往涉及多个国家的参与者，租金也往往以外币来支付。我国对国际租赁的定义是：融资租赁交易中有一方参与者为我国非居民，且交易以外币来计价。国际租赁是一种发展非常迅速的新兴筹资方式。通过国际租赁，国际企业可以直接获得国外投资，能比较快地形成生产能力。这种筹资方式以物资为媒介，融货币信贷与物资信贷于一体，是一种比较好的筹资方式。

二、国际租赁的种类

租赁是在契约或合同规定的期限内，资产使用者定期向资产所有人支付一定数额租金来获得某项资产使用权的经济行为。每项租赁合同有两个当事人：承租人和出租人。承租人是资产的使用者，出租人是资产的所有者。出租人主要是各种专业租赁公司，承租人主要是其他各类企业，租赁物大多为设备等固定资产。一个典型的租赁通常由承租人确定需要的资产，然后和出租人商谈具体的租赁合同。租赁最根本的好处是税赋的减少，它可以将与所有权有关的税收利益从需要租赁资产却无法完全享有该利益的一方转移给可以完全享有的另一方。在租赁业务发达的条件下，租赁被企业普遍采用，是企业筹资的一种特殊方式。国际租赁主要有经营性租赁和融资租赁（又称资本租赁、财务租赁）两类。

（一）经营性租赁

经营性租赁是一种短期租赁，它解决企业对资产的短期需要。承租人可以根据需要，在资产使用寿命的部分时间内获得资产使用权，出租人可以提供同租赁有关的服务，如保养、维修、保险等。

经营性租赁具有以下特点：

（1）租赁期短。通常短于资产的经济寿命，租赁条款下的租金收入不足以弥补出租人资产的全部成本，也就是说，经营性租赁通常无法通过租金收入得到完全的补偿。

（2）经营性租赁要求出租人对设备进行维护。

（3）可撤销权。出租人给予承租人可以在到期日之前撤销租赁的权利。一般要提前通知出租人并给出租人一定的经济补偿。

（4）租期满后，租赁的财产一般归还给出租人。

(二) 融资租赁

融资租赁是由租赁公司按照承租人的要求融资购买设备，并在契约或合同中规定，可在较长期限内提供给承租人使用的信用性业务。这种租赁方式将与租赁资产有关的全部风险和收益从出租人转嫁给承租人。目前，融资租赁是国际上使用最为普遍、最基本的形式。

1. 融资租赁的特点

与经营性租赁相比，融资租赁具有以下特点：

(1) 租赁时间长，出租人的成本通过融资租赁能得到完全的补偿。

(2) 在融资租赁下，出租人不提供维护、维修等服务。

(3) 一般来讲，非经双方同意，租赁合同不可撤销，租赁合同比较稳定。

(4) 租赁期满时，按合同约定处置设备，一般有退租、续租、留租三种方式，通常承租人选择留租。

2. 融资租赁的类型

(1) 直接租赁。直接租赁是指承租人直接向出租人承租其所需要的资产，并付出租金。直接租赁的主要出租人是制造商、金融公司、租赁公司等。除制造商以外，其他出租人都是先向制造商或供应商购买资产，然后再出租给承租人的。这是最常用的融资租赁方式。

(2) 售后租回。根据协议，企业将其资产卖给出租人，然后将其租回使用。资产的售价相当于资产的市场价格。在这种租赁形式下，出售资产的企业可得到相当于资产售价的一笔资金，同时仍然可以使用资产。当然，在这期间要支付租金，并失去了资产所有权。从事售后租回的出租人包括金融公司、保险公司、租赁公司等。

(3) 杠杆租赁。前两种租赁只涉及两方当事人，杠杆租赁则要涉及承租人、出租人和资金出借者三方当事人。杠杆租赁是国际上比较流行的一种融资租赁方式。参与杠杆租赁的有三方：承租人、出租人和债权人。对于昂贵的资产购置费用，出租人只投入部分资金，其余资金向第三方贷款。三方的协议安排如下：

1) 承租人拥有资产使用权并定期支付租金。

2) 出租人购买资产，将其交给承租人使用，定期收取租金，但是，出租人购买该项资产的出资额不会超过其价格的20%～40%。

3) 债权人向出租人提供剩余资金，并收取利息。

从承租人的角度来看，这种租赁与其他租赁并无区别，它仍是按契约的规定，在基本租赁期间内定期支付定额租金，从而取得该期间内资产的使用权。出租人只拿出购置资产所需的部分资金，如20%～40%，作为自己的投资；同时，出租人以该资产为担保向资金出借者借入其余资金，如60%～80%。出租人同时是借资人，拥有对资产的所有权，但必须准时偿还借款。如果不能及时偿还借款，那么，资产的所有权就要归资金出借者所有。杠杆租赁中的贷款是无追索权贷款，即一旦违约，出租人无义务向债权人偿债。但债权人可以用两个办法来保护自己：债权人对出租资产拥有第一留置权；在出租人违约的情况下，承租人必须把租金直接支付给债权人。

3. 融资租赁的确认

国际会计准则第17号公告规定，出租人和承租人需要对某项租约确认经营性租赁或融资租赁。将一项租约确认为融资租赁应符合下列条件之一：

（1）在租赁期满时将资产的所有权转让给承租人。

（2）承租人具有购买资产的选择权，其购买价格预计将显著低于行使该选择权之日该资产的公允价值，并且在租赁开始日就可以合理地肯定承租人将行使该购买权。

（3）租赁期占了资产使用年限的大部分时间。

（4）在租赁开始日，租赁最低付款的现值实际上大于或等于租赁资产的公允价值减去出租人应收到的各种补助金和税款减免后的净额。资产的所有权最终可能发生转移，也可能不发生转移。

一般来说，融资租赁是不可撤销的，可以使得出租人收回租赁资产的成本以及所投入资本的回报。

三、从事国际租赁业务的机构

从事国际租赁业务的机构相当复杂、繁多，其中最主要的是国际性租赁公司。另外，制造商或销售商、商业银行、保险公司等都从事租赁经营业务。

（1）独立的租赁公司。按照租赁业务的数量来说，独立的租赁公司属于最重要的租赁机构。租赁公司借助股票和借款筹集所需资金，用于购买资产，并把这些资产租给使用者。租赁公司既从事经营性租赁也从事融资租赁，有时还承当租赁经纪人。

（2）制造商或销售商。产品的制造厂家和销售商店有时也从事经营性租赁业务，它们可以提供维修、保养等服务，有较大的灵活性来满足承租人的要求，这是租赁公司所不具备的。

（3）商业银行。从1963年起，美国的商业银行已被允许从事直接的租赁业务，这是美国租赁业务的重要发展。但在大多数情况下，商业银行都是通过贷款给租赁公司的方式间接地参与租赁业务，如杠杆租赁。

（4）保险公司。保险公司历来是资金市场上中长期资金的供应者，它们对租赁业务越来越感兴趣。最初，保险公司只是充当大规模杠杆租赁业务的资金出借者，而在目前，一些保险公司在其公司章程许可的范围内正转向直接租赁业务。

（5）投资银行。投资银行一般不直接从事租赁业务，它常充当租赁经纪人的角色，在承租人和出租人之间提供服务。

（6）其他机构。从事租赁的其他机构如教育与宗教机构、养老基金以及工业发展机构。

四、国际租赁的程序

国际租赁一般要经过以下步骤：

（1）选定租赁物品。用户可自选其所需的租赁物品，并与制造厂家商定设备的型号、品种、规格、价格和交货期，然后通过银行向租赁公司申请。目前也有用户先经银行向租赁公司探询设备价格的情况，有时银行也代为提供或推荐厂家、型号、规格等。

(2) 洽谈并订立租赁合同。外国租赁公司应用户要求报来租赁费估价单后，如各方同意，即开始洽谈并订立租赁合同，用户和租赁公司签字。银行则居于见证人地位，也须一并签字证明。有时还要签订设备维修合同，一般由用户与制造厂商签订。

(3) 用户检验。租赁合同一经签订，国外制造厂商即根据租赁公司的订货，将租赁物品直接向用户交货。用户应做好货到前的报关、运输、提货、检验等准备工作。

(4) 租赁期限和租赁费的支付。租赁期限一般从货物运抵国内经用户验收完毕时开始，以后按期支付租赁费。租期一般为 2～6 年，对特殊租赁物品，也可协商确定较长的租期。租赁费一般按月（或季、半年等）平均支付，进口的租赁物品，应以外汇结算。

(5) 租赁物品的保险和维修。租赁期内，租赁物品的保险和维修应由用户负责。但投何种保险，必须征得厂商的同意。至于租赁物品的维修，原则上要求用户妥善保管有关设备，如在使用期内一般还有保养期，有关维修事宜由用户与厂商根据维修合同办理。

(6) 租赁期满，用户进行选择。租赁期满，用户对租赁物品可作如下选择：将租赁物品退还租赁公司；续租；由双方协议后承租人购买，但购买的价格只是象征性的。

五、融资租赁租金的确定

融资租赁的租金包括设备价款和租赁费两部分，其中：设备价款包括购买设备本身发生的费用支出；租赁费包括租赁公司的融资成本和手续费、租赁公司承办租赁设备的营业费用和盈利，也就是说，租金中包括了租赁公司的费用和盈利。

租金的计算方法有以下几种。

（一）平均分摊法

平均分摊法是先根据事先确定的利率和手续费率计算出租赁期间的利息和手续费，再加上设备成本计算出总支付额，按照支付次数平均计算求得租金。这种方法没有充分考虑资金的时间价值因素。租金的计算公式如下：

$$A=\frac{(C-R)+I+F}{N}$$

式中，A——每次支付的租金；

C——购置租赁设备的成本；

R——租赁设备的预计残值；

I——租赁期间的利息；

F——租赁期间的手续费；

N——支付租金的次数。

【例 6—1】某企业于 2013 年 1 月 1 日从租赁公司租入设备一台，价值 100 万元，租期 5 年，预计租赁期满时的残值为 10 万元，归租赁公司所有。年利率为 10%，租赁手续费率为设备价值的 2%。租金每年支付一次。每次支付的租金数额可计算如下：

$$A=\frac{(100-10)+[100\times(1+10\%)^5-100]+100\times2\%}{5}=30.6102(\text{万元})$$

（二）等额年金法

等额年金法在计算每年支付租金时考虑了资金的时间价值，这种方法下是运用年金现值的原理来计算租金，通常以资本成本作为折现率。每年支付租金的计算公式为：

$$A=\frac{PVA_n}{PVIFA_{i,n}}$$

式中，A——每年支付的租金；

PVA_n——等额租金的现值；

$PVIFA_{i,n}$——等额租金的现值系数；

n——支付租金的次数；

i——资本成本。

【例 6—2】根据例 6—1 的资料，假定设备残值归承租企业所有，资本成本为 12%，不考虑手续费，则每年年末承租企业支付的租金为：

$$A=\frac{100}{PVIFA_{12\%,5}}=\frac{100}{3.6048}=27.74(\text{万元})$$

如果每年年初支付等额租金，则每年支付的租金为：

$$A=\frac{100}{PVIFA_{12\%,4}+1}=\frac{100}{3.0373+1}=24.77(\text{万元})$$

（三）附加利率法

附加利率法是一种高额租金计算方法。附加利率是指在租赁购置成本上附加一项特定的利率。一般租赁公司不公布附加利率的值，但它的取值通常是出租人的纳税税率。

计算方法是：按期分摊本金利息和之后，每期租金都加上附加费用，利息用固定利率按单利计算。这种方法从表面上看利率不高，实际上每期租金和租金总额都因附加费用而变得很高。附加利率法一般在经营性租赁或使用特殊的租赁物品时才采用，原因是经营性租赁与融资租赁适用的税制不同，租赁公司在取得某种租赁物品时提供了一些额外的服务，要增加费用，因此租金收益要提高一些。

每期租金的计算公式为：

$$A=\frac{P\times(1+N\times i)}{N}+P\times r$$

式中，A——每次支付的租金；

P——租赁资产的价格；

N——支付租金的次数；

i——折现率；

r——附加利率。

【例 6—3】租赁公司拟出租给某企业一台设备，设备的价格为 68 万元，租期为 5 年，每年年末支付租金，折现率为10%，附加利率为4%，则每年的租金为：

$$A=\frac{68\times(1+5\times10\%)}{5}+68\times4\%=23.12(\text{万元})$$

第二节 国际贸易信贷筹资

一、国际贸易信贷的概念

国际贸易信贷是指由外国供应商、金融机构或其他官方机构为国际贸易提供资金的一种信用行为，是国际企业筹集资金的一种重要方式。

按不同标准，可对国际贸易信贷进行不同的分类。

(一) 根据信贷主体划分

根据信贷主体可分为商业信用和银行信用。

赊销和预付款是国内贸易中商业信用的主要形式，但是在国际贸易中，商业信用更多地表现为国际贸易结算所包含的融资安排，而且主要是出口商对进口商提供的延期付款。

银行信用是指进口商或出口商获得银行等金融机构提供的融资便利。例如，银行承兑，出口商向进口商签发的汇票；银行对进出口商提供进出口押汇等。

(二) 根据进出口商是否提供抵押品划分

根据进出口商是否提供抵押品可分为抵押信贷与无抵押信贷。

抵押信贷是指在有抵押品的情况下，银行才给进出口商提供贷款。无抵押信贷是指不需要进出口商提供抵押品或担保，只凭其良好的信誉银行就可提供贷款。

(三) 根据提供信贷的期限不同划分

根据提供信贷的期限不同可分为国际贸易短期信贷和国际贸易中长期信贷。

国际贸易短期信贷是指期限在1年以内的贸易信贷，主要是满足商品周转较为迅速、成交额不大的消费品进出口的资金需求。

国际贸易中长期信贷是指期限在1年以上的贸易信贷，主要是满足周转期长、金额大的大型成套设备等资本性商品进出口的资金需求。与国际贸易短期信贷相比，中长期信贷的突出特点是政府往往提供各种优惠和支持，包括出口信贷利差补贴、担保和保险等形式，甚至成立专门的机构提供政策性信贷业务。

二、国际贸易信贷的形式

(一) 出口信贷融资

出口信贷融资是一国为扩大本国产品出口，责成本国银行设立的一种利率优惠的贷款，其目的是向国外推销产品，吸引资金不足的进口商。

一般来说，出口信贷融资的特点有：

（1）利率一般低于相同条件资金贷款的市场利率，利率由国家补贴，这是为了在国际贸易竞争日益激烈的情况下，加强本国企业的竞争能力，扩大出口。

（2）出口信贷的发放与信贷保险相结合。出口信贷金额大、期限长，为了使贷款银行避免风险，发达国家一般都设立国家信贷保险机构，对银行发放的出口信贷进行保险。

（3）国家成立专门的出口信贷机构，以便制定合理的出口信贷政策，管理和分配国际信贷资金，改善本国企业出口信贷条件，加强本国企业竞争能力。

出口信贷的主要形式有卖方信贷、买方信贷和福费廷。

1. 卖方信贷

卖方信贷是指在大型机械或成套设备贸易中，为便于出口商以延期付款方式出卖设备，出口商所在地银行向出口商（卖方）提供的信贷。这实际是出口商从出口国银行取得中长期贷款后，再向进口商提供延期付款的商业信用，目的是增强出口商的竞争能力，扩大产品出口。

卖方信贷的基本程序为：

（1）出口商以延期付款方式向进口商出售大型成套设备。一般在双方签订合同后，进口商先支付10%～15%的定金，在分批交货验收时，再分期付给10%～15%的货款，其余70%～80%的货款在全部交货后若干年内偿还，或经双方同意采用补偿贸易方式用产品偿付。

（2）出口商向其所在地银行借入款项，以弥补赊销产品所占用的资金，维持资金的顺利周转。

（3）进口商把货款偿还给出口商后，出口商再归还其从银行取得的贷款。出口商借入卖方信贷，除按出口信贷支付利率外，还要支付信贷保险费、管理费等。这些费用一般都附加在出口成套设备的价款中。

2. 买方信贷

买方信贷是指在大型机器设备或成套设备贸易中，由出口商（卖方）所在地的银行贷款给外国进口商（买方）或进口商的银行，以给予融资便利，扩大本国设备出口。

买方信贷一般有两种形式：

（1）直接贷给进口商（买方）。基本步骤是：买卖双方签订贸易合同后，买方向卖方交付15%左右的定金；买方与卖方所在地银行签订贷款协议，这个协议以上述贸易合同为基础；买方用其借得的款项向卖方支付货款；买方根据从卖方所在地银行取得的借款，按贷款协议的条件分期偿还。

（2）贷给进口商（买方）银行。基本步骤是：买卖双方签订贸易合同后，买方向卖方先交15%左右的定金；买方的银行与卖方所在地的银行签订贷款协议，以前述贸易合同为基础，借取有关款项；买方银行以贷款形式把有关款项贷给买方；买方向卖方支付货款；买方根据从买方所在地银行取得的款项，按有关贷款条件在国内清偿结算；买方银行根据从卖方所在地银行借取的款项，根据贷款协议分批偿还。

3. 福费廷

福费廷也称“卖断”，是国际贸易中一种特殊的出口信贷方式。在延期付款的大型设备贸易中，出口商把经进口商承兑、经进口方银行担保的期限在6个月至10年的远期汇票或本票，无追索权地售与出口商所在地的银行或金融公司，以提前取得现金的筹资方式即为福费廷融资。福费廷业务中提供融资的银行或金融公司称为福费廷公司或包买商，通常是国际性大型银行的附属机构。

福费廷融资的具体做法如下：

（1）出口商与进口商在洽谈业务时，如果准备使用福费廷，应事先与所在地银行、财务公司、福费廷公司进行协商，以便做好各项信贷安排。

（2）出口商与进口商签订贸易合同，规定使用福费廷。

（3）出口商向进口商发货。

（4）进口商向出口商汇寄已承兑并经进口商所在地银行担保的承兑汇票（或本票）。

（5）出口商凭上述汇票（或本票）向有关金融机构办理贴现手续，取得现款。

（二）其他国际贸易筹资方式

出口信贷融资是国际贸易筹资中的最主要方式，除此以外，还有其他一些方式。

1. 应收账款筹资

应收账款筹资是指筹资方将赊销形成的应收账款有条件地转让给专门的融资机构，由其为企业提供融通资金等金融服务，从而使以赊销方式出口货物的企业得到所需用的资金，增强企业的资金周转能力。具体分为应收账款质押、应收账款出售和应收账款证券化三种筹资方式。

（1）应收账款质押。如果出口方不能马上从进口方收回货款而又急需资金，出口方可将应收账款抵押给银行作担保从银行取得贷款。银行提供这种融资是以出口方的资信为基础的，当进口方拒付货款时，出口方仍要偿还银行贷款。

由于采用这种方式筹资涉及一些其他方面的风险，诸如可能阻止进口方向出口方支付货款的政府管制及外汇管制等，所以贷款利率远高于国内应收账款融资利率，银行一般只提供60%～80%发票金额的贷款，期限通常为1～6个月。银行提供这种融资能获得出口信贷保险。

（2）应收账款出售。如果出口方没有从银行得到贷款，它将开始为该项业务融资，并且必须监督应收账款的收取。由于存在购货方不支付货款的风险，出口方可能会考虑将应收账款出售给第三方，即应收账款的收债人。在这种筹资方式下，出口方通过出售不含追索权的应收账款，将从购货方收款的管理责任和相关的信用风险转移给了第三方——收债人。

对于收债人而言，在购买应收账款前，首先要对国外购货方实施自己的信用许可制度。作为承担风险和提供服务的代价，收债人将以一定折扣购买应收账款，并收取统一的处理费。通常，收债人通过出口信贷保险来降低国外应收账款的额外风险。

（3）应收账款证券化。应收账款证券化是指企业将那些缺乏流动性但能够产生可预见的稳定现金流量的应收账款，转化为金融市场上可以出售和流通的证券的筹资形式。应收账款证券化的具体流程是：筹资方将应收账款直接出售给专门从事资产证券化的特设信托机构（SPV），汇入SPV的资金池；经过重组整合与包装后，SPV以应收账款为基础向国内外资本市场发行有价证券，根据应收账款的信用等级、质量和现金流量大小确定所发行证券的价格。将应收账款出售给精通证券化的SPV，能够提高企业资产的质量，加强流动性，改善企业的筹资能力，还可以省去企业管理应收账款的麻烦，转移因应收账款而带来的损失风险。同时，这种筹资方式通常筹资费用较低，并可享受更为专业化的融资服务。

2. 信用证（L/C）

信用证是目前使用的最传统的国际贸易筹资方式之一。它能够有效地保护进出口双方的利益，是许多进出口交易的重要组成部分。信用证是一种应进口方要求，由进口方银行向出口方做出的有条件付款的保证，即出口方在发运货物后，可凭符合信用证规定的单据，如汇票、提单及商业发票等，向银行提示付款。在信用证条款下，银行信用取代了商业信用，风险较低。

信用证下的筹资与信用证结算紧密联系，筹资的范围很大（在组织货源阶段即可获得资金），筹资的风险较小。银行对进出口方提供的信用证融资方式有以下几种：

（1）进口开证授信额度。开证授信额度是指银行信贷部门或统一授信评审机构给客户核定的减免保证金开证的最高限额。具有外贸业务经营资格，在银行有一定外贸结算业务，业务情况及收付汇情况良好、资信可靠、具备一定经济实力，能够提供银行接受的可靠担保、抵押、质押的客户，可以向银行申请并由银行核定进口开证授信额度。

进口方即信用证的申请人，在申请开证时，可向开证行申请以授信额度抵扣部分保证金。比如，某企业在一家银行拥有 50 万美元的开证授信额度，它向这家银行申请开立 50 万美元的信用证时，可以只向开证行缴纳 15 万美元的开证保证金，再提取 35 万美元的开证授信额度作为保证。这样，开证申请人可减少 35 万美元的资金占用。

（2）进口押汇。进口押汇是指开证行收到出口方提交的信用证项下单据并审核无误后，在开证申请人出现资金困难无力按时对外付款时，由开证行先行代其付款，使客户取得短期的资金融通。

客户申请办理进口押汇，应向银行出具押汇申请书和信托收据，将货物的所有权转让给银行，银行凭此将货权凭证交予客户，并代客户付款。可见，办理了进口押汇后，信用证项下的货物所有权即归银行所有，进口方作为银行的受托人代银行保管有关货物，同时保证在规定期限内用销售收入归还全部银行垫款。进口押汇是短期融资，期限一般不超过 90 天。

（3）提货担保。当正本货运单据未收到而货物已到达进口方所在地时，信用证开证申请人可向银行申请开立提货担保保函，交给承运单位先予提货，待取得正本单据后，再以正本单据换回原提货担保保函。提货担保可使进口方及时提货，避免压仓，防止不必要的经济损失。

3. 银行承兑汇票

银行承兑汇票是指开立给银行并由银行承兑的汇票，表示银行将承担到期向汇票持有人付款的义务。

银行承兑汇票对进出口双方及接受汇票的银行皆有益处。出口方不必担心来自国外进口方的信用风险及其他政治风险，也不必担心政府实施的外汇管制，有利于开拓新市场。在急需资金时，还可以将银行承兑汇票贴现。对进口方而言，在购买供应品和其他产品时，有了银行承兑汇票的保证，出口方更愿意接受进口方的信用风险，有利于进口方扩大采购市场范围；由于具有提交的单据和银行承兑汇票，进口方可明确地知道货物是否发运、何时到达；由于不必预付货款，进口方只要在银行承兑汇票到期前筹措到资金即可，有利于前期资金的周转。

第三节　国际项目融资

一、国际项目融资的概念

国际项目融资是指国际贷款人向特定的工程项目提供贷款协议融资，以该项目所产生的收益作为偿还贷款的资金来源，并以该项目或经营该项目的经济单位的资产作为附属担保的一种跨国筹资方式。它是一种以项目的未来收益和资产作为偿还贷款的资金来源和安全保障的筹资方式。

（一）国际项目融资的分类

根据贷款银行对项目发起人的可追偿范围，国际项目融资可分为无追索权的项目融资和有限追索权的项目融资。

1. 无追索权的项目融资

无追索权的项目融资是指贷款人只能依靠项目所产生的收益作为还本付息的来源，并仅在该项目的资产上设定担保权益。此外，贷款人对项目发起人或投资者没有任何追索权。

无追索权的项目融资的基本做法是：由贷款人把资金贷给投资者为项目专门设立的项目公司，以该项目产生的现金流量和收入作为还本付息的唯一来源，贷款人在项目资产上设定担保权益。除此之外，项目的投资者不再提供任何信用担保。如果该项目中途停建或经营失败，其项目资产或收益不足以清偿全部贷款，贷款人亦无权向项目的投资者追索。

这种无追索权的项目融资首先在美国出现，主要用于开发得克萨斯州的油田。因为当时项目投资者用于支持借款要求的股权投资非常有限，银行考虑到资源储量的价值以及大型炼油厂购买原油协议所提供的信用支持，从而创造了无追索权的项目融资方式。

无追索权的项目融资是项目投资者最为青睐的筹资方式，它既能最大限度地满足项目投资者的资金需求，又无须承受来自银行的追索，项目失败的风险可以完全转嫁给项目贷款人。但对于项目融资的贷款银行来说，无追索权的项目融资风险过大，贷款银行一般很少采用这种融资方式，除非有关项目具有非常乐观的项目经济效益预测和丰厚的预期回报，并且该贷款银行具有娴熟的项目风险驾驭能力。例如，在印度尼西亚帕塔米纳天然气项目中，由于项目公司采用第三方的项目担保，大大降低了项目的有关风险，贷款银行即采用了无追索权的项目融资方案。

2. 有限追索权的项目融资

有限追索权的项目融资即贷款人除了以项目收益作为偿债来源，并可以在项目公司的资产上设定担保物权以外，还要求项目发起人或投资者承担项目工程完工担保等义务。

有限追索权的项目融资是目前国际上普遍采用的项目贷款方式，对项目发起人或投资者而言，这种方法使项目融资得到的资金远远超出项目公司的资产负债比率所允许的范围，而对发起人或投资者的财产和收入没有全面的追索权。

有限追索权的项目融资的实质是由于项目本身的经济强度还不足以支撑一个无追索的结构，因此需要项目的借款人在项目的特定阶段提供一定形式的信用支持。追索的程度可根据项目的性质、现金流量的大小和可预测性、项目借款人的信誉以及管理能力等因素通过谈判予以确定。就某个具体的项目而言，由于在不同阶段的项目风险程度及表现形式会发生变化，因此贷款人对投资者追索的程度也会发生变化。例如，贷款人通常要求项目借款人承担项目建设期间的全部或大部分风险，而在项目进入正常的生产阶段之后，可以同意只将追索范围局限于项目资产和项目的现金流量。

（二）国际项目融资的特征

（1）以项目为导向，依赖于项目的现金流量和资产，而非项目投资者本身的资产和实力。

（2）风险分担。

（3）追索权受到限制。

（4）项目融资结构复杂、金额大、周期长、风险大，所涉及的法律问题比较多。

（三）国际项目融资的资金来源

（1）商业银行。商业银行是国际项目融资的最主要的资金来源。

（2）非银行金融机构。

（3）国际金融机构。

（4）各国政府出口信贷机构。

（5）公共机构贷款者。

（6）项目发起方。

（7）金融租赁公司。

二、国际项目融资的参与者

国际项目融资结构复杂，参与融资的当事人比传统的融资方式要多。一般而言，项目融资的参与者主要包括：项目发起人或股东，项目的实际投资者，项目的贷款银行，项目产品的购买者或项目设施的使用者，项目建设的工程公司或承包公司，项目设备、能源及原材料供应者，项目的融资顾问，有关政府机构，法律和税务顾问等。

（一）项目发起人

项目发起人是项目的实际投资者或主办人，他们提出项目并取得经营项目所必要的许可协议，同时将各当事人联系在一起，即从组织上负有督导该项目计划落实的责任。他们通过项目的投资活动和经营活动，实现投资项目的综合目标要求。在有限追索权的项目融资中，项目发起人除了拥有项目公司的全部或部分股权外，还需要以直接担保或间接担保的形式为项目公司提供一定的信用支持。因此，项目发起人是项目融资中的真正借款人。项目发起人在项目融资中需要承担的责任和义务以及需要提供的担保性质、金额和时间要求，主要取决于项目的经济强度和贷款银行的要求，是由借贷双方通过谈判确定的。

项目发起人可以是单独一家公司，也可以是由多个投资者组成的联合体，如项目承包商、设备供应商、原材料供应商、产品的买主或最终用户和间接利益接受者（如即将兴建的交通设施附近的土地所有者，该项目可以使他们的土地升值）组成的企业集团。同时，项目发起人既可以是东道国境内的企业，也可以是境外的企业或投资者。一般来说，项目发起人中至少包括一家境内企业会有利于项目的获准与实施，降低项目的政治风险。而对于大型工程项目，除东道国政府或私营企业外，一般都吸收一家外国公司尤其是实力雄厚的、有影响力的大型跨国公司参加，这对项目融资来说至关重要，贷款人和东道国政府都非常重视这一点，这对于项目的许可和贷款的取得非常具有说服力。因为，这样做一方面可以利用大型跨国公司的投资经验和专门技术，便于项目的建设和管理；另一方面可以利用大型跨国公司良好的信用等级，吸引国际银行的贷款。

由于国际项目融资所涉及的项目以大型投资项目为主，因此，在大多数情况下，项目发起人由众多机构组成的投资财团构成。

（二）项目公司

项目公司是指直接参与项目投资和项目管理，直接承担项目债务责任和项目风险的法律实体。

项目公司是具体负责项目开发、建设和筹资的单位。它可以是这样一些单位：一家公司、合伙制结构、有限合伙制结构、合资企业或以上实体的综合。在某种程度上说，项目公司的结构受东道国的法律框架的影响并由其决定。如有些国家的法律规定，政府特许权的持有者只能是一家公司，则项目公司就必须是一个确定的法律实体，是为了项目的建设和满足市场需求而建立的自主经营、自负盈亏的经营实体。同时，有些法律还规定，在一些具有战略意义的工业领域不允许外国资本控股或拥有资产，这时就不能设立一个外资独立法人实体进行项目融资。

在国际项目融资的操作中，项目公司或项目承建单位一般都通过公开招投标的形式确定，充分利用招标的公开、公平、高效优势，以使项目特许给最优秀的投资商承建，使项目的建设成本最低、技术最先进、收费最合理。

（三）项目贷款人

在项目融资中，商业银行、非银行金融机构（如租赁公司、财务公司、投资基金等）、国际金融组织机构和外国政府的出口信贷机构等均可成为项目融资债务资金的提供者。

（四）项目产品的购买者或项目设施的使用者

项目产品的购买者或项目设施的使用者可以在项目融资中发挥重要的作用。项目产品的购买者或项目设施的使用者通过与项目公司签订长期销售合同，保证了项目的市场和现金流量，为借款人偿还贷款人的贷款提供了重要的保证。项目产品的购买者或项目设施的使用者作为项目融资的参与者一般包括项目投资者本身、对项目产品（设施）有需求的第三方，也有可能包括有关政府机构（如在交通运输、电力等基础设施建设中的项目融资）。

（五）项目建设的工程公司或承包公司

项目建设的工程公司或承包公司的资金情况、工程技术能力及以往的经营历史记录，可以在很大程度上影响项目融资的贷款人对项目建设期风险的判断。

（六）项目设备、能源及原材料供应者

为鼓励本国产品的出口，许多国家采用出口信贷的方式。在国际项目融资中，项目设备供应商通过出口信贷等优惠措施的安排，一方面达到了增加设备供应商出口的目的，另一方面，项目公司也能够从出口信贷安排中受益。出口信贷等方式可以构成项目资金的一个重要来源。

项目能源、原材料供应商为了寻找长期稳定的市场，在一定条件下愿意以长期的优惠价格对项目供应能源和原材料。这种安排有助于消除建设项目初期以至项目经营期间的许多不确定因素，为项目投资者安排项目融资创造了有利条件。

（七）政府机构

政府机构可以为项目的开发提供土地、良好的基础设施、长期稳定的能源供应、某种特定形式的特许经营权，可以为项目提供条件优惠的出口信贷条件和其他类型的政府贷款或贷款担保等，还可以为项目融资提供良好的投资环境。

（八）其他参与者

在国际项目融资中，还有其他一些必要的参与者，如项目融资顾问、财务顾问及法律顾问等。通过他们提供的专业服务，项目发起人或投资者、有关贷款人可以及时发现项目融资中存在的问题，并在专业服务人员的协助下，合理设计投资结构和融资结构，解决或及时化解项目融资中潜在的问题或风险。

三、国际项目融资的模式

（一）BOT 项目融资模式

BOT 是英文“build-operate-transfer”的缩写，代表着一个完整的主要用于公共设施建设的项目融资模式。20 世纪 80 年代初期到中期，是项目融资发展的一个低潮时期。在这一阶段，虽然有大量的资本密集型项目，特别是发展中国家的基础设施项目在寻找资金，但是，世界性的经济衰退和第三世界债务危机所造成的影响还远未从人们心中消除，所以如何增强项目抗政治风险、金融风险、债务风险的能力，如何提高项目的投资收益和经营管理水平，成为银行、项目投资者、项目所在国政府在安排融资时所必须面对和解决的问题。BOT 就是在这样的背景下发展起来的一种主要用于公共基础设施建设的项目融资模式，BOT 的概念是由土耳其总理厄扎尔于 1984 年正式提出的。

BOT 项目融资模式的基本思路是：由项目所在国政府或所属机构对项目的建设和经营提供一种特许权协议（concession agreement），并将其作为融资的基础，由本国公司或者外国公司作为项目的投资者和经营者安排融资，承担风险，开发建设项目并在有限的时间内经营项目并获取商业利润，最后，根据协议将该项目转让给相应的政府机构。所以，有时 BOT 被人们称为暂时私有化过程（temporary privatization）。

（二）TOT 项目融资

TOT（transfer-operate-transfer）是“移交—经营—移交”的简称，指政府与投资者签订特许经营协议后，把已经投产运行的可收益公共设施项目移交给民间投资者经营，凭借该设施在未来若干年内的收益，一次性地从投资者手中融得一笔资金，用于建设新的基础设施项目；特许经营期满后，投资者再把该设施无偿移交给政府管理。

TOT 模式与 BOT 模式是有明显的区别的，TOT 模式不需直接由投资者投资建设基础设施，因此避开了基础设施建设过程中产生的大量风险和矛盾，比较容易使政府与投资者达成一致。TOT 方式主要适用于交通基础设施的建设。

(三) PPP 项目融资模式

PPP 是英文“private-public-partnership”的缩写，即公共民营合伙制模式，是指政府、营利性企业和非营利性企业基于某个项目而形成的相互合作关系的形式。通过这种合作形式，合作各方可以达到比预期单独行动更有利的结果。合作各方参与某个项目时，政府并不是把项目的责任全部转移给私人企业，而是由参与合作的各方共同承担责任和融资风险。

PPP 模式在城市公共基础设施建设中应用的显著特点在于通过引入私人企业，将市场中的竞争机制引入城市公共基础设施建设，更有效地提供公共服务。PPP 模式之所以产生，是因为技术或公共产权的原因导致的某些领域完全私有化带来了公共产权的纠纷问题，同时又使合作各方达到各自的目标，因而完全是适应的结果。它的出现迎合了政府的政策性导向，同时是在城市公共基础设施建设中的某种运作规范。

(四) 资产证券化项目融资模式

资产证券化（asset-backed securitization，ABS）作为一项金融创新产品和高效的制度安排，是 20 世纪 70 年代以来最具生命力的金融创新产品之一。由于资产证券化中的证券是以证券化资产的预期收益为担保，对资产的原始权益人不构成追索，因此，资产证券化是项目融资的模式之一。

资产证券化在美国业已成为一种日益普遍的融资方式。很多企业，不论其规模大小、产业类别甚至自身资信程度如何，都在试图利用这种灵活的融资方式获得资金来源。越来越多的银行也在通过资产证券化的途径，将其所发放的贷款中的某些坏账风险转移到愿意并有能力承担此风险的融资方手中。

一般来说，资产证券化（ABS）是指将缺乏流动性但又能够产生可预期的稳定现金流的资产汇集起来，通过一定的结构安排对资产中风险与收益要素进行分离与重组，再配以相应的信用担保和升级，将其转变成可以在金融市场上出售和流通的证券的过程。

在美国，资产证券化项目所涉及的资产种类很多，比较传统的资产种类包括房屋贷款、学生贷款、汽车贷款、贸易应收账款、信用卡应收账款、设备租金等。新的资产种类不断出现，很难一一列举。

本章小结

租赁是指出租人将特定资产的使用权于约定期间转让给承租人，以收取一笔款项或一系列款项的协议。国际租赁是由多个国家的参与者参加的，以外币支付租金的租赁方式。国际租赁的种类很多，主要有经营性租赁和融资租赁两类。融资租赁的租金包括设备价款和租金两部分，租金计算方法有平均分摊法、等额年金法和附加利率法三种。

国际贸易信贷是指由外国供应商、金融机构或其他官方机构为国际贸易提供资金的一种信用行为，是国际企业筹集资金的一种重要方式。国际贸易信贷根据信贷主体分为商业信用和银行信用；根据进出口商是否提供抵押品可分为抵押信贷与无抵押信贷；根据提供信贷的期限不同可分为国际贸易短期信贷和国际贸易中长期信贷。出口信贷的主要形式包括卖方信贷、买方信贷和福费廷。

国际项目融资是指国际贷款人向特定的工程项目提供贷款协议融资，以该项目所产生的收益作为偿还贷款的资金来源，并以该项目或经营该项目的经济单位的资产作为附属担保的一种跨国筹资方式。根据贷款银行对项目发起人的可追偿范围，国际项目融资可分为无追索权的项目融资和有限追索权的项目融资。项目融资的参与者主要包括：项目发起人或股东，项目的实际投资者，项目的贷款银行，项目产品的购买者或项目设施的使用者，项目建设的工程公司或承包公司，项目设备、能源及原材料供应者，项目的融资顾问，有关政府机构、法律和税务顾问等。项目融资的模式主要有BOT项目融资模式、TOT项目融资模式、PPP项目融资模式、资产证券化项目融资模式等。

思考题

1. 国际租赁融资的类型有哪些？
2. 经营性租赁和融资租赁的特点是什么？
3. 按照国际会计准则17号公告，融资租赁的确认条件有哪些？
4. 国际贸易信贷的形式有哪些？
5. 什么是福费廷？
6. 出口信贷筹资的特点有哪些？
7. 什么是国际项目融资？国际项目融资有哪些融资模式？

案例分析

深圳沙角B电厂火力发电站项目融资

一、项目背景

深圳沙角B电厂火力发电站项目于1984年签署合资协议，1986年完成融资安排并动工兴建，于1988年建成投入使用。深圳沙角B电厂的总装机容量为70万千瓦，由2台35万千瓦发电机组成。项目总投资为42亿港元（按1986年汇率计算为5.4亿美元），被认为是中国最早的一个有限追索的项目融资案例，也是中国境内事实上的第一个使用BOT融资概念兴建的基础设施项目。

二、深圳沙角B电厂火力发电站项目的投资结构和资本结构

深圳沙角B电厂采用中外合作经营方式兴建（见图6—1）。合资中方为深圳特区电力开发公司（A方），合资外方为一家在香港注册专门为该项目成立的公司——合和电力（中国）有限公司（B方）。项目合作期为10年。

在合作期间，B方负责安排提供项目全部的外汇资本，组织项目建设，并且负责经营电厂10年（合作期）。作为回报，B方获得在扣除项目经营成本、煤炭成本和支付给A方的管理费之后百分之百的项目收益。合作期满时，B方将深圳沙角B电厂的资产所有权和控制权无偿地转让给A方，并退出该项目。

在合作期间，A方主要承担的义务包括：提供项目使用的土地、工厂操作人员以及为

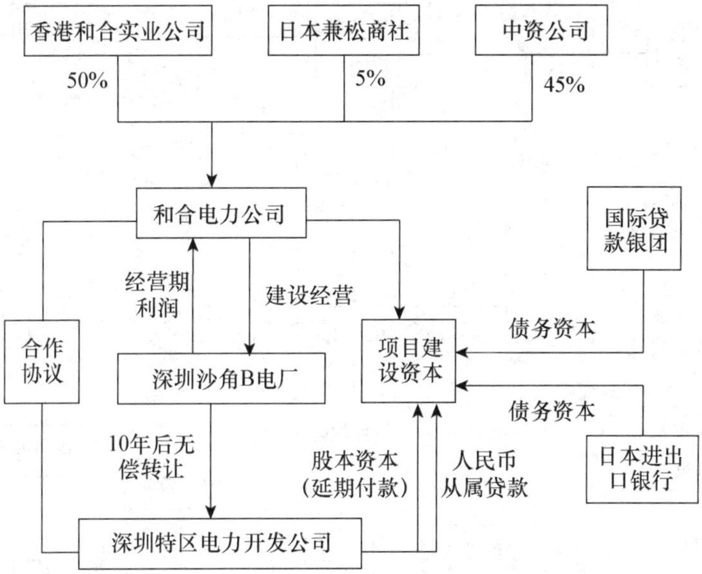

图 6—1　深圳沙角 B 电厂火力发电站项目的投资结构和资本结构

项目安排优惠的税收政策；为项目提供一个具有“供货或付款”性质的煤炭供应协议；为项目提供一个具有“提货与付款”性质的电力购买协议；为 B 方提供一个具有“资本缺额担保”性质的贷款协议，同意在一定条件下，如果项目支出大于项目收入，则为 B 方提供一定数额的贷款。

深圳沙角 B 电厂的资本机构包括股本资本、从属性贷款和项目贷款三种形式，具体为（以 1986 年汇率换算为美元）：

股本资本：	
股本资本/股东从属性贷款（3.0 亿港元）	3 850 万美元
人民币延期付款（5 334 万元人民币）	1 670 万美元
债务资本：	
A 方的人民币贷款（从属性项目贷款）	9 240 万美元（合 2.95 亿元人民币）
固定利率日元出口信贷（4.96 兆亿日元）	26 140 万美元
——日本进出口银行	
欧洲日元贷款（105.61 亿日元）	5 560 万美元
港币贷款（5.86 亿港元）	7 500 万美元
资本总计	53 960 万美元

三、深圳沙角 B 电厂火力发电站项目的融资结构

根据合作协议安排，在深圳沙角 B 电厂火力发电站项目中，除以上人民币资本之外的全部外汇资本安排由 B 方负责，项目合资 B 方有限追索的项目融资结构见图 6—2。

在该融资结构中：

(1) B 方与以日本三井公司等几个主要日本公司组成的电厂设备供应和工程承包财团谈判获得了一个固定价格的“交钥匙”合同。这个财团（日本公司）在一个固定日期（1988 年 4 月 1 日）和一个“交钥匙”合同的基础上，负责项目的设计、建设和试运行，

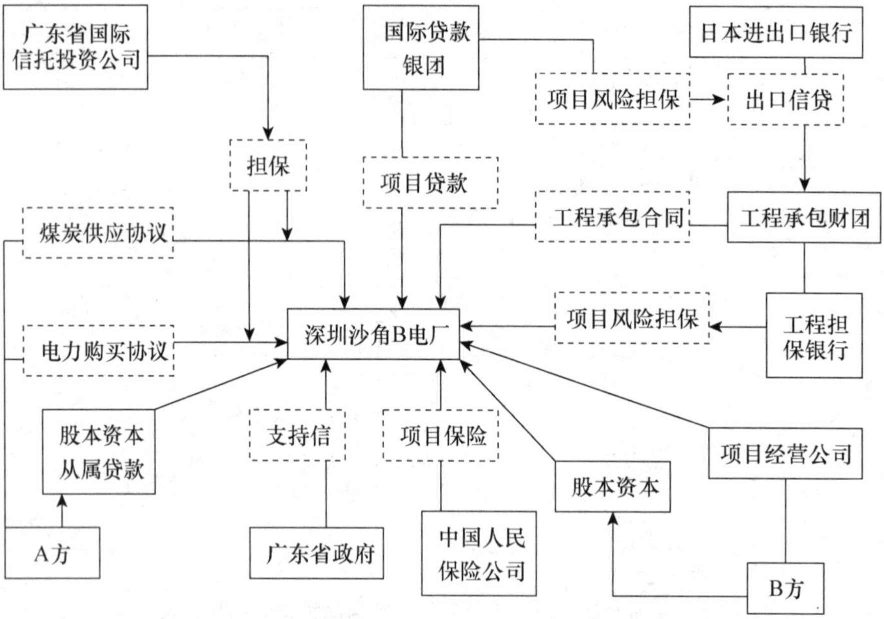

图 6—2 深圳沙角 B 电厂火力发电站项目融资结构

并且同意为项目试运行和初期生产阶段提供技术操作人员。通过这种方式，项目的主要风险即完工风险被成功地从项目投资者身上转移出去了。

(2) 使用了日本进出口银行的出口信贷，并将其作为债务资本的主要来源，用以支持日本公司在项目中的设备出口。但是，日本进出口银行并不承担项目的风险，一个由大约 50 家银行组成的国际贷款银团为日本进出口银行提供了项目风险担保，并且为项目提供欧洲日元贷款和港币贷款。

(3) A 方对项目的主要承诺（即对 B 方的承诺）是电力购买协议和煤炭供应协议，以及广东省国际信托投资公司（现已破产）对 A 方承诺的担保。B 方在安排项目融资时将两个协议的权益以及有关担保转让给项目融资的贷款银团，作为项目融资结构的主要信用保证。

(4) 在 A 方与 B 方之间，对于项目现金流量中的外汇问题也作了适当的安排。在合作期间，项目电力销售收入的 50%支付人民币，50%支付外汇。人民币收入部分用以支付项目煤炭的购买成本及以人民币形式发生的项目经营费用，外汇收入部分用以支付以外汇形式发生的项目经营费用，包括项目贷款债务偿还和支付 B 方的利润。A 方承担项目经营费用以及外汇贷款债务偿还部分的全部外汇风险，但是，对于 B 方的利润收入部分汇率风险则由双方共同分担，30%由 A 方承担，70%由 B 方承担。

四、深圳沙角 B 电厂火力发电站项目的信用保证结构

(1) A 方的电力购买协议。这是一个具有提货与付款性质的协议，规定 A 方在项目生产期间按照事先规定的价格从项目中购买一个确定的最低数量的发电量，从而排除了项目的主要市场风险。

(2) A 方的煤炭供应协议。这是一个具有供货或付款性质的合同，规定 A 方负责按照一个固定的价格提供项目发电所需的全部煤炭，这个安排实际上排除了项目的能源价格、供应风险以及大部分的生产成本超支风险。

(3) 广东省国际信托投资公司（当时的信用等级为贷款银行所接受）为A方的电力购买协议和煤炭供应协议提供的担保。

(4) A方提供的具有资本缺额担保性质的备用贷款协议，同意在一定条件下，如果项目支出大于项目收入，则为B方提供一定数额的贷款。

(5) 广东省政府为上述担保出具支持信，虽然支持信并不具备法律约束力，但是作为一种意向性担保，在项目融资安排中具有相当的分量。

(6) 设备供应及工程承包财团提供的“交钥匙”工程建设合约，以及为提供担保的银行所安排的履约担保，构成了项目的完工担保，排除了项目融资贷款银团对项目完工风险的顾虑。

(7) 中国人民保险公司安排的项目保险。包括对出现资产损害、机械设备故障以及相应发生的损失的保险，在有些情况下也包括对项目不能按期投产情况的保险。

通过以上担保，项目参与各方对项目风险进行了合理的分担，这是一个成功项目融资所不可缺少的条件。

思考与讨论：请对深圳沙角B电厂火力发电站项目融资方案进行评价。

第七章　国际直接投资

学习目标

掌握国际直接投资的概念、动机和程序，理解各类国际直接投资的方式，掌握国际直接投资的环境评价、风险管理，熟悉国际直接投资的决策方法并会运用。

第一节 国际直接投资概述

一、国际直接投资的概念

国际投资也叫对外投资，是指投资者将其资本投入其他国家，以便获取更高收益的经济行为。国际投资是国际企业财务管理的一项重要内容。

国际投资按投资方式可分为直接投资和间接投资。

国际直接投资是指投资者在其所投资的企业中拥有足够的所有权或具有相当程度的控制权的投资。最初意义上的国际直接投资是指在国外建立工厂直接生产或设立商店直接销售的一种经营活动，现代意义上的国际直接投资则是指在国外取得经营权的投资。国际直接投资一般是指在国外开设独资企业，兴办合资企业、合作企业。如果股票投资达到了可对某企业进行控制的程度，则也属于直接投资。

国际间接投资是指投资者不直接掌握投资对象的动产或不动产的所有权，并在投资对象中没有足够的控制权的投资。国际间接投资一般是指各种证券投资。

在国际投资中，投资者可以用现金、实物和无形资产向境外投资创办企业，也可以用购买股票、债券的形式向境外投资。不论投资形式如何，均以投资者是否掌握投资项目的经营管理控制权、是否能控制作为投资对象的外国企业作为确定对外直接投资和间接投资的主要分界线。根据国际货币基金组织的规定，拥有外国企业股票超过25%的为国际直接投资。另外，各国政府都根据具体情况确定了国际直接投资与国际间接投资的划分标准。比如，美国有关机构曾规定，只要外国投资者实际上能控制美国企业的管理权，那么，即使投资者只掌握该企业10%的表决股，也可以认为这是国际直接投资。日本外资法及其施行细则规定，凡外国投资者直接或间接地拥有日本公司（法人）或其企业全部股份或持有50%以上股份的，或者凡外国投资者实际上能控制日本公司（法人）或企业的董事会，即外国投资者占半数以上董事会席位的投资，称为国际直接投资。其他国家，如法国、德国和意大利也有类似的规定。

二、国际直接投资的动机

国际直接投资的动机是指投资者为什么要到境外去进行直接投资，即对外投资的目的性。国际企业对外直接投资的动机源于企业为了自身的利益和发展而进行的对外扩张。企业对外直接投资的原因很多，根据企业对外投资的动因，可以将企业对外投资的主要动机总结为以下九种类型①。

（一）追求高额利润型投资动机

追求高额利润或追求利润最大化，这是对外直接投资最根本的决定性动机。追求高额

① http://china.findlaw.cn/falvchangshi/waishangtouzi/kuaguogongsi/kggsgl/30838_3.html.

利润是资本的天然属性，当在国外投资比在国内投资更有利可图时，资本必然流向国外。美国跨国公司对外直接投资，特别是在发展中国家的直接投资所获利润要远远高于在国内投资的利润。例如，20 世纪 70 年代末，美国国内制造业平均利润率为 13%左右，而 1979 年美国在发达国家直接投资的利润率为 19.2%，在发展中国家直接投资的利润率高达 32%。80 年代中期，美国在发达国家和发展中国家直接投资的利润率分别为 16.2%和 17.2%。如此丰厚的利润，是企业进行对外直接投资最大的驱动力。

（二）资源导向型投资动机

这是指企业为寻求稳定的资源供应和利用廉价资源而进行对外直接投资。这类投资可分为两种情况：

（1）寻求自然资源，即自然资源导向型投资，企业对外直接投资是以取得自然资源为目的，如开发和利用国外石油、矿产品以及林业、水产等资源。

（2）寻求人力资源，如利用国外廉价劳动力。

（三）市场导向型投资动机

这类投资可分为以下四种情况：

（1）开辟新市场。企业通过对外直接投资在过去没有出口市场的东道国占有一定的市场。

（2）保护和扩大原有市场。企业在对出口市场的开辟进行到某种程度之后，通过对外直接投资在当地进行生产和销售更为有利。

（3）克服贸易限制和障碍。企业可通过向进口国或第三国直接投资，在进口国当地生产或在第三国生产再出口到进口国，以避开进口国的贸易限制和其他进口障碍。

（4）跟随竞争者。在寡头垄断市场结构中，即少数大企业占统治地位的市场结构中，当一家企业率先到国外直接投资，其他企业就会跟随而至，有时甚至不惜亏损，以维护自己的相对市场份额，保持竞争关系的平衡。

（四）效率导向型投资动机

效率导向型投资动机是指企业进行对外直接投资的目的在于降低成本，提高生产效率。通常有两种情况：

（1）降低生产成本，如果企业在国内生产出口产品，其生产成本高于在国外生产，则可通过对外直接投资方式在国外设厂生产，以降低生产成本以及运输成本等，提高生产效率。

（2）获得规模经济效益，当企业的发展受到国内市场容量的限制而难以达到规模经济效益时，企业可通过对外直接投资，将其相对闲置的生产力转移到国外，以提高生产效率，实现规模经济效益。

（五）分散风险型投资动机

企业在进行对外直接投资过程中面临着种种风险，主要有政治风险（如政治动荡风险、国有化风险、政策变动风险等）和经济风险（如汇率风险、利率风险、通货膨胀风险等）。对于政治风险，企业通常采用谨慎的方式对待，尽可能避免在政治风险大的国家投资；对于经济风险，企业主要采用多样化的投资方式来分散或减少风险，通过对外直接投资，如在世界各地建立子公司，将投资分散于不同的国家和产业，以便安全稳妥地获得较高的利润。

（六）技术导向型投资动机

企业可通过对外直接投资来获取东道国的先进技术和管理经验，有这种动机的投资通常集中在发达国家和地区的资本技术密集型产业。第二次世界大战后，发达资本主义国家之间的对外直接投资不断增加。自 20 世纪 90 年代以来，这种趋势更为突出，国际直接投资的 80%左右集中在“大三角”国家之间，欧共体和日本不断扩大对美国的直接投资，而美国也在不断增加在欧共体和日本的直接投资，出现这种情况的一个重要原因就是各国为了获得对方的先进技术。

（七）追求优惠政策型投资动机

企业被东道国政府的优惠政策所吸引而进行直接投资，可减少投资风险，降低投资成本，获得高额利润。这类投资一般集中在发展中国家和地区。东道国特别是发展中国家东道国的优惠政策，对外国企业产生了强烈的吸引力，促进了企业对外直接投资的发展。

（八）环境污染转移型投资动机

转移环境污染是一些国家的跨国公司进行对外直接投资的重要动机之一。环境污染是威胁人类生存和经济发展的世界性问题，一些发达资本主义国家迫于日益严重的环境污染问题，严格限制企业在国内从事易造成污染的产品生产，从而促使企业通过对外直接投资将污染产业向国外转移。在发达国家对外直接投资中，尤其是在制造业企业对外直接投资中，化工产品、石油和煤炭产品、冶金、纸浆造纸这四大高污染行业所占比重是相当大的。

（九）全球战略型投资动机

国际公司的全球战略是指国际公司在全世界范围内安排投资，从事生产经营活动的战略。全球战略是国际公司的对外直接投资发展到全球化阶段的一种投资动机。国际公司在进行对外直接投资决策时，所考虑的并不是某一子公司在某一时期或某一地区的盈亏得失，它所关心的是公司长期的、全局的最大利益，将其所属各机构、各部门看做一个整体，有时不惜牺牲某地区某部门的局部利益，以保证全球战略目标和整体利益的实现。

对外直接投资的各种动机可以单独存在，也可以并存。其中，追求高额利润型投资动机是最基本的投资动机，而其他各种类型的投资动机都是它的派生形式。

三、国际直接投资的程序

企业进行国际投资，比进行国内投资风险要大，因此必须严格按科学的程序进行投资。这一程序一般包括如下几步：

首先，根据企业自身生产经营情况，作出国际投资的决策。

企业根据自身经营的特点和国际市场状况，出于不同的动机，提出进行国际投资的设想。

其次，进行认真的研究和分析，选择合适的国际投资方式。

目前，国际投资方式一般有合资经营、合作经营、独资经营等，每种投资方式都有不同的特点。这就需要进行认真的分析和研究，选择最符合本企业需要的投资方式。

再次，选用适当的方法对国际投资环境进行评价。

投资环境又称投资气候，是指在国外投资时所面临的特定的生产经营条件。各国的政治、经济、社会文化条件不一样，从而对投资效益会产生不同的影响。为此，就需要用特定的方法对投资环境进行研究，以选择投资环境比较好的国家进行投资，降低投资风险，提高投资效益。

最后，利用国际上常用的投资决策指标对投资项目的经济效益进行评价。

财务上所说的对投资项目进行评价，主要是利用一系列指标来分析投资项目的经济效益。目前，国际上常用的投资决策指标主要有净现值、内部报酬率、现值指数、投资回收期和投资报酬率等。财务上的评价报告编制完成后，要提交给企业领导进行最后的决策。企业领导的决策有三种情况：(1) 接受这个项目，可以进行国际投资；(2) 拒绝这个项目，不能进行这项国际投资；(3) 发还给项目的提出部门，重新进行调查研究，再做处理。

第二节　国际直接投资的方式

国际直接投资方式是企业进行国际直接投资时所采用的具体形式，目前主要有国际合资投资、国际合作投资、国际独资投资以及跨国并购等。现根据国际惯例，介绍各种投资方式的特点和具体做法。

一、国际合资投资

国际合资投资是指某国投资者与另外一国投资者通过组建合资经营企业的形式所进行的投资。这里的合资经营企业通常是指两个或两个以上不同国家或地区的投资者按照共同投资、共同经营、共负盈亏、共担风险的原则所建立的企业。国际合资投资是国际直接投资的一种主要方式。

(一) 合资经营企业的主体

合资经营企业一般由两方面的投资者组成：一是外国合资者，可以是公司、企业或其他经济组织；二是东道国合资者，是指东道国参与合资经营的公司、企业或其他经济组织。

(二) 合资经营企业的形式

在国际上，合资经营企业的组织形式有无限责任公司、有限责任公司、两合公司和股份有限公司四种。究竟采用哪些形式，不同国家的公司法有着不同的规定。其中，大部分国家只允许建立有限责任公司和股份有限公司，国际直接投资中的合资经营企业多数都采用有限责任公司或股份有限公司的形式。有限责任公司的每个投资者对该公司所负的责任以其投资额为限，公司以其全部资产为限对其债务承担责任。股份有限公司则是将公司的全部资本均分为股份，全体股东就其所认购的股份尽出资义务，对公司的债务负有限责任。

(三) 合资经营企业的出资比例

合资经营企业中各方的出资比例由合资双方协商确定。但是，很多国家的法律都对合资双方的股权比例作出了规定，大多数国家对外资限制在投资总额的50%以下。当然，这也会因行业的不同而有所区别。比如，马来西亚规定，进口替代品应完全由马来西亚人出资生产，如当地技术力量不够，可允许外国人投资，但出资比例限制在30%以内。出口工业如在很大程度上依靠进口部件者，外资可达50%以上。菲律宾的大部分行业只允许外资占30%。发达国家一般采取开放政策，但对特定行业也有关于股份比例的限制。比如，美国规定，外国人在电报行业的合营公司或卫星通信公司中所占股份不得超过20%，外国人在航空运输公司中所占股份不得超过25%。

(四) 合资经营企业的出资方式

合资经营企业的出资方式是指合资各方投入资金的具体形式。按照国际惯例，主要有：(1) 现金；(2) 实物资产，包括厂房、建筑物、设备等固定资产和材料、燃料、商品等流动资产；(3) 无形资产，包括专有技术、土地使用权、商标权、专利权等。通常情况下，合资经营企业由国外投资者提供先进技术、先进设备、管理经验和外汇资金，东道国投资者主要提供土地使用权、厂房、部分设备及全部劳动力。

(五) 国际合资投资的优缺点

1. 国际合资投资的优点

(1) 进行国际合资投资可以减少或避免企业的投资风险。在合资经营企业中，东道国的投资者拥有股份，它们对自己国家的情况较为了解，可以减少经营上的风险。另外，内外合资可以减少因东道国政策的变化而被征用的风险。

(2) 由于与东道国投资者合资经营、共负盈亏，外国投资者除可享受特别优惠外，还可获得东道国对本国企业的优惠政策。

(3) 进行国际合资投资，能迅速了解东道国的政治、社会、经济、文化等情况，并能学习当地投资者的先进管理经验，有利于加强企业管理，提高经济效益。

2. 国际合资投资的缺点

(1) 进行国际合资投资所需时间比较长。一般来说，进行国际合资投资必须寻找合适的投资伙伴，但这比较困难，需要较长时间。另外，在国外设立合资经营企业，审批手续比较复杂，需要时间比较长。

(2) 很多国家都规定，外资股权不能超过50%，所以国外投资者往往不能对合资经营企业进行完全控制。

二、国际合作投资

国际合作投资是指通过组建合作经营企业的形式所进行的投资。这里的合作经营企业又称契约式的合营企业，它是指国外投资者与东道国投资者通过协商，签订合同，规定各方的责任、权利、义务，据以开展经营活动的一种经营方式。

(一) 合作经营企业的类型

按国际惯例，合作经营企业通常有两类：

(1) 法人式。是指合作双方在一国设立的具有该国法人资格的合营实体。这种企业具有民事权利和行为能力，以企业所有的财产承担民事责任。

(2) 非法人式。是合作双方在一国设立的不具备法人资格的经济组织。合作双方仍以各自本身的法人资格在法律上承担责任，企业的债权、债务由合作双方按合同的规定来承担。从严格意义上来说，这种合作经营企业属合伙企业。

(二) 合作经营企业的合作合同

合作经营企业双方的责、权、利都是由双方签订的合同加以规定的。所以，合作经营的合同十分重要。这种合同一般包括如下内容：

（1）合作经营企业的投资、合作条件及经营项目。合作经营企业的投资或提供的合作条件可以是现金、实物、土地使用权、工业产权或其他财产权利。合作双方应按有关法律、法规和合作条件的规定如期履行缴足投资、提供合作条件的义务。双方的投资或合作条件，应由有关的会计师事务所或其他公证机构验证并出具证明。

（2）合作经营企业的收益分配、资本回收与资产归属。合作经营企业的收益分配一般不按股分红，而是按合同的规定对利润或产品进行分成。因此，在合作合同中，必须详细写明双方的分成比例，遵循权利、义务对等原则，亏损、风险及企业债务也应按合同的规定承担。

按国际惯例，合作经营期满后，合作经营企业的财产一般归东道国合作者所有，而外国合作者则完全退出企业。

为了保护外国投资者的利益，一般可在合同中规定外国合作者在合作期间内可预先收回资本的条款。国际上常见的做法是：根据双方商定的设备折旧年限，从折旧费中偿还外国合作者当年应收回的资本；按双方合同中规定的年限，逐年从销售收入中提取，以偿还外国合作者的资本。

（3）合作经营企业的经营管理。合作经营企业一般要设董事会或联合管理机构，按合同规定决定合作经营企业的重大问题。合作双方均可任董事长，但要由另一方担任副董事长。合作经营企业的董事会可以聘请总经理负责企业的日常管理。

（4）合作投资或合同条件的转让。合作双方的投资或合作条件一般可以转让，但在合作合同中一般都规定，一方转让其在合作合同中的全部或部分权利、义务的，必须经他方同意。

（5）合作经营企业的期限及其终止。在合作合同中应写明合作期限。合作到期后，双方同意延长的，可按法定程序向审批机关提出申请。企业合作期满或提前终止，应按法定程序对资产和债权、债务进行清算，并按合同规定确定资产的归属。

（三）国际合作投资的优缺点

1. 国际合作投资的优点

（1）进行国际合作投资所需时间比较短。开办合作经营企业的申请、审批程序比较简便。合作经营的内容与方式有固定格式，便于合作双方协商，容易达成协议。

（2）进行国际合作投资比较灵活。合作经营企业的条件、管理形式、收益分配方法以及合作双方的责任、权利、义务的设定都比较灵活，均可根据不同情况，由合作双方协商后在合同中加以规定。

2. 国际合作投资的缺点

国际合作投资的缺点主要在于这种企业组织形式不像合资经营企业那样规范，合作者在合作过程中容易对合同中的条款发生争议，影响合作经营企业的正常发展。

三、国际独资投资

国际独资投资是指通过在国外设立独资企业的形式所进行的投资。这里的独资企业是指根据一国的法律，经过该国政府批准，在其境内兴办的全部为外国资本的企业。

（一）独资企业的形式

投资者在国外设立独资企业，国际上通常采用有限责任公司的形式。因为采用这种方式，投资者以设立企业时的注册资本为限来承担债务责任，能降低风险。

（二）独资企业的限制条件

对于外国资本投资设立独资企业，很多东道国都有限制，比如，军事、通信等行业一般不允许外国投资者独资经营。当然，各国在这方面的限制条件不完全一样。发达国家限制较少，比如美国、日本和西欧等一些国家，除一些国民经济主要部门和行业限制开办独资企业外，其他行业一般都允许开办独资企业。发展中国家提出的限制条件可能多一些。

（三）国际独资投资的优缺点

1. 国际独资投资的优点

（1）进行国际独资投资，由投资者自己提供全部资本，独立经营管理，可以保证对企业的绝对控制权和经营决策权。公司在运用资金、采用先进技术和进行科学管理上，都拥有自主权，不会受到其他干涉。母公司可以独享其全部利润。

（2）进行国际独资投资，有利于学习所在国的先进技术和管理水平，使投资者能在更大的范围内配置资源和生产能力。

（3）进行国际独资投资，可利用各国税率的不同，通过内部转移价格的形式进行合理避税。

2. 国际独资投资的缺点

（1）进行国际独资投资要承担较大的风险。进行国际独资投资时，由于对东道国的投资环境缺乏详细了解，因而投资者承担的风险较大。

（2）在很多国家，独资企业设立的条件都比合资经营企业和合作经营企业要严格，特别是有些行业根本不允许独资企业进行经营。

四、跨国并购

跨国并购是指企业通过并购现有的国外企业的方式所进行的国际直接投资。近年来，越来越多的国际直接投资采用这种方式。有关跨国并购的内容我们将在第九章作详细介绍。

第三节　国际直接投资的环境评价

国际投资环境是指在国际投资过程中影响国际资本运行的东道国的综合条件。与国内投资环境相比，国际投资环境更为复杂、多变，对投资的效益和风险产生的影响更大。对有关国家的投资环境进行分析是国际直接投资中的一个重要环节。

一、国际直接投资环境的分类

可按不同的标准对国际直接投资环境进行不同的分类。

（一）按投资环境表现的形态分类

按投资环境表现的形态，可分成硬投资环境和软投资环境。

硬投资环境是指那些具有物质形态的各种影响投资效益的因素，它们对国际直接投资的约束是刚性的或无弹性的。主要包括交通运输条件、邮电通信设施、能源供应、市政工程建设、公共事业设施、土地的充裕性及价格的高低等。

软投资环境是指那些没有具体物质形态的各种影响投资效益的因素。主要包括法律环境、政策环境、管理环境、经济环境、社会环境、技术环境、文化环境等。

（二）按投资环境的地域范围分类

按投资环境的地域范围，可分成宏观投资环境和地区微观投资环境。

宏观投资环境是指整个国家范围内影响投资的各种因素的总和。地区微观投资环境是指某个地区范围内影响投资的各种因素的总和。地区微观投资环境一般是在国家宏观投资环境的指导下形成的，但地区微观投资环境有时会有超前发展的情况，比如，各国的经济开发区或经济特区的投资环境就优于其他地区的投资环境。各地区投资环境的改善对国家宏观投资环境的改善有促进作用。

（三）根据投资环境包含因素的多少分类

根据投资环境包含因素的多少，可分为狭义的投资环境和广义的投资环境。

狭义的投资环境主要指投资的经济环境，包括一国经济发展水平、经济体制、外汇管理制度、金融市场完善程度、财务会计制度等。

广义的投资环境除包括经济环境外，还包括政治法律制度、社会文化背景等因素。人们通常所说的投资环境都是指广义的投资环境。

二、国际直接投资环境评价的主要内容

影响国际直接投资环境的因素很多，进行国际直接投资环境评价时需要考虑各种因素的影响，主要内容可以概括为以下几个方面。

（一）自然地理条件

主要包括地理位置、气候条件、自然特色、自然资源、自然风险、人口及城市的分布状况等因素。

（二）基础设施

主要包括能源、交通、通信、生产设施，居住条件，原材料供应，供水、供电、供热系统，文化卫生和其他服务设施条件等。

（三）政治气候

主要包括政局是否稳定，有没有战争或发生战争的风险，有没有国家政权或社会制度变革的风险，有没有重大政策变化，特别是有没有国有化的风险等。在保证政权基本稳定的前提下，还要考虑政府的行政效率以及政府政策的连续性。

（四）法律制度

主要包括法律是否健全、执法是否公平，特别是外国投资者的权益有无法律保障，各种税法、海关法、外汇管理法等能否保障投资者得到较高利润，利润和投资汇回是否存在

障碍等。

（五）经济结构和发展水平

主要包括经济实力、经济发展水平、经济增长速度和稳定性、劳动生产效益、产业结构、国民经济结构和对外经济往来状况等。

（六）经济政策

主要包括外资政策、贸易政策、工业化政策、地区开发政策、外汇管理政策等。

（七）货币与金融

主要包括货币是否稳定、通货膨胀程度、可融资的程度、外汇管理的程度、金融和外汇市场的发展程度、金融业的服务质量如何等。

（八）政策优惠条件

主要包括税收、进出口许可、市场购销、收费标准等方面的优惠待遇等。

（九）社会文化环境

主要包括使用的主要语言、宗教制度、教育和劳动力的素质、社会心理因素、国民感情和民族意识等。

国际直接投资环境是由一系列因素组成的综合体，各部分之间相互连接、协调、互为条件，构成一个完整的投资环境体系。

三、国际直接投资环境的评价方法

关于国际直接投资环境的评价方法，国外已经进行了多年的研究，形成了多种评价方法，这里列举几种国际上常用的评价方法。

（一）投资障碍分析法

投资障碍分析法是指对备选国家潜在的阻碍国际直接投资运行因素的多少与程度进行评价的一种方法。投资者依据投资环境、内容、结构分别列出各阻碍因素并在各被选的东道国进行投资环境优劣比较，投资障碍越少，说明该国的投资环境越好。

一般来说，影响国际直接投资的障碍有以下四个方面：

（1）政治障碍。主要有政治制度与投资国不同、政权不稳定、存在战争风险、民族和种族关系紧张等。

（2）法律障碍。主要有法律法规不健全、缺乏稳定性，当地执法不公正，没有完善的仲裁制度等。

（3）经济障碍。包括经济停滞、高通货膨胀、资金流通渠道不畅、资本市场不完善、外汇短缺、劳动力成本高、基础设施差、技术人员和熟练工人短缺等。

（4）政策障碍。主要有对外国投资者的歧视性政策、政府对企业的过多干预、实行进口限制、实行外汇管理和限制汇回等。

（二）投资环境冷热比较分析法

这种方法是由美国学者伊西·利特法克等人在20世纪60年代提出来的。他们根据美国250家企业国际投资的调查资料，归纳出了影响国际直接投资环境的七大因素，对各国投资环境进行综合分析和评价，以比较各国投资环境状况。这七大因素分别为：政治稳定性、市场机会、经济发展与成就、文化一元化、法令阻碍、实质阻碍（自然条件对企业有效经营产生的阻碍）、地理及文化差距（两国距离以及文化、社会观念、风俗习惯和语言上的差异）。该方法以“冷”、“热”表示环境因素的优劣，当稳定性高、市场机会大、经济发展快、文化一元化程度高、法规限制小、地理文化差距不大时，这些因素为“热”因素；否则，即为“冷”因素。东道国的“热”因素越多，投资环境越“热”，说明投资环境越好。

（三）加权平均评分法

加权平均评分法是先对影响投资环境的一系列因素进行评分，然后进行加权平均，得出投资环境的综合得分的一种方法。

加权平均评分法的基本步骤是：

（1）分析影响投资环境的因素，确定主要因素；

（2）分析各因素对投资的影响程度，确定因素权重；

（3）对各因素进行分析评价，确定因素得分；

（4）计算得出投资环境的综合得分。

该方法的基本计算公式为：

$$y = a_1x_1 + a_2x_2 + \cdots + a_nx_n = \sum_{i=1}^{n} a_ix_i$$

式中，y——投资环境评分；

a_i——第 i 种因素的权重；

x_i——第 i 种因素的评分。

表 7—1 通过具体的示例简单说明了加权平均评分法的计算过程。

表 7—1

投资环境的影响因素	权重（a_i）	因素评分（x_i）	加权评分（a_ix_i）
自然环境	0.10	75	7.50
基础设施	0.15	80	12
政治气候	0.15	90	13.50
法律制度	0.15	85	12.75
经济发展水平	0.20	80	16
经济政策与优惠条件	0.15	60	9
社会文化环境	0.10	70	7
合计	1	—	77.75

由于投资者的投资动机不同、投资的项目不同，故对投资环境影响因素的敏感程度不同。因此，对于采用加权平均评分法时需要重点考虑哪些因素、各因素的权重大小，并没有统一的标准。评价体系需要由评价者或者专家按照自己的主观判断来确定，在实际评价时，应该考虑更多因素。

在采用这种方法评价投资环境时，分数在 80 分以上，说明投资环境良好；分数为 60～80 分时，说明投资环境一般；分数在 60 分以下时，说明投资环境较差。

（四）多因素等级评分分析法

这种方法是由美国学者罗伯特·斯托鲍夫于1969年提出的。该评价方法是从东道国政府对外国投资者的限制与鼓励政策出发，选择影响投资环境的八大微观因素及其若干个子因素，按各因素对投资影响程度的高低，确定相应的评分标准，评分标准将每一类因素都分成若干等级，各等级均事先规定分数。然后根据各子因素对投资环境的有利程度给予评分，逐项、逐类加总后得出投资环境的总分数。分数越高，表明该地投资环境越好；分数越低，表明该地投资环境越差，当低到一定程度时，则不能在该地投资。这种方法是目前国际上最流行的对投资环境进行评价的方法，它有利于选择最佳的投资环境和最理想的目标市场，避免投资风险，实现投资的安全性、灵活性和高盈利性。多因素等级评分分析法的投资环境等级评分标准如表7—2所示。

表7—2　　投资环境等级评分标准

投资环境因素	等级评分	投资环境因素	等级评分
一、抽回资本	0～12分	五、政治稳定性	0～12分
无限制	12	长期稳定	12
只有时间上的限制	8	稳定但因人而治	10
对资本有限制	6	内部分裂但政府掌权	8
对资本和红利都有限制	4	国内外有强大的反对力量	4
限制较多	2	有政变和动荡的可能	2
禁止资本抽回	0	不稳定，政变、动荡极有可能	0
二、外商股权	0～12分	六、给予关税保护的意愿	2～8分
准许并欢迎全部外资股权	12	给予充分保护	8
准许全部外资股权但不欢迎	10	给予相当保护但以新工业为主	6
准许外资占大部分股权	8	给予少数保护但以新工业为主	4
外资最多不得超过股权半数	6	很少或不予保护	2
只准外资占小部分股权	4	七、当地资金的可供程度	0～10分
外资不得超过股权3成	2	完善的资本市场，有公开的证券交易所	10
不准外资控制任何股权	0	有少量当地资本，有投机性证券交易所	8
三、对外商的管理程度	0～12分	当地资本少，外来资本不多	6
对外商与本国企业一视同仁	12	短期资本极其有限	4
对外商略有限制但无管制	10	资本管制很严	2
对外商有少许管制	8	高度的资本外流	0
对外商有限制并有管制	6	八、近五年的通货膨胀率	2～14分
对外商有限制并严加管制	4	小于1%	14
对外商严行限制并严加管制	2	1%～3%	12
外商禁止投资	0	3%～7%	10
四、货币稳定性	4～20分	7%～10%	8
完全自由兑换	20	10%～15%	6
黑市与官价差距小于1成	18	15%～30%	4
黑市与官价差距在1～4成之间	14	30%以上	2
黑市与官价差距在4成至1倍之间	8		
黑市与官价差距在1倍以上	4		

第四节 国际直接投资的项目决策

同单一的国内投资项目决策一样，进行国际直接投资前也需要进行财务决策分析，确定项目是否可行，或者对不同的投资方案进行比较，选取最优方案。国际直接投资项目财务决策的原理与国内投资项目的决策相同，但国际直接投资中涉及的因素更加复杂，因此其项目决策需要考虑的内容也比国内投资复杂得多。

一、项目投资决策方法

项目的投资决策分析主要是预测和分析投资项目的投资和收益，采用适当的决策指标确定项目是否可行或比较项目优劣，从而对投资项目作出选择。项目投资决策使用的指标可以分为两大类：非折现现金流量指标和折现现金流量指标。非折现现金流量指标是指没有考虑资金时间价值的指标，如投资回收期、平均报酬率等；折现现金流量指标是指考虑了资金时间价值的指标，如净现值、内含报酬率、获利指数等。在实践中，由于非折现现金流量指标没有考虑资金时间价值，得到的结论并不一定合理，一般只用于对项目的初选或粗略评价。项目的投资决策一般采用折现现金流量指标。在折现现金流量指标中，无论是对单一项目的可行性进行决策还是对多个互斥方案进行选择，净现值法均可以得出科学的结论，因此应用最为广泛。

净现值法的基本思路是预测项目未来各期的净现金流量，然后根据项目的资金成本或企业要求达到的报酬率折算为现值，根据项目的净现值进行项目投资决策。

(一) 现金流量分析

现金流量是指企业现金流入和流出的数量。企业进行长期投资时，会引起未来一定时期内的现金流量的变化。因投资某项目引起的一定时期内现金流入量减去包括税金在内的现金流出量后的差额，称为项目的净现金流量（Net Cash Flow，NCF），有时也称为税后现金流量。

现金流量包括现金流入量和现金流出量。一个投资方案的现金流入量通常包括：(1) 投资项目完成后每年可增加的营业现金收入（或减少的营业现金支出）；(2) 固定资产报废时的残值收入或中途的变价收入；(3) 项目期满时，原有垫支在各种流动资产上资金的收回。现金流出量通常包括：(1) 在固定资产上的投资；(2) 在流动资产上的投资；(3) 营业现金支出；(4) 其他投资。在分析现金流量时，一般根据现金流量发生的时间，把现金流量划分为初始现金流量、营业现金流量和终结现金流量三个部分。

1. 初始现金流量

初始现金流量是指开始投资时发生的现金流量，一般包括如下几个部分：

(1) 固定资产上的投资。包括固定资产的购入或建造成本、运输成本和安装成本等。

(2) 流动资产上的投资。是指因项目投产引起的在原材料、在产品、产成品、应收账款和货币资金等流动资产上占用资金的增加。

（3）其他投资费用。是指与项目投资有关的咨询费、调研费、职工培训费、谈判费、注册费用等。

（4）原有固定资产的变价收入。主要是指固定资产更新时将原有固定资产变卖所取得的现金收入。

2. 营业现金流量

营业现金流量是指投资项目投入使用后，在其寿命周期内由于生产经营所带来的现金流入和流出的数量，一般以年为单位进行计算。这里的现金流入一般是指营业现金收入，现金支出是指营业现金支出和缴纳的税金。如果一个投资项目的每年销售收入等于营业现金收入，付现成本（指不包括折旧的成本）等于营业现金支出，那么，年营业净现金流量可用下列公式计算：

$$\text{年营业净现金流量}(NCF)=\text{每年销售收入}-\text{付现成本}-\text{所得税}$$

或

$$\text{年营业净现金流量}(NCF)=\text{净利润}+\text{折旧}$$

3. 终结现金流量

终结现金流量是指投资项目完结时所发生的现金流量，主要包括：

（1）固定资产的残值收入或变价收入。

（2）原有垫支在各种流动资产上的资金的收回。

（3）停止使用的土地的变价收入等。

在确定了项目各项的现金流入量和流出量后，即可计算净现金流量：

$$\text{每年的净现金流量}(NCF)=\text{年现金流入量}-\text{年现金流出量}$$

（二）计算净现值

净现值（Net Present Value，NPV）是指将投资项目投入使用后的净现金流量，按资本成本或企业要求达到的报酬率折算为现值，减去初始投资后的余额。其计算公式为：

$$NPV=\left[\frac{NCF_1}{(1+k)^1}+\frac{NCF_2}{(1+k)^2}+\cdots+\frac{NCF_n}{(1+k)^n}\right]-C=\sum_{t=1}^{n}\frac{NCF_t}{(1+k)^t}-C$$

式中，NPV——净现值；

NCF_t——第 t 年的净现金流量；

k——折现率；

n——项目预计使用年限；

C——初始投资额。

另外，净现值还有另外一种表述方法，即净现值是从投资开始至项目寿命终结时所有现金流量（包括现金流出和现金流入）的现值之和。其计算公式为：

$$NPV=\sum_{t=1}^{n}\frac{CFAT_t}{(1+k)^t}$$

式中，$CFAT_t$——第 t 年的现金流量；其他符号的含义与前述公式相同。

净现值的计算可按下列步骤进行：

(1) 计算每年的营业净现金流量。

(2) 计算未来现金流量的总现值。首先，将每年的营业净现金流量折算成现值，如果每年的 *NCF* 相等，则按年金法折成现值；如果每年的 *NCF* 不相等，则先对每年的 *NCF* 进行折现，然后加以合计。其次，将终结现金流量折算成现值。最后，计算未来现金流量的总现值。

(3) 计算净现值。计算公式为：

净现值＝未来现金流的总现值－初始投资

(三) 根据净现值作出决策

净现值法的决策规则是，在对单个投资项目是否进行投资的决策中，评价标准是净现值是否大于零，净现值大于零时则投资该项目，净现值小于零时则拒绝该项目；在对多个互斥项目或多个互斥备选方案进行选择的决策中，应在净现值为正的情况下选择净现值最大的项目或方案。

二、国际直接投资决策的特殊问题

国际直接投资的决策与单一国内投资决策的基本原理是相同的，但国际直接投资要比国内投资复杂得多，进行国际直接投资时通常有一些特殊问题需要考虑。

(一) 国际投资项目的评价主体问题

国际企业向国外投资，首先面临的一个问题就是评价主体问题，也就是以国际投资项目为主体进行评价，还是以总公司为主体进行评价。评价主体不一样，评价的结果就可能不一样。这是因为项目的净现金流量可能会与母公司的净现金流量有很大差异，产生差异的主要原因包括以下几个方面：

(1) 投资项目所在国的政府往往都会对税后利润汇回总公司进行限制。

(2) 许可证费、专利权使用费等，对总公司来说是收益，但对项目来说是费用。

(3) 各国的通货膨胀率不完全一样。

(4) 外汇价值在不断变化。

(5) 各国政府的税率存在差异。

关于如何确定国际投资项目的评价主体，理论界和实务界存在不同观点。从理论上来看，主要有以下三种观点：

(1) 认为应以总公司为评价主体。持这种观点的人认为，对国外投资报酬和风险的考虑，归根到底是为了总公司股东的利益。这符合股东财富最大化的财务管理目标，因为总公司的现金流量最终是为了支付股利以及为实现总公司目标的其他用途提供基础。

(2) 认为应以国际投资项目为评价主体。这种观点认为，总公司的投资者越来越多地来自世界各地，这样，投资目标就应该比以前更多地反映世界性的观点。许多国际企业都制定了长期的而不是短期的投资目标，在国外创造的资金倾向于再在国外投资，而不是汇回母公司。基于这种考虑，从国际投资项目的角度来进行评价也是适当的，强调当地项目的报酬也符合使整个集团合并收益最大的目标。

(3) 认为应以国际投资项目为主体和以总公司为主体分别进行评价。这种观点认为，国际财务管理的目标是多元的、复杂的，这取决于构成公司和公司环境的投资集团和非投资集团的不同意愿。在进行国外投资的情况下，东道国政府是其中的集团之一。为了保证国际企业投资者和东道国政府之间目标的和谐，应从两个方面进行评价，一方面以国际投资项目为评价主体，另一方面以总公司为评价主体。

如果局限于以国际投资项目为主体进行评价，所用方法同一般国内投资项目评价方法基本相同。如果以总公司为主体进行评价，则其现金流量的计算需要进一步考虑一些特殊的问题。

(二) 国际投资项目现金流量的计量问题

国际投资项目现金流量的计量存在以下一些特殊问题。

1. 关于初始现金流量

一个投资项目的初始投资额，通常是按投资在厂房、机器设备等方面花费的实际支出，加上需要垫支的营运资金来确定，国内投资项目和国外投资项目都是如此。但对国际投资项目而言，在确定初始现金流量时，有时会遇到一些特殊问题。其中，最主要的是如何确定投资项目利用当地分支机构闲置资产或受冻结资产的现金流出量。比如，A 国 X 公司准备在 B 国投资一个项目 Y，需投入 100 万元，但 X 公司原在 B 国有 50 万元的资金被冻结，不能换成自由外汇汇回总公司，则现在因为投资 Y 项目，使被冻结的资金可以利用，则这 50 万元应作为原始投资额的减项予以扣除，这样会使现金流出量减少，但是如果被冻结的资金可以在当地进行其他投资，则因投资其他项目放弃的收益应作为该项目的现金流出量。如果投资时利用了当地分支机构的闲置资产，也应以该资产的出售价值或资产使用的合理收益（机会成本）计入投资项目的现金流出量。

2. 关于营业现金流量

在确定国际投资项目的营业现金流量时，要充分考虑东道国的政治、经济政策对企业营业现金流量的影响。比如，在东道国放松银根，通货膨胀率将要上升的情况下，就要充分考虑可能产生的通货膨胀对现金流量的影响。计算营业现金流量时还需要考虑内部转移价格问题，内部转移价格是跨国公司在子公司之间或母子公司之间进行购销或借贷活动常常采用的价格，是跨国公司转移利润和调配资金的手段，一般情况下与市场价格不一致。对外投资项目中的产品销售或生产要素取得以内部转移价格结算时，其现金流量应该依据市场价格计算；如果不存在市场价格，则应采取适当的方法合理估计交易的公平价格。

3. 关于终结现金流量

项目的终结现金流量不仅取决于项目终结时剩余资产的残值，还取决于东道国政府对待投资项目的态度，有的投资项目所在国的政策可能会规定，投资项目经过一定年限后，即转为所在国所有，如果这样，项目的终结现金流量则为零。

4. 关于汇回总公司的现金流量

如果以总公司作为评价主体，所采用的现金流量必须是汇回母公司的现金流量。关于汇回母公司的现金流量，有如下一些问题需要说明：

(1) 投资项目现金流量中"可汇回额"的确定问题。国际投资项目在生产经营中形成的净现金流量（税后利润加折旧）能不能全部成为总公司的现金流量，这要看投资项目所在国政府有没有限制性条款。有些国家的法律对汇回总公司的现金流量有各种限制，在这种情况下，国际投资项目产生的现金流量就不能全部视为总公司的现金流量，只能按可汇回的数额进行计算。

（2）现金流量换算中的汇率选择问题。投资项目的现金流量是不断产生的，一般来说，也是不断汇回总公司的。国际投资项目产生的现金流量是按投资项目所在国的货币进行计量的，汇回总公司时，必须按总公司所在国的货币进行计量，这就有一个选择什么样的汇率进行折算的问题。一般而言，都选用汇回现金流量时的汇率进行折算。

（3）关于纳税调整问题。一般而言，在国际投资项目汇回的现金流量中，有一部分已经纳税（指以股利形式汇回的税后利润），为避免企业出现双重纳税的情况，一般在国外已纳税的现金流量，汇回总公司后都可享受一定的纳税减免，具体减免的数额会因各国税法的不同而不同。在确定总公司现金流量时，必须考虑这一因素。

（4）关于总公司原出口额丧失的调整问题。如果总公司在某国进行投资之前，原来对该国有一定的出口，可以赚取一定的利润，则在该国设立新的投资项目后，原来总公司的出口就为新项目所取代。在这种情况下，要把投资项目汇回的现金流量扣除因丧失出口而减少的利润额后的净额作为总公司的现金流入。

三、国际直接投资决策实例

为了说明国际直接投资决策中的一些具体问题，我们以一家总部设在A国的公司在B国进行一项投资为例来进行分析。

【例7—1】（1）A国公司准备在B国投资建立一家独资企业，以便生产和销售B国市场上急需的电子设备。该项目的固定资产需投资12 000万B元，另需垫支营运资金3 000万B元，投入资金中有5 000万B元为A国公司在B国被冻结的资金，其他资金由A国公司提供。该项目的固定资产采用直线法计提折旧，项目使用寿命为5年，5年后固定资产残值预计为2 000万B元。5年中每年的销售收入为8 000万B元，付现成本为4 000万B元。

（2）B国企业适用的所得税税率为25%，A国企业适用的所得税税率为30%。如果B国子公司把税后利润汇回A国，则在B国缴纳的所得税可以抵减A国的所得税。

（3）B国投资项目产生的税后净利可全部汇回A国，但折旧不能汇回，只能留在B国补充有关的资金需求。A国母公司每年可从B国子公司获得1 500万B元的特许费。

（4）因投资该项目，A国母公司向B国出口该产品的数量减少，母公司利润每年减少500万B元。

（5）A国母公司和B国子公司的资本成本均为10%。

（6）投资项目在第5年年底时出售给当地投资者继续经营，估计售价为9 000万B元（税后收入），但投资时动用的冻结资金5 000万B元不能汇回A国。

（7）在投资项目开始时，汇率为1A元=10B元。预计B元对A元将以3%的速度贬值。因此，各年末的预计汇率详见表7—3。

表 7—3　　各年末的预计汇率

年次	计算过程	汇率（B元/A元）
0	—	10.000
1	10×（1＋3%）	10.300
2	10×（1＋3%）^{2}	10.609
3	10×（1＋3%）^{3}	10.927
4	10×（1＋3%）^{4}	11.255
5	10×（1＋3%）^{5}	11.593

要求：根据以上资料分别以B国子公司和A国母公司为主体评价投资方案是否可行。

1. 以B国子公司为主体进行评价。

（1）计算该投资项目的营业现金流量，详见表7—4。

表 7—4　　投资项目的营业现金流量　　单位：万B元

项目	1	2	3	4	5
销售收入①	8 000	8 000	8 000	8 000	8 000
付现成本②	4 000	4 000	4 000	4 000	4 000
折旧③	2 000	2 000	2 000	2 000	2 000
税前净利④＝①－②－③	2 000	2 000	2 000	2 000	2 000
所得税⑤＝④×25%	500	500	500	500	500
税后净利⑥＝④－⑤	1 500	1 500	1 500	1 500	1 500
营业现金流量 ⑦＝①－②－⑤＝③＋⑥	3 500	3 500	3 500	3 500	3 500

（2）计算该项目的全部现金流量，详见表7—5。

表 7—5　　投资项目现金流量计算表　　单位：万B元

项目	0	1	2	3	4	5
固定资产投资	－12 000					
营运资本垫支	－3 000					
营业现金流量		3 500	3 500	3 500	3 500	3 500
终结现金流量						9 000
现金流量合计	－15 000	3 500	3 500	3 500	3 500	12 500

（3）计算该项目的净现值。

$$\begin{aligned}\text{项目的净现值} &= \sum_{t=1}^{5}\frac{3\,500}{(1+10\%)^t}+\frac{9\,000}{(1+10\%)^5}-15\,000\\ &= 3\,500\times PVIFA_{10\%,5}+9\,000\times PVIF_{10\%,5}-15\,000\\ &= 3\,500\times 3.790\,8+9\,000\times 0.620\,9-15\,000=3\,855.9(\text{万 B 元})\end{aligned}$$

（4）以子公司为主体做出评价。该投资项目净现值为3 855.9万B元，大于零，说明是一个比较好的投资项目，可以进行投资。

2. 以A国母公司为主体进行评价。

(1) 计算收到子公司汇回股利的现金流量。子公司汇回的股利可视为母公司的投资收益，应按A国税法纳税，但已在B国纳税的部分可以抵减A国的所得税。因此，要在考虑两国所得税的情况下对股利产生的现金流量进行调整，详见表7—6。

表7—6

项目	1	2	3	4	5
汇回股利①	1 500	1 500	1 500	1 500	1 500
汇回股利折算成税前利润②	2 000	2 000	2 000	2 000	2 000
B国所得税③	500	500	500	500	500
以上单位为万B元					
汇率④	10.300	10.609	10.927	11.255	11.593
以下单位为万A元					
汇回股利 ⑤=①÷④	145.631	141.389	137.275	133.274	129.388
汇回股利折算成税前利润⑥=②÷④	194.175	188.519	183.033	177.699	172.518
A国所得税⑦=⑥×30%	58.253	56.556	54.910	53.310	51.755
B国所得税⑧=③÷④	48.544	47.130	45.758	44.425	43.129
向A国实际缴纳所得税⑨=⑦−⑧	9.709	9.426	9.152	8.885	8.626
税后股利⑩=⑤−⑨	135.922	131.963	128.123	124.389	120.762

(2) 计算特许费收入及出口产品利润减少所产生的现金流量，详见表7—7。

表7—7

项目	1	2	3	4	5
特许费收入（万B元）	1 500	1 500	1 500	1 500	1 500
产品出口利润减少（万B元）	−500	−500	−500	−500	−500
特许费收入和产品出口利润减少对企业的影响净额（万B元）	1 000	1 000	1 000	1 000	1 000
汇率	10.300	10.609	10.927	11.255	11.593
特许费收入和产品出口利润减少对企业的影响净额（万A元）	97.087	94.260	91.516	88.849	86.259
所得税（税率30%）	29.126	28.278	27.455	26.655	25.878
税后现金流量（万A元）	67.961	65.982	64.061	62.194	60.381

(3) 计算A国母公司的现金流量。为此，要先把初始现金流量和终结现金流量折算为A元。初始现金流量为15 000−5 000=10 000（万B元），折算为A元为1 000万A元。终结现金流量为4 000（9 000−5 000）万B元，折算成A元为345.036万A元。下面通过表7—8计算A国母公司的现金流量。

表 7—8 单位：万 A 元

项目	0	1	2	3	4	5
初始现金流量	−1 000					
税后股利		135.922	131.963	128.123	124.389	120.762
特许费收入及出口利润减少的影响净额		67.961	65.982	64.061	62.194	60.381
终结现金流量						345.036
现金流量合计	−1 000	203.883	197.945	192.184	186.583	526.179

(4) 计算该项目的净现值，详见表 7—9。

表 7—9 单位：万 A 元

时间	各年的 *NCF*①	现值系数②	现值③=①×②
1	203.883	0.909 1	185.350
2	197.945	0.826 4	163.582
3	192.184	0.751 3	144.388
4	186.583	0.683 0	127.436
5	526.179	0.620 9	326.705

未来报酬的总现值　　947.461

减：初始投资　　1 000

净现值　　−52.539

(5) 以母公司为主体做出评价。从母公司的角度来看，该投资方案有−52.539 万 A 元的净现值，说明投资项目效益不好，故不能进行投资。

例 7—1 说明，采用的评价主体不一样，得出的结论也可能不一样。究竟例 7—1 中的公司是否应该进行投资，取决于财务经理对待评价主体的态度。如果财务经理认为应以国际投资项目为评价主体，则此项目可行；如果财务经理认为应以 A 国母公司为评价主体，则此项目不可行。

第五节 国际投资的风险管理

一、国际投资风险的概念

虽然跨国公司对外进行直接投资有诸多好处，但是不可避免地会面临各种风险，有时甚至会分文无归。跨国公司对外直接投资所遇到的风险，称为国际投资风险。国际投资风险代表了东道国的环境对跨国公司现金流量潜在的负面影响。

尽管公司可以通过避免跨国经营来回避国际投资风险，但是这样做同时也放弃了跨国经营可能获得的高额利润。因此，明智的做法是在进行对外投资的同时进行国际投资风险分析和管理。

二、国际投资风险的分类

按照风险性质的不同，国际投资风险可以分为经济风险和政治风险两大类。一国的经济和政治是相互影响的，有时无法截然分开。

（一）经济风险

东道国的经济状况对跨国公司投资的影响是不可忽视的。经济风险就是东道国经济上的因素对跨国公司造成不利影响的可能性。例如，20 世纪 90 年代初期，欧洲的经济衰退就对福特汽车公司、耐克公司、迪斯尼公司等跨国公司在欧洲的企业产生了严重的消极影响。

经济风险按照影响范围的大小可分为宏观经济风险和微观经济风险。

1. 宏观经济风险

宏观经济风险包括东道国的经济状况、市场供求和价格状况、税收政策等因素带来的风险。

（1）东道国的经济状况。东道国的经济状况对跨国公司的经营会产生重要影响。一国经济状况依赖于许多经济因素，最显而易见的因素包括利率、汇率和通货膨胀。高利率将抑制一国经济的增长，使东道国对跨国公司产品的需求量减少。汇率会严重影响一国的出口，终将影响生产和收入水平。汇率变动可能导致跨国公司对外投资和投资收益的价值也发生变动。通货膨胀会降低居民的购买力水平，因此也将减少东道国对跨国公司产品的需求量。利率、汇率和通货膨胀三者之间也是相互影响的，在分析时必须综合考虑。

（2）市场供求和价格状况。同一产品在不同国家的市场供求和价格状况是不一样的。供大于求将使产品价格被迫下调，减少跨国公司的经营利润。因此，跨国公司应该密切关注东道国市场供求状况的变动，适时调整自己的产品战略。

（3）税收政策。税收是影响跨国公司利润的重要因素，各国应纳所得税数额的计算是不一样的。另外，东道国与母国之间是否签订税收减免条约、东道国是否有吸引外资的税收优惠条款等因素也将影响跨国公司的税收数额。

2. 微观经济风险

微观经济风险是指只对某一跨国公司的经营产生影响的经济风险，包括公司可能面临的行业风险、公司生产的原材料供应发生变化等。

（二）政治风险

1. 政治风险的定义

政治风险是东道国发生的政治事件或东道国与其他国家（包括母公司所在国）的政治关系发生的变化对跨国公司造成不利影响的可能性。虽然程度不一，但政治风险在所有国家都存在。

通常一提到政治风险，人们就联想到征用风险。征用是指政府将私人企业收归国有。国际法将这种行为视为主权国家的一种权利，只要被征用者能及时得到以自由市场价值计算的用可兑换货币支付的赔偿就可以。但是，由于漫长的协调和上诉，被征用者往往得不到及时赔偿。私人企业主常常认为企业具有持续经营能力，要求对损失的未来现金流量的现值进行补偿，政府通常坚持赔偿扣除折旧以后的账面价值，比企业主的要求低一些。由于进行征收的政府通常没有足够的外汇储备，所以以可兑换货币及时赔偿往往很难做到。

除此以外，东道国发生的内战、骚乱、边境战争以及恐怖活动等政治事件，民族、种族、宗教、部落或国内冲突，外汇管制政策、限制资本外流政策等政府措施，都将对跨国公司的对外经营产生不良影响。

政治风险也可能来源于东道国与其他国家的政治关系发生的变化。例如，美国跨国公司的对外投资经常要受到美国政府对东道国采取各种制裁政策后东道国对美国公司态度变化的影响。

政治风险多发生在发展中国家，但也可能发生在发达的工业化国家。例如，加拿大1980年突然改变了欢迎外国投资者在其石油部门投资的传统政策，实施了一项旨在将外国在该部门的投资比重从75%降低到50%的新能源政策。

2. 政治风险的分类

（1）按照影响的范围，政治风险分为宏观政治风险和微观政治风险。

1）宏观政治风险。凡是影响到所有外国公司的政治风险就是宏观政治风险。宏观政治风险包括东道国与母公司所在国之间关系的变化、东道国人民对跨国公司的态度、东道国政府政局的稳定性以及东道国政府与邻国发生战争的可能性等。

2）微观政治风险。微观政治风险一般只影响到某个产业、公司甚至具体项目，如上面提到的加拿大的新能源政策只影响到石油部门的外国公司。

（2）按照跨国公司受影响的方式，政治风险可分为转移风险、经营风险和控制风险。

1）转移风险。是指由资本、利润和专有技术等项目跨国转移的不确定性所引起的政治风险。

2）经营风险。是指与东道国对跨国公司在当地经营的影响有关的政治风险。

3）控制风险。是指来源于东道国对当地经营的控制或对所有权的政策的风险。

三、国际投资风险的来源

跨国公司海外投资项目所面临的风险在根本上来自跨国公司与东道国政府的目标冲突以及有关法规对跨国公司经营所形成的限制。

（一）跨国公司与东道国政府的目标冲突

跨国公司与东道国政府的目标冲突主要集中在跨国公司对东道国经济发展的影响、侵犯国家主权嫌疑、对关键产业的控制、所有权成分、对东道国国际收支和货币对外价值的影响、使用当地还是外国的经理和劳工以及对自然资源的掠夺等问题上。冲突的结果会导致东道国政府采取法律和行政手段限制跨国公司在本国的投资活动。具体可以分别从跨国公司与政府的经济政策和非经济政策的目标冲突中加以观察。

在经济政策方面，虽然各国政府在每个时期优先解决的问题有所不同，但绝大多数国家都希望能够实现人均GDP和收入的持续增长、充分就业、价格稳定、对外经济均衡和收入的公平分配。跨国公司的经营有时会对当地政府为达到上述目标而制定的政策形成冲击。下面就货币政策、财政政策、国际收支和汇率政策、保护主义政策和经济发展政策四个方面作具体分析。

（1）货币政策。作为实现国家经济目标的一种手段，许多国家的政府都试图控制国内信用和长期资本的成本和来源。设在这些国家的跨国公司子公司的经营势必受到同样的货币和信用限制的约束，不过，子公司可通过向母公司融资避开这些限制。但是，与跨国公司竞争的当地公司却不能有这种融资上的便利，这种对比可能增加跨国公司的政治风险。当跨国公司通过购买当地公司或进行新的大规模投资，将巨额外汇转换成当地货币时，亦会形成当地货币供给的迅速增加，对东道国的货币政策产生冲击。

（2）财政政策。跨国公司的经营可能影响到政府的收支。一方面，为了吸引外国投资者而实行的税收减让使政府不能获得今后需要的收入，当政府首脑更替后，面对财政困难时就会对前任的政策加以重新考虑。另一方面，跨国公司新建的投资项目可能需要当地政府增加道路、公共设施、学校、卫生机构等的投入，而政府的税收收入减少可能无法建造这些内部设施。

（3）国际收支和汇率政策。在发生国际收支危机或汇率大幅波动的国家，政府常常实施限制厂商经营的管制措施，如实施外汇兑换的管制、对出口收汇和进口换汇实行多重汇率、对商品进口实施许可制度等。外汇管制造成的不能兑换使跨国公司被冻结资金的价值严重地受到当地通货膨胀的侵蚀。

（4）保护主义政策和经济发展政策。虽然世界贸易组织经过 30 年的谈判已使关税的一般水平有所降低，但非关税壁垒等仍在国际收支政策或经济发展政策的名义下存在，例如健康和卫生条件等方面的苛刻要求。为了扶持本国的幼稚产业，促进本国经济的发展，一些国家除了限制进口以外，还对众多的产业领域实行禁止外国投资或少数股权限制的措施。

在非经济政策方面，跨国公司与东道国政府的目标冲突则集中在经济侵略、国家安全和对外政策、跨国公司与当地的社会转型不协调以及与东道国的宗教或文化传统不相容等。另外，腐败和裙带关系也常常是产生政治风险的原因。

（1）经济侵略。前殖民地国家的不少人将跨国公司的对外投资视为经济侵略。即使是在美国这样的经济强国，当日本人在那里购买了多项具有国家象征意义的产业之后，也会有强烈的反经济侵略的呼声。当跨国公司过多地涉足了东道国的经济命脉特别是来自同一母国的跨国公司形成了这样的实力时，将会产生侵犯国家经济主权的嫌疑。

（2）国家安全和对外政策。许多国家都认为重要产业掌握在外国人手中将影响国家安全和对外政策的独立性。例如，法国就拒绝美国公司在法国的计算机、电子和其他与国防有关的产业中占据支配地位，而美国也曾于 1987 年出于国家安全的考虑冻结了日本对一家美国公司的收购，中国等发展中国家在引进外资发展经济的同时，也警惕着由此而带来的西方文化和政治的影响。

（3）与当地的社会转型不协调。外国投资者与东道国政府的目标冲突及其转变在东道国的社会转型时期往往最为剧烈。例如，1949 年和 1978 年在中国是两个重要的历史转折点，政府对外国投资者采取了截然不同的态度。

（4）与东道国的宗教或文化传统不相容。东道国的宗教或文化传统很可能与跨国公司的母国不同，而这可能与跨国公司的政策完全不相容。

（5）腐败和裙带关系。腐败和裙带关系在世界上很多国家都存在，发展中国家更为普遍。腐败和裙带关系是政治风险的根源之一。

（二）法规对跨国公司经营的限制

有关的法规就其性质可分为非歧视性法规、歧视性法规和财富剥夺性法规。

1. 非歧视性法规

非歧视性措施和法规并不是专门针对外国投资企业的，对各类外国投资企业和东道国国内企业都有着同等的限制，但事实上受害较深的往往是外国投资企业。下面是东道国政府可能采取的一些非歧视性法规：

（1）要求当地人任高级管理职位或占据董事会席位。

（2）对转移价格作出有关规定，使其有利于东道国。

（3）要求出口导向企业按盈亏平衡点价格在东道国国内市场销售其产品，以减轻当地居民的消费负担。

（4）要求外国投资企业拨出一定资金用于建设职工住房和健康设施。

（5）要求外国投资企业生产的产品使用一定比例的当地原材料。

（6）严格的外汇管制措施。

（7）产品要达到一定的国产化率。

2. 歧视性法规

法规的歧视性体现在它给予了本国企业以某些特权和优势，意图使当地公司在与这些外国投资企业的竞争中处于有利地位，以保护竞争能力较弱的本国公司。歧视性法规包括：

（1）实行外国厂商占支配地位的产业民族化。

（2）只允许以合资企业的形式在东道国投资，而且外国投资企业的投资份额不能超过50%。

（3）对跨国公司派往东道国的管理和技术人员征收专门的费用和税收。

（4）要求外国投资企业只能通过东道国政府的某个机构招募当地职员，并且按高于本地企业的标准发放工资。

（5）鼓励当地居民抵制外国投资企业生产的产品，或者鼓励工人罢工。

3. 财富剥夺性法规

所谓财富剥夺性法规，是指导致跨国公司部分或全部经济损失的法规。在东道国方面，财富剥夺性法规可能涉及整个产业的国有化或单个企业的征用，也可能来自强制性的价格控制和再投资、产品销售限制等。例如，东道国政府可以宣布对外国投资企业实行国有化，即将整个企业从私营转化为国有。由于宣布实行国有化的国家往往处于政治和经济体制的重大变革时期，故一般没有足够的硬通货来及时有效地补偿外国投资企业的损失。

母国方面的财富剥夺性法规主要是母国为了其政治利益或因感情上的因素而置公司的国际竞争地位而不顾，强迫其对外投资经营方针符合政治利益的要求，从而牺牲了跨国公司的经济利益。

四、国际投资风险的控制

（一）国际投资风险的评价和预测

1. 宏观国际投资风险的评价和预测

宏观国际投资风险的评价和预测主要是对被投资方的国家风险进行评估。国家风险的评估是一项比较复杂且专业性很强的工作。目前，国际上有一些专业的机构提供国家风险评估的有关数据，这些机构包括摩根·士丹利公司、经营环境风险情报公司和《欧洲货币》杂志等。

中国出口信用保险公司从2005年开始发布《国家风险分析报告》。该报告通过对国家基本情况、政治状况、经济形势、投资状况、双边关系等方面的分析，作出对国家风险的整体评价和风险评级。其国家风险参考评级共分九个级别，分别表示为1～9级，级别越高，代表的风险水平越高。该分析报告对中国企业进行海外投资具有重要的参考价值。表7—10列示了2010年部分国家风险的评级结果。

表7—10　　国家风险评级列表（部分）

所在洲	国家	国家英文名称	2010年分类结果
亚洲	印度	India	6
亚洲	印度尼西亚	Indonesia	7
亚洲	伊朗	Iran	7
亚洲	伊拉克	Iraq	8
亚洲	以色列	Israel	3
亚洲	日本	Japan	3
亚洲	朝鲜	Democratic People's Republic of Korea	8
亚洲	韩国	Republic of Korea	3
欧洲	丹麦	Denmark	2
欧洲	芬兰	Finland	2
欧洲	法国	France	3
欧洲	希腊	Greece	5
欧洲	意大利	Italy	4
欧洲	波兰	Poland	6
欧洲	瑞士	Switzerland	2
南美洲	阿根廷	Argentina	7
南美洲	巴西	Brazil	6
南美洲	智利	Chile	3
非洲	阿尔及利亚	Algeria	7
非洲	索马里	Somalia	9
非洲	南非	South Africa	4
非洲	苏丹	Sudan	9
大洋洲	澳大利亚	Australia	2
大洋洲	新西兰	New Zealand	2
北美洲	加拿大	Canada	2
北美洲	美国	United States	3

资料来源：王建英等：《国际财务管理（第三版）》，187页，北京，中国人民大学出版社，2011。

2. 微观国际投资风险的评价和预测

经济风险对具体企业的作用是不同的，市场供求的变动、通货膨胀、税法等经济因素对企业的影响大小不一，政治的不稳定性也并不一定意味着政治风险。事实上，各个跨国公司在同一国家的政治风险效应因其对风险的敏感性、技术水平、子公司间的垂直一体化程度的不同而有所差别。例如，资产征用更多地发生在采掘、公共事业、金融机构等部门；在同一东道国内，麦当劳快餐公司与通用汽车公司面临的政治风险也不一样。因此，具体对一个跨国公司的投资项目来说，宏观国际投资风险的评价和预测仅是第一步工作，接下来还必须进行国际投资风险的微观评价和预测。

经济风险的微观评价和预测包括特定项目在东道国面临的具体的经济条件、产品的市场供求状况、税法对本项目的影响、原材料供应与运输情况等。政治风险的微观评价和预测可以围绕以下一些问题来考虑：

(1) 本项目是否将与当地企业产生激烈竞争？东道国人民对公司持什么态度？

(2) 本项目是否与东道国的财政、货币政策产生冲突？如何解决？

(3) 本项目的经营是否依赖于当地的自然资源？东道国是否有材料采购或出口份额的限制？

(4) 在东道国市场上，本公司是否占据很强的垄断地位？是否有被国有化或没收的可能？

(5) 东道国对跨国公司在当地的投资是否有产权限制？

(6) 本项目是否对东道国具有吸引力？是否是东道国必需的投资项目？

(二) 国际投资风险的管理

跨国公司可以按照投资前、投资后分别制定具有针对性的投资风险管理对策。

1. 投资前管理对策

在进行直接投资之前，跨国公司应充分了解东道国的经营环境，预计可能会遇到的问题，编制风险计划。编制计划时，应充分考虑各种政治风险对公司产生不利影响的可能性，并针对每种可能性设计出应急措施。例如，危机发生时应如何保护固定资产？哪些档案最为重要应成为重点保护对象？哪些管理人员或职员的人身安全可能受到危害？这些问题都应该考虑。

在投资前，当跨国公司完成了风险的评估和预测之后，可以根据得出的结论采取回避、保险、投资协定、调整投资策略等对策。

(1) 回避。回避是政治风险管理最简单的办法。问题的关键在于跨国公司愿意容忍何种程度的政治风险，要求获得多大的投资收益。放弃到被认为政治不稳定的国家去投资往往等于放弃可能得到的高投资回报，同时放弃了控制政治风险的任何努力。而事实上，跨国经营本身就是一项冒险事业。因此，只要政治风险可以识别、控制并能够得到相应补偿，就不应该回避它。

(2) 保险。几乎所有的发达国家都成立了旨在保护本国在发展中国家投资的保险机构。我国 2001 年成立的中国出口信用保险公司于 2002 年开始正式推出海外投资保险产品，旨在为我国企业在海外投资的政治风险提供保险服务。目前，它承保的政治风险包括汇兑限制、战争及政治暴乱、征收和政府违约。

(3) 投资协定。在有条件的情况下，跨国公司可以在决定投资之前通过谈判与东道国政府达成谅解，以投资协定的形式确定双方的权利和义务。

投资协定主要涉及一个投资项目将享受的各种政策及应遵守的规则，其中包括：股利、特许权使用费和管理费的汇出；转移定价；出口；社会保障和福利设施建设；税收待遇；进入当地市场特别是资本市场融资的可能性；股权成分要求；在东道国市场销售时的价格控制；原材料和部件的当地采购；争议仲裁条款等。

（4）调整投资策略。在拟投资的项目存在一定的政治风险但又不愿意放弃该投资机会的情况下，跨国公司可以通过调整经营策略和财务策略来尽可能降低政治风险的受险程度。

1）控制市场或原料供给。市场和原料供给调整的方向是增强项目对其他子公司的依赖程度，使东道国政府因征用成本太高而不会轻易实施。在市场方面，要把产品交由销售子公司在国际市场上出售。在原料方面，则要尽可能把关键原料的货源控制在其他子公司的手里。

2）限制技术转移。将研究和开发设施、专利技术的使用留在母国，跨国公司则可以提高东道国实行国有化的成本。但这一策略的成功取决于其他获得许可证的跨国公司也不向被国有化的子公司提供同一技术。此外，在项目投产后使用唯一全球统一的商标也可以使被征用后的消费品生产企业在改用其他商标后遭受明显的损失。

3）缩小权益资本。可以在缩小权益资本的同时扩大当地债务比例来抵御风险。若从东道国的银行获得贷款，则东道国政府的政策改变会考虑到银行资金的回收而对自己的行为持慎重态度。

4）多渠道融资。如果投资项目必须在东道国以外融资，最好从多个国家的银行借款而不要仅在母国银行借款。这样可以在东道国与母国之间出现政治冲突时，不至于被置之不顾。

5）分享所有权。与当地投资者分享所有权可以使当地人与企业的利益结合在一起，发生政治事件时很可能获得当地人的帮助。

2. 投资后管理对策

一旦跨国公司对一个海外项目进行了投资，它对政治风险的防范和抵御能力就会大大下降。不过，此时公司仍有许多可以选择的对策。

（1）有计划撤资。假如投资后的政治风险明显增大，跨国公司可以在一定期间内安排向当地的投资者转让全部或部分股权，以减少风险资产，但能否得到满意的转让价格是不确定的。如果项目的盈利能力差，当地投资者的购买意愿就较低，而且，在转让谈判期间若有征用的威胁，也很难达成公平的转让价格。

（2）短期利润最大化。跨国公司可以把当地子公司当做利润中心，设法从东道国的经营中尽快提取尽可能多的现金，从而减少留在当地的资本数额。这种对策的功能与有计划撤资是相同的。具体的办法可以是推迟保养支出、把投资削减到提供一定产量所必需的最低水平、生产较低档次和质量的商品、制定较高的价格、取消培训计划。然而，短期利润最大化有可能激起东道国征用的强烈欲望。所以，跨国公司需谨慎确定扩大现金流出的时间表以免影响与东道国政府的关系，必须在政治风险上升到难以接受的程度之前把资金从当地转移出去。

（3）改变征用的成本效益比率。倘若东道国政府的征用行为目标是理性的，那么在经济上它的征用根据就应该是征用后的效益要大于所付出的成本。由此，跨国公司预防征用的最好办法是采取增加东道国不征用的效益或提高征用成本的策略。增加东道国不征用的效益即降低当地所有权的优势，可以通过在当地建立研究和开发机构、为子公司产品开拓出口市场、训练当地经理和员工、扩大生产设施以及生产一系列进口替代产品来实现。提高征用成本的措施主要是控制出口市场、运输线路、技术、商标或在其他国家制造部件。

（4）发展当地的利益相关者。发展当地的利益相关者是一项比较积极的策略。如果作为跨国公司一部分的子公司继续存在影响到了东道国当地的个人或团体利益，则可以降低被征用的风险。潜在的既得利益者包括消费者、原材料供应者、公司的当地雇员、当地银行及合营企业的合伙人等。政府征用因可能改变产品的品质或影响供应商的计划而引起消费者和供应商的抗议。在当地银行借款会使银行关注征用对跨国公司子公司的现金流量和债务清偿的影响，政府征用的风险会因银行的反对而降低。

（5）适应性调整。适应性调整是指跨国公司不试图抵制潜在的征用，而是把征用看成是不可避免的，一旦发生征用，则改为通过特许证和管理合同的方式来从东道国的资源中获利。例如，一些产油国在对采油业实行国有化后仍与外国公司签订管理合同，从而使跨国公司可以继续其在当地的石油开采、提炼和销售活动。从这个角度来看，盈利并不一定非要拥有或控制某项资产。

（6）争取有利的谈判地位。跨国公司必须争取较有利的谈判地位，提高与东道国政府进行讨价还价的能力，让东道国政府觉得只有本跨国公司才能提供必需的营销、技术、管理、生产和财务等方面的服务。

（7）寻求法律保护。如果东道国要强制征收跨国公司在当地的投资机构，为了获得继续经营的权利，跨国公司在进行理性谈判和施加压力的同时，还可以寻求法律的保护。法律的保护途径可能来自东道国、母国和国际机构。在东道国申请法律仲裁的速度最快、成本最低。若在东道国无法得到合理解决，跨国公司也可以寻求母国法律的保护。另外，1966 年在世界银行倡导下成立的国际投资争端解决中心（International Center for Settlement of Investment Disputes），也可作为寻求保护的场所。

本章小结

国际直接投资是指投资者在其所投资的企业中拥有足够的所有权或具有相当程度的控制权的投资。国际企业对外投资的主要动机可以总结为：追求高额利润型投资动机、资源导向型投资动机、市场导向型投资动机、效率导向型投资动机、分散风险型投资动机、技术导向型投资动机、追求优惠政策型投资动机、环境污染转移型投资动机、全球战略型投资动机。

国际直接投资的方式包括国际合资投资、国际合作投资、国际独资投资和跨国并购。国际合资投资是指某国投资者与另外一国投资者通过组建合资经营企业的形式所进行的投资。国际合作投资是指通过组建合作经营企业的形式所进行的投资。国际独资投资是指通过在国外设立独资企业的形式所进行的投资。跨国并购是指企业通过并购现有的国外企业的方式所进行的国际直接投资。

国际直接投资环境评价的主要内容包括自然地理条件、基础设施、政治气候、法律制度、经济结构和发展水平、经济政策、货币与金融、政策优惠条件、社会文化环境等方面。评价的方法有投资障碍分析法、投资环境冷热比较分析法、加权平均评分法、多因素等级评分分析法等。

国际直接投资的决策仍然采用国内投资常用的净现值法等方法。评价时需要考虑是以国外的投资项目为主体进行评价还是以总公司为主体进行评价，投资项目评价时现金流量的计算也需要考虑更多的因素。

国际投资的风险包括经济风险和政治风险，国际投资风险的管理包括投资前管理和投资后管理。投资前的管理对策包括回避、保险、投资协定、调整投资策略等；投资后的管理对策包括有计划撤资、短期利润最大化、改变征用的成本效益比率、发展当地的利益相关者、适应性调整、争取有利的谈判地位、寻求法律保护等。

思考题

1. 国际直接投资的动机有哪些?
2. 国际直接投资的方式有哪些? 各有何优缺点?
3. 常用的国际直接投资环境评价方法有哪些?
4. 国际直接投资的项目决策需要考虑哪些特殊问题?
5. 国际投资的风险主要来源于哪些方面?

案例分析

中国海外矿业直接投资问题多

中国海外矿业直接投资在过去10年内增长迅猛。从过去主要集中在澳大利亚、加拿大、南美洲等矿产资源丰富的国家和地区到近些年的“非洲投资”和“东南亚投资”热，越来越多的中国公司走入几内亚、南非、印度尼西亚、菲律宾、缅甸等国家进行投资和并购。

商务部发布的对外直接投资公报数据显示，2004年，中国对外直接投资总额仅为55亿美元，其中采矿业投资额为18亿美元。截至2013年，中国对外直接投资总额为902亿美元，其中采矿业投资额为202亿美元（含石油和天然气开采）。在这些庞大的数据背后，我们发现中国海外矿业投资在发生着一些积极的变化，逐渐从盲目投资阶段过渡到可持续发展阶段。

目前，中国公司已经在海外超过40个国家拥有矿产投资项目，其中铜矿、铝土矿和铁矿石最受中国公司青睐。据 The Heritage Foundation 统计，2005—2013年，中国公司在海外投资的铁矿石资产达345亿美元，紧随其后的是铝土矿资源333亿美元，铜矿资源265亿美元。这些巨大投资额的背后离不开中国不断增强的经济实力、对矿产资源不断增加的需求以及中国政府对海外投资的鼓励和支持。但与很多发达国家相比，中国海外矿业投资还只处于蹒跚学步阶段。

海外投资问题多，投资成功率较低

中国海外矿业直接投资之路并不一帆风顺，大量海外投资出现问题。例如，中信泰富在澳大利亚投资的铁矿亏损超百亿美元，中钢在澳大利亚投资的铁矿也迟迟未能投产，许多企业的股权收购和资产由于双方不断出现分歧而被搁置。据中国矿业联合会统计，中国公司海外矿业直接投资的成功率不到20%。究其原因，我们认为主要有以下三个方面：

1. 对项目可行性判定标准与西方存在差异。中国公司由于进入海外矿业投资市场的时间较短，对一些国际通用的勘探、投资标准不够熟悉，更多的还是凭借国内传统的标准，较为看重资源本身的条件，比如资源储量、矿石品位、开采条件等。而海外投资者更看重长期投资收益，衡量的标准不仅是资源的质量，还包括一些收益指标，如EBITDA、投资回收期、长期市场走势等。而中国很多公司在投资初期往往忽略这些方面，导致在融资过程中受阻。还有一些中国公司到海外投资是随大流，盲目找矿，很少进行尽职调查或可行性研究，投资之后才发现资产存在各种问题；或者未能选对投资的最佳时机，出现由于金属市场价格下跌而造成的资产大幅缩水，只能暂缓开发。

2. 对投资地的政策和当地文化缺乏了解。投资环境和政策对海外投资成功与否至关重要。不少中国公司对目标投资国的国情、投资政策及文化了解深度不够，导致在投资和建设过程中问题频发。例如，中国公司由于不熟悉当地的劳工政策，致使其难以实现引入国内劳工的初始计划，最终不仅面临劳工短缺，而且被迫支付超过预算几倍甚至数十倍的费用雇用当地劳工，导致项目严重延期。还有一些公司由于文化差异，在投资建设过程中与当地居民发生矛盾，不得不暂缓建设并支付高额补偿金。

3. 投资成本过高。除了加拿大、澳大利亚等较为成熟的投资区域之外，许多国家和地区都存在基础设施薄弱的问题，特别是近年来的热点投资地区——非洲。中国公司不仅需要投资矿山建设，而且需要修建大量的基础设施，如公路、铁路、港口、发电厂等。在一些相对落后的国家或地区，为了建立与当地政府和居民的和谐关系，往往还需要修建学校、医院，培训及雇用当地劳工，这些都大大增加了投资成本。据一些矿业公司反映，中国公司在非洲进行矿业投资，基础设施方面的投资可以占到总投资额的50%，甚至是70%。高额的投资成本在一定程度上阻碍了中小型企业海外扩张的步伐，也是目前大型海外投资项目往往由国企主导的主要原因之一。

中国海外矿业直接投资乃必然趋势

预测数据显示，未来中国对金属及矿产的需求不减，主要需求增长仍然来自钢铁、铜、铝、铅锌和镍金属等。因此，中国对铁矿石、铜精矿、铝土矿和镍矿的需求会持续增加。经过测算，未来10年，中国对进口原材料的依赖程度并不会降低，基本与现在持平，因此中国公司对海外矿产资源的需求将继续增长。投资热点区域仍将集中在非洲、南美和东南亚。虽然中国公司对非洲地区的资源兴趣浓厚，但是，由于非洲基础设施落后，建设成本高，开发周期长，所以在相当长的一段时间内，投资进展会较为缓慢。值得一提的是东南亚地区，特别是印度尼西亚，随着其限制原矿出口政策的实施，中国公司将被迫采取到印度尼西亚投资建设冶炼厂的方式以获得原材料，同时转向非洲、澳大利亚等国家和地区寻求供应替代。

保证投资海外矿山项目可持续

充分、详细的尽职调查和长远的投资规划能够帮助中国公司正确评估投资目标的价值，尽早发现可能存在的风险，从而合理地进行投资，并做好规避和应对风险的准备。例如，我们在为一家准备在几内亚投资的中国公司做尽职调查时，指出了此前一直被公司忽略的政府税，避免了成本计算的错误。目前，一些国内企业主要依靠自身力量进行尽职调查，由于缺乏国际经验和信息，调查内容往往不够充分，进而影响到项目的投资运营。海外矿产直接投资规模大，企业在做先期准备时应向专业的第三方机构寻求支持，在寻找投资项目、投资谈判和并购过程中获得专业服务，以减少不必要的损失。

海外矿山投资涉及的资金投入较多，一般企业很难凭自身的实力独立完成整个矿山的建设。企业应该根据自身能力、资源所在地政策等条件灵活选择投资方式，包括与当地企业合作、与私募基金等金融机构合作、进行多数或者少数股权并购、签订包销协议等。通过将矿产资源整体上市获得融资，再用于矿山建设，也不失为一种好的投资方式。

近年来，一些中国公司在开发矿山过程中对环境保护考虑不周，导致资源过度开发，造成当地环境污染等，在投资地引起强烈的社会反响甚至是抗议。由于各国居民对环保的极度关注，迫使投资地政府不得不严格监管开采项目的环保审批，间接延长了中国公司的投资期，增加了资金成本，给海外投资带来了更多的挑战和不确定性。因此中国公司在“走出去”的过程中，必须注重在可持续的环境中发展矿业，充分考虑矿山开采对自然生态环境、当地居民生活环境的潜在影响，严格遵守投资地的环境保护法规，采取有效的防治措施，力图将矿山开发对环境造成的破坏降到最低。

资料来源：中国贸易金融网，2014-06-27。

思考与讨论：中国公司海外矿业直接投资的动因有哪些？导致海外矿业直接投资失败的主要原因有哪些？

第八章　国际证券投资

学习目标

掌握国际证券投资的对象、目的及国际证券的分类，掌握国际证券投资收益的计算，理解国际证券投资的风险来源，掌握国际证券组合投资对收益和风险产生的影响。

第一节　国际证券投资概述

国际证券投资是指投资者在国际金融市场上购买其他国家政府、金融机构和公司发行的股票、债券或其他证券，以期获得收益的经济行为。投资者进行国际证券投资可以较为灵活地运用资本，便于资本的随时调动和转移，投资被冻结或没收的风险较小。因此，在国际经济日趋一体化和国际金融市场日渐发达的情况下，国际证券投资已成为跨国投资者普遍采用的一种方法。

一、国际证券投资的对象

在国际证券市场上，可供企业投资的证券有多种，常见的有下述几种。

（一）国库券

国库券是指政府为解决先支后收、资金临时性短缺、需要筹措短期资金等问题而发行的 1 年期内的短期信用工具。第二次世界大战以后，各国政府发行的国库券数额激增，成为货币市场上的主要信用工具。国库券一般采用贴现方式发行，到期按面值偿还。买入价格和票面值之间的差额即投资国库券的收益。国库券的流动性强，在证券市场上买卖国库券的交易费用很少，因而对投资者具有较强的吸引力。

（二）机构证券

机构证券是各种机构出售的各种证券的总称。在美国，发行机构证券的机构主要有联邦住房贷款银行、联邦土地银行、联邦中间信用银行、合作社银行、联邦全国抵押协会。机构证券的收益率一般比国库券高，流动性比较好，其到期日从数天到 20 年不等，但在目前发行的机构证券中，有一半以上的到期日短于 1 年。

（三）商业票据

商业票据是指由金融公司及信用非常好的工商企业发行的短期无担保本票。它可以直接出售，也可以由经纪人转售。目前，越来越多的金融公司和工商企业都直接将其商业票据销售给投资者。商业票据的利率一般比国库券稍高，通常，商业票据按贴现的办法出售。商业票据的期限从数天到 270 天不等，在此范围内，企业可广泛地选择到期日合适的票据。因商业票据的流动性较弱，买卖不方便，故购入的商业票据一般要持有至到期日。

（四）可转让大额定期存单

可转让大额定期存单是指可以在市场上转让（出售）的、在商业银行存放特定数额、具有特定期限的存款证明。它于 1961 年开始发行，现已成为一种重要的短期投资方式。可转让大额定期存单的利率因金融市场情况、存单的到期日及发行银行的规模与财务信誉不同而不同，利率一般比国库券的要高。可转让大额定期存单的期限一般为 30 天到 1 年，其面值最小的为 10 万美元，因此，适合于较大型的投资者。可转让大额定期存单有比较活跃的交易市场，流动性较强。

（五）银行承兑汇票

银行承兑汇票是指在商品交易后，由卖方开出，载明金额及付款日期，由买方银行承兑的汇票。在票据到期之前，卖方如果需要资金，可拿汇票到银行贴现，扣除利息及手续费后获得现金。这种汇票的期限一般不超过180天，报酬率高于国库券。这种汇票的风险一般不大，有公开的贴现市场，变现能力较强，是较好的短期投资对象。

（六）公司债券

公司债券是一种重要的长期投资工具。债券投资的风险总体上说要比股票低，但由于债券的到期日比较长，因而，与短期证券相比风险仍比较大。

（七）公司股票

股票是进行长期投资的重要工具。股票的投资收益取决于发行股票公司的盈利情况，因此股票投资的风险高。股票可分为优先股和普通股，持有优先股的股东具有利润的优先分配权和剩余财产的优先分配权，风险相对较低；普通股的风险最高，持有普通股的股东具有表决权，可以参与公司的管理，因此投资者可以通过购买公司普通股对被投资企业实施控制。

上述投资对象中，公司债券和公司股票是投资者进行国际证券投资最主要的投资品种。投资者若投资于公司债券，则他所支付的资金完全由筹资者自主运用与管理，投资者不能直接控制和管理，只能按规定的投资期限和利率获得利息，因此属于间接投资。投资者若投资于公司股票，并且持有一个公司的股票达到一定比例，能够对该公司施加影响和控制，则属于直接投资，但当投资数量较小时，投资者并不能参与公司的经济决策和管理活动，只能按规定获得股息与红利，实质上仍属于间接投资。

二、国际证券的分类

国际证券按不同标准可作不同分类，常见的分类方式如下所述。

（一）按投资的发行主体划分

按证券的发行主体，可分为政府证券、金融证券和公司证券。

政府证券是指中央政府或地方政府为筹集资金而发行的证券。金融证券是指由银行或其他金融机构为筹措资金而发行的证券。公司证券又称企业证券，是指由工商企业为筹集资金而发行的证券。政府证券的风险较小，金融证券次之，公司证券的风险则视企业的规模、财务状况和其他情况而定。

（二）按证券的到期日划分

按证券的到期日，可分为短期证券和长期证券。

短期证券是指到期日短于1年的证券，如国库券、商业票据、银行承兑汇票等。长期证券是指到期日长于1年的证券，如股票、债券等。一般而言，短期证券的风险小，变现能力强，但报酬率相对较低；长期证券的报酬率一般较高，但时间长，风险大。

（三）按证券的收益状况分类

按证券的收益状况，可分为固定性收益证券和变动性收益证券。

固定性收益证券是指证券的票面上规定有固定收益率的证券，如债券票面上一般有固定利率，优先股票面上一般有固定股利率，商业票据上一般有贴现率。变动性收益证券是指证券的票面上不标有固定收益率的证券，其收益情况随发行人经营情况而变动，普通股股票是最典型的变动性收益证券。一般来说，固定性收益证券的风险小，报酬低；变动性收益证券的风险较大，但报酬较高。

（四）按证券体现的权益关系分类

按证券体现的权益关系，可分为债权证券、所有权证券和混合性证券。

债权证券是指证券的持有人是发行单位的债权人的证券，包括各种公司债券、政府债券和金融债券。这种证券的持有人一般无权对发行单位进行管理和控制。所有权证券主要是普通股，该类证券的持有人是证券发行单位的所有者，持有人一般对发行单位都有一定的管理和控制权。混合性证券是指企业购入的既有债券特点又有股票特点的双重性质的证券。如企业购入的优先股，它既可以像债券那样定期获取固定的收益，又与股票一样没有到期日，不能收回本金。通常当一个发行单位破产时，债权证券要优先偿还，混合性证券次之，所有权证券要在最后偿还，因此，所有权证券一般要承担较大的风险。

三、国际证券投资的目的

企业进行国际证券投资，其最终目的是要通过持有证券获取经济利益，使投资资金增值。其具体目的主要有以下几个方面。

（1）有效利用外汇闲置资金。

企业在经营过程中，可能会出现暂时闲置的外汇资金。为了有效利用资金，企业将这些闲置的外汇资金购入易于变现的证券，并在将来需要资金时将证券出售变现，以谋取较银行存款利息更高的收益。

（2）作为现金的替代品，保持资产的流动性。

企业出于预防性动机，会在保证正常交易需要的前提下，多持有一定数量的现金。由于现金的收益率较低，企业一般都会持有一定量的有价证券，以替代较大量的非盈利的现金余额，并在现金流出超过现金流入时，将有价证券售出，以增加现金。

（3）积累巨额外汇资金，满足未来的财务需求。

投资者为了应付未来某些特定用途所需要的巨额外汇资金，如为归还未来到期债务建立外汇偿债基金，可按期拨出一定的外汇资金，购买风险较小的证券，以积累未来某项支出所需要的外汇资金。

（4）控制外国股份公司。

企业为了竞争的需要，谋求对外国某一股份公司进行控制，通常会购入不准备在短期内出售的该公司的普通股，当所购入的股份达到足以左右该公司经营的数量时，该公司就成为其附属公司或子公司，企业以所有者身份参与股份公司的经营决策和管理，扩大经营，增加收益。

（5）分散投资风险。

证券投资的变现能力强，灵活性大，能有效地分散投资风险。企业通过证券组合投资可以降低和分散投资风险，以达到提高投资收益的目的。进行国际证券组合投资，则分散风险的效果会更明显。

四、国际债券投资和国际股票投资

虽然国际证券投资的对象有很多品种，但债券投资和股票投资仍是企业进行国际证券投资的主要形式。

（一）国际债券投资

企业进行国际债券投资，风险较低，收入稳定，因此国际债券投资是国际证券投资中比较理想的投资对象。有关国际债券的主要种类已经在第五章中有所介绍，现对债券价值的影响因素及国际债券投资的特点作简单介绍。

1. 债券的价值及影响因素

从理论上讲，债券的价值等于债券未来各期现金流量的现值之和。在计算现值时，折现率应为投资者投资债券要求的必要报酬率。影响债券价值的主要因素包括以下几方面：

（1）市场利率。对于固定利率债券来说，当市场利率水平上升时，投资者要求的必要报酬率增加，未来现金流量的现值减少，债券价格下降；反之，当市场利率下降时，债券价格上升。对于浮动利率债券来说，市场利率对债券价格的影响不大。

（2）通货膨胀。通货膨胀会使市场名义利率上升，投资者要求的必要报酬率会增加，从而使债券价格下降。

（3）国际利率差异。当资金可以在国际上自由流动时，低利率国家的资金会流向高利率的国家，结果使国内债券的需求减少，价格下降；相反，如果国内利率高于国外利率，则国外游资会流入国内，使国内债券的需求增加，价格上升。

（4）汇率变动。国外投资者在购买某国债券时，一方面要考虑利息收入；另一方面还要考虑汇率的变动。如果国外投资者预期投资国的货币将贬值，就会减少购买该国的债券，从而使该国债券价格下降；如果国外投资者预测投资国的货币将升值，则该国债券价格就会上升。

（5）风险水平。在其他条件相同的情况下，风险较低债券的价格较高，风险较高债券的价格则较低。

2. 国际债券投资的优缺点

企业进行国际债券投资有以下优点：

（1）本金安全性高。与股票相比，债券投资风险比较小。政府发行的债券以国家的财政收入作为偿付的保证，几乎没有违约的风险，通常视为无风险债券。企业债券的持有者拥有优先求偿权，即使企业破产，也优先于股东分得企业资产，因此，其本金损失的可能性较小。

（2）收入比较稳定。债券票面一般都标有固定利率，债券的发行人有按时支付利息的法定义务，因此，在正常情况下，投资于债券能获得比较稳定的收入。

（3）许多债券都有较好的流动性。政府及大型企业发行的债券一般都可在金融市场上迅速出售，流动性很好。

企业进行国际债券投资的缺点主要表现在以下两方面：

（1）购买力风险比较大。债券的面值和利率在发行时就已经确定，如果投资期间的通货膨胀率比较高，则本金和利息的购买力将不同程度地受到侵蚀，在通货膨胀率非常高时，投资者虽然名义上有报酬，但实际上要承担一定的损失。

(2) 没有经营管理权。投资于债券只是获得报酬的一种手段，无权对债券发行单位施以影响和控制。

(二) 国际股票投资

随着世界经济的国际化，越来越多的国家开放本国的股票市场，允许国外企业到本国发行股票，也允许国外投资者到本国股票市场进行投资。国际股票投资已经成为许多大型企业特别是大型跨国公司投资的一种主要形式。

1. 股票投资的目的及管理对策

企业进行股票投资的目的主要有两个：一是作为一般的证券投资，获取股利收入及股票买卖差价；二是利用购买某一企业的大量股票以控制该企业。在第一种情况下，企业仅将某种股票作为其证券组合的一个组成部分，不应冒险将大量资金投放到一家企业的股票上。在第二种情况下，企业应集中资金投资于被控制企业的股票，这时考虑更多的不应是目前利益——股票投资报酬率的高低，而应是长远利益——有多少股权才能达到控制的目的。

2. 股票的价值及影响因素

股票的价值通常有票面价值、账面价值、清算价值、内在价值和市场价值等多种表现形式，其中股票的内在价值和市场价值是投资者进行股票投资决策的重要依据。股票的内在价值是一种理论价值，它取决于股票未来能够给投资者带来的现金收入及风险的大小。股票的市场价值是指在证券市场上股票的实际买卖价格，一般来讲，股票的市场价值取决于其内在价值，但市场价值又会受到供求关系等其他因素的影响，它是公司未来获利能力、股利政策、每股账面价值、公司资本结构以及市场供求等多种因素综合作用的结果。影响股票价值的基本因素包括经济因素、政治因素、心理因素、人为操纵因素等。

3. 国际股票投资的优缺点

国际股票投资的优点主要有：

(1) 股票投资能获得比较高的报酬。从长期来看，由于股票投资者承担了更高的风险，故股票的长期平均收益率高于债券和其他货币性证券。

(2) 能适当降低购买力风险。普通股的股利不固定，当通货膨胀率比较高时，由于物价普遍上涨，股份公司盈利增加，支付的股利也随之增加。因此，与固定收益证券相比，普通股能有效地降低购买力风险。

(3) 拥有一定的经营和控制权。普通股股东属于股份公司的所有者，有权对企业的生产经营情况实施监督和控制。

国际股票投资的缺点主要是风险太大，这是因为：

(1) 从本质上来说，普通股是一种信用最低级的证券，因为它对企业资产和盈利的求偿权均居于最后。企业破产时，股东原来的投资得不到全数补偿，甚至一无所有。

(2) 普通股的价格受众多因素影响，很不稳定，这使得股票投资具有较高的风险。

(3) 普通股的收入不稳定，普通股股利的多少视企业经营状况和财务状况而定，不利于投资者合理地安排资金的收支平衡。

第二节　国际证券投资的收益和风险

企业进行国际证券投资时重点关注的是证券的收益和风险，而证券投资能否取得合理的收益取决于对证券的估值是否合理。本节对国际债券投资、国际股票投资的价值估值、收益率的计算及国际证券投资的风险作简单介绍。

一、债券投资的收益

(一) 债券的价值评估

企业进行国际债券投资，必须掌握债券价值的评估方法。债券价值是债券投资决策时使用的主要指标之一。

1. 一般情况下的债券估价模型

大多数的债券是定期支付利息，到期偿还本金，此类债券的估价模型为：

$$P=\sum_{t=1}^{n}\frac{i\times F}{(1+k)^{t}}+\frac{F}{(1+k)^{n}} \qquad \text{(公式 8.1)}$$

式中，P——债券价格；

i——债券票面利率；

F——债券面值；

k——市场利率或投资者要求的必要报酬率；

n——付息总期数。

【例 8—1】某债券面值为 1 000 美元，票面利率为 10%，期限为 5 年。某企业要对这种债券进行投资，要求必须获得 12%的报酬率，债券价格为多少时企业才能进行投资？

根据公式 8.1 可得：

$$\begin{aligned}P&=1\,000\times10\%\times(P/A,12\%,5)+1\,000\times(P/F,12\%,5)\\&=100\times3.604\,8+1\,000\times0.567\,4=927.88\text{（美元）}\end{aligned}$$

即只有当这种债券的价格低于或等于 927.88 美元时，该企业才能购买，否则得不到 12%的报酬率。

2. 零息债券的估价模型

零息债券只有期末一次现金流，因此其估价过程实际就是复利现值的计算，这种债券的估价模型为：

$$P=\frac{F}{(1+k)^{n}} \qquad \text{(公式 8.2)}$$

公式中的符号含义同公式 8.1。

【例 8—2】某债券面值为 1 000 美元，期限为 2 年，以贴现方式发行，期内不计利息，到期按面值偿还，当前市场利率为10%，其价格为多少时企业才能购买？

由公式8.2可得：

$$P=1\,000\times(P/F,10\%,2)=1\,000\times0.826\,4=826.4(\text{美元})$$

即只有当该债券的价格低于或等于826.4美元时，企业才能购买。

3. 一次性还本付息且不计复利的债券估价模型

一次性还本付息且不计复利的债券与零息债券的估价原理是相同的，不同的是该类债券的期末现金流需要考虑利息额。在不计复利的情况下，该种债券的估价模型为：

$$P=\frac{F+F\times i\times n}{(1+k)^n} \qquad (\text{公式 } 8.3)$$

公式中的符号含义同公式8.1。

【例8—3】 某企业拟购买美国一家企业发行的一次性还本付息债券，该债券面值为1 000美元，期限为5年，票面利率为10%，不计复利，当前市场利率为12%，该债券发行价格为多少时企业才能购买？

由公式8.3可得：

$$P=(1\,000+1\,000\times10\%\times5)\times(P/F,12\%,5)=1\,500\times0.567\,4=851.1\ (\text{美元})$$

即只有当该债券的价格低于或等于851.1美元时，企业才能购买。

(二) 债券收益率的计算

债券收益率是在一定时期内所得收益与投入本金的比率，是投资者进行债券投资决策和评价投资效果的依据。债券投资收益率一般有以下几种指标。

1. 直接收益率

直接收益率又称本期收益率，是指债券的年利息收入与买入债券的实际价格的比率。其计算公式如下：

$$\text{直接收益率}=\frac{I}{P_0}\times100\% \qquad (\text{公式 } 8.4)$$

式中，I——年利息；

P_0——债券购入价格。

【例8—4】 一家美国企业发行的债券面值为1 000美元，票面利率为10%，某投资者购入该债券的价格为1 050美元，则该投资者投资该债券的直接收益率为：

$$\text{直接收益率}=\frac{1\,000\times10\%}{1\,050}\times100\%=9.52\%$$

2. 持有期收益率

持有期收益率是指购入债券后持有一段时间，在债券到期前将其出售而得到的收益率。其计算公式为：

$$\text{持有期收益率}=\frac{I+(P-P_0)\div n_0}{P_0}\times100\% \qquad (\text{公式 } 8.5)$$

式中，I——年利息；

P_0——债券购入价格；

P——债券售出价格；

n_0——持有年限。

如果购入的是一次性还本付息债券，则在中途出售的卖价中包含了持有期的利息收入，所以其实际使用的计算公式如下：

$$持有期收益率=\frac{(P-P_0)\div n_0}{P_0}\times 100\% \quad (公式\ 8.6)$$

【例 8—5】 某投资者于 2010 年 3 月 1 日在债券流通市场以 980 美元购入一家美国企业发行的 5 年期债券，债券面值为 1 000 美元，票面利率为 10%。该投资者于 2013 年 9 月 1 日以 1 015 美元的价格将该债券售出，则该投资者投资该债券的持有期收益率为：

$$持有期收益率=\frac{100+(1\,015-980)\div 3.5}{980}\times 100\%=11.22\%$$

3. 到期收益率

债券的到期收益率是指以特定价格购买债券并持有至到期日所能获得的收益率。它是使债券未来现金流量的现值正好等于债券购入价格时的折现率，即债券的内含报酬率。计算到期收益率的方法是求解含有折现率的方程。

【例 8—6】 某美国公司发行 5 年期公司债券，债券面值为 1 000 美元，票面利率为 8%，发行价格为 1 105 美元，计算其到期收益率。

计算该债券的到期收益率需要求解以下方程：

$$1\,105=\frac{80}{1+k}+\frac{80}{(1+k)^2}+\cdots+\frac{80}{(1+k)^5}+\frac{1\,000}{(1+k)^5}$$

为了求解 k，一般采用试错法。

如果到期收益率为 8%，其价格应等于面值 1 000 元，现在价格大于 1 000 元，表明到期收益率应低于 8%。

先设 $k_1=6\%$，求出上式等号右方为 1 083.96<1 105（左方），故应降低折现率。

再设 $k_2=5\%$，求出上式等号右方为 1 129.84>1 105（左方），表明到期收益率介于 5%和 6%之间，用插值法求 k。

到期收益率为：

$$k=5\%+\frac{1\,129.84-1\,105}{1\,129.84-1\,083.96}\times(6\%-5\%)=5.54\%$$

用试错法比较麻烦，在实务中可用简便算法求得近似结果，计算公式如下：

$$k=\frac{I+(F-P)\div n}{(F+P)\div 2}\times 100\% \quad (公式\ 8.7)$$

式中，k——到期收益率；

P——债券价格；

I——债券年利息；

F——债券面值；

n——债券期数。

公式 8.7 中的分母是平均的资金占用额，分子是每年平均收益，将例 8—6 的数据代入公式 8.7，则到期收益率的计算如下：

$$k=\frac{80+(1\,000-1\,105)\div 5}{(1\,000+1\,105)\div 2}\times 100\%=5.61\%$$

到期收益率是选购债券的标准，它可以反映债券投资按复利计算的真实收益率。如果到期收益率高于投资者要求的报酬率，则应买进该债券，否则就应放弃。

需要说明的是，在实务中，债券收益率的计算除考虑购买价格外，还要考虑交易费用、税收、汇率变动等因素，需要对上述计算公式作相应的调整。

二、股票投资的收益

（一）股票的价值评估

股票的价值取决于购入股票后投资者获得的未来现金流量的现值。根据对股票未来股利模式的假设及投资者预期的投资期限不同，股票价值评估可以采用不同的模型，以下介绍几个最常用的股票估价模型。

1. 股票股利不稳定且投资者未来准备出售的股票估价模型

在一般情况下，投资者投资于股票，不仅希望得到股利收入，还希望在未来出售股票时从股票价格的上涨中获得好处。此时的股票估价模型为：

$$V=\sum_{t=1}^{n}\frac{d_t}{(1+k)^t}+\frac{V_n}{(1+k)^n} \qquad \text{（公式 8.8）}$$

式中，V——股票的内在价值；

V_n——未来出售时预计的股票价格；

d_t——第 t 期的预期股利；

k——投资者要求的必要报酬率；

n——预计持有股票的期数。

【例 8—7】 某跨国公司准备购入美国 A 公司发行的股票，预计购入该股票后第一年可获得股利 1 美元，第二年可获得股利 3 美元，准备两年后出售，预计出售价格为 20 美元/股，该公司投资该股票要求的必要报酬率为 10%。估算该股票的内在价值。

$$\begin{aligned}\text{股票内在价值}&=\sum_{t=1}^{2}\frac{d_t}{(1+k)^t}+\frac{V_2}{(1+k)^2}\\&=\frac{1}{1+10\%}+\frac{3}{(1+10\%)^2}+\frac{20}{(1+10\%)^2}\\&=1\times(P/F,10\%,1)+23\times(P/F,10\%,2)\\&=1\times 0.909\,1+23\times 0.826\,4=19.92\text{（美元）}\end{aligned}$$

2. 股利稳定不变且投资者长期持有的股票估价模型

在每年股利稳定不变、投资者持有期间很长的情况下，股票的估价模型可简化为：

$$V=\frac{d}{k} \qquad \text{（公式 8.9）}$$

式中，V——股票的内在价值；

d——每期的预期股利；

k——投资者要求的必要报酬率。

3. 股利稳定增长且投资者长期持有的股票估价模型

如果一个公司的股利保持稳定的增长，投资者的投资期限又非常长，则股票的估价可以采用以下模型：

$$V=\frac{d_1}{k-g} \qquad \text{（公式 8.10）}$$

式中，V——股票的内在价值；

d_1——第 1 期的预期股利；

k——投资者要求的必要报酬率；

g——股利的增长率。

【例 8—8】某跨国公司准备购买在香港上市的 B 公司股票，该股票去年的每股股利为 5 港元，预计以后每年以 5% 的增长率增长，投资者投资该股票要求的必要报酬率为 10%。估算该股票的内在价值。

$$\text{股票内在价值}=\frac{d_1}{k-g}=\frac{d_0(1+g)}{k-g}=\frac{5\times(1+5\%)}{10\%-5\%}=105\text{（港元）}$$

（二）股票收益率的计算

投资者投资股票可以通过估计股票的价值并与市场价格进行比较，以判断某种股票是否被市场高估或低估，进而作出投资选择；也可以通过估计股票的预期收益率并与其必要报酬率相比较来选择股票。

根据股利稳定增长的股票估值模型，我们知道：

$$V=\frac{d_1}{k-g}$$

以股票的市场价格代替 V，解出的 k 即为投资者以市场价格购入股票的预期收益率，可以得到：

$$k=\frac{d_1}{P}+g \qquad \text{（公式 8.11）}$$

式中，P——股票的市场价格。

这个公式告诉我们，股票的收益率可以分为两部分：第一部分是 d_1/P，称作股利收益率，它是根据预期现金股利除以当前股价计算出来的；第二部分是 g，称作股利增长率，由于股利的增长速度也就是股价的增长速度，因此可以解释为股价增长率或资本利得增长率。g 的数值可以根据公司的可持续增长率估计，P 是股票市场价格，只要能估计出下一期的股利，就可以估计出股票的预期收益率。

【例 8—9】 某股票当前的市场价格为 50 美元，预计下一期的股利是 5 美元，该股票的股利增长率约为 3%，则该股票的预期收益率如下：

$$k=\frac{5}{50}+3\%=13\%$$

其中：股利收益率为 10%，资本得利增长率为 3%。

投资者在买入股票时计算的预期收益率往往并不等于投资者投资股票的实际收益率，投资者在持有股票一段时间后需要对投资股票的收益情况进行评价，这时投资者就需要计算股票的持有期间收益率。股票持有期间的收益同样可以分为股利收益和资本利得收益。在计算时，由于股票持有期间有长有短，因此，均应折算为年收益率，其计算公式为：

$$\text{持有期间收益率}=\frac{\bar{d}+(P_n-P_0)\div n}{P_0}\times 100\% \quad \text{（公式 8.12）}$$

式中，$\bar{d}$——持有期间年平均股利；

P_0——期初股价；

P_n——第 n 期末股价；

n——持有期数。

【例 8—10】 某投资者购入美国一家公司发行的股票，购入价格为每股 50 美元，持有两年后售出，该股票持有期间第一年的股利为 5 美元，第二年的股利为 7 美元，期末售出价格为 60 美元，该投资者持有该股票的期间收益率为：

$$\text{持有期间收益率}=\frac{(5+7)\div 2+(60-50)\div 2}{50}\times 100\%=22\%$$

上述关于股票持有期间收益率的计算没有考虑资金的时间价值，若考虑资金的时间价值，持有期间收益率可根据股票估价模型计算求得：

$$P_0=\sum_{t=1}^{n}\frac{d_t}{(1+k)^t}+\frac{P_n}{(1+k)^n} \quad \text{（公式 8.13）}$$

式中，d_t——第 t 期的股利；

P_0——股票购入价格；

P_n——期末股票售出价格；

n——持有期数；

k——股票持有期间收益率。

根据公式 8.13，在已知 d_t、P_0、P_n 和 n 的情况下，采用内含报酬率法可求得股票持有期间获得的收益。具体的计算方法可参考债券到期收益率的计算。

三、汇率变动对国际证券投资收益的影响

进行国际证券投资，购买外币证券，获得外币收益，投资者要先按外币计算投资收益率，但投资者真正关心的是以本国货币表示的投资收益率。由于外币收益要转换成本币收益，所以，以本币表示的收益率不仅取决于外币证券以外币表示的收益率的高低，而且取决于本币对外币汇率的变动。外币证券投资的本币收益率可按以下公式计算：

$$K_1=(1+K_2)\times(1+r)-1 \quad \text{（公式 8.14）}$$

式中，K_1——以本币表示的收益率；

K_2——以外币表示的收益率；

r——外币对本币汇率变动百分比。

【例 8—11】 中国某公司投资美国 A 公司发行的股票，按美元计算的持股期间收益率为 20%，购买股票时的汇率为 1 美元＝6.10 元人民币，出售股票时的汇率为 1 美元＝6.30 元人民币，美元升值率为：（6.30－6.10）÷6.10×100%＝3.28%，按公式 8.14 计算以人民币表示的收益率为：

$$(1+20\%)\times(1+3.28\%)-1=23.94\%$$

由于美元升值，使得以人民币表示的收益率比以美元计算的收益率提高 3.94%。如果美元贬值，则以人民币表示的收益率将低于以美元计算的收益率。

根据上述汇率变动对国际证券投资收益的影响分析，投资者最终取得的以本国货币表示的收益率不仅与以外币表示的收益率有关，而且与汇率的变动有关。进行国际证券投资，除了要考虑以外币计算的收益率高低以外，还必须注意外汇汇率变动。

【例 8—12】 我国甲公司拟购买 A 元或 B 元证券，投资期限为 1 年，以外币计算的 A 元证券收益率为 10%，B 元证券收益率为 8%，投资时的即期汇率为 1A 元＝6.5 元人民币，1B 元＝8 元人民币。预测投资期满时汇率变为：1A 元＝6.20 元人民币，1B 元＝8.4 元人民币。如果仅从外币收益率来看，应投资购买 A 元证券，但综合考虑外币收益率和汇率变化后，以本国货币表示的收益率不等于以外币表示的收益率，此时应综合计算比较，才能作出正确选择。

A 元的汇率变化幅度为：$(6.2-6.5)\div 6.5\times 100\%=-4.62\%$

B 元的汇率变化幅度为：$(8.4-8.0)\div 8.0\times 100\%=5\%$

以本国货币表示的 A 元证券收益率为：$(1+10\%)\times(1-4.62\%)-1=4.92\%$

以本国货币表示的 B 元证券收益率为：$(1+8\%)\times(1+5\%)-1=13.4\%$

B 元证券的收益率远高于 A 元证券，因此应该投资于 B 元证券。

四、国际证券投资的风险

证券投资风险是指投资者投资于证券的实际收益率小于预期收益率，甚至遭受损失的

可能性。国际证券投资的风险按其来源可分为以下几类。

（一）经营风险

经营风险是指发行证券的企业因经营决策失误和管理不善而导致企业盈利水平降低，甚至发生亏损，从而使证券的投资收益下降，甚至发生损失的可能性。经营风险的来源既有企业内部的因素，也有企业外部的因素。企业内部因素属于企业主观因素，如投资决策失误、忽视新产品研发、企业销售渠道不畅、管理混乱、损失浪费严重等。企业外部因素属于企业客观因素，如政府对产业政策的调整、竞争对手实力增强、市场供求状况发生变化、出现自然灾害等。

（二）违约风险

违约风险是证券发行人无法按期支付利息或偿还本金的风险。一般而言，政府发行的证券违约风险小，金融机构发行的证券次之，工商企业发行的证券风险较大。

（三）利率风险

利率风险是指由于市场利率水平的变动而引起的证券价格下跌，使得投资者遭受损失的风险。证券的价格取决于证券未来收益的现值，市场利率水平是影响折现率的重要因素。折现率随市场利率水平的上升而提高。因此，证券价格与市场利率水平成反比，当市场利率上升时，证券价格下降，投资者持有期收益率也随之下降。不同期限的证券，利率风险不同，期限越长的证券，利率风险越大。

（四）购买力风险

购买力风险是指由于通货膨胀而使证券到期或出售时所获得的资金的购买力减少的风险。在通货膨胀时期，购买力风险对投资者有重要影响。一般而言，随着通货膨胀的发生，变动收益证券比固定收益证券的购买力风险要低。因此，普通股被认为比公司债券和其他有固定收入的证券能更好地避免购买力风险。

（五）流动性风险

流动性风险是指在投资者想出售有价证券获取现金时，不能按公平价格立即出售证券而遭受损失的风险。一种能在较短期内按市价大量出售的资产，是流动性较高的资产，这种资产的流动性风险较小；反之，如果某种资产不能在短期内按市价大量出售，则这种资产的流动性较差，流动性风险较大。例如，小公司发行的债券的市场交易极不活跃，其流动性风险较大；但国债几乎可以随时出售，则流动性风险较小。

（六）政治风险

与国际直接投资类似，国际证券投资也面临政治风险。东道国政治环境的稳定与否、国家银行的信用状况、资金汇回的管制、税制的变动等都可能对国际证券投资的收益构成影响。

（七）汇率风险

汇率风险是指投资者购买外币证券时因汇率变动引起以本币表示的收益率变动的可能性。如果外币升值，会使以本国货币表示的投资收益率提高；反之，如果外币贬值，则会使以本国货币表示的投资收益率降低。

第三节　国际证券组合投资

一、证券组合投资的风险与报酬

（一）证券组合投资的风险分散化

投资者在进行投资时，一般并不把其所有资金投放于一种证券，而是同时持有多种证券。这种同时投资的多种证券叫证券的投资组合，简称为证券组合或投资组合。证券组合投资的优势在于其可以通过风险的分散化降低投资风险。

对于单个证券来讲，其风险即收益率的不确定性。证券的风险按其性质不同可分为可分散风险和不可分散风险。

1. 可分散风险

可分散风险又称非系统性风险或公司特有风险，是指某些只影响单个证券收益率的微观的、局部的因素变动给投资者带来的证券收益的不确定性。如个别公司工人的罢工、公司在市场竞争中的失败等。可分散风险的发生是随机的，可以通过证券多样化投资来分散。比如，购买多家公司的股票，其中某些公司股票的收益率上升，另一些公司股票的收益率下降，从而将风险抵消。因而，这种风险称为可分散风险。

2. 不可分散风险

不可分散风险又称系统性风险或市场风险，是指某些因素的变化引起市场上所有的证券收益率都发生变动而产生的证券收益的不确定性。如宏观经济状况的变化、国家税法的变化、国家财政政策和货币政策的变化、世界能源状况的改变、战争、自然灾害等都会使证券收益率发生变动。这些风险影响到所有的证券，因此，不能通过证券组合分散掉。当然，尽管所有的证券都不可避免地受到系统性风险的影响，但并不意味着对所有证券都有完全相同的影响。有的证券可能受系统性风险的影响大，有些则可能比较小。

图 8—1 描述了美国证券组合投资的风险分散情况。

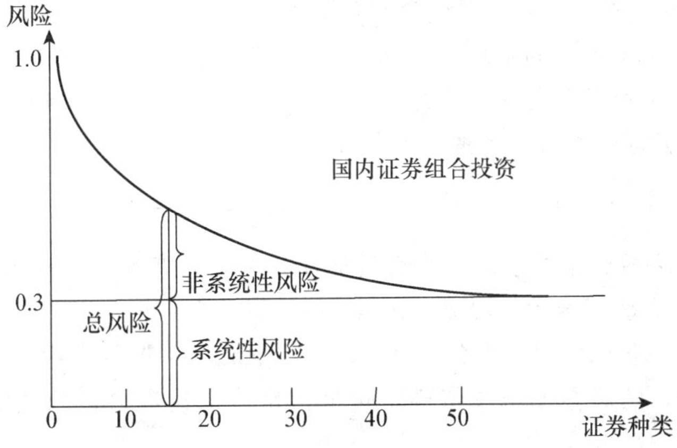

图 8—1　美国证券组合投资的风险分散效果

由于投资者可以通过组合投资的方式将非系统性风险分散掉，故投资者最终只承担系统性风险。因此，在组合投资的情况下，投资者关心的只是证券的系统性风险。这种风险一般通过β系数来计量。β系数反映的是证券系统性风险的相对大小，市场组合的β系数为1，反映整个市场的平均系统性风险。如果某种证券的风险情况与整个市场的平均系统性风险一致，则这种证券的β系数也等于1；如果某种证券的β系数大于1，说明其风险大于整个市场的平均系统性风险；如果某种证券的β系数小于1，说明其风险程度小于整个市场的平均系统性风险。

在投资者进行组合投资的情况下，证券组合的β系数是单个证券β系数的加权平均数，权数为各种证券在投资组合中所占的比重。其计算公式是：

$$\beta_p = \sum_{i=1}^{n} X_i \beta_i \qquad \text{（公式 8.15）}$$

式中，β_p——证券组合的β系数；

X_i——证券组合中第i种证券所占的比重；

β_i——第i种证券的β系数；

n——证券组合中证券的数量。

（二）资本资产定价模型与证券组合投资的报酬

投资者进行证券组合投资与进行单项投资一样，都要求对承担的风险进行补偿，证券的风险越大，投资者要求的报酬就越高。但是，与单项投资不同，证券组合投资要求补偿的风险只是不可分散风险，而不要求对可分散风险进行补偿。如果可分散风险的补偿存在，善于科学地进行投资组合的投资者将购买这部分证券，并抬高其价格，最后的期望报酬率只反映不能分散的风险。因此，证券组合的风险报酬是投资者因承担不可分散风险而要求的超过资金时间价值的那部分额外报酬。根据资本资产定价模型，有：

$$R_i = R_F + \beta_i (R_m - R_F) \qquad \text{（公式 8.16）}$$

式中，R_i——第i种证券或证券组合的必要报酬率；

R_F——无风险报酬率；

β_i——第i种证券或证券组合的β系数；

R_m——市场组合的平均报酬率。

【例 8—13】甲公司股票的β系数为1.5，无风险利率为4%，市场组合的平均报酬率为8%，那么，甲公司股票的必要报酬率应为：

$$R_i = R_F + \beta_i (R_m - R_F) = 4\% + 1.5 \times (8\% - 4\%) = 10\%$$

投资者投资甲公司股票要求的必要报酬率为10%，只有投资者预期甲公司股票的收益率大于等于10%时，投资者才会投资该股票。

对于投资组合，我们可以根据各个证券的β系数和每种证券在组合中所占的比重计算证券组合的β系数，然后根据资本资产定价模型来确定投资组合的预期报酬率或风险报酬率。

【例 8—14】某国际企业持有由甲、乙、丙三种股票构成的证券组合，三种股票的β系数分别是 1.5、1.0 和 0.8，它们在证券组合中所占的比重分别为 40%、35% 和 25%，无风险利率为 4%，市场组合的平均报酬率为 8%。试确定这种证券组合的风险报酬率。

（1）计算证券组合的 β 系数：

$$\beta_p = \sum_{i=1}^{n} X_i\beta_i = 40\% \times 1.5 + 35\% \times 1.0 + 25\% \times 0.8 = 1.15$$

（2）计算该证券组合的风险报酬率：

$$R_p - R_F = \beta_p(R_m - R_F) = 1.15 \times (8\% - 4\%) = 4.6\%$$

二、国际证券的相关性与国际证券组合投资的意义

（一）国际证券的相关性

从前面我们分析的证券组合投资的理论可知，通过持有充分分散的各种证券，投资者可以在一定的风险水平上获得较高报酬。根据投资组合理论，证券组合投资所能降低风险的程度主要取决于各种不同证券之间的相关性。相关系数为 1 时，证券的所有风险均不能通过证券组合投资分散掉；相关系数为－1 时，证券的风险可以通过适当的组合全部分散掉。可见，相关系数越低，证券组合分散风险的效果越明显。因此，如果各个国家之间证券的相关性小于同一国家内证券的相关性，那么，通过国际证券组合投资可达到进一步降低风险的目的。统计资料表明，国与国之间证券报酬的相关性相对于一国之内的证券报酬的相关性来说要小得多。这是因为影响证券报酬的经济、政治、习俗甚至心理的因素在国与国之间的差别很大。表 8—1 列示了主要国家之间股票报酬的相关性历史数据。

表 8—1　　主要国家之间股票报酬的相关性

股票市场	AU	FR	GM	JP	NL	SW	UK	US
澳大利亚（AU）	0.586							
法国（FR）	0.286	0.576						
德国（GM）	0.183	0.312	0.653					
日本（JP）	0.152	0.238	0.300	0.416				
荷兰（NL）	0.241	0.344	0.509	0.282	0.624			
瑞士（SW）	0.358	0.368	0.475	0.281	0.517	0.664		
英国（UK）	0.315	0.378	0.299	0.209	0.393	0.431	0.698	
美国（US）	0.304	0.225	0.170	0.137	0.271	0.272	0.279	0.439

注：该表的对角线显示了国内个股收益两两之间的平均相关性，对角线之外则显示了国与国之间股票收益的平均相关性。这些相关系数是利用 1973—1982 年的每周收益数据计算得来的。该表所有统计以美元为基础。

资料来源：［美］切奥尔·S·尤恩等：《国际财务管理》，295 页，北京：机械工业出版社，2009。

从表 8—1 中可以看出，美国国内各种股票之间的平均相关系数为 0.439，而美国股票与日本、英国、法国等国家的股票的相关系数分别为 0.137、0.279 和 0.225。不同国家之间的相关性差别很大，如荷兰与瑞士的相关系数为 0.517，而荷兰与澳大利亚、日本的相关系数分别是 0.241 和 0.282。

（二）国际证券组合投资的意义

1. 国际证券组合投资可以进一步分散和降低风险

根据投资组合理论可知，随着证券种类的增加，证券组合投资的风险逐渐降低。但证券组合并不能分散掉所有的风险，因为系统性风险是不能被分散掉的。由图 8—1 可知，一个全部由美国证券组成的充分分散的证券组合的风险大约只有单一股票风险的 30%，也就是说，约有 70%的风险都被分散掉了。

由于一个国家的证券市场的系统性风险反映的是影响本国所有证券的共同因素变化带来的证券收益的不确定性，这些因素对其他国家的证券并不一定产生影响或影响极小，因此，如果站在国际证券组合投资的角度，一个国家的系统性风险有可能因国际证券投资的多元化得以分散，从而进一步降低投资组合的风险。图 8—2 说明了国际证券组合投资风险与美国证券组合投资风险之间的关系。从图 8—2 可以看出，被认为是不能分散的美国国内系统性风险有一部分可以通过国际证券组合分散。一个充分分散的国际证券组合投资的风险大约只有单一股票投资风险的 14%。

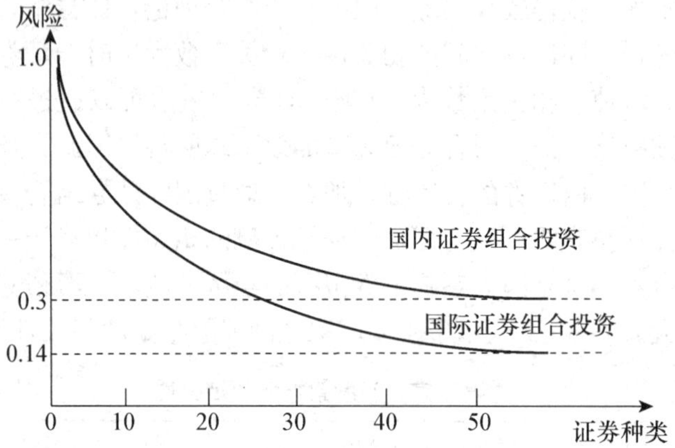

图 8—2　国际证券组合与美国证券组合分散风险效果对比

2. 国际证券组合投资能够带来比单纯国内证券组合投资更高的收益

进行证券投资，除了关注风险以外，投资者还会考虑投资的另一个重要方面，即投资的收益率。根据投资组合理论，在有无风险资产存在的情况下，投资者的投资选择总会位于过无风险资产与风险资产有效边界的切线上，如图 8—3 所示，曲线 AB 为只在国内投资时的风险资产有效边界，此时投资者会在射线 $r_f M_D$ 上选择一点以使自己的效用最大化。当投资者的投资范围扩大到多个国家即进行国际证券组合投资时，风险资产组合的范围会扩大，有效边界向外移动，此时的有效边界为曲线 CE，而投资者的最优选择应处于射线 $r_f M_W$ 上。显然，此时在承担相同风险的情况下，投资者可以获得更高的投资报酬率。

（三）国际证券组合投资效果的评价

在进行国际证券组合投资时，投资者一般要同时考虑收益和风险两个因素，最优的组合投资决策既不是投资收益最大化，也不是投资风险最小化，而是通过不同国家证券的组合投资，达到收益和风险的平衡。

美国财务学专家夏普提出的性能测试指标，将收益和风险连接在一个公式中，夏普性

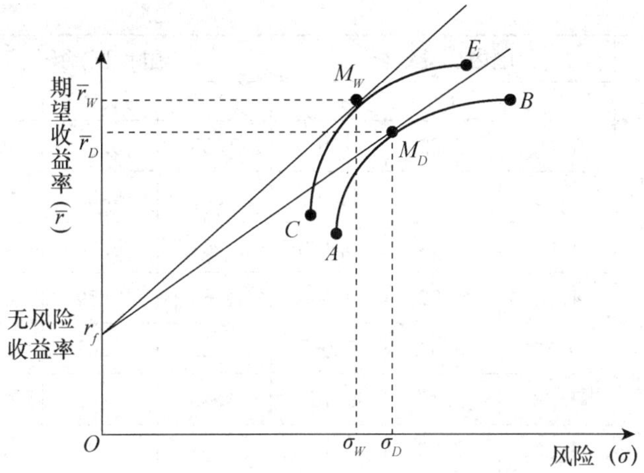

图 8—3　投资者的最优投资组合选择

能测试（SHP）的计算公式为：

$$SHP=\frac{\overline{R_i}-R_f}{\sigma_i}\qquad\text{（公式 8.17）}$$

式中，$\overline{R_i}$ ——证券组合投资的预期报酬率；

R_f ——无风险报酬率；

σ_i ——证券组合投资报酬率的标准差。

夏普性能测试计量的是经过风险调整后的报酬值，它代表了每单位标准差风险的额外报酬（即平均报酬扣除无风险报酬）。

【例 8—15】 某国际企业选择 A 国和 B 国的证券进行投资，如果只投资于 A 国证券，最优组合的预期收益率为 10%，标准差为 20%；如果只投资于 B 国证券，最优组合的预期收益率为 12%，标准差为 25%；如果同时投资 A、B 两国的证券，最优组合的预期收益率为 11%，标准差为 16%。无风险利率为 5%，则三种情况下的夏普性能测试分别为：

只投资于 A 国证券：$SHP=\frac{10\%-5\%}{20\%}=0.25$

只投资于 B 国证券：$SHP=\frac{12\%-5\%}{25\%}=0.28$

投资于 A、B 两国证券：$SHP=\frac{11\%-5\%}{16\%}=0.375$

在进行国际证券组合投资决策时，应计算国内最优证券组合投资的 SHP 和国际最优证券组合投资的 SHP，并加以比较，选择最优的投资方案。

表 8—2 将 1980 年至 1992 年国际证券组合与国内证券组合作了一个比较。

表 8—2　　国际证券组合与国内证券组合的比较

（月报酬率，1980—2001 年）

投资者所在国家或地区	国内证券组合			国际证券组合			二者之差
	K（%）	σ（%）	SHP	K（%）	σ（%）	SHP	ΔSHP
澳大利亚（AU）	1.25	5.23	0.089	1.53	4.90	0.152	0.063
加拿大（CN）	0.98	4.78	0.081	1.39	4.75	0.167	0.086

续前表

投资者所在国家或地区	国内证券组合			国际证券组合			二者之差
	K（%）	σ（%）	SHP	K（%）	σ（%）	SHP	ΔSHP
法国（FR）	1.22	5.69	0.103	1.55	5.58	0.163	0.060
德国（GM）	1.08	5.94	0.109	1.38	5.33	0.177	0.068
中国香港（HK）	1.65	8.49	0.108	1.61	5.08	0.171	0.063
意大利（IT）	1.43	6.92	0.088	1.67	5.59	0.152	0.064
日本（JP）	0.62	5.34	0.065	1.28	5.67	0.177	0.112
荷兰（NL）	1.28	5.16	0.160	1.40	5.30	0.178	0.018
瑞典（SD）	1.80	7.05	0.184	1.54	4.84	0.215	0.031
瑞士（SW）	1.03	4.71	0.152	1.34	5.36	0.192	0.040
英国（UK）	1.20	4.61	0.112	1.54	5.51	0.156	0.044
美国（US）	1.11	4.25	0.149	1.40	4.74	0.194	0.045

资料来源：[美] 切奥尔·S·尤恩等，《国际财务管理》，298 页，北京：机械工业出版社，2009。

表 8—2 中，K 表示平均期望报酬率，σ 表示报酬率的标准差，ΔSHP 表示最佳国际证券组合的夏普性能测试 SHP（IP）与国内证券组合的夏普性能测试 SHP（DP）之差，即：

$$\Delta SHP = SHP(IP) - SHP(DP) \quad \text{（公式 8.18）}$$

并且

$$SHP(IP) = \frac{\overline{R_{IP}} - R_f}{\sigma_{IP}} \quad \text{（公式 8.19）}$$

$$SHP(DP) = \frac{\overline{R_{DP}} - R_f}{\sigma_{DP}} \quad \text{（公式 8.20）}$$

式中，$\overline{R_{IP}}$ ——国际证券组合的预期报酬率；

$\overline{R_{DP}}$ ——国内证券组合的预期报酬率；

σ_{IP} ——国际证券组合的标准差；

σ_{DP} ——国内证券组合的标准差；

R_f ——无风险报酬率。

表 8—2 从不同国家或地区投资者的角度分别计算出国内证券组合和国际证券组合的平均报酬率（K）、标准差（σ）、SHP 和 ΔSHP。以美国为例，其国内证券组合的平均报酬率为 1.11%，而国际证券组合的平均报酬率为 1.40%；国内证券组合的标准差为 4.25%；而国际证券组合的标准差为 4.74%；国际证券组合的夏普性能测试值较国内高出 0.045（国内证券组合为 0.149，国际证券组合为 0.194）。可以看出，10 个国家或地区的 ΔSHP 都是正数，这说明每个国家的投资者都可以从国际证券组合中得到好处。

三、国际证券组合投资的策略与方式

1. 国际证券组合投资的策略

国际证券组合投资并不等于无选择地拥有多个国家的多种证券，而是要根据各国证券市场间的相关性、各种证券的性质以及证券间的相关性，有针对性地进行多种证券的选择。投资者进行国际证券组合投资的策略主要有以下几种：

（1）不同国家、不同种类证券的组合投资。例如，同时投资多个国家的各种股票（普通股和优先股）和各种债券（政府债券、金融债券、公司债券和可转换债券等）。

（2）不同国家、不同行业证券的组合投资。例如，同时对多个国家的公共事业、金融业和医药行业等进行投资，或者同时对收益率高但投资风险较大的新兴产业和收益率相对较低但投资风险较小的成熟产业进行投资。

（3）不同国家、不同期限的证券组合投资。例如，同时对多个国家的到期日不同的债券（短期债券、中长期债券）和股票进行投资。

2. 国际证券组合投资的方式

投资者进行国际证券组合投资采用的方式主要有两种：一种方式是投资者自己对外国证券的风险与报酬特性进行分析研究，选择最优国际证券组合，然后直接投资外国证券。但是采用这种方式，投资者要花费大量的信息费用和交易成本。另一种方式是加入国际共同基金。

共同基金（mutual fund）是一种大众化的证券投资方式。主要是通过组建基金的形式发行受益凭证，筹集社会公众投资者的资金，并委托投资专家对基金进行管理，获得收益后由投资者凭报酬凭证分享。共同基金有如下特点：（1）基金由众多投资者的资金组成；（2）投资于有价证券；（3）为分散投资风险，基金必须分散投资于各种证券；（4）由专业人员管理；（5）投资报酬要分配给投资者。

由于共同基金是由专业人员进行管理的，因而投资者不必亲自对外国证券市场的特性进行分析，也不用花费信息成本和交易成本。所以，对大多数个人投资者来讲，投资国际共同基金是进行国际证券投资唯一可行的方式。

四、国际证券组合投资的障碍

尽管每个国家的投资者都可以从国际证券组合投资中受益，但很多国家的投资者都倾向于在本国内进行证券组合投资。这主要是因为进行国际证券组合投资还存在许多障碍，主要包括：

（1）外国证券市场的规模和深度是有限的。许多国家的证券市场无论是市场规模、交易额还是证券种类都很有限，从而限制了国际证券组合投资的顺利进行。

（2）面临外汇风险。由于汇率的不断变动，进行国际证券投资必然面临外汇风险，如果在缺乏保值工具的国家投资，有效地管理外汇风险就变得很困难。

（3）信息和交易成本较高。投资外国证券，特别是那些只在国内挂牌上市的证券，必然要花费大量的信息和交易成本。

（4）实行外汇管制措施。外国政府实行的外汇管制措施会严重影响国际证券组合投资的进行。

（5）存在法律限制。有的国家从法律上限制外国投资者拥有本国发行的证券。

（6）双重征税。对国外投资报酬的双重征税会影响投资者到国外投资的积极性。

本章小结

国际证券投资是指投资者在国际金融市场上购买其他国家政府、金融机构和公司发行的股票、债券或其他证券，以期获得收益的经济行为。国际证券投资主要包括国际股票投资和国际债券投资。

债券和股票根据其现金流的不同特点可以采用不同的模型进行估价。评估债券投资收益的指标有直接收益率、持有期收益率和到期收益率，评估股票投资收益的指标主要指持有期间收益率。汇率的变化对国际证券投资的收益率有重要影响。国际证券投资的风险包括经营风险、违约风险、利率风险、购买力风险、流动性风险、政治风险和汇率风险。

进行全球性的证券组合投资可以更大范围地分散风险，取得更好的投资效果。

思考题

1. 国际证券投资的对象主要有哪些？
2. 国际股票投资和国际债券投资各有何优缺点？
3. 国际证券投资有哪些风险？
4. 国际证券组合投资可以带来什么样的好处？

案例分析

央行释放取消 QDII 及 QFII 审批信号　人民币可自由兑换或进入快车道

中国人民银行日前发布的《中国人民银行年报 2013》披露，进一步扩大合格境内机构投资者（QDII）和合格境外机构投资者（QFII）主体资格，增加投资额度。条件成熟时，取消资格和额度审批，将相关投资便利扩大到境内外所有合法机构。

作为人民币资本项目尚未可兑换背景下的一项过渡性制度安排，QDII 制度设立的直接目的是“进一步开放资本账户，以创造更多外汇需求，使人民币汇率更加平衡、更加市场化，并鼓励国内更多企业走出国门，从而减少贸易顺差和资本项目盈余”，直接表现为让国内投资者直接参与国外的市场，并获取全球市场收益。而 QFII 制度是在资本项目尚未完全开放的国家和地区，实现有序、稳妥开放证券市场的特殊通道。韩国、中国台湾地区、印度和巴西等市场的经验表明，在货币未自由兑换时，QFII 制度不失为一种通过资本市场稳健引进外资的方式。

资料显示，我国QDII总额度已经达到767.93亿美元，参与机构包括商业银行、保险公司、证券和基金公司等金融机构100余家。QFII制度试点自2002年实施以来，目前额度已增加至1 500亿美元，机构总数达到229家。

央行在报告中表示，加快实现人民币资本项目可兑换面临相对良好的国内外条件。从国内看，中国经济实力显著增强，宏观经济环境较为平衡；金融业改革成效显著，金融部门整体稳健，抵御风险能力大幅提升；人民币资本项目可兑换已经取得积极进展，为最终实现可兑换打下了良好基础。从国外看，发达经济体经济复苏趋好，整体上有利于中国推进人民币资本项目可兑换。

不过专家指出，资本项目可兑换进程往往充满波折，如果处理不好，容易带来资本的大进大出，影响经济的稳定性。对此，有关部门应做好制度安排，未雨绸缪，提前防范。

资料来源：http://news.xinhuanet.com/fortune/2014-06/12/c1111113638.htm。

思考与讨论：取消QDII及QFII的审批对我国企业的国际投资和国际融资会产生怎样的影响？

第九章　国际并购投资

学习目标

掌握国际并购的类型，了解国际并购的动因、国际并购的限制因素，掌握国际并购的方式，了解国际并购的估价方法。

第一节 国际并购概述

国际直接投资既可以采用在国外投资设厂的方式，也可以采用收购国外现有企业的方式，即国际并购。近年来，越来越多的国际直接投资采用这种方式，国际并购也是国际企业财务管理的一项重要内容。

一、国际并购的类型

企业进行国际并购可以采取的形式多种多样，按照不同的分类标准可将国际并购划分为不同的类型。

（一）按并购双方产品与产业的联系划分

按并购双方产品与产业的联系划分，国际并购可分为横向并购、纵向并购、混合并购三种。

（1）横向并购。是指处于同一行业、生产相同或类似产品的企业之间的并购，如联想集团对 IBM 实施的并购即为横向并购。

（2）纵向并购。是指处于行业的上、下游或存在生产与销售关系的企业之间的并购，如中国的钢铁企业对国外铁矿石企业实施的并购即为纵向并购。

（3）混合并购。是指经营不同业务或制造不同产品的企业之间的并购，这类并购的目的是从事多样化经营以减少经营风险，这种并购兼具前两种并购类型的特点。

（二）按并购的实现方式划分

按并购的实现方式划分，国际并购可分为吸收合并、新设合并、资产收购和股权收购。

（1）吸收合并。是指一家企业被另一家企业吸收，收购企业保持其名称和身份，目标企业不再作为一个独立的经营实体存在。

（2）新设合并。是指兼并的两家企业都不再以法人的形式存在，而是共同组建一家新的企业。

（3）资产收购。是指收购企业通过购买目标企业的资产实现的收购。这种收购方式可以避免在股权收购方式下由少数股东带来的潜在问题，但这种方式要求进行资产过户，而这一法定程序的成本较高。

（4）股权收购。是用现金、股票或其他证券购买目标企业具有表决权的股票。股权收购可以通过向目标公司股东发出收购要约的方式进行，也可以直接与目标企业股东取得联系，通过谈判、协商达成共同协议，实现目标企业股权的转移。前者为要约收购，后者为协议收购。要约收购可直接在股票市场中进行，受到市场规则的严格限制，风险较大，但自主性强，速战速决。敌意并购多采取要约收购的方式。采用协议收购方式，易取得目标公司的理解与合作，有利于降低收购行为的风险与成本，但谈判过程中的契约成本较高。协议收购一般属于善意并购。

（三）按并购的出资方式划分

按并购的出资方式划分，国际并购可分为现金购买式和股份交易式。

（1）现金购买式并购。现金购买式并购有两种情况：

第一，并购方筹集足额的现金购买被并购方的全部资产，使被并购方除现金以外不再具有持续经营的物质基础，不得不从法律意义上消失。

第二，并购方通过市场、柜台或协商等方式，以现金购买目标企业的股票或股权，一旦拥有其大部分或全部股本，目标企业就被并购了。

（2）股份交易式并购。股份交易式并购也有两种情况：

第一，以股权换股权。这是指并购方向目标企业的股东发行自己公司的股票，以换取目标企业的大部分或全部股票，从而达到控制目标企业的目的。通过并购，目标企业或者成为并购方的分公司或子公司，或者解散并入并购方。

第二，以股权换资产。并购方向目标企业发行并购方自己的股票，以换取目标企业的资产，并购方在有选择的情况下承担目标企业的全部或部分债务，目标企业也要把拥有的并购方的股票分配给自己的股东。

二、国际并购的产生与发展

（一）国际并购产生的原因

国际并购是伴随着国际贸易的发展以及国际企业从商品输出向资本输出发展的一种必然结果。由于各国经济发展的不平衡，企业经营能力的不平衡，再加上地理条件、自然资源、劳动力资源和科学技术进步程度的差异，形成了各国之间的相对优势。这种相对优势可以给一国带来比他国更具优势的产品，从而导致那些资金充裕、技术先进，并希望迅速扩大生产，建立更大市场的企业通过并购途径去兼并、收购那些劣势企业。

从西方国家的经济发展来看，由于受到周期性经济危机的影响，当处于衰退阶段时，游资十分充足，但国内投资收益率较低，为了寻找理想的投资场所和途径，国际企业除了直接在发展中国家投资设厂或创办合资企业外，一条非常有效的途径就是直接并购国外的企业。通过并购，国际企业实现了对市场的控制，对原材料供应渠道、产品销售渠道的控制，从而获取更多利润。

金融市场，特别是国际金融市场的发展，以及并购服务机构的出现，为国际企业并购的实现提供了中间媒介和润滑剂。在并购的过程中，金融机构提供有关并购信息和并购贷款，促使或帮助并购双方达成协议，并协助实施具体并购工作。并购服务机构则提供多方面服务，甚至代表一方进行并购谈判，为并购成功进行协调。因此，国际企业若要成功地实施并购，没有了解目标企业所在国状况的服务机构，没有可提供资金和协助实施交易的金融市场几乎不太可能。

（二）国际并购的发展

国际并购是伴随着国际企业的出现与不断扩大而兴起的。根据《穆迪工业手册（Moody's)》、《穆迪银行和金融手册》等介绍美国公司经营状况的权威性书刊登载，在美国 100 多家大型跨国公司中，进行过国内并购的占 90%以上，进行过国际并购的占 70%以上。可以说，国际并购是国际企业发展与成长的必要途径与方式。随着世界经济一体化的发展，各国的跨国企业出于抢夺市场、争夺原料以及其他目的，大量开展国际并购活动，到目前为止，西方国家已经经历了五次并购浪潮。第一次大规模并购发生在19世纪与20世纪之交，在这个阶段，资本主义正由自由竞争阶段向垄断阶段过渡，这次并购浪潮是为了形成大型企业，以取得垄断地位和规模经济。第二次并购浪潮发生在20世纪20年代的两次世界大战间的经济稳定发展时期，以1928年为高潮，这次并购涉及公共事业、银行、制造业和采矿业，通过这次并购浪潮，加剧了市场竞争。第三次并购浪潮发生在20世纪50年代和60年代的资本主义“繁荣”时期，这次并购涉及范围广，而且改变了企业的组织结构，其主要形式是混合并购。第四次并购浪潮发生在20世纪70年代中期至80年代末，这次并购浪潮处于经济周期的扩张阶段，产业结构面临着由高加工化向高技术化的调整。战略驱动型兼并是其主要特点，表现为集中于相关产品之上的多元化战略，多元化成长并购进入新兴行业；公司重组（扩张、收缩、所有权变更）取代混合并购成为主要形式；强强兼并与“小吃大”并存，并向海外兼并。第五次并购高潮发生于20世纪90年代初期至今。与前四次并购浪潮相比，此次并购大战除了数量多、力度大、金额高、方式新外，其中一个非常突出的特点就是跨国化。1995年、1996年两年年均国际并购数量在2 000起以上，主要涉及美国、加拿大、西欧企业。1998年，全世界发生的公司合并价值达2.4万亿美元，并购事件涉及传统的制造业，如汽车、石油等；一些日新月异的高科技产业，如电信、信息技术和制药等；一些竞争激烈的金融服务业也进行了大规模的并购。

进入21世纪，国际并购进一步发展，并表现出一些新的特征。一是越来越多的国家进入了国际并购的行列。在20世纪90年代，发达国家不论是作为国际并购的母国还是东道国，其并购额基本上占据了全球并购总额的90%。但在近年来，一些新兴国家和发展中国家已意识到国际并购对于巩固自身优势和增强自身竞争力的重要性，也开始通过并购的方式直接进入发达国家市场。2000年，新兴国家和发展中国家国际并购额仅占全球的6%左右，近年来这种比重开始上升，已占到全球并购额的12%以上。在东亚、拉美和加勒比地区，以发展中国家为母国和东道国的国际并购呈上升之势，中国和印度是其中的热点国家。二是大型并购项目所占的比重不断增长，强强联合成为并购的主流。1987年，超过10亿美元的跨国并购案仅有14件，占并购个案总数的1.6%，占并购金额的40%；到2000年，超过10亿美元的跨国并购案已达到175件，占并购个案总数的2.2%，占并购金额的75.7%。这些巨额并购事件对一些行业原有的市场结构和竞争格局产生了巨大冲击。在行业重新“洗牌”的过程中，市场势力的再组合往往格外引人注目，通过强强联合形成超级的经济巨舰以占领和瓜分世界市场成为一种基本趋势。如欧洲几个国家联合组建空中客车公司以应对来自美国航空界的挑战；美国波音公司并购麦克唐纳-道格拉斯公司反过来又与空中客车争夺世界航空市场；日本银行业以合并形式抗衡美国的银行业等。三是越来越多的领域成为跨国并购的方向。近几年，随着制药、汽车和航空等制造业由于多次并购达到较高的市场集中度，制造业领域的国际并购呈整体下降趋势，而电信、石油、保险、电力、天然气与供水、化学及相关产品、零售、电子与电气设备及商业服务等行业的并购却在不断扩大，尤其是保险、银行、金融服务、商业服务等领域的并购交易更是呈明显上升趋势，近年来均超过50%。四是在金融自由化和服务创新的推动下，股权置换逐步成为国际并购特别是国际跨国公司之间并购的主要内容。由于金融自由化程度的提高，金融的创新不仅满足了国际并购的巨额资金需求，而且提供了新的融资方式，这不仅大大降低了并购风险和交易成本，而且加快了国际并购的速度。

（三）我国企业的国际并购

我国企业的国际并购活动起始于20世纪80年代中期。随着我国改革开放的推进，少数有实力的国有企业出于自身发展及国家战略决策的需要，开始到国外收购和兼并外资企业。1984年，中银集团和华润集团联手收购了香港最大的上市电子集团公司——康力投资有限公司。同年，中国国际信托投资公司（以下简称中信公司）开始在美国购买森林以供应国内木材市场。首钢公司于1985年投入340万美元在美国购买了麦斯塔工程设计公司70%的权益。1986年9月，中信公司与加拿大当地企业合资购买并经营塞尔加纸厂。1988年，中国化工进出口总公司成为跨国经营试点企业，陆续进行了一系列对外并购活动，比如并购美国海岸太平洋炼油公司50%的股份以及美国的磷矿和磷肥厂等。1989年，中信公司收购香港电信20%的股份，被《国际金融评论》评为1990年最佳融资项目。1992年，首钢公司收购了美国加州钢厂和秘鲁铁矿等海外企业。1993年，中信澳大利亚公司全资收购了在澳洲经营肉类产品的麦多肉类联合企业。1996年4月，中国国际航空公司以2.46亿美元收购了香港龙航公司38.5%的股份，成为该公司第一大股东。1996年6月，中国华能控股公司以2.14亿美元收购了印度尼西亚的波兰德公司5%的股份。

我国早期的国际并购的主体主要是实力雄厚的国有大型企业，企业海外并购的数量少、规模小，并购目标地区主要集中在美国、加拿大、印度和中国香港等国家和地区，所涉及的行业主要是航空、矿产资源等带有垄断色彩的行业。进入21世纪后，我国企业国际并购活动开始活跃，并购的规模逐步扩大，速度迅速增加。2001年，中国十大并购案中有六起是国际并购行为，交易金额较大，一般都在10～20亿元人民币。同时，中国企业国际并购的目标地区也在扩大，从美国、加拿大、印度以及中国香港地区拓展到欧洲等国家和地区。规模较大的并购集中在石油、矿产资源、家电、汽车和电子高科技行业，并购的领域有从传统制造行业向服务业和高科技产业转移的趋势，国际并购的主体也呈现多元化发展趋势。虽然国际并购仍以国有大型和超大型企业为主，但参与国际并购的中国企业已不再局限于少数国有大型企业，民营企业和乡镇企业成为国际并购的新生力量。2008年世界金融危机以后，一些西方国家的企业陷入困境，资金短缺，资产价格下降，对外资流入放松，为我国企业进行国际并购提供了很好的机遇，2008年以后，我国企业进行国际并购的数量与规模均出现了快速增长。目前，国际并购已经成为我国企业走上国际化道路的一条重要途径。

三、国际并购的动因

现代企业进行国际并购的动因有很多，包括扩展市场势力、限制竞争、加强垄断、追求利润、实行多样化经营、减少企业风险、获取必要的资源、取得生产管理技巧、增强国际竞争能力、替换现有管理人员等。但国际并购的高风险性要求国际企业将并购纳入其发展战略的大视野，在“无国境经营时代”的条件下，确立并购的对象和类型。因此，对国际企业而言，其并购多是立足长期战略的投资行为，而不是以投机为目的的货币游戏。尤其是在竞争性的市场经济条件下，企业战略的核心就在于保证企业的生存并尽力扩大对其他企业的影响与控制。要保证本企业的生存就要防止被别的企业并购；而要扩大对其他企业的影响与控制就要兼并和收购别的企业。因为相对于通过内部投资新建生产能力，并购往往是更加富有效率的扩张方法。从企业战略发展的角度，国际并购的动因主要体现在以下三方面。

(一) 追求协同效应

并购的协同效应也就是并购的规模效益，即并购后，两个企业的总体收益要大于两个独立企业收益的简单相加。国际企业并购的协同效应主要表现在以下四个方面。

1. 经营协同

首先，国际企业通过并购对其资产进行补充和调整，可以使其生产经营达到最优经济规模的要求，保持尽可能低的生产成本；其次，国际企业可以在保持整体产品结构的情况下，实现产品的单一化生产，避免由于产品品种的转换带来的生产时间浪费；最后，并购可以有效地解决由于专业化引起的各种生产流程的分离问题，从而减少生产过程中的环节间隔，降低操作成本。

2. 管理协同

国际企业通过并购可以将其先进的管理理念扩展到更大的范围，改进被并购企业的管理水平，使其控制成本、价格、生产技术和资金来源的能力都得以提高，进而提高经营管理效率，提高国际企业的生存与发展能力。

3. 财务协同

所谓财务协同，主要是指并购给国际企业在财务方面带来的种种效益。这种效益的取得，不是由于生产效率的提高而引起的，而是由于税法、会计处理惯例以及证券交易等内在规律的作用而产生的一种纯资金上的收益。主要表现在以下两个方面：

(1) 通过并购可以实现合理避税。税法对国际企业的财务决策有着重大影响。不同类型的资产被征收的税率是不同的，股息收入和利息收入、营业收益和资本收益的税率也有很大区别。正是由于这种区别，使国际企业能够采取某些财务处理方法达到避税的目的。

(2) 通过并购有较低市盈率但有较高每股盈余的目标公司，可以使国际企业的每股盈余不断上升，从而保持公司股票价格持续上升的趋势。由于并购使股票市场对公司股票的评价发生改变而对股票价格产生的影响，被称为并购的预期效应。当A公司并购B公司时，如果B公司的市盈率低于A公司的市盈率，但每股盈余高于A公司，这说明由于种种原因，市场对B公司的评价偏低。A公司并购B公司的行为将导致B公司市盈率的上升，并进而造成A公司和B公司股票价格的上涨，引起股东财富的增加。

4. 人才技术协同

由于有些高级人才不愿因流动而丧失在原公司中的地位和基础，因此，并购可以使跨国公司获得被并购企业的高级技术人才和管理人才。另外，技术落后的公司可以通过收购技术领先的目标公司以提高自己的竞争能力，技术领先的公司可以通过国际并购使其技术优势得到更大程度的发挥。

（二）满足对成长的追求

并购是国际企业成长扩张的重要途径。20 世纪 70 年代中期以来，西方国家的许多公司就开始通过并购与自身处于不同行业的其他公司来使自己的资产和经营分散化，以此达到生存与发展的战略目的。并购能够有效地减少国际企业进入新行业和新领域所固有的规模要求、资金限制、营销网络劣势和技术劣势等障碍，从而大幅度地减少成长过程中的不确定性，降低公司成长的风险与成本。此外，在某些经验曲线效应明显的领域，并购还能使国际企业充分分享目标公司的累积经验，并由此形成有利的竞争优势。更重要的是，在某些行业，并购没有给该行业新增生产能力，也就是说，短期内出现过剩生产能力和内部竞争结构改变而导致价格战争的可能性大大减少，这对国际企业的成长无疑是一种福音。

（三）满足对市场的追求

人们把公司生产能力及产品数量的扩大称为公司绝对规模的扩大，而把公司市场占有率的扩大称为公司相对规模的增强。市场占有率的扩大意味着公司控制市场的能力增强，而不断扩大的市场将使公司获得某种形式的垄断所带来的巨额垄断利润和持续的竞争优势。因此，对市场的强烈占有欲望也常常使国际企业选择并购这一快速有效的成长方式。

四、国际并购的限制

虽然并购能够对国际企业的发展战略产生积极的影响，但是它的固有限制以及其他因素的负面影响，会抵消一部分有利的作用。这主要表现在以下方面。

（一）并购的固有限制

如前所述，并购是一种通过调整内部生产要素从而获取配置效应的企业行为，但并不是两个企业的任意组合就能够产生协同效应，在有些时候，国际企业无法寻找到合适的并购对象。从社会角度看，并购并没有增加生产能力，社会生产能力的增加只有靠内部投资才能实现。此外，在有的行业，尤其是技术和设备更新变化较快的行业，经验曲线的效应并不明显，企业只有通过内部投资才能赶上生产技术的最新发展。因此，并购并不能完全替代内部投资，只是在某些情况下能够提高国际企业在成长发展方面的效率。

（二）并购的交易成本

在并购活动中，主要的成本除了支付给目标公司的收购价格外，还包括支付给经纪人和投资银行的交易费用。这些费用通常极其高昂，往往占所并购资产价值的 3%～4%。高昂的交易费用抵消了部分并购的好处。

（三）并购的风险

风险自古就与报酬共存，而且报酬越高，风险越大。并购虽然能给国际企业带来巨大的收益，但同时也是一项高风险的市场行为。这种风险主要来自四个方面：

（1）法律诉讼风险。各国都有对并购的相应法律条文规定，一方面保护被并购企业的利益，另一方面也防止垄断的出现。国际企业操作稍有不慎，即可招致诉讼。

（2）如果不能获得足够的控制权，就不得不低价处理已购买的证券，因此会遭受巨大损失。

（3）并购完成后，目标公司不能很好地被管理与融合，从而达不到预期的并购效果。

（4）国家风险。国际并购作为一种国际直接投资方式，会受到国家政局的动荡、国家政策的变化等的影响而遭受损失。

第二节　国际并购方式

任何进行跨国并购的国际企业都必须在决策时充分考虑采用何种方式完成并购，而不同的购买方式又不仅仅是支付方式的差别，因此，国际企业必须充分认识不同并购方式的差别，并依据具体的条件做出正确的选择。一般来说，国际企业可采用现金并购、股票并购和杠杆并购三种方式。

一、现金并购

就一般意义而言，凡是不涉及发行新股票的并购都可视为现金并购，包括国际企业直接发行某种形式的票据完成并购。在这种情况下，虽然目标公司的股东得到了某种形式的票据，但其中丝毫不含有股东权益成分，只表明是对某种固定的现金支付而进行的特殊安排，或是某种形式的推迟的现金支付。从国际企业的角度来看，则可视为一种直接由目标公司股东提供的资金融通。

（一）现金并购的特点

（1）目标公司股东失去所有权。现金并购是一种单纯的购买行为，它由国际企业支付一定数量的现金，从而取得目标公司的所有权。而目标公司的股东一旦得到了拥有股份的现金支付，就失去了对目标公司的所有权。

（2）涉及目标公司所在地的税务管理。目前，世界上绝大多数国家都认为，公司股票的出售变化是一项潜在应税的事件，它涉及投资者的资本损益。如果目标公司股东实际取得资本收益，则需支付资本利得税。因此，进行现金并购时必须关注目标公司所在地的资本收益税负。

（二）现金并购的分期支付

虽然在现金并购过程中，资本利得税是无法免除的，但可以通过分期兑现的方法减轻税负。假设A、B两家公司同时欲收购美国一家公司，美国公司股东的平均持股成本为50美元/股，两家公司对目标公司的报价均为160美元/股，假设税法规定的资本利得税税率为30%，且可享受平均每股10美元的年度免税额。A公司报出的支付方式为一次性支付，B公司报出的支付方式为分10年付清。两种不同支付方式下的资本利得税计算如表9—1所示。

表9—1　　应纳税额计算　　单位：美元

A公司		B公司	
出价：	160	出价：	160
股本成本	50	股本成本	50

续前表

A公司		B公司	
年度免税额	10	10年免税额	100
应税收益	100	应税收益	10
应纳税额	30	应纳税额	3

由此可见，采用延期或分期支付的方式与采用一次性支付相比有两个很明显的特点：一是可以减轻现金并购给国际企业带来的短期内大量现金需求的负担；二是可以给目标公司股东带来税收利益，他们可以根据推迟的现金支付来安排其收益，从而支付较少的税额。当然，目标公司股东是否愿意接受延期或分期支付方式还取决于因延期支付而丧失的资金时间价值的大小。

（三）现金并购方式需考虑的其他问题

现金并购需要收购方短期内支付大量的现金，势必对企业的资产流动性产生较大影响。国际企业采取此种方式进行国际并购时必须考虑自身的支付能力，主要包括以下三个方面：

（1）国际企业的短期流动能力。现金并购要求国际企业在确定的日期支付一定数量的货币，因此，有无足够的付现能力应是国际企业首要考虑的问题。

（2）中长期的流动能力。这是从较长期的观点来看待现金并购。国际企业应考虑现金的回收率及回收年限，防止出现因并购而导致的中长期偿债压力。

（3）货币问题。这是指国际企业要考虑自己拥有的货币是否是可直接支付的货币或可自由兑换的货币，将来回收的货币是否为可自由兑换的货币。

二、股票并购

股票并购是指国际企业通过增加发行本企业的股票，以新发行的股票替换目标公司的股票来完成对目标公司的并购。显然，国际企业不需要支付大量现金进行并购，而并购完成以后，目标公司的股东也不会因此而失去对公司的所有权。

（一）股票并购与反向并购

由于在股票并购中，目标公司的股东仍保留自己的股权地位，因此，如果一家公司通过股票并购来收购另一家股权集中的公司，则可能会产生控制权转移的情况，即被并购公司的股东通过股票并购取得了对并购公司的主导控制权，这就是通常所说的反向并购。反向并购只是公司并购中的极端现象，但它说明了通过发行股票完成的并购会给并购方带来较大影响。新发行的股票改变了原有的所有权比例，冲淡了原有股东的所有权，甚至可能使原有的股东丧失对公司的控制权。

（二）股票并购需考虑的其他问题

一般来说，股票并购决策要比现金并购决策复杂得多，至少需要考虑以下问题：

（1）股权结构。由于股票并购方式的一个突出特点是对原股东所有权比例的影响，所以，国际企业必须确定主要股东在多大程度上可以接受股权的变化。

（2）每股盈余和每股资产。如果目标公司的盈利状况不好，或是要求支付的价格较高，增发新股可能会对每股盈余产生不利影响。另外，新股的发行也可能会减少每股所拥有的真实资产数量，对股价产生不利影响。对于这些因素，国际企业在进行股票并购时都必须予以考虑。

（3）当前股价。对大多数并购来说，当前股价是并购方决定采用股票并购还是现金并购的一个主要因素。如果国际企业的股票价格处于较高水平，新股对接受者的吸引力将增大；否则，目标公司股东不愿持有，并购有可能失败。

（4）外国股权限制。对跨国并购来说，有的国家对于本国居民持有外国公司或外币的所有权证券实行限制，也有的国家不允许外国公司直接向本国居民发行新股。所以，国际企业必须考虑并购过程中的法律障碍。

（5）股息或货币限制。如果并购方要向其他国家的居民发行本公司的股票，就必须确认本国政府在现在或将来都不会限制股息的支付或外汇的支付，而目标公司的股东在决定接受并购方的股票之前，也必须考虑此问题。

（6）上市要求。在股票并购中，新发行的股票可能要在当地证券交易所上市，或被要求在外国交易所上市，因此，国际企业必须遵循当地有关信息公开要求的管理规定，可能不仅要公开在当地的经营状况，也要公开在本国或其他国家的状况。对此，国际企业必须考虑是否愿意提供材料，考虑信息公开对公司产生的各种影响。

三、杠杆并购

杠杆并购（leveraged buy out，LBO）是指并购方通过举债获得目标公司的股权或资产，并用目标公司的现金流量偿还负债的并购方式。一般做法是由并购方专门设立一家直接并购公司，再以该公司的名义向银行借款，并以借贷的资金完成并购活动。由于这种做法只需以较少的资金代价即可完成，故称为杠杆并购。

（一）杠杆并购的特点

杠杆并购的突出特点是并购方无须投入全部资金即可完成并购。一般而言，在并购所需的全部资金中，并购方自己的资金只占并购资金总额的10%～15%，银行贷款占总额的50%～70%，发行债券筹资占20%～40%。并购完成后，并购方一般会把目标公司的资产拆分并变卖，以偿还并购所借款项。由此可见，杠杆并购风险很高。杠杆并购中所需的大量资金是靠借贷得到，并购完成后要出售目标公司的部分资产以偿还因并购产生的债务。如果目标公司的资产无法顺利出售，就会影响并购方的支付能力。此外，如果利率上涨，就可能会使并购方产生难以支付利息的情况。因此，一旦条件发生不利变化，并购方可能会因收支无法平衡而无法偿还债务，从而面临倒闭的危机。

（二）实施杠杆并购的条件

杠杆并购与一般并购的不同之处在于，并购方在并购中引起的负债主要由目标公司的资产或现金流量来支持或偿还，并购方的资金在其中只占很小的一部分，因此，并购后能否偿还债务便成为并购成功与否的关键。

一般来说，成功的杠杆并购应具备以下条件：（1）公司管理层有较高的技能；（2）长期负债不多；（3）市场占有率高；（4）现金流量比较稳定；（5）公司经营计划与战略完整合理；(6) 目标公司实际价值远远高于账面价值。

由于杠杆并购有着较高的风险，国际企业在实行杠杆并购时一定要谨慎，必须有周详的规划与准备，包括确定公司的目标，检查并购的动机是否符合公司长期的发展战略，界定公司的实力与并购预算，对资金来源预作安排等。

第三节 国际并购估价简介

并购是一项复杂的经济行为，其间涉及的关系和问题众多，法律问题、政府问题、人员安排等都是难以解决的棘手问题。在并购的协商过程中，并购的价格问题是并购双方最为关心的，目标公司价值的评估是国际并购中最为重要的财务问题。

一、并购估价的基本方法

如前所述，国际企业进行并购的目的与动因多种多样，与并购的目的相适应，国际企业在进行目标公司价值评估时的方法也有所不同。常用的目标公司估价方法包括成本法、市场比较法和收益法。

(一) 成本法

成本法是根据目标公司的成本价值确定并购价值的方法。这种估价方法适用于国际企业意欲购买目标公司某项资产或其他生产要素的情况。常用的计价标准有以下三种：

(1) 清算价值。即并购后目标公司不再存在时其资产的可变现净值。

(2) 净资产价值。即资产总额减去负债后的目标公司所有者权益的价值。

(3) 重置价值。即将历史成本标准换成重置成本标准，以资产现行成本为计价基础的价值。

成本法对目标公司有形资产净值的估算是并购后再行出售目标公司时的最低价格，国际企业由此可以衡量并购的风险；此外，成本法下的价值估算适合向银行融资，尤其是那些偏好以资产为抵押的融资机构。但成本法对不同种类的资产需要使用不同的方法，计算较为烦琐。另外，对无形资产价值的评估也是难点之一。

(二) 市场比较法

市场比较法的前提是资本市场至少达到半强式有效的状态。在市场有效的假设之下，股票价格基本上反映了投资者对目标公司未来现金流量与风险的预期。市场比较法就是参照类似公司的市场价值估算目标公司的价值，计算较为简单且资料真实，可信度较高。

由于在市场上很难找到与目标公司完全相同或相似的公司，因此在采用市场比较法时往往需要找到一个可比的指标，以此指标为基础对参照公司的市场价值进行调整，从而得到目标公司的评估价值。根据采用的可比指标，市场比较法又包括市盈率法、市净率法和市销率法。

(1) 市盈率法。这种方法假定目标公司和参照公司有着相同的风险和盈利模式，因此它们在竞争的市场上应该有相同的市盈率，根据参照公司的市盈率及目标公司的盈利能力即可估计出目标公司的价值。

(2) 市净率法。这种方法假定目标公司和参照公司有着相同的市净率，因此可以根据参照公司的平均市净率来确定目标公司的市净率，并结合目标公司的账面价值估计其市场价值。

(3) 市销率法。市销率是公司的市场价值与年销售收入的比值。这种方法根据参照公司的平均市销率来确定目标公司的市销率，并据此评估目标公司的价值。

市场比较法更多地依赖一个效率良好、发育完善的市场。由于发达国家的资本市场比较成熟，如果目标公司处于这些国家，可以考虑优先采用市场比较法对目标公司进行评估，但对一些处于经济落后国家的公司进行并购时，这种方法可能会受到市场条件的限制，故难以应用。

(三) 收益法

成本法和市场比较法均没有考虑并购后产生的综合效应，因此并不能合理地反映目标公司对并购方的价值。并购作为企业的一项投资，目的是获得未来的收益，因此对于并购方来讲，目标公司的价值应该取决于并购完成后目标公司给其带来的收益，目标公司的价值应该等于未来收益的现值。因此，收益法是评估目标公司价值最常用的方法。国际并购中的收益法主要是通过对并购后目标公司现金流量的估算并通过折现计算出目标公司的价值，即现金流量折现法，这也是本节重点介绍的国际并购估价方法。

二、现金流量折现法在国际并购估价中的应用

现金流量折现法是资产价值评估的一种重要方法，其基本原理是：资产价值等于以投资者要求的必要投资报酬率为折现率，对该项资产预期未来的现金流量进行折现所计算出的现值之和。

(一) 估价模型

根据现金流量折现法的基本原理，目标公司的价值等于其未来持续经营期间所产生的现金流量的现值。现金流量折现法的基本模型用计算公式表示为：

$$V=\sum_{t=1}^{n}\frac{CF_t\times e_t}{(1+k)^t}$$

式中，V——目标公司的评估价值；

CF_t——目标公司第 t 期产生的现金流量；

e_t——以本国货币表示的目标公司所在国货币在第 t 期的预期汇率；

k——折现率；

n——预计的经营期限。

(二) 模型应用过程中需要注意的问题

国际并购的估价与国内并购的估价从原理上并没有区别，但由于国际并购较国内并购更为复杂，需要考虑的因素较多，故在将现金流量折现法运用于国际并购的估价时需要注意以下方面。

1. 现金流的估计

从理论上来讲，并购方通过海外并购取得了目标公司的所有权，并购流入的现金流应该是目标公司在完成并购后的股权自由现金流量。但是由于受到税收制度、利润汇回管制等限制，并购方并不能自由地将国外子公司的现金流量汇回国内，因此现金流量的估计需要考虑上述限制因素的影响。

目标公司未来的现金流量不仅取决于目前的现金流量，更与并购方完成收购以后对目标公司的改造和管理有关。因此，现金流量的预测应该考虑并购的目的，结合并购方对目标公司准备实施的改造计划，面向未来进行估计。

2. 折现率的确定

折现率是投资者对投资要求的报酬率，它取决于投资项目的风险和投资者的资金机会成本。国际并购由于被并购方处于其他国家，投资的风险较大，确定折现率时应充分考虑各种风险因素，故其折现率一般大于国内投资的折现率。而投资者的资金机会成本是其在资本市场上投资于类似风险项目可以获得的合理的收益率，考虑到并购方一般为跨国企业，其资金来源与投资地域比较复杂，资金机会成本的确定应该考虑其资本来源和投资渠道，选择该项资金在国际资本市场上同等风险下的最佳收益。

三、国际并购的价值分析

国际并购作为一种直接投资的方式，根本的目标仍然是为公司创造价值，增加股东的财富。因此，国际并购的决策依据是并购是否能够带来正的净现值。并购的净现值等于购并后的公司价值减去并购的总支出。

并购能否产生净现值，关键取决于并购是否能够产生协同效益。即并购后，两个企业的总体价值要大于两个独立企业价值的算术和。因此，国际企业的并购决策可以通过计算并购协同效益来进行。

假定 A 企业准备并购 B 企业。A 企业的价值是 V_A，B 企业的价值是 V_B，A、B 企业联合后的价值（V_{AB}）与两企业单一价值之和的差额即为并购产生的协同效益，其表达式为：

$$协同效益=V_{AB}-(V_A+V_B)$$

协同效益可用采用以下现金流量折现模型计算：

$$协同效益=\sum_{t=1}^{n}\frac{\Delta CF_t}{(1+k)^t}$$

式中，ΔCF_t——联合企业相对于单一企业在第 t 期现金流量的增额；

k——增量现金流适用的折现率；

n——并购后企业的寿命。

并购的协同效益是并购产生的新增价值，但并购能否给并购方带来正的净现值还取决于并购的成交价格。但是，在竞争的市场上，并购的成交价格不应该低于目标公司现有的价值。因此，并购的协同效益是带来正的净现值的前提和基础，如果并购没有协同效益或协同效益为负，一般不可能为并购方带来正的净现值。

本章小结

国际并购按并购双方产品与产业的联系可分为横向并购、纵向并购和混合并购；按并购的实现方式可分为吸收合并、新设合并、资产收购和股权收购；按并购的出资方式可分为现金购买式并购和股份交易式并购。国际并购主要的动因有：追求协同效应、满足对成长的追求、满足对市场的追求。国际并购的实现方式包括现金并购、股票并购和杠杆并购。国际并购常用的目标公司估价方法包括成本法、市场比较法和收益法。

思考题

1. 国际并购的主要动因有哪些？
2. 国际并购的实现方式有哪些？
3. 杠杆收购有什么特点？
4. 并购估价的基本方法有哪些？

案例分析

联想收购 IBM 回顾

联想集团公司是一家极富创新性的国际化科技公司，由联想公司及原 IBM 个人电脑事业部所组成。联想公司主要生产台式电脑、服务器、笔记本电脑、打印机、掌上电脑、主板、手机等商品。从 1996 年开始，联想计算机销量一直位居中国国内市场首位，近几年更是发展迅速，2011 年跃居世界计算机销量第二位，年营业额为 296 亿美元。

2004 年 12 月 8 日，当时在中国个人计算机市场占有近 30%市场份额的联想集团宣布，以 12.5 亿美元的现金和股票收购知名品牌 IBM 的全球台式电脑和笔记本电脑业务，此外，还有 5 亿美元的净负债转到联想名下，交易总额达到 17.5 亿美元。届时，IBM 将持有联想集团 18.9%的股份，成为联想的第二大股东。此次联想收购 IBM 全球 PC 业务，组建起了继戴尔、惠普之后的世界第三大个人计算机厂商，并使联想在当时的个人计算机业务规模基础上增长 4 倍。这一具有历史意义的交易，将对全球 PC 业产生深远的影响。

一、收购动因

对于 IBM 而言，出售 PC 业务的动机主要有以下几个：

1. PC 产业已经度过了它的黄金时期，就在 2004 年底，高德纳咨询公司发布了警示，从 2005 年开始，全球 PC 市场将进入为时 3 年的低迷时期。由于 PC 制造商将部件标准化，从网络端口到键盘，几乎所有的计算机都是用同样的组件制造并按同一方式工作的，一些相互竞争的品牌有时是在同一亚洲工厂中制造出来的。因此，公司从单一制造商那里购买设备已经变得不太重要，价格战随之爆发。IBM认为继续留在资本集约和高度风险的PC产业中再也没有什么意义了。实际上，IBM多年来一直在撤退。在1999年，IBM停止在零售商店中销售计算机。2002年，公司外包了大量的PC制造业务。并购前，IBM在北卡罗来纳州的罗列的PC业务集中地仅有2 000名员工，还不到公司员工的1%。

2. IBM的PC业务连年亏损，已失去金字招牌的光彩，变成了一个沉重的包袱。IBM于1981年率先打开个人计算机市场，直到1994年之前，IBM一直是个人计算机领域的领头羊。但从那以后，个人计算机销售额不断下滑，亏损有增无减。到1998年，个人计算机业务的亏损达到了9.92亿美元。2003年和2004年，PC业务收入约占IBM总业务收入的10%，已不再是IBM的核心业务。同时，PC业务一直在亏损，2004年税前亏损0.1亿美元，毛利率为−0.1%，2003年税前亏损3.49亿美元，毛利率为−3.7%，为所有部门亏损之最。盈利始终是上市公司的目标，IBM卖掉个人计算机业务既可以让损益表的亏损减少，又把不值钱的个人计算机品牌换成对一家将有更高成长率的个人电脑公司的部分持股，这的确是个好投资。

3. IBM正转变为更多地从事服务和软件业务，而不是硬件。自20世纪90年代组织改造后，IBM完成战略转型，重新定位，不再以计算机硬件公司自居，而是为顾客提供完整的解决方案，因此IBM积极进入顾客服务领域，成立全球服务部门，扩大软件的服务。至此之后，IBM销售的成长几乎全部来自服务和软件部门，并且它们逐渐成为IBM的优势。如今客户的需求正在转移，具体表现在他们的需求从零散的系统转为业务解决方案，从各自独立运作转向整合的基础设施，从专属转向开放的标准，从维护信息系统运营转向更加专注于业务创新，从手工操作变为自动化和自感式方向发展。在这样的趋势下，剥离PC业务后，IBM将战略重点放在更高价值的领域，IBM将直面市场和客户需求的变化趋势，进一步加强系统科技、软件和服务方面的能力，提升核心竞争力，帮助客户实现价值。

联想收购IBM的动机分析：和其发展战略有关。概括起来，那就是扩大规模，提高核心竞争力，通过走国际化的道路促进公司的发展。

2004年以前，联想制定了多元化的经营战略，但中国市场的严酷事实让联想尝尽了苦头，多元化经营的失败也让联想清醒地认识到发展还是要有自己的核心业务——PC业务。但是国内市场竞争激烈，联想意识到必须走出国门寻找新的增长点。事实上，国内竞争激烈，国外市场进入缓慢，这是中国企业普遍面临的问题。在严峻的现实前面，联想选择了一着险棋，以12.5亿美元的代价并购了IBM的PC业务。虽说是险棋，但也是高明之举。试想一下，如果联想不并购IBM的PC业务部门，而是按照当时的路走下去，虽然中国PC市场在全球市场一枝独秀，在未来的一段时间内会保持高速增长，但是市场竞争也是非常激烈的，低端市场有国内厂商价格血拼，高端市场有欧、美、日各大品牌不可动摇的优势，联想一不能像新天下集团那样控制成本，二没有国外品牌的研发实力，当中国市场逐渐开放之后，联想面临的路会越来越窄。而国外市场更是联想无法触及的梦想，联想一没有核心技术，二没有营销渠道，用什么去扩展国外市场？

而IBM有联想梦想拥有的一切，技术、渠道、研发能力、一流的管理团队等，并且IBM在国内市场几乎很少有跟联想重叠的业务，而联想产品涵盖的范围确实会对IBM本身的营销带来很大的风险，很可能会将IBM一些老客户推向竞争对手。IBM的PC业务在运营体系上已经非常成熟，联想明智地选择了让IBM的品牌独立，请IBM的资深副总裁来担任CEO，从目前的情况来看，联想是抱着一种尊敬和学习的态度切入到IBM现有业务中。如果两者顺利融合，联想在研发、品牌、渠道等各方面将会发生质的飞跃，而IBM也会给联想在管理方面带来巨大的改变，这样的联想才是真正的世界性的PC巨子。

二、收购过程

2004年12月8日，联想集团召开新闻发布会，宣布收购IBM公司PC业务部门。此次联想收购IBM的PC业务部门的实际交易价格为17.5亿美元，其中含6.5亿美元现金、6亿美元股票以及5亿美元的债务。联想将通过公司内部现金和向银行贷款来筹集现金。在股份收购上，联想会以每股2.675港元向IBM发行包括8.21亿股新股及9.216亿股无投票权的股份。本次收购完成后，联想将成为全球第三大PC制造商，年收入规模约120亿美元，进入世界500强企业之列。新公司管理层的安排是：IBM高管沃德出任联想集团CEO，杨元庆改任董事长，柳传志退居幕后。新联想总部设在美国纽约，员工总数达19 000人（约9 000人来自IBM，约10 000人来自联想集团）。在北京和罗利（美国北卡罗来纳州）设立主要运营中心。新公司的股权结构为中方股东——联想控股将拥有联想集团45%左右的股份，IBM将拥有18.5%左右的股份。联想与IBM在2003年合并出货量总额约为1 190万台，2003年合并年收入超过120亿美元。

三、收购分析

收购IBM给联想的发展创造了优势。

对于联想而言，并购IBM公司的PC资产意味着公司在国际扩张的道路上取得了重大突破。凭借其当前2.2%的市场份额，以及IBM 5.5%的份额，联想将一举成为全球第三大PC制造商。中国企业从该交易中看到的绝不仅仅是“蓝色巨人”带给联想的个人计算机业务，而是联想已成为首家收购全球驰名品牌的中国国有控股公司，而且与此前中国公司的多数跨国交易不同，联想收购IBM的业务，不是因为政府的命令或收购自然资源的宏观经济需求。对中国企业来说，这首先在心理上是一次信心跳跃，联想和IBM之间的这笔交易可能会是中国并购市场一个新时代的开端。

联想与IBM的博弈不是简单“收购”式的买卖行为，而是各自企业战略的一部分，是两个企业之间的战略合作，这种强强合作的形式，可以互相促进，各取所需，这种合作将产生强大的品牌优势和多样化的产品。

四、进展情况

在收购IBM个人计算机业务之后，对IBM计算机之前不赚钱的原因，杨元庆进行了深入分析：IBM是一个服务导向型公司，讲究产品的高投入、高回报，而现在的个人计算机产业已经到了效率制胜的时候，IBM此前的模式注定要不断碰壁。联想个人计算机毛利在14%左右，而IBM同类产品的毛利则达到了24%，最后亏钱是因为公司费用高、摊子大。此外，要想达到高效率，还必须有产品规模。在现有商务模式下，IBM仅仅关注大集团客户，覆盖不到中小型用户，产品生产难上规模，在与戴尔等对手竞争中吃尽苦头。找到了病因，杨元庆很快为新联想找到了盈利药方，且不久就见到了效果。

联想在国际化进程中的表现令人欣喜。在并购IBM公司的PC业务后，联想通过强化产品组合和客户群、拓展全球行销网络以及积极的市场推广策略，不仅打消了人们在并购初期的疑虑，而且实现了业绩的增长，应该说是国内企业全球化的一个典范。特别是其高超的品牌宣传和营销策略，在助力联想由一家本地化公司成长为全球性企业的过程中发挥了巨大的作用。联想擅长通过活动推广其品牌，在延续这一策略的基础上，联想通过一系列的海外推广和广告宣传，成功实现了“Lenovo”品牌的海外上市。在整合、消化IBM个人计算机品牌和渠道资源的进程中，联想的双品牌策略不仅得到了业界的认同，而且通过市场互补有效地促进了终端销售，可以说，上述的广告、宣传、营销策略的结合，是联想创新理念的核心，也是拉动销售增长的关键。在越来越多的国内企业通过收购、合并等方式进入国际市场的今天，联想的做法值得称道。观念的转变首当其冲，在保留Thinkpad等高端品牌原有的产品设计和广告宣传的同时，联想结合国际化的产品组合和市场布局为“Lenovo”品牌注入了一系列全新的品牌元素，从而迅速确立了新联想的国际化形象，完成了从本土公司到国际化企业的转变。这对于那些谋求以市场换技术、以国内换国际的传统的本土厂商，是一个很好的启示。

人们在联想并购后不久新推出的X41T笔记本电脑上，就已经看不到IBM的身影了——ThinkPad前面少了IBM。随后，联想新CEO沃德宣布提前放弃IBM品牌的使用权，让“世界一起联想”的口号已被拿出来阐释联想的未来之路。

资料来源：http://www.mofcom.gov.cn/aarticle/difang/anhui/201212/20121208504238.html。

思考与讨论：联想并购IBM为什么能够成功？

第十章　国际营运资金管理

学习目标

了解国际营运资金管理的内容，理解国际营运资金管理的目标，掌握国际营运资金管理需要考虑的环境因素，掌握国际企业现金管理、应收账款管理、存货管理的内容及方法，掌握国际企业营运资金的流量管理。

第一节　国际营运资金管理概述

营运资金管理是国际企业财务管理中至关重要的一环。由于国际理财环境的复杂性和特殊性，与单纯的国内企业相比，国际企业在营运资金管理方面要更多地受汇率波动、外汇管制和税收等因素的影响，这就要求国际企业的财务人员在营运资金管理方面必须具备较强的风险意识和较高的应变能力。同时，由于企业的销售增长与营运资金的融通之间的密切关系，以及营运资金自身的流动性和易变性，财务人员必须在营运资金的管理上花费大量的时间和精力。因此，营运资金管理在财务管理中具有特别重要的地位，对国际企业来说更是如此。

一、国际营运资金管理的内容

关于营运资金的定义存在着两种口径：一是毛营运资金，是指企业的流动资产总额，包括现金、短期证券、应收账款、存货等项目；二是净营运资金，是指流动资产减流动负债后的净额。在本章，我们采用毛营运资金的概念，针对营运资金各项目，研究具有国际企业特点的各种管理方法和技巧。由于流动负债管理属于企业融资中的内容，故此处不再赘述。

国际营运资金的管理包括两方面内容，即营运资金的存量管理和营运资金的流量管理。

营运资金的存量管理着眼于各种类型的资金处置，目的是使现金余额、应收账款和存货处于最佳的持有水平。在国内企业中，存量管理的一般原则是，以最少量的营运资金从营业活动中获得最大的边际收益。国际企业的管理原则与之类似，但国际商业环境的复杂性决定了国际企业必须立足于全球制定其发展战略，即必须将其资源在全球范围内进行最有效的配置，以实现全球经济效益的最大化。因此，从这个意义上说，国际企业对营运资金存量的管理与国内企业的立足点是不同的。

营运资金的流量管理着眼于资金从一地向另一地的转移，其目的是使资金得到合理的配置，确定最佳的配置地点和最佳的持有币种，以避免各种可预见的风险和损失。

一般来说，在统一、开放的国内市场中，企业营运资金的管理重点是存量管理，因为单一的国内市场中不存在汇率、通货膨胀率、市场收益率以及税率等诸多因素的差别，企业的营运资金基本上不存在安置地点和持有币种的问题，所以对营运资金流量的管理处于相对次要的地位。而国际企业则不同，营运资金的流量管理是回避风险的必要手段和有效途径，这也是由国际理财环境和国际企业的特点所决定的。

二、国际营运资金管理的目标

国际营运资金管理的目标主要受国际企业战略目标的影响。由于不同的国际企业具有不同的竞争战略，同一国际企业在不同时期也具有不同的竞争战略，因此它们的营运资金管理目标有所差异。不同的国际企业或同一国际企业在不同的发展时期，其战略目标是不同的，因此营运资金的管理目标也必然存在差异。

美国的一些学者在对579家跨国公司的联合国际调查中得到有关营运资金管理方面的信息。调查结果显示，保证销售、降低流动资产余额、投资决策最优化、提供可用资金等都可能成为国际企业营运资金管理的目标。其中一半以上的公司经理认为必须提供必要的现金、应收账款、存货及短期信用以保证预期销售目标的实现，即保证销售扩大是营运资金管理最主要的目标。这也表明了营运资金管理的积极作用，它可以直接有利于公司业务的扩大。另外，还有相当一部分经理认为尽可能降低现金、应收账款和存货的余额即流动资产余额最低化是营运资金管理的主要目标。除此之外，还有种种其他看法。

尽管不同的国际企业对营运资金的管理提出不同的要求，但无论其最终目标怎样，国际营运资金管理的直接目标可以概括为：通过资金在全球的合理流动和有效配置，实现各种流动资产持有水平的最优化，保证企业营运资金管理最终目标的实现。

三、国际营运资金管理必须考虑的环境因素

由于国际理财环境与国内理财环境的差别，国际营运资金管理必须考虑以下环境因素。

（一）外汇暴露风险

汇率风险是企业进行国际化经营所要承担的一种风险，如果一个企业的外汇账户留有开放的头寸，那么就存在着外汇暴露风险。因此，对货币头寸的管理就成为了国际企业营运资金管理的一项新内容。

从理论上说，外汇货币头寸产生的风险可以通过外汇的远期交易等方式消除掉，但各种外汇风险管理的措施均会产生一定的成本，如果管理者认为成本太高或存在投机心理，往往会留有一定的开放头寸。由于汇率的变化具有不确定性，外汇货币头寸未来的确切收入无法确定。国际企业进行营运资金管理时必须充分考虑外汇暴露风险因素，努力避免有重大风险的头寸，以缓解风险。

（二）资金转移的时滞

国际企业的资金转移是跨国界、跨币种的，所以资金转移问题要比国内企业严重得多。国际商业实践证明，资金转移延迟现象普遍存在，有的延迟几天，有的延迟达几星期，尤其是在最后付款和转换币种过程中，时滞常常发生。因此，国际企业必须考虑建立多种支付渠道，以应付各种不同类型的资金转移时滞。

（三）政府政策限制

国际企业在经营过程中必然与多国政府打交道，因此必须对相关国家的经济及政治情况和有关政策给予高度的重视，并认真分析研究，及时做出决策。对营运资金管理有直接影响的政策包括：

（1）外汇管制。外汇管制会直接影响资金转移的及时性，从而影响到营运资金管理的有效性。因为外汇管制限制了资金的自由流动，会制约国际企业通过资金转移实现整体利

益的最大化。更为严重的是，如果国际企业内各实体之间已形成了资金信贷的完善的连环系统，那么外汇管制会使这一连环系统的正常运转受阻，破坏性较大。

（2）税收政策。各国的税收政策在调节经济方面都具有不可忽视的作用，与外汇管制相比，它的弹性更大。如果政府想限制资本流出，可以采用课以重税的方式。另外，税制结构的复杂性和各国税法的日趋严密，都促使国际企业必须对各国税收政策的影响充分考虑。

（3）其他政策。政府的其他政策包括对股利汇付的限制、对跨国公司内部付款提前或延迟的限制、对转移价格的限制、对债务比率的限制等。国际企业必须了解这些政策规定，在营运资金管理中加以考虑，以避免因政策限制带来的风险。

第二节　国际营运资金存量管理

国际企业营运资金存量管理和国内企业基本相似，但在实践中，前者则要复杂得多，这是由国际理财环境与国内理财环境的差异决定的。本节主要研究在国际理财环境下，现金管理、应收账款管理和存货管理的特殊方法和技巧。国内企业营运资金存量管理的各种方法和技巧在这里依然适用。

一、现金管理

（一）现金管理的内容

在国际企业的理财活动中，现金应被予以高度的重视。这里的现金是指现金及现金等价物，包含备用金、银行活期存款、各种存单及有价证券等营运资金项目。其特点是流动性极强，但盈利性较差。

国际企业在现金管理方面至少要考虑以下几个问题。

1. 现金持有方面的问题

（1）持有形式。是指现金余额在现钞、活期存款、存单及有价证券等持有形式之间如何分配的问题。虽然国内企业现金管理中也存在这一问题，但国际企业情况更为复杂，因为各子公司持有的这些项目的数量和组合会因各东道国的金融市场情况而异。这就需要对各东道国的金融市场情况有充分的了解，这样才能做出正确的决策。

（2）持有时间。是指各种形式的现金持有多久的问题。应视国际企业子公司的环境和具体情况而定。

（3）持有币种。是指国际企业现金管理中持有何种货币的问题。正是因为国际企业的分支机构遍及全球，必须处理多种货币，而各种货币币值高低起伏，汇率波动很大，所以国际企业面临很大的风险。但同时也提供了特有的机遇，如何抓住这一机遇，回避风险，是财务部门应考虑的问题。

2. 现金转移方面的问题

从国内企业的角度看，现金转移过程仅涉及转移成本和利息损失，但从国际企业的角度看，资金在转移过程中还面临着汇率风险。因此，国际企业必须考虑设计符合全球业务活动需要的现金转移网络，以便能从企业整体利益出发，统一调度现金，使风险降至最小。

（二）现金管理的目标

与国内企业类似，国际企业现金管理的根本目标在于确定投资于现金的最佳水平，具体地说，就是在企业资金使用最优化的前提下使企业持有的现金数量最小化。

西方学者认为，企业持有现金往往出于三种动机，与此相联系的管理又有各自的目标。

（1）交易动机，即持有现金以应付预期的日常需求。与此相联系的管理应该是现金预算，其目标是更准确地预计日常现金的流出、流入规模和变动因素。

（2）谨慎动机，即持有现金以防止未预期的现金流量变化。这时相应的管理目标该是注重信息的及时性和全面性，注重企业内部各实体的流动性状况。

（3）投机动机，即持有现金以便及时抓住盈利机会。与之相应的管理目标应该是将各种投资机会的盈利性与风险性进行对比，做出最佳决策。

（三）现金管理的方法

国际企业现金管理的方法主要有现金集中管理、净额结算、短期现金预算、多国性现金调度系统。

1．现金集中管理

此种方法下的现金管理属于高度集中的现金管理体制。国际企业在主要货币中心或避税地国家设立现金管理中心，要求它的每个子公司所持有的当地货币现金余额仅以满足日常交易需要为限，超过此最低需要的现金余额，都必须汇往管理中心，该中心是国际企业中唯一有权决定现金持有形式和持有币种的现金管理机构。这就是现金的集中管理。

为了使现金的集中管理能够行之有效，各子公司需要对现金的需求进行预测。如编制短期现金预算，预测未来时点的现金流出、流入量；根据所在国的支付习惯和金融状况预计现金溢余或短缺的时间和数量；同时，各子公司还必须建立系统的收付款制度和现金转移的责任制度。这样才能有效地配合现金的集中管理，使之更加可行。

国际企业的现金集中管理，目前已在美国和欧洲一些国家的某些公司中推行，它之所以备受推崇，是因为这种现金管理方法具有许多优点，体现在：

（1）规模经营的优势。现金集中管理以后，可以使整个国际企业的现金持有量达到最低。这是因为现金管理中心集中持有各子公司出于预防动机而保有的现金余额，现金管理中心应付各种情况所需的现金余额要远远低于各子公司独立控制此种现金余额时所需的总和，腾出来的资金就可以进行短期投资，以获取收益。同时，由于现金需求量的减少，降低了流动资产总额，从而降低了筹资成本，提高了整个企业的盈利能力。

现金集中管理方法的规模优势还体现在闲置资金的投资收益和资金短缺时的融资成本上。在现金集中管理方式下，现金管理中心负责全公司的现金交易，使得现金交易大大增加，这样可以让银行提供更好的服务，给企业带来更大的收益。因为银行往往对大客户提供更好的服务，对大额存款支付较高的利息。而由现金管理中心集中负责对外融资也可以争取到银行更大的优惠，降低融资成本。

（2）信息优势。由于现金管理中心专门从事现金的调度，所以有充足的时间进行信息的收集，而且能够提供在各种货币市场上进行操作的经验。

在现金的持有币种方面，现金管理中心能全面认识各种货币的汇率趋势，掌握它们趋于坚挺或疲软的可能性，熟知各国货币市场的利率状况，从而作出正确的决策。

在现金的持有形式方面，现金管理中心能够获取每一种通货进行多种投资所获得报酬的信息资料，便于进行对比并作出选择。在资金的筹集和投放方面，现金管理中心能全方位地获取金融市场的信息，确知何处资金成本最低，何处资金报酬最高。当现金管理中心现金不足时，作出正确的筹资决策；当现金溢余时，作出正确的投资选择。

（3）全局性优势。现金管理中心在现金管理上能从全局考虑问题，防止各子公司的次优化观点。现金管理中心可以从全局角度调整子公司之间的利益，做到企业整体利益最大化。例如，一家子公司握有暂时闲置的现金，当地的投资报酬率为9%，同时另一家子公司急需资金，当地市场的贷款利率为11%。如果采用现金的集中管理，就可以通过现金管理中心让前一家子公司向后一家子公司提供利率为10%的内部贷款，利息通过现金管理中心支付，这样对于双方都有利。

这里需要特别说明的是，现金的集中管理并不意味着现金管理中心事无巨细地操纵现金方面的一切事务，各子公司仍在一定程度上保留自主权，而且现金管理中心的有效决策也依赖于各子公司提供的信息。

2. 净额结算

由于国际企业对遍及全球的子公司拥有的现金进行集中管理，而母公司与子公司以及子公司之间购销商品和劳务的收付款项又很频繁，为了减少外汇暴露风险和资金转移成本，国际企业可以在全球范围内对公司内部的收付款项进行综合调度，抵消一部分收付款额度，只将抵消后的净额进行结算，这种方法叫做净额结算。根据涉及主体的多少，净额结算又可分为双边净额结算与多边净额结算。

（1）双边净额结算。是指如果两家公司有相互交易，那么双方之间的贸易金额不需要逐笔结算，可以将双方的贸易额相互抵消，只结算其净额部分。比如某跨国公司的美国子公司与日本子公司之间在一段时间内发生两笔业务，美国子公司销售5万美元的商品给日本子公司，日本子公司销售6万美元的商品给美国子公司。这两笔业务如果不经过净额结算，将共有11万美元的资金流动，而采用净额结算，只需要美国子公司支付给日本子公司1万美元，节省了10万美元的转移成本。资金转移成本包括汇费、银行手续费以及在途汇款的机会成本等，一般为资金转移数额的0.25%～1.5%。如果资金转移成本率为1%，则上例中，通过双边净额结算可以节约的资金转移成本为：100 000美元×1%＝1 000美元。

（2）多边净额结算。多边净额结算是双边净额结算的扩展，是指有业务往来的多家公司参加的交易账款的抵消结算。由于涉及面广，收支渠道复杂，必须建立统一的控制系统。一般要求设立一个控制中心，即中央清算中心，由它统一清算企业内部各实体的收付款。下面举例说明多边净额结算的方法。

【例 10—1】一家总部设在美国的跨国公司 A 公司有 B（在法国）、C（在英国）、D（在德国）三家子公司，假定在某一段时间内，美国母公司应付 B 公司 10 万美元，应付 C 公司 8 万美元，应付 D 公司 20 万美元；B 公司应付 A 母公司 15 万美元，应付 C 公司 9 万美元，应付 D 公司 11 万美元；C 公司应付 A 公司 6 万美元，应付 B 公司 7 万美元，应付 D 公司 14 万美元；D 公司应付 A 公司 10 万美元，应付 B 公司 12 万美元，应付 C 公司 10 万美元。

首先编制收付款矩阵表，详见表 10—1。

表 10—1　　收付款矩阵表　　单位：万美元

收款单位	付款单位				合计
	A 公司（在美国）	B 公司（在法国）	C 公司（在英国）	D 公司（在德国）	
A 公司	—	15	6	10	31
B 公司	10	—	7	12	29
C 公司	8	9	—	10	27
D 公司	20	11	10	—	41
合计	38	35	23	32	128

如果采用双边净额结算，则双边抵消以后的净支付金额如表 10—2 所示。

表 10—2　　双边净额结算表　　单位：万美元

收款单位	付款单位				合计
	A 公司（在美国）	B 公司（在法国）	C 公司（在英国）	D 公司（在德国）	
A 公司	—	5	0	0	5
B 公司	0	—	0	1	1
C 公司	2	2	—	0	4
D 公司	10	0	0	—	10
合计	12	7	0	1	20

从表 10—1 和表 10—2 我们可以看出，如果不采用净额结算，收付款总额是 128 万美元，采用双边净额结算后的支付总额由 128 万美元减少到了 20 万美元。但每个单位仍然同时既是收款单位又是付款单位，经过多边净额结算，每家公司可以只余下一笔净收入额或净支出额，详见表 10—3。

表 10—3　　多边净额结算表　　单位：万美元

单位	收入额	支出额	净收入额	净支出额
A 公司（在美国）	31	38		7
B 公司（在法国）	29	35		6

续前表

单位	收入额	支出额	净收入额	净支出额
C公司（在英国）	27	23	4	
D公司（在德国）	41	32	9	

在实务中，各个公司之间的收支款项是以不同的货币表示的，所以在编表时应使用同一时间的汇率将这些款项换算成统一的货币。在例10—1中，如果将净支付款都汇往清算中心，则美国母公司和法国子公司应分别汇出7万美元和相当于6万美元的法郎。清算中心收到后再调换成英国和德国的货币汇往C公司和D公司。习惯上，为了减少转移成本，节约流通时间，由清算中心直接通知付款单位汇款给收款单位，无须通过中心，当然这其中也必然涉及币种的转换，即外汇交易。如果不同公司之间资金转移的成本存在差异，多边净额结算方式下还需要考虑公司之间更进一步的结算安排。比如，例10—1中，如果A公司支付给C公司的转移成本低于支付给D公司的成本，而B公司支付给D公司的资金转移成本低于支付给C公司的成本，则B公司6万美元的净支付额应该支付给D公司，A公司7万美元的净支付额应该支付给C公司4万美元，另外3万美元支付给D公司。

多边净额结算给国际企业带来多方面的好处，主要体现在以下几个方面：

第一，从数量上看，由于实际资金转移数量的减少，故可以大大减少各种费用的支出。首先，多边净额结算可以减少因大量的交叉现汇交易引起的外汇成本。其次，由于在途浮动资金的减少，使因汇率波动带来的外汇暴露风险减至最低。最后，减少了在途资金的利息损失。

第二，由于多边净额结算一般是以固定的汇率在确定的日期统一进行的，所以可以充分利用国际企业外汇风险管理和现金集中管理的优势，从而规避风险，同时有利于国际企业提高这些方面的管理水平。

第三，多边净额结算可以使国际企业建立起规范的支付渠道，使本身的业务进一步规范化、专业化，同时还能与银行建立起更稳定的合作关系。

值得注意的是，国际企业在进行多边净额结算时必须充分了解各子公司所在国的外汇管制条例，一些国家可能会对多边净额结算制度有所限制。

3. 短期现金预算

有效的现金管理是建立在完备的报告制度基础上的，国际企业的现金管理中心必须全面、及时、准确地了解各子公司的信息，包括子公司未来的现金余缺情况、预计的现金流入量与流出量等，只有这样，现金管理中心才能在整个国际企业范围内有效地配置现金资源。国际企业一般采用编制现金预算的方法来帮助财务管理人员了解相关信息。

现金预算是预测和报告现金流出和流入状况的制度，它是所有现金管理体系的基础。面对复杂多变的经营环境，国际企业进行现金管理所需的信息从每季信息变化到每月信息，从每月信息变化到每周信息，甚至每日信息。所以在大型国际企业中，一般要求子公司编制短期现金预算，预算的期间可以是一周、半周甚至每天。

【例10—2】假定某跨国公司有甲（在英国）、乙（在法国）、丙（在德国）、丁（在意大利）四家子公司，母公司的现金管理中心要求它的子公司每天在营业终了时向中心报送日常现金报告，包括当日现金余额和近5日内的现金收付预算情况。所有的报告金额都按中心规定的统一汇率换算成美元。四家子公司2013年6月10日的报告详见表10—4。

表10—4　　子公司日常现金报告　　单位：万美元

<table>
<tr><td colspan="4">日期：2013年6月10日
子公司：甲公司
日终现金余额：＋10
5日预测：</td><td colspan="4">日期：2013年6月10日
子公司：乙公司
日终现金余额：－20
5日预测：</td></tr>
<tr><td>天数</td><td>收入</td><td>支出</td><td>净额</td><td>天数</td><td>收入</td><td>支出</td><td>净额</td></tr>
<tr><td>1</td><td>10</td><td>5</td><td>5</td><td>1</td><td>30</td><td>10</td><td>20</td></tr>
<tr><td>2</td><td>25</td><td>35</td><td>－10</td><td>2</td><td>40</td><td>50</td><td>－10</td></tr>
<tr><td>3</td><td>50</td><td>40</td><td>10</td><td>3</td><td>20</td><td>40</td><td>－20</td></tr>
<tr><td>4</td><td>35</td><td>55</td><td>－20</td><td>4</td><td>60</td><td>30</td><td>30</td></tr>
<tr><td>5</td><td>20</td><td>30</td><td>－10</td><td>5</td><td>40</td><td>25</td><td>15</td></tr>
<tr><td colspan="3">期间净额</td><td>－25</td><td colspan="3">期间净额</td><td>＋35</td></tr>
<tr><td colspan="4">日期：2013年6月10日
子公司：丙公司
日终现金余额：＋25
5日预测：</td><td colspan="4">日期：2013年6月10日
子公司：丁公司
日终现金余额：＋10
5日预测：</td></tr>
<tr><td>天数</td><td>收入</td><td>支出</td><td>净额</td><td>天数</td><td>收入</td><td>支出</td><td>净额</td></tr>
<tr><td>1</td><td>30</td><td>40</td><td>－10</td><td>1</td><td>20</td><td>10</td><td>10</td></tr>
<tr><td>2</td><td>80</td><td>65</td><td>15</td><td>2</td><td>30</td><td>40</td><td>－10</td></tr>
<tr><td>3</td><td>40</td><td>65</td><td>－25</td><td>3</td><td>10</td><td>25</td><td>－15</td></tr>
<tr><td>4</td><td>10</td><td>20</td><td>－10</td><td>4</td><td>45</td><td>30</td><td>15</td></tr>
<tr><td>5</td><td>60</td><td>40</td><td>20</td><td>5</td><td>60</td><td>40</td><td>20</td></tr>
<tr><td colspan="3">期间净额</td><td>－10</td><td colspan="3">期间净额</td><td>＋20</td></tr>
</table>

表10—4提供了2013年6月10日各子公司日终现金余额和未来5日现金收支预测的信息。根据该报告，甲公司2013年6月10日有现金余额10万美元，这个余额意味着该子公司在当天可以额外支出10万美元，不会招致现金短缺也不需要透支。乙公司当日现金余额为－20万美元，这可能需要通过透支或者从现金管理中心借入资金来弥补。

需要说明的是，只有在和当地银行结清存贷款关系以后，子公司才能提供这种报告，报告中必须采用指定的货币记账，以现金管理中心规定的汇率为基础进行换算。

现金管理中心根据各国子公司的5日现金预测情况，汇总编制短期现金预算，详见表10—5。

表 10—5　　短期现金预算表

2013 年 6 月 10 日以后　　单位：万美元

子公司	第 1 天	第 2 天	第 3 天	第 4 天	第 5 天	5 日合计
甲公司	5	−10	10	−20	−10	−25
乙公司	20	−10	−20	30	15	35
丙公司	−10	15	−25	−10	20	−10
丁公司	10	−10	−15	15	20	20
预计现金余缺逐日合计	25	−15	−50	15	45	20

短期现金预算为国际企业的现金管理中心提供了许多有价值的信息，为多国性现金调度系统的有效运作奠定了基础。

从表 10—5 中可以看出，“预计现金余缺逐日合计”一行提供了各子公司每日的现金溢余或短缺状况的信息，这些数字被用来规划货币市场的运作，即资金投放和筹集的时机和期限，也被用来决定如何与跨国银行更有效地合作。在例 10—2 中，虽然 5 日合计溢余 20 万美元，但第 2 天和第 3 天存在现金短缺，对此必须予以充分的重视。

表 10—5 中“5 日合计”一栏提供了各家子公司 5 日内现金状况的信息。这些资料对于决定子公司日常盈余现金的流向问题很重要。日常盈余现金应该汇往现金管理中心还是继续存放在当地，必须考虑该公司未来几日内的现金状况。同时，这些资料对于决定借款或筹资地点也很有意义，如在例 10—2 中，设在英国的甲公司和设在德国的丙公司近 5 日内现金短缺，在各地市场利率比较接近的情况下，可以在英国和德国增加借款。

值得注意的是，短期现金预算中各子公司的现金溢余或短缺，并不代表该公司的效益如何。各子公司之间的营业周期有差别，各国的支付习惯也不尽相同，这些都是影响现金流量的因素。

4. 多国性现金调度系统

为了减少资金安置和资金转移的失误，充分发挥国际企业的全球战略优势，在多边净额结算的基础上还必须建立多国性现金调度系统。

多国性现金调度系统是现金管理中心根据事先核定的各子公司每日所需现金额和子公司的现金日报及短期现金预算，统一调度公司的现金，调剂余缺，使国际企业的资金能得到最充分合理的运用。

现金管理中心进行多国现金调度的程序是：

(1) 核定各子公司每日所需的最低现金余额。

(2) 每日终了时，汇总各子公司的现金日报与短期现金预算。

(3) 比较各子公司当日现金余额与核定的最低现金余额，确定多余或不足。

(4) 由现金管理中心发出资金转移指令，有现金溢余的，或汇往现金管理中心，或直接汇往现金短缺的子公司，或在当地进行短期投资；现金短缺的子公司将获得援助。

【例 10—3】 承例 10—2，跨国公司的现金管理中心根据各子公司的现金日常报告（见表 10—4），编制 2013 年 6 月 10 日合并现金日报表，结果详见表 10—6。

表 10—6 合并现金日报表 单位：万美元

子公司	日终现金余额	最低要求储备额	现金余缺
甲公司	+10	12	−2
乙公司	−20	3	−23
丙公司	+25	5	+20
丁公司	+10	4	+6
合计			+1

从合并现金日报表中可以看出，虽然甲公司在 6 月 10 日营业终了时有 10 万美元的现金余额，但其最低要求储备额是 12 万美元，所以与正常经营活动的需求相比，现金短缺 2 万美元。同样，乙公司也存在现金短缺情况，而丙公司和丁公司则有溢余，从整体上看，该跨国公司当日现金溢余 1 万美元。

现金管理中心在做出现金调度决策之前，必须掌握足够的信息，并考虑如下因素：

(1) 当日营业终了时各子公司的现金余缺状况，现金短缺的子公司能否继续通过向银行透支的方式弥补。

(2) 参照短期现金预算，了解现金溢余的子公司在未来几日内的现金状况，决定其溢余是汇往现金管理中心还是存放在当地。

(3) 各国的币值状况。如果某种货币预期大幅度贬值，则该地子公司应将储备额降至最低水平，如果可在当地银行透支，那么这个储备额可以是一个负数；反之，如果预期某种货币升值，那么该地子公司的现金溢余可以暂不汇出。

(4) 各国的利率状况。如果某地的利率水平很低，那么现金管理中心可以考虑通过借款直接弥补该地子公司的现金短缺。

【例 10—4】 仍以例 10—2 中的数据为例，分析如何具体实施现金调度。

从表 10—6 中的数据我们知道，甲公司和乙公司现金短缺需要弥补，而丙公司和丁公司有现金溢余。在不考虑汇率和利率变动的情况下，可做如下调度：

(1) 现金管理中心指示丁公司将价值 2 万美元的现金直接汇往甲公司，将价值 4 万美元的现金直接汇往乙公司。这是因为丁公司在第二天仍有现金溢余，所以现金可以不必积贮在当地。

(2) 现金管理中心指示丙公司将价值 10 万美元的现金直接汇往乙公司，另外 10 万美元的现金进行“隔夜投资”。这是因为虽然在 6 月 10 日丙公司出现 20 万美元现金溢余，但预计到第二天将有 10 万美元现金短缺，考虑利率和外汇交易成本因素，该公司在当地投资 10 万美元，弥补第二天的现金短缺，其余 10 万美元转移给乙公司。

(3) 现金管理中心向乙公司提供 9 万美元，弥补乙公司当日的现金短缺。

从以上的分析可以看出，多国性现金调度系统通过控制和调度各子公司的现金持有数量，可以将现金转换造成的失误尽量减小，使国际企业的资源得到最佳配置。

二、应收账款管理

应收账款管理是营运资金管理的重要内容，无论是对于国内企业还是对于国际企业来说，应收账款的数额都取决于赊销额和平均收款期两个因素。而这两个因素本身又与金融市场的信贷标准、信贷条件及企业本身的信用政策相关。

在国际企业应收账款的管理中，还必须考虑企业的信誉、币值变动风险和政治风险因素。

国际企业的应收账款由两种类型的交易引起：一是由向企业外部的独立顾客销售产品引起；二是由企业集团内部交易引起。由此形成的国际企业的应收账款也有两种类型：一是国际企业母公司或各子公司与国际企业外的独立顾客在经济往来过程中形成的应收账款；二是国际企业内部各国子公司之间以及母公司与子公司之间因商品、劳务、技术等生产要素的转移所形成的应收账款。这两类应收账款具有不同的性质与特点，在管理标准和方法上存在着很大的差异，所以应分别考察。

（一）独立顾客的应收账款管理

自第二次世界大战以来，国际经济行为完全进入了信用导向时代，现金交易日趋减少，国际范围的赊销和分期付款被广泛接受和肯定。在这种背景下，国际企业对外的应收账款管理成为营运资金管理的一项重要内容。

与国内企业相似，国际企业在确定销售方式之前，必须对客户的资信状况进行全面的调查，只有对资信状况尚好的企业，才能提供商业信用。一旦决定采取赊销的方式进行交易，那就必须加强对应收账款的管理，将风险降至最低。其管理可从以下几方面着手。

1. 交易币种的确定

在国际商业实践中，支付的币种不外乎三种选择：一是选择出口商货币；二是选择进口商货币；三是选择第三国货币。

一般来说，出口商愿意选择最坚挺的货币，而进口商愿意选择最疲软的货币。经过谈判协商，通常是在支付币种和付款条件之间双方各退一步，达成平衡。如出口商提供较长的付款期，进口商同意以硬通货支付。

实践中还存在如下特殊情形：

（1）如果现行的市场对软货币的估价已包含了预计通货膨胀贴水和补偿币值不稳的保险费，那么采用何种货币付款差别并不大。如果对软货币估价过低而同时又对硬货币估价过高，那么以软货币标价对出口商更有利。

（2）如果出口商恰有以某种软货币标价的负债，那么出口商也愿意对方以此软货币付款，这样既免去了外汇交易的麻烦，也不会产生外汇风险。

2. 付款条件的确定

影响付款条件确定的因素很多，其中最主要的是交易币种未来币值的变化。

一般而言，交易币种如果比较坚挺，那么付款条件可能相对宽松；反之，则比较严格。因为以软货币标价的应收账款应尽早收回，以最大限度地减少在销售期和收款期之间的外汇风险损失。

如果国际企业的某子公司预期所在国货币急剧贬值，而且所在国政府要求将即期外汇收入兑换成本国货币，该子公司则应尽可能地鼓励进口商推迟以硬货币标价的应收账款的支付。

3. 应收账款的让售与贴现

国际企业的子公司遍及全球，国际销售业务很多，为了使应收账款能如期变现，一般可以将应收账款让售与贴现。

应收账款的让售是指企业将应收账款出售给银行或其他有关单位，立即收到现款。虽然企业在让售中要付出一定的代价，但这样做一方面免去了坏账损失的风险，另一方面企业可以采用当地商业习惯上使用的付款期，有利于竞争的开展，销售时不必对客户提出更多的要求。

应收账款的贴现是指企业在应收账款到期前将合法的应收账款凭证拿到商业银行或其他金融机构申请贴现。商业银行按照应收账款面额扣除一定的贴现利息后返还给贴现企业。应收账款的贴现实质上是一种票据贴现，用应收账款作为抵押品，如果贴现人到期不兑现票据，则银行以应收账款的回收额抵充。在国际企业急需资金时可以考虑这一途径。

在西方国家，有许多专门从事应收账款让售与贴现业务的机构，如银行中的让售部，还有独立的让售公司等。让售公司除从事让售业务外，还专门从事企业的信用调查和风险评估业务，效率很高，特别适合做子公司遍及全球的国际企业评估客户信誉、催收账款等业务的代理。

4. *其他减少风险的方法*

为了避免销售日和收款日之间的汇率风险，可以考虑购买货币信用保险，以此来抵补因信用销售可能产生的风险。

如果可能，国际企业可以通过政府代理的形式从事国际赊销活动。政府代理是一国为了扩大出口，对本国出口公司向进口商提供的出口支付信贷，由国家设立的代理机构担保，当进口商不能按时付款时，由代理机构按担保数额给予补偿。所以，国际企业如果能获得这种担保，应收账款的坏账风险和汇率风险就会降至较低的程度。

（二）国际企业内部的应收账款管理

国际企业内部的应收账款与独立顾客的应收账款的差别体现在：第一，前者无须考虑资信问题；第二，付款时间不完全取决于商业习惯，而主要取决于国际企业的全球性战略。因此，国际企业内部的应收账款的币种、付款条件是国际企业资金配置的政策性问题。

1. *国际企业内部应收账款管理的主要内容——提前或延迟付款*

应收账款在付款方实际支付款项前可视为收款方为付款方提供的一种无息贷款，提前或延迟付款，实质上是商业贷款期的改变。国际企业通过提前或延迟付款来改变企业内部应收账款的信用期限，可以起到内部调剂资金的效果。国际企业运用这种技巧的原因很多，如东道国政治不稳定、外汇管制、货币贬值、利率变动等，其中最直接的原因在于付款方与收款方资金机会成本的差异。

提前付款相当于在原有付款期的基础上，付款方向收款方提供了借款。就付款方而言，如果资金不足，则需要再从银行借入资金；如果资金充裕，则会因提前付款减少利用上述资金从事短期投资获利的机会。提前付款会增加付款方的资金成本或机会成本。就收款方而言，如果当时资金充裕，收到的账款可以存入银行或通过其他投资渠道获利；如果当时资金紧缺，收到的账款可以减少从银行的借款，减少利息费用。提前收款会增加收款方的投资收益或减少资金成本。延迟付款相当于收款方向付款方提供借款，其影响正好与提前付款相反，会使收款方的资金成本增加或收益减少，而付款方的资金成本减少或收益增加。如果付款方与收款方是相互独立的企业，收款方一般总是希望缩短信用期限，尽可能提前收回应收账款；付款方一般总是希望延长信用期限，尽可能延迟支付应付款项。但是，如果双方是同一国际企业内部的子公司，或是母公司与子公司的关系，国际企业可以从企业整体利益出发，根据收付款双方的机会成本来决定采用提前或延迟付款策略。如果收款方因收回应收账款所得利益大于付款方付出款项所受损失，则应采用提前付款策略；反之，则采用延迟付款策略。

【例 10—5】假定某国际企业有分别位于美国和英国的 A、B 两家子公司，两家子公司的应收、应付账款均以美元标价，两家子公司所在地的美元存款和贷款利率详见表 10—7。

表 10—7　　两国存贷款利率

子公司	银行存款利率	银行贷款利率
A 公司（美国）	2.5%	3.0%
B 公司（英国）	2.8%	3.4%

假定 A 公司向 B 公司购入 100 万美元的商品，赊销期可视情况提前或延迟 60 天。分析在不同情况下，国际企业应该采取的提前或延迟付款策略。

首先，根据两个子公司的资金余缺状况，可以有四种组合，不同组合下子公司的资金成本（或机会成本）及差异如图 10—1 所示。

	B公司：资金充裕	B公司：资金短缺
A公司：资金充裕	2.5%, 2.8% (0.3%)	2.5%, 3.4% (0.9%)
A公司：资金短缺	3.0%, 2.8% (−0.2%)	3.0%,3.4% (0.4%)

图 10—1　A、B 子公司资金余缺的四种可能

图 10—1 中，如果利差为正，则说明英国的资金成本（机会成本）高，应该提前付款，将资金向英国转移；如果利差为负，则说明美国的资金成本（机会成本）高，应该延迟付款，将资金向美国转移。

在图 10—1 所示的四种情况下，跨国公司应该采取的策略及影响结果如下：

如果 A、B 两公司都资金充裕，那么 A 公司应提前付款给 B 公司，这样可多获得的利息收入为：

$$100\times(2.8\%-2.5\%)\times\frac{60}{360}=0.05(\text{万美元})$$

如果 A、B 两公司都资金短缺，那么 A 公司应提前付款，这样可节省的利息费用为：

$$100\times(3.4\%-3.0\%)\times\frac{60}{360}=0.067(\text{万美元})$$

如果 A 公司资金充裕，而 B 公司资金短缺，那么 A 公司应提前付款，这样可节省的利息费用为：

$$100\times(3.4\%-2.5\%)\times\frac{60}{360}=0.15(\text{万美元})$$

如果A公司资金短缺，而B公司资金充裕，那么A公司应延迟付款，这样可节省的利息费用为：

$$100\times(3.0\%-2.8\%)\times\frac{60}{360}=0.033(\text{万美元})$$

上述分析是假定A、B两公司的应收账款采用美元结算，两家公司的余缺资金均采用美元进行存款或贷款。如果子公司只能以所在国当地的货币进行存款或贷款，此时提前或延迟付款的策略不仅要考虑两国货币的利率差异，还要考虑未来两国货币汇率的变化。如果国际企业的某一家子公司位于货币可能贬值的国家，那么母公司一般要求这家子公司尽早支付应付其他子公司的货款；反之，则要求延迟付款。假如某国际企业的A子公司向B子公司购买设备，预期B国货币近期贬值，正常的赊销期限是90天，尽管如此，A子公司可能在相当长一段时间内不付款给B子公司。尽管A子公司的应付账款和B子公司的应收账款都有所上升，但整个跨国公司没有受到影响。现实中，由于不同子公司所在国的货币既存在利率的差异又存在未来汇率的变化，故提前或延迟付款的决策需要综合考虑两者的共同影响后，选择对跨国公司最有利的策略。

总之，提前或延迟付款在国际企业内部应付账款管理中是普遍使用的一种技巧。这种技巧的运用有利于减少外汇风险，提高国际企业的整体偿债能力。但值得注意的是，这种技巧的运用要受到一些限制。第一，只有在母公司对子公司拥有绝对控制权的情况下，这种技巧才具有可行性。因为提前或延迟付款可能改变不同经济实体的报酬率。第二，东道国政府可能对提前或延迟付款进行限制，税务当局也可能对赊销期的变更做出一些规定。

2. 国际企业内部应收账款管理的实现方式——设置再开票中心

再开票中心是国际企业设立的贸易中介公司，它的业务职能是：当国际企业成员从事贸易活动时，商品和劳务直接由卖方子公司提供给买方子公司，但有关款项的收支结算都通过再开票中心这个中介机构进行。再开票中心的运作过程如图10—2所示。

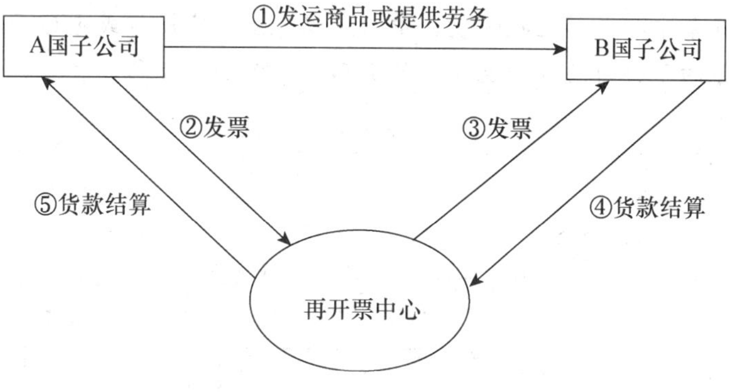

图10—2 再开票中心的运作过程

国际企业通过设立再开票中心管理内部贸易货款的结算，具有以下一些优点：

（1）利用再开票中心便于对各子公司之间的应收、应付账款实行双边冲销和多边净额冲销，减少资金转移费用。

（2）再开票中心可以根据出口子公司和进口子公司的需要，与它们分别采用不同的货币进行结算，使出口子公司和进口子公司不承担外汇风险，将外汇风险集中在再开票中心。再开票中心由具有丰富经验的专家及时选择并运用最有利的外汇风险管理手段，对交易中的外汇风险进行有效的管理。

(3) 再开票中心可及时了解各子公司的现金余额，利用提前付款或延迟付款办法间接实现资金转移，有利于资金在公司内部合理流动。

(4) 再开票中心一般设立在低税率国家或避税港，国际企业通过再开票中心将利润转移至其所在地，可以减少国际企业利润的纳税额，起到避税的作用。

(5) 再开票中心在集中处理资金的同时，还可以充分收集世界各地的商业和金融情报，汇总财务数据，为国际企业母公司制定经营计划和财务计划创造有利条件。

国际企业通过设立再开票中心，可以使公司内部资金的转移和融通更具灵活性。在没有设立再开票中心的情况下，国际企业通过提前或延迟付款方式实现公司内部资金的融通，但这种方法只有在两个子公司发生赊销赊购业务时才可能运用。而再开票中心不仅可以加强有贸易关系的子公司之间的资金流通，还可以通过统一的融资政策使资金在以往没有联系的子公司间调配流动。

【例 10—6】 某跨国公司的四个子公司之间的业务关系是：A 国子公司向 B 国子公司赊销商品，但 A、B 两个子公司都处于现金短缺状态；C 国子公司向 D 国子公司赊销商品，C、D 两个子公司都处于现金过剩状态。如果没有设立再开票中心，应收账款的支付如图 10—3 所示。

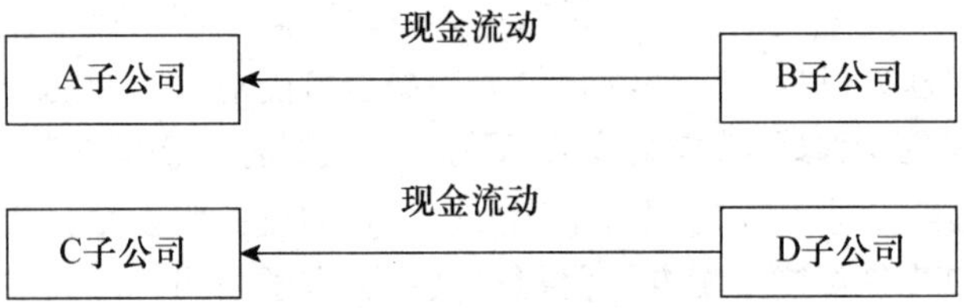

图 10—3　无再开票中心时的应收账款支付情况

如果通过再开票中心支付应收账款，中心可以有意识地提前或延迟子公司的付款，从而使没有业务联系的子公司的资金也能灵活调动，如图 10—4 所示。

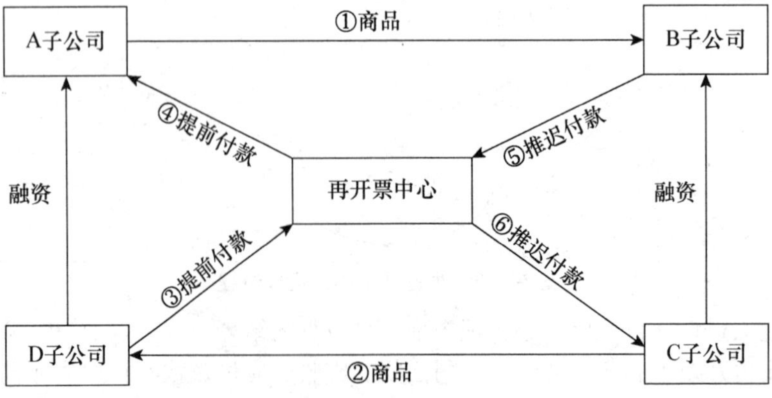

图 10—4　通过再开票中心提前或延迟付款

图 10—4 说明：(1) 子公司 A 向子公司 B 赊销商品；(2) 子公司 C 向子公司 D 赊销

商品；(3) 由于子公司D现金有剩余，再开票中心安排它提前付款；(4) 由于子公司A现金短缺，再开票中心收到子公司D的提前付款后，提前支付给子公司A；(5) 由于子公司B现金短缺，再开票中心允许它推迟付款；(6) 由于子公司C现金有剩余，再开票中心收到子公司B的推迟付款后，再支付给子公司C。

国际企业在决定设立再开票中心时应当认识到其面临的障碍：一是设立一个再开票中心需要较高的成本；二是再开票中心的设立会导致当地税务部门的频繁检查，以确定其是否逃税，由此而发生许多专门费用，如税收的法律咨询费以及该中心的经营费用等。

三、存货管理

存货管理是国际企业营运资金管理的重要组成部分。这是因为存货往往在企业的流动资产中占有较大的比重，而且流动性较差，所以存货管理中一旦出现错误决策，影响较大。

与国内企业相似，国际企业存货管理的目标仍是在保证企业生产经营活动对存货需求的前提下，尽可能降低存货成本。但是，国际企业的存货管理要比国内企业复杂得多。因为存货的周转、转移要跨越国界，一方面，不同的国家生产成本和储存成本有差别；另一方面，关税和其他壁垒又限制存货的自由流动。所以在存货管理中，国际企业要了解不同国家与地区生产成本与储存成本的详细信息，遵从不同国家与地区的法律法规，并准备应对国际运输时间长、风险大等棘手问题。

一般来说，通货膨胀和货币贬值是存货管理中最需关注的问题。为了回避风险，可以从存货的购置决策和定价决策两方面入手。

(一) 存货购置决策

由于国际企业的子公司往往在通货膨胀的条件下经营，对公司的管理者来说，就需要经常做出存货是提前购置还是需要时才购置的决策。进行存货购置决策时需考虑以下因素。

1. 提前或延迟购置的成本

存货提前购置涉及的业务成本有：投资于存货的资金利息、保险费、储存费、存货损耗等。

存货延迟购置涉及的业务成本有：由通货膨胀或货币贬值导致的较高成本、因运输等原因导致存货供应不及时造成的损失等。因此，存货购置决策应首先取决于以上两种成本的对比关系。

例如，某国际企业在A国的一家子公司需要的某种原材料价格受通货膨胀的影响预计未来每月将以0.5%的幅度上涨，储备该原材料而占用资金的机会成本为每月0.8%，储存成本（包括保险费、储存费、存货损耗）为每月0.5%。那么超前购置存货的成本为每月1.3%，大于涨价幅度0.5%，所以应尽量保持较低的储存量，需要这种原材料时再购置。

2. 存货类型

尽管从理论上说国际企业应使存货水平最优化，但许多在生产过程中依赖进口原材料或半成品的企业仍会经常保持较高的存货水平。主要原因在于担心通货膨胀、原材料短缺、种种国际限制以及战争和冲突的影响等。所以在进行存货购置决策时，必须考虑存货的类型，即是否依赖进口。

(1) 如果子公司主要依赖进口建立存货，在预期当地货币贬值的情况下，应提前购置存货并且尽可能多地购置。这是因为货币贬值后，进口成本会大大增加。

(2) 如果子公司主要从当地购置存货，在预期货币贬值时，应尽量降低原材料、半成品等的存货储备。因为如果本地货币贬值实际发生，会大大减少以母公司所在国货币表示的当地存货的价值。

(3) 如果子公司的存货部分来自于国外进口，部分从东道国进货，在预期当地货币贬值的情况下，应努力减少当地存货资源的存量，同时提前购置进口存货。如果不能精确地预见货币贬值的幅度和时间，那么子公司应设法保持同量的进口存货和当地存货，以避免外汇风险。

(二) 存货定价决策

除了提前或延迟购置存货以外，存货定价决策也有助于削减风险。

【例 10—7】 一家美国跨国公司在 A 国的子公司从美国进口 100 台存货，原始成本是 7 000A 元，原定售价 10 000A 元。进口存货时正值 A 国政府将 A 元贬值 100%，A 元对美元的汇率由 5∶1 变为 10∶1。

这时，A 国子公司有两种定价决策可供选择：一是维持存货原价；二是提高存货价格。这两种决策会对利润产生不同的影响，详见表 10—8。

表 10—8　　定价决策对利润的影响

决策类型	保持原价		提高价格	
币种	A 元	美元	A 元	美元
总售价（按新汇价）	10 000	1 000	20 000	2 000
总成本（按旧汇价）	7 000	1 400	7 000	1 400
利润	3 000	−400	13 000	600

由表 10—8 中可以看出，如果保持原价，获得的利润以当地货币表示是 3 000A 元，但以美元表示则损失 400 美元。所以在 A 国政府不实行物价冻结而且此种商品价格需求弹性又不太大的情况下，A 国子公司应选择提高价格的政策，按与原先美元售价相当的幅度增加以当地货币表示的售价，即每台设备售价因 A 国货币贬值 100%而上升 100%，则以当地货币表示的利润增至 13 000A 元，以美元表示也有 600 美元的利润。这样，因东道国货币贬值造成的风险得以避免。

这里，还需考虑两个因素：

(1) 该种商品的价格需求弹性。如果需求弹性很小，价格的增加幅度足以补偿当地货币贬值后以外币表示的进口商品价格的增加幅度，那么这种存货可以继续进口；反之，若需求弹性很大，当地售价无法提高过多，那么就应停止进口。

(2) 当地政府的物价政策。如果政府未实行物价管制政策，那么子公司可以提高售价；如果预期当地政府会实行物价冻结，在进口的同时就应制定较高的以当地货币表示的进口商品价格。实际销售时，如果货币尚未贬值，可以采用折扣的方式降低实际售价，当货币贬值发生时，直接按制定的价格出售，不再有折扣。

第三节　国际企业资金转移管理

国际企业从事国际经营活动，必然伴随营运资金的跨国转移或流动，国际企业能够通过其内部财务机制将资金与利润在公司内部进行跨国转移，以实现资金的最优配置，这就引发了国际资金转移管理问题，即国际资金的流量管理，这也是跨国经营的优势所在。在本节中，我们所探讨的国际资金转移管理是指国际企业内部的资金转移，着重从流量的角度研究流动资金的配置问题，即确定最佳的配置地点和持有币种以及如何将资金从一地转移到另一地。

一、国际企业资金移动的基本政策

国际企业的内部资金移动有三种类型，即母公司向子公司移动、子公司向母公司移动和子公司之间移动。

其中，母公司向子公司移动的资金包括创立子公司的初始投资、子公司经营过程中的追加投资、贷款资金、按转移价格购进商品等。

子公司向母公司移动的资金包括股利、贷款利息、专利权使用费、许可证费、管理费、出口佣金、母公司抽回部分投资的资金、支付按转移价格收进的货物等。

子公司之间移动的资金包括相互间贷款的发放与回收、利息的收入和支付、允许按转移价格买卖货物时转移的资金。

如前所述，国际企业内部的资金安置涉及安置地点和持有币种问题，因此需要在母子公司之间和各子公司之间统一调拨资金，这就必然涉及国际企业资金转移的基本政策，这些基本政策可以概括为如下几个方面。

（一）一般性政策

1. 合理设置现金管理中心

国际企业的各分支机构必须将闲置的现金集中到现金管理中心，以便聚集和再分配。现金管理中心集中管理现金，有利于提高资金的利用效果，回避风险。现金管理中心所在国必须具有以下特点：

（1）政治稳定。

（2）允许资金自由流出、流入；货币坚挺，能迅速兑换成其他货币。

（3）有发达的能提供风险较小的中长期投资机会的资本市场，有活跃的能提供任何期限的临时投资的货币市场，有包括远期外汇市场在内的有效的外汇市场。

（4）在税收方面比较宽松，只按收入来源课征所得税，对现金资产不课征资本税。

（5）鼓励国际企业的子公司在当地发展。

（6）有便捷、高效的通信网络。

2. 合理安排股利汇付

股利汇付是国际企业资金转移的最常见的政策，但也最容易受到有关国家的限制。因此，国际企业可以尽量减少母公司对国外子公司的股本投资，而采取贷款的方式对子公司投资，因为贷款利息的支付一般不受限制。

3. 合理安排特许权使用费及其他费用的支付

特许权使用费及其他费用的支付也是资金转移的有效手法，但应注意这些费用的分摊应尽量合理，以利于增加国际企业的整体财富。

4. 合理确定内部转移价格

健全的内部转移价格，是从一个子司向另一个子公司或母公司转移利润和资金的有效办法。

（二）对高度通货膨胀国家的政策

（1）在高度通货膨胀的国家的子公司，手中不应拥有任何闲置资金，如果闲置资金无法转移出去，那么应在当地进行再投资或购置实物资产，以抵消货币贬值的损失。

（2）如果与当地银行建立了透支关系，那么子公司应最大限度地向银行透支。

（3）在存货购置方面，应力争赊购或分期付款，通过商业信用获得短期资金。

（4）在销售方面，尽量争取现销，应有节制地而且仅仅是短期地允许贸易信贷。

（5）应按季、按月、按周采用平均汇率将当地结存的资金换算为母公司所在国货币。

（三）对于货币趋于升值的国家的政策

如果一国货币日趋坚挺，其他国家对该国货币贬值，则该国货币趋于升值。这时应采取的政策包括：

（1）当该国子公司手中持有的货币净额为正数时，才最为有利。

（2）长期、中期、短期的货币资产应大于同类型的货币负债。

（3）应根据年度、半年或季度的汇率将子公司财务报表换算成母公司所在国货币。

二、国际资金流动的限制因素

在国内企业中，企业内部各单位之间的资金流动一般比较畅通，限制因素很少。但国际企业的资金是跨国界流动的，国际经济环境中许多因素限制着资金的转移，这些限制是国际企业合理配置资金所必须考虑的环境因素。

（一）政治限制

当东道国政府缺少外汇，又不能向外借款或通过其他方式吸引外来投资时，往往公开或变相地阻止资金的转移。如果东道国政府实行外汇管制，使该国货币不可兑换，将资金转移完全封锁，这就是公开地阻止资金的国际流动。如果东道国政府采用其他政策，如对于公司价格政策和股息政策实行限制、对偿债率做出规定等，这样就会变相地阻止资金转移。

（二）税收限制

税收是一国政府调节经济的重要杠杆，税收政策同样可以起到限制资金流动的作用。一方面，东道国政府可以对资金流出课以重税；另一方面，税制结构的复杂性和相互作用也使资金流出十分困难。

（三）交易成本限制

当资金从一种货币形态转化成另一种货币形态时，必然涉及外汇交易成本，这些成本包括交易费和外汇卖出价与买进价之间的差额，尽管在通常情况下，这种成本只占交易数额的一小部分，但如果资金转移数额很大或转移频繁，国际企业必须对外汇交易成本予以重视。

（四）流动性限制

营运资金各项目的流动性是有差异的。有些存货往往不能及时变现，当面临风险需要转移时，会因流动性差而无法妥善处置。

三、国际企业资金转移计划

资金转移计划是资金转移政策的具体化。资金转移计划包括母公司对子公司的资金转移计划和子公司对母公司的汇款计划。前者在国际企业初创或扩大规模的过程中显得比较重要，因为这一时期资金大量从母公司流向子公司。在国际企业的正常经营过程中，大量存在的是子公司的资金流向母公司，而且这种资金移动比较容易受到各种因素的影响和限制，因此，制定子公司的汇款计划是国际企业营运资金流量管理的重要环节。子公司汇款计划的制订程序如下。

（一）分析汇款的目的

子公司向母公司汇出资金一般出于两个目的：一是偿付所运用的母公司的资源，包括母公司因投入资本、技术所应获得的报酬以及贷款的利息等；二是为使国际企业的资金在全球范围内更好地配置，如获得更高的收益率、避免外汇风险等。

（二）确定汇款的数量

一般来说，子公司对母公司的汇款比例在一定时期内是相对稳定的。这种相对于一定时期内子公司全部收益或现金流量的比例一经确定，除经特殊批准外，一般应按这一比例如数汇回款项。在确定汇款比例时一般考虑以下因素：

（1）子公司的资本结构。因为资本结构可能影响到母国和东道国税收当局对子公司资金转移的态度，由此产生的预扣税的数量存在差别。

（2）子公司的负债情况，即欠母公司或其他子公司的债务。

（3）子公司的预期收益及整个国际企业其他子公司的预期收益状况。

（4）母公司对风险的态度和对子公司的要求。

（5）母国政府和东道国政府的有关政策。

（6）以往年度的历史数据。

（三）确定汇款的形式

子公司向母公司汇款的主要形式有股利汇付、各种费用的支付、转移价格等。在确定汇款形式时一般应考虑以下因素：

（1）税收因素。东道国政府对不同形式的汇出资金在税收上的规定是不一样的，为了避免风险，必须考虑税收因素。

（2）东道国政府所允许和限制的汇款形式。

（3）子公司的股权结构。如果子公司不是母公司的全资子公司，持有较大份额股权的其他股东一般会限制子公司自由决定汇款的形式。

（4）汇款数量。汇款金额的大小也决定着采取何种形式进行资金转移。

（四）综合决策，制订计划

在综合考虑上述众多因素的基础上制订子公司汇款计划，该计划代表了子公司在计划期内的汇款政策，如股利政策一般是根据国外子公司计划期内全部收益而规定明确的比例，一经确定，一般应按这一比例如数汇回股利。

四、国际营运资金转移的方式

如前所述，国际企业资金转移包括母公司向子公司的资金移动、子公司向母公司的资金移动以及子公司之间的资金移动。母公司向子公司的资金移动主要是母公司向子公司投入资金，可以采取的方式主要是股权投资和内部贷款；子公司向母公司的资金移动以及子公司之间的资金移动可以选择的方式有很多，如转移定价、股利汇付、特许权费、服务费与管理费、提前或延迟付款、内部贷款等。其中，转移定价将在下一章详细讨论，提前或延迟付款在本章第二节已经作了介绍。这里我们首先介绍国际营运资金转移的其他几种方式，然后研究资金冻结条件下资金转移的技巧与方式。

（一）营运资金转移的一般方式

1. 内部贷款

内部贷款是国际企业在全球范围转移资金的一种主要方式。这种方式既可以实现母公司向子公司的资金移动，也可以实现子公司向母公司或其他子公司的资金移动。在跨国公司向国外子公司的投资中，经常有将部分资金以内部贷款的形式提供给子公司的情况。母公司向子公司提供贷款的原因主要有：

（1）母公司以贷款方式向子公司提供资金与向子公司投入股权资本相比，资金被冻结的风险低。子公司向母公司汇回利润或母公司抽回投资本金最容易被东道国管制冻结，而对贷款公司的债务，还本付息是公司的法定义务，被冻结的可能性较小。还本付息为跨国公司从子公司转出资金提供了一个比较可靠的途径。

（2）子公司所需要的资金一部分以贷款形式提供，需要时贷给，资金有剩余时还贷，比较灵活，有利于节省资金。

（3）以贷款方式向境外子公司提供资金，子公司可以将利息支出作为费用列支，减少应纳税所得额，因此，可以取得税收上的利益。

内部贷款的形式主要有直接贷款、平行贷款、背对背贷款和弗罗廷贷款四种。

（1）直接贷款。它是母公司向子公司、子公司向母公司或子公司向另一子公司直接提供贷款的方式。借贷的货币可以是任何一方或第三国的货币。直接贷款的优点是简便易行，便于利用转移价格（贷款利率可高于或低于市场利率）。其缺点是可能存在资金汇回限制和外汇风险。直接贷款方式适用于资金转移不受限制或很少受到限制以及外汇风险很小的情况。

（2）平行贷款。平行贷款是指在不同国家的两个母公司分别在国内向对方公司在本国境内的子公司提供金额相当的本币贷款，并承诺在指定到期日各自归还所借货币。例如，美国的A公司在英国有一家子公司，英国的B公司在美国有一家子公司。A的子公司和B的子公司都需要一定数量的资金。如果母公司对自己的子公司直接贷款，由于贷款和还本付息涉及两个国家两种货币的汇兑，因而可能存在汇率变动引起的外汇风险和限制本息汇回的转移风险。这两家母公司经过协商，决定采用平行贷款方式，运作过程如图10—5所示。

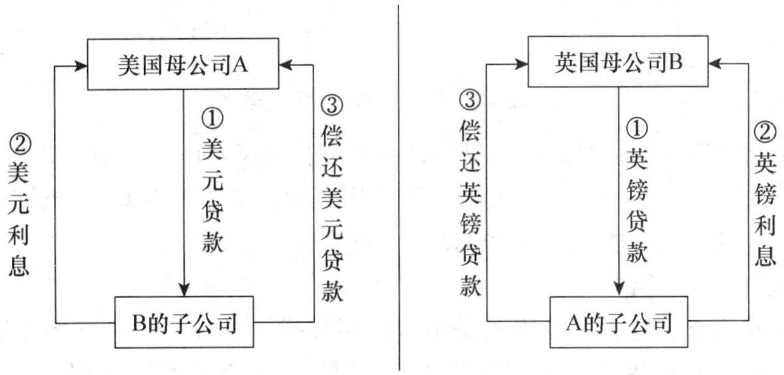

图10—5 平行贷款过程

图10—5中，美国的A公司向处在美国的英国子公司提供美元贷款，英国子公司定期向A公司支付美元利息并偿还本金；英国的B公司向处在英国的美国子公司提供英镑贷款，美国子公司定期向B公司支付英镑利息并偿还本金。贷款与还本付息的货币相同，货币收付不跨越国界，因而避免了外汇风险和转移风险。

这种贷款可能涉及三个国家。例如，A国A公司目前缺乏资金，A公司在C国有一家子公司，有多余资金，由于C国政府外汇管制，不能汇回A国。另外，B国B公司在C国也有一家甲子公司，它需要当地的货币资金（C元）。B国B公司在A国有一家乙子公司，资金有剩余。为了解决上述矛盾，两个母公司A公司和B公司商定：由在C国的A的子公司向B的子公司甲提供C元贷款，作为交换，在A国的B的子公司乙向A公司提供A元贷款。到期时，子公司甲用C元向A的子公司还本付息，A公司用A元向子公司乙还本付息。虽然这一贷款涉及三个国家、两种货币，但贷款与还本付息的货币相同，货币收付不跨越国界，因而避免了外汇风险和转移风险。

（3）背对背贷款。平行贷款虽然可以避免汇率风险和转移风险，但由于平行贷款涉及两个独立的贷款合同，一个合同的借款方违约不影响另外一个合同的效力。因此，平行贷款仍然存在信用风险。背对背贷款就是为了解决平行贷款中的信用风险而诞生的一种产品。它是指两个国家的母公司相互直接贷款，贷款币种不同但币值相等，贷款到期日相同，各自支付利息，到期各自偿还原借款货币。背对背贷款的运作过程如图10—6所示。

图10—6中，美国的A公司和英国的B公司签订贷款合同，A公司向B公司提供美元贷款，B公司同时向A公司提供英镑贷款，A公司得到的英镑由其在英国的子公司使用，B公司得到的美元由其在美国的子公司使用，A公司和B公司定期向对方支付贷款利息，到期偿还贷款本金。

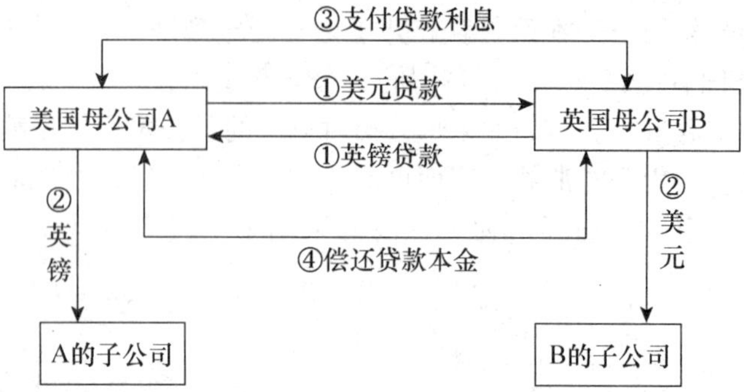

图 10—6　背对背贷款过程

背对背贷款尽管有两笔贷款，但只签订一个贷款协议，协议中明确若一方违约，另一方有权不履行应尽的义务，这就大大降低了信用风险。但是，背对背贷款涉及跨国借贷，这就存在外汇管制问题。加之背对背贷款是一种贷款行为，在法律上会产生新的资产和负债，从而影响资产负债结构。

（4）弗罗廷贷款。这种贷款方式是指母公司在投资子公司时，先将足够的资金存入国际金融中介机构，再由中介机构向国外子公司贷款。在还本付息时，先由子公司偿还给中介机构，再由中介机构偿还给母公司。图 10—7 展示了一个典型弗罗廷贷款的操作过程。

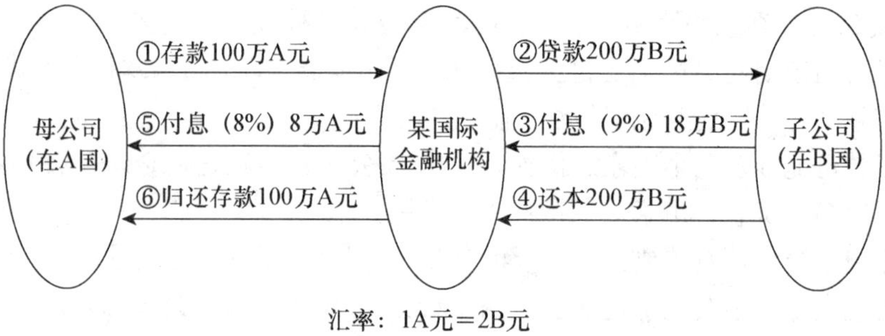

图 10—7　弗罗廷贷款过程

在图 10—7 中，设在 A 国的跨国公司欲向其在 B 国的子公司贷款 200 万 B 元，按照当时汇率 1A 元=2B 元，100 万 A 元折合 200 万 B 元。考虑到 B 国有资金转移的限制，A 国母公司向其 B 国子公司贷款有可能被冻结，不能及时收回。由于各国政府冻结资金的重点对象是外国跨国公司，而对银行特别是对有国际威望的金融机构，一般不会严加限制。为避免资金转移风险，母公司先将 100 万 A 元存在一家国际金融机构，由这家金融机构向其在 B 国的子公司提供 200 万 B 元贷款。子公司向国际金融机构还本付息，国际金融机构向 A 国的母公司支付存款利息，并到期归还本金。跨国公司采用弗罗廷贷款方式向国外子公司融资，母公司存入金融机构的资金与金融机构贷给子公司的资金可以分别采用公司所在国的货币，这样贷款就不需要经过外汇市场，可以避免外汇风险。

除了避免外汇风险和转移风险，弗罗廷贷款还能提供避税的优势。例如，由母公司 100%全资拥有的位于避税港百慕大的子公司以 8%的利率将 100 万美元存入一家伦敦的国际银行。该银行将这 100 万美元以 9%的利率贷给一家外国经营性子公司，该外国经营性子公司所在国的公司所得税税率为 50%。

在这种安排下，所得税后的利息支付情况如下：

1）外国经营性子公司向伦敦银行支付 9 万美元利息。从其应税利润中扣除这些利息支付后得到外国经营性子公司的税后借款成本为 4.5 万美元。

2）伦敦银行收到了 9 万美元，它留下 1 万美元作为其服务的酬金，将余下的 8 万美元作为存款利息支付给百慕大子公司。

3）百慕大子公司收到了其存款的免税利息 8 万美元。

实际结果是 8 万美元以现金方式从外国经营性子公司移往避税港子公司。由于外国经营性子公司的税后借款成本仅为 4.5 万美元，有 3.5 万美元的节税利益。如果避税港子公司直接贷款给外国经营性子公司，东道国政府可能不允许利息作为税前扣除项目，理由是它实质上是付给母公司的真实股利。

2. 股利汇付

股利汇付是国际企业的子公司向母公司转移资金最普通的方式。国际企业的股利汇付政策涉及母公司与母公司所在国、子公司与子公司所在国以及股东的利益等多个利益主体，国际企业应详细考察各种因素，对各方的利益进行平衡。国际企业制定股利汇付政策时必须考虑以下因素：

（1）税收因素。东道国和母国的税法都会影响国际企业的股利政策。有些国家对股利汇出的数量规定限额，如根据注册资本的一定比例规定限额，超出这一限额以外的股利汇付要从重课税。有些国家对汇付出去的股利要征收预扣税，如果规定预扣税由母公司负担，那么为避免重复征税，母公司所在国政府允许扣除重复征收部分，但因为税负处理上的差异，当母公司所在国税率高于国外时，仍然会多支付税款，这时一般导致子公司进行股利的再投资。因此，税收因素是国际企业选择股利政策时必须考虑的首要因素。

（2）子公司和母公司对资金的相对需求。子公司的资金状况和需求是制定利润分配策略应考虑的一个主要因素。一般情况下，子公司获利后，就应向母公司上缴利润。但是股利的汇付会引起资金的流动，这些资金流动的价值依赖于资金在不同公司的机会成本。如果子公司急需扩大经营规模追加投资，向当地银行借款又受到限制，或者虽然没有限制，但为支付股利需要承担较高的借款成本，这时国际企业一般会采取少交多留的办法，保持子公司较低的股利支付；反之，如果母公司急需资金，或子公司的资金机会成本较低，则可采取多交少留的办法，要求子公司支付较高的股利。

（3）外汇风险因素。如果可以预见汇率变动的趋势，国际企业就能通过股利政策的调整将资金从软货币国家转至硬货币国家。当子公司所在国货币即将贬值时，增加股利汇付的数量可以减少当地的货币资产；反之，当子公司所在国货币即将升值时，可采用减少股利汇付数量和推迟股利发放时间的策略。

（4）政治因素。各国政府一般都对国内公司向国外公司支付股利有限制，有的对金额作出规定，有的规定不得超过盈利或注册资本的一定百分比。一般情况下，为了取得子公司所在国政府的信任，子公司都会保持相对稳定的股利支付率，借以向子公司所在国政府表明，这种股利分配是国际企业正常的财务活动，而不是为了逃汇，不会损害所在国政府的外汇储备。但也有特殊情况出现的可能，如果一国发生政局变动或外汇危机，在出现比较高的政治风险的情况下，也许会促使母公司要求子公司尽快转移积余资金，这时一般都通过增加股利汇付实现资金的转移。

(5) 子公司的规模和建立的时间。小型的子公司很少制定股利汇付的基本原则，往往随机应变；中型子公司在运用股利政策配置资金方面具有较大的灵活性；大型子公司在股利汇付方面的政策一般不易变更。子公司如果建立的时间较长，一般会将利润的很大一部分作为股利汇付给母公司；反之，初建的子公司向母公司转移的资金相对少一些。

(6) 当地投资者的投资比例和态度。企业的利润分配必须遵循其所有者的意愿。境外独资企业的利润分配，可以完全由母公司考虑有关因素来决定，而境外合资、合作企业的利润分配，必须经合资、合作各方充分协商确定，如果境外企业的注册资本中当地投资者的投资比重较大，则进行利润分配时应较多地听取当地投资者的意见。

3. 特许权费、服务费和管理费的支付

特许权费、服务费和管理费的支付是国际企业子公司向母公司或子公司之间转移资金的基本方式。从汇出的难易程度看，这种方式要易于股利汇付，子公司所在国一般难以限制。

特许权费是指子公司为获取技术、专利或商标的使用权，而付给拥有技术、专利或商标的母公司或其他子公司的报酬。特许权费可以用每单位产品支付一定的金额或以全部毛销售收入的一定百分比计算。

服务费是用于补偿由母公司或其他子公司供应给该子公司的专门服务的支出。它是对子公司产生特定利益的报酬，一般按服务的时间、类型和等级确定支付费用的标准。

管理费是国际企业在进行国际经营业务时所发生的，一般行政管理费用中应由该子公司摊付的部分。国际企业的全部管理费用包括母公司的管理成本与必须由经营单位补偿的其他子公司的管理费用，如现金管理中心、研究开发新产品、公共关系、法律和会计咨询等方面发生的费用。这些费用的发生并不是特定于某个公司，所以一般采用按子公司销售额的大小进行摊销的方法。

跨国公司的母公司为了维护它向各子公司收取特许权费、服务费和管理费的权利，一般要事先制定许可证合同。在许可证合同中对一些问题必须明文做出详细规定，一般应包括：

(1) 收费标准的计算依据。如特许权费和使用费，一般按所有许可制品、用件或许可证规定的其他转让物的净销售价格的一定比例征收。这里的净销售价格是指没有商业折扣的发票价格，不包括包装费、销售税、货物税和营业税及运费。

(2) 交费的币种和时间。规定交费的币种，可以明确外汇风险；规定交费的时间，能够明确迟付款项应负的责任。

(3) 纳税的所在地和责任。

(4) 有关咨询和培训考察等方面费用的支付方式和标准等。

前已述及，股利汇付和各种费用的支付都是国际企业转移资金的方式，但不同国际企业资金转移的项目不同。有的企业以统算方式从子公司转移资金，即子公司只向母公司汇付股利，而不另交其他费用；有的企业则采用非统算方式，即除汇付股利外，还采用特许权费、服务费、管理费的方式转移资金。

以各种费用的方式转移资金除比较容易汇出外，还在税收方面存在有利之处。因为股利汇付必须在所得税缴纳之后，而各种费用可以作为税基的减项在计算所得税时扣除。下面举例说明统算法和非统算法在税负和资金转移方面的差异。

【例 10—8】某跨国公司的一个子公司税前净收益为 5 000 万美元，母公司拟从该子公司获取 2 000 万美元的收入。母公司所在国的所得税税率为 20%，子公司所在国的所得税税率为 30%。现有两种方案可供选择：一是采用统算法，2 000 万美元全部以股利的形式汇付；二是采用非统算法，以股利汇付的形式转移 1 000 万美元，以特许权费和服务费的形式转移 1 000 万美元。两种方案虽都是向母公司转移 2 000 万美元，但税收和再投资效果存在差异。

首先，分析子公司的情况，详见表 10—9。

表 10—9　　子公司税负效应　　单位：万美元

项目	统算法	非统算法
税前净收益	5 000	5 000
减：特许权费和服务费	—	1 000
应税收益	5 000	4 000
当地所得税（30%）	1 500	1 200
可分配股利	3 500	2 800
汇付给母公司的股利	2 000	1 000
在当地再投资	1 500	1 800

然后，我们分析母公司的税负和再投资情况，详见表 10—10。需要说明的是，为消除国际重复征税，母公司所在国对从子公司得到的股利征收的所得税要进行抵免。母公司的实际应缴税金按下列公式计算：

$$\text{母公司实际应缴税金}=\left(\text{国外收入}+\text{子公司所得税应免税额}\right)\times\text{所得税率}-\text{子公司所得税应免税额}$$

其中：

$$\text{子公司所得税应免税额}=\left(\text{子公司汇付给母公司的股利}\div\text{子公司可分配股利}\right)\times\text{子公司当地所得税率}$$

表 10—10　　母公司税负效应　　单位：万美元

项目	统算法	非统算法
股利收入	2 000	1 000
特许权费和服务费收入	—	1 000
从子公司获得的收入总计	2 000	2 000
子公司所得税应抵免额	857①	429②
母公司应税收入	2 857	2 429

续前表

项目	统算法	非统算法
母公司所得税义务（20%）	571.4	485.8
减：子公司所得税应抵免额	857	429
母公司实付所得税	—	56.8
免税额损失	285.6	—

注：①$\frac{2\,000}{3\,500}\times 1\,500=857$（万美元）；②$\frac{1\,000}{2\,800}\times 1\,200=429$（万美元）。

母公司的税负效应从表10—10中可以看出，在统算法下，母公司实际应缴税金为负数，在这种情况下，税法规定，实缴税额为零，也就是企业损失了285.6万美元的可免税额。

如果将母子公司的报表合并，可以更清楚地看出两种方法的不同作用，详见表10—11。

表10—11　　统算法和非统算法的税负效应　　单位：万美元

公司	税负		再投资	
	统算法	非统算法	统算法	非统算法
母公司	0	56.8	2 000	1 943.2
子公司	1 500	1 200	1 500	1 800
合计	1 500	1 256.8	3 500	3 743.2

综合上面两种方法：用统算法转移资金，跨国公司支付的税收总额为1 500万美元，全部交给子公司所在国政府，用非统算法则总体上少交243.2万美元税金，同时母公司所在国政府可获得56.8万美元。在再投资方面，非统算法下的再投资要高于统算法，同时，母公司所在国投资相对减少，子公司所在国投资相应增加。

所以从税负及资金积累的角度看，国际企业用非统算法较为有利，尤其在子公司所在国税率高于母公司所在国税率时更是如此。这也是国际企业在子公司向母公司转移资金时，除股利汇付这一方法之外，还要用支付特许权费、服务费、管理费的方法的原因之一。

（二）资金冻结条件下的资金转移技巧与方式

从一国政府的角度看，当外汇短缺而又无法有效地吸收外资时，必然要限制外汇流出。由于各国外汇短缺状况有所不同，其限制程度和方法也有差别。在通常情况下，资金转移限制的首要对象是股利汇付、特许权费和服务费等费用支付的额度和时间。

从国际企业的角度看，为了追求其资源的最佳配置，实现全球利益的最大化，必须充分调动和利用资金，所以要尽量避免资金被冻结，更要想方设法在资金被冻结时还能有效地加以利用。在资金冻结的情况下，国际资金转移可以采用以下几种技巧和方式。

1. 采用非统算法

如果子公司所在国仅对股利汇付加以限制，那么用非统算法，即按项目分别收取特许权费、服务费和管理费等费用转移资金是最便捷而有效的方法。

然而在外汇管制比较严格的情况下，子公司所在国可能不仅对股利汇付加以限制，而且对其他资金汇付方式也加以限制，如对债务偿还、利息和费用支付都做出规定，那么非统算法也未必有效了。所以，非统算法仅能在外汇管制并不严格的条件下奏效。

2. 采用背对背贷款与平行贷款

在国际资金转移管理的一般方式中，我们已经介绍了背对背贷款和平行贷款的优点，它们是资金被冻结情况下有效的资金转移管理方式。

3. 企业内部应收账款的提前或延迟付款

在上一节应收账款的管理中已述及国际企业内部的应收账款收付是跨国企业内部配置资金的手段。在资金被冻结的情况下，应付账款的提前和延迟付款也是资金调度的重要方式。其基本操作方法是：当某子公司所在国预期资金会被冻结或资金已被冻结时，应尽可能地提前支付应付其他子公司或母公司的账款；同时，母公司和其他子公司应尽量延迟对该子公司付款。这种方法之所以具有可行性，原因在于应收、应付账款属于国际企业内部账户，而不是内部贷款方式，子公司所在国政府不便干预。但并非所有的国家都允许提前或延迟付款，有些国家政府严格限制，有些则具体规定付款期限，因此，运用这种方式时必须考虑所在国的有关规定。

4. 开辟新的出口业务

子公司所在国实行外汇管制、冻结资金的主要原因一般是该国持续无力获取硬通货。在这种情况下，国际企业可以在东道国开辟新的出口业务，一方面帮助东道国解决外汇短缺问题，另一方面又可以为资金转移提供新的渠道。这种新开辟的出口业务有两种形式：一种是子公司投资于某一项出口导向型业务。如聘用当地的建筑工程公司为母公司在世界其他地区的工程服务，付给当地货币作为报酬；子公司代母公司举办商业会议，会议的各种费用以当地货币支付。子公司的这些经济行为都有利于东道国，所以不会受到禁止。另一种是进行易货贸易。实行资金冻结的国家，一般会禁止本国能在国际市场上销售并换取硬通货的商品的易货贸易，但对于那些无法打入国际市场的商品或劳务一般不加限制。这样，地处该国的子公司可以在当地购买预期在母公司所在国或国际市场上销路尚好的商品，然后通过易货贸易的方式转移出去，在母公司所在国或国际市场上销售。这样，相当于把一部分被冻结的资金转移了出去。

5. 进行当地再投资

经过努力之后，若资金仍无法转移出去，确实被冻结在当地，应采取在当地进行再投资的策略，以避免通货膨胀和外汇贬值的风险。

被迫进行再投资最简便的办法是将资金投入当地的金融市场，如果资金冻结是暂时的，可以进行短期证券投资；如果时间稍长，可以投资于中期有价证券或进行银行定期存款。

如果可能，也可以采用贷款给其他公司的办法。这种贷款可以是直接的，如贷款给另一国际企业的子公司，要求到期用外汇偿还本息；也可以是间接的，如该子公司将资金存入设在该国的跨国银行，并以此为担保贷款给设在其他国家的子公司。

如果各种短期和中期间接投资均不理想，则只好直接投资于新的生产设施。如果这种机会也不存在，则只有用冻结的资金购买预期会升值的资产或具有广大国外市场的产品，以便日后有可能销售出去，借以保值。

本章小结

国际营运资金的管理包括营运资金的存量管理和营运资金的流量管理两方面内容。营运资金的存量管理着眼于各种类型的资金处置，目的是使现金余额、应收账款和存货处于最佳的持有水平。营运资金的流量管理着眼于资金从一地向另一地的转移，其目的是使资金得到合理的配置，确定最佳的配置地点和最佳的持有币种，以避免各种可预见的风险和损失。国际营运资金管理需要考虑外汇暴露风险、资金转移的时滞、政府政策限制等因素。

国际营运资金的存量管理包括现金管理、应收账款管理和存货管理。

国际企业现金管理的内容包括现金的持有形式、持有时间、持有币种、现金的转移等问题。国际企业现金管理的方法主要有现金集中管理、净额结算、短期现金预算、多国性现金调度系统等。

国际企业应收账款的管理包括独立顾客的应收账款管理和国际企业内部的应收账款管理。国际企业内部的应收账款管理可以通过提前或延迟付款和设置再开票中心来实现企业整体利益最大化。

国际企业存货的管理内容包括存货的购置决策和定价决策。

国际企业的内部资金移动有母公司向子公司移动、子公司向母公司移动和子公司之间移动三种类型。国际营运资金转移的方式主要包括内部贷款、股利汇付以及特许权费、服务费和管理费的支付等。国际营运资金的流量管理就是对国际资金的转移进行管理。

思考题

1. 国际营运资金管理需要考虑的环境因素有哪些？
2. 国际企业现金管理的主要方法有哪些？
3. 国际企业内部应收账款管理可采取哪些方法？
4. 国际企业营运资金转移的方式有哪些？

案例分析

壳牌公司的外汇资金集中运营之道

2012年12月底，作为北京地区的七家试点单位之一，壳牌中国启动了跨国公司总部外汇资金集中运营试点工作。这意味着，壳牌中国将搭建一个全新的外汇资金管理架构。参与试点，对壳牌中国区的资金管理来说具有划时代的意义。

资金管理新架构

根据试点政策，参与试点的企业可以实现在经常项目的集中收付汇、货物贸易轧差净额结算、外债额度集中、对外放款额度集中、国际外汇资金主账户和国内外汇资金主账户资金自由划拨、境内成员公司购汇偿还资金池委托贷款等新的业务操作模式。

壳牌中国根据公司业务发展的实际情况，结合试点政策，搭建了公司外汇资金管理的新架构。“我们公司的特点跟其他试点企业不一样”。根据赵钟灵的介绍，中国在壳牌的发展版图上是一个非常重要的市场。在这个市场上，壳牌中国除在服务贸易项下有些出口外，几乎没有货物出口，因此美元收入很少，主要是人民币收入，而美元收入基本都是资本项目下的，要么就是企业资本金，要么就是外债；与此同时，因为需进口原材料与设备，壳牌中国购汇、付汇的额度比较大。据此，壳牌中国根据试点新政架构了一个新的资金管理蓝图。新的资金管理结构为：壳牌中国有一个境内人民币资金池和一个境内美元资金池，在人民币资金池和美元资金池之间建立通道——基于真实业务需求的结汇和购汇；此外，建立企业的国际资金主账户，作为其境内美元资金池与境外美元资金池的通道，使境内美元资金池主账户可以与境外美元资金池在一定的额度范围内实现点到点的自由划拨，调剂余缺。除了货物贸易轧差净额结算之外，壳牌中国新的资金管理架构几乎全面展示了新的试点政策。

项目实施全景

在试点工作启动之前，壳牌中国的外汇资金没有进行所谓的集中管理。这是因为，壳牌中国很多成员企业并没有美元收入，成员企业要用美元外汇就直接通过人民币账户进行购汇、付汇。

“一直以来，壳牌中国基本是用人民币账户购汇、付汇的，因为如果用美元账户进行购汇，不仅流程麻烦，而且购完汇的资金放到美元账户，随后就立即付出去了，美元账户基本上没起到什么作用。所以，我们的成员企业大多都没设美元账户。”赵钟灵说，而要搭建新的资金管理架构，首要工作就是设置美元账户，建立银企直联。

为了搭建美元资金池，构建新的管理框架与流程，壳牌中国开立了九个美元账户。与此同时，为了配合公司财务管理上的电子化、无纸化运营，新设立美元账户的企业要实现银企直联。

开立美元账户之后就要着手搭建美元资金池。壳牌多年之前就建立了全球美元资金池以及中国境内的人民币资金池，这次是要搭建中国境内的美元资金池。鉴于整个新管理框架的复杂性，壳牌中国选择了早前就比较熟悉的一家外资银行作为美元资金池的合作银行，而且在选择美元资金池的架构时，公司选取了“日末清零”的两级资金池架构——主账户与成员子账户。虽然目前国内美元资金池多为三级，但壳牌中国资金部坚持进行简化——“结构越简单越好，这是我们整个项目实施中坚守的原则。”

在搭建美元资金池的同时，要考虑设置新的外币付款流程。之所以搭建美元资金池，是为了设置新的外币支付流程。以前对外进行外币支付，就是通过人民币账户购汇、付汇，现在美元资金池搭建起来，壳牌中国就要重新建立一个外币付款流程。

壳牌的财务工作高度集中化、电子化，其所有流程性业务都放在财务共享中心。壳牌在全球有六个这样的财务共享中心，中国地区的付款流程是设立在马尼拉的财务共享中心负责。“理想状态下，马尼拉财务共享中心的同事不用跟任何中国区同事交流，就可以在系统里完成付款程序，发电子指令给付款银行，付款银行收到指令之后就直接对外付款。”

在试点政策之前，付款的银行接受付款指令之后并不能立即支付，而是需要将付款指令暂留（指令落地），待核查完支付凭证后，方能对外付款。由于壳牌中国的成员企业分布于各地，每个地方都需要把付款凭证送到银行，银行再核查、支付，因此整个流程比较复杂，甚至来来回回需要很多时间。

资料来源：http://www.treasurer.org.cn/webinfosmains/index/show/79149.html。

思考与讨论：结合案例资料，分析跨国公司通过外汇集中管理可以获得哪些好处。

第十一章　国际转移价格

学习目标

掌握国际转移价格的概念，理解国际转移价格的作用，掌握国际转移价格制定的影响因素和确定转移价格的方法。

第一节　国际转移价格概述

一、国际转移价格的概念

国际转移价格也称国际转让价格，是指国际企业管理当局以其全球战略目标为依据，在其内部母公司与子公司、子公司与子公司之间进行商品和劳务交易时所采用的内部价格。转移价格并不为国际企业特有，只要企业划分为若干独立核算利润的责任中心，就会面临如何确定转移价格的问题。内部各责任中心之间进行产品和劳务等的转让，需要以转移价格作为内部结算和控制的依据，作为企业总部对其下属单位业绩考评的一种手段。从这种意义上来说，转移价格是企业经营分权化和内部一体化的必然产物。但是国际企业对这一问题显得尤其敏感，这一方面是因为国际企业的总产量中有相当一部分需要以内部转移价格在公司内部流转，另一方面是因为各国的政治、经济、文化环境等存在差异，国际企业通过制定有利的内部转移价格有助于其全球经营战略的实现。对于国际企业而言，如何以合理的方法给不同国家的关联企业之间的货物、服务、技术等定价是敏感的问题。即使是纯属于国内经营的公司，在给其附属企业之间交易定价时也难以找到最合适的方法。国际企业的管理者必须在相互矛盾的因素之间作出权衡选择，如资金配置、所得税、管理者的激励和评价、关税和配额以及合资人的态度等。

二、国际转移价格的作用

与国内企业相比，国际企业的多国经营使转移价格在更广泛的国际上得以运用。国际企业运用转移价格的作用是明显的，主要包括以下四方面。

（一）优化资金配置

转移价格是国际企业内部资金进行再配置的一种手段。国际企业对外进行直接投资，总是希望能够自行控制资金的调拨与配置。然而，东道国（特别是发展中国家）往往对当地子公司的资金向国外的转移施加某些限制，如对利润汇回的限制和外汇管制等。在东道国的非常时期，资金还有被冻结的可能。母公司如果想把资金从一个国家中转移出去，就可以较高的价格向该国子公司出售货物或以较低的价格从该国子公司购买商品和劳务，从而绕过这些限制；反之，如果母公司想向某个国家转移资金，它就可以较低的价格向该国子公司出售货物或高价向该国子公司购买商品和劳务。同样，资金配置的这种方式还可以通过调节不同国家子公司之间的交易价格来实现。下面以一个实例来说明这种资金配置的效果。

【例 11—1】总部设在 A 国的一家跨国公司在当地设有一家生产子公司，负责产品的生产，生产出的产品由其在海外的销售子公司负责销售。产品的单位生产成本为 1 000 美元，销售子公司对外销售的单价为 2 000 美元。生产子公司和销售子公司各发生 100 美元的销售费用。该公司有两种转移定价的策略可供选择：一种是低价出售策略，生产子公司以 1 500 美元的价格向销售子公司出售；另一种是高价出售策略，生产子公司以 1 800 美元的价格向销售子公司出售。假设生产子公司和销售子公司所在国的所得税税率均为 40%。表 11—1 列示了两种内部转移价格下的不同结果。

表 11—1 **转移价格对资金流动的影响** 单位：美元

项目	生产子公司	销售子公司	合并结果
低价出售策略：			
销售收入	1 500	2 000	2 000
减：销售成本	1 000	1 500	1 000
毛利润	500	500	1 000
减：销售费用	100	100	200
应税收入	400	400	800
减：所得税（40%）	160	160	320
净收入	240	240	480
高价出售策略：			
销售收入	1 800	2 000	2 000
减：销售成本	1 000	1 800	1 000
毛利润	800	200	1 000
减：销售费用	100	100	200
应税收入	700	100	800
减：所得税（40%）	280	40	320
净收入	420	60	480

可见，在两种情况下，全公司的毛利润均为 1 000 美元，应税收入均为 800 美元，净收入均为 480 美元。但是，在低价出售策略下，销售子公司向生产子公司支付 1 500 美元，在高价出售策略下，销售子公司向生产子公司多支付 300 美元。由此可见，如果母公司想把资金留在销售子公司所在的国家，就应该采用低价策略；如果母公司想把资金留在生产子公司所在的国家，就应该采用高价策略。

（二）减轻总体税负

如何减轻总体税负是国际企业在制定转移价格时所要考虑的一个重要问题。国际企业希望运用转移价格来逃避或减轻公司整体税负（包括所得税、关税等）。由于各国的税则、税率存在差异，国际企业可以通过转移价格将较多的利润留在低税率国家，将较少的利润留在高税率国家，以增加其总体税后利润。另外，国际企业还可以通过转移价格与避税港、区域性关税同盟协定等配合来降低总体税负。

1. 利用转移价格降低所得税

当产品在不同的国家之间发生转移时，转移价格的高低将影响输出企业和输入企业的收入或成本，对输出企业来讲，转移价格是应税收益；对输入企业来讲，转移价格是可抵税的成本。在各国税率存在差异的情况下，国际企业可以通过转移价格将高税率国家的利润转移到低税率国家，从而使在这两个国家的整体税负最小化。

【例 11—2】 假设在例 11—1 中，生产子公司与销售子公司的所得税税率分别为 10%

和30%，其他条件不变，不同转移价格对所得税的影响见表11—2。

表11—2　　转移价格对所得税的影响　　单位：美元

项目	生产子公司	销售子公司	合并结果
低价出售策略：			
销售收入	1 500	2 000	2 000
减：销售成本	1 000	1 500	1 000
毛利润	500	500	1 000
减：销售费用	100	100	200
应税收入	400	400	800
减：所得税（10%，30%）	40	120	160
净收入	360	280	640
高价出售策略：			
销售收入	1 800	2 000	2 000
减：销售成本	1 000	1 800	1 000
毛利润	800	200	1 000
减：销售费用	100	100	200
应税收入	700	100	800
减：所得税（10%，30%）	70	30	100
净收入	630	70	700

可见，在低价出售策略下，生产子公司和销售子公司分别应缴纳所得税40美元和120美元，合计为160美元。在高价出售策略下，生产子公司与销售子公司分别应缴纳所得税70美元和30美元，合计为100美元。同样800美元的应税收入中，税率较低的生产子公司承担了较多的份额，从而使总税负减少了60美元。

尽管例11—2中高价出售策略可以减少两个子公司的总体纳税，但许多国家的税法将该国企业来自世界范围的收入均纳入征税范围，这些国家的母公司收到其国外子公司分配的股利时仍然需要在本国纳税，而子公司在东道国已纳税额可以抵扣。这样一来，如果子公司的净利润要分配回母公司，低价出售策略并不一定能降低公司的整体税负。但是，如果将国外子公司的净利润在东道国进行再投资，则低价出售策略可以降低整体税负，从而有更多的资金进行再投资。

在有关国家或地区税率相近的情况下，国际企业还可以利用避税港通过转移价格来减轻所得税负担。所谓避税港，又称避税地，主要是指单方面向其他国家和地区的投资者提供无税、低税或其他特殊优惠条件的国家和地区，如百慕大群岛、中国香港、卢森堡等。避税港的共同特征是外国公司在此缴纳的税率很低或根本不需要纳税，当地政府对外国公司的管制较少，公司的资金调拨与利润分配有较大的自由。国际企业可以在避税港设立象征性的子公司，将其他子公司的利润调入避税港，以逃避东道国的税收。例如，某英国子公司需要将半成品出售给法国子公司，它可以先以低价将半成品出售给设在避税港的某个子公司，再由避税港的子公司将半成品以高价出售给法国的子公司。英国子公司因低价出售而无盈利，法国子公司因高价买进而无盈利，所有的利润都转移到了避税港子公司。由于避税港的税率很低，所以公司节约了一大笔所得税费用，增加了净收入。

2. 利用转移价格降低关税

关税是一个与国际转移价格密切相关的重要因素。关税多为从价计征的比例税率，即按照进口货物的到岸价乘以进口关税税率计算。国际企业可以通过转移价格政策改变进口产品的到岸价格，从而影响应纳关税额，减轻企业税负。如果国际企业向位于高关税国家的子公司转移商品，则可以采用低价策略，以减轻关税负担；相反，如果向低关税国家的子公司销售商品，则可以采用高价策略。例如，如果产品的正常价格为200美元，进口子公司面临的关税税率为10%，则需缴纳20美元的关税；如果生产子公司以160美元的价格出售给销售子公司，则进口子公司只需缴纳16美元的关税。

然而，有时结果并非如此简单，在没有签订税收条约的情况下，国际企业应同时缴纳所得税和关税。对整个国际企业来说，所面临的是进口方的关税和进出口双方的所得税三方面的考虑。对进口子公司而言，人为地调整国际转移价格对关税的影响与对所得税的影响正好相反，关税越高，缴纳的所得税越低；而出口子公司的所得税与进口子公司的关税与所得税之间又有密切联系。低关税国家不一定就是低所得税国家，高关税国家不一定就是高所得税国家。因此，国际企业在运用转移价格时必须全面权衡这三种税负，比较其综合得失。

【例11—3】承例11—2，假设在例11—2中销售子公司所在国的关税税率为10%，其他条件不变，则转移价格对关税、所得税的影响见表11—3。

表11—3　　转移价格对关税、所得税的影响　　单位：美元

项目	生产子公司	销售子公司	合并结果
低价出售策略：			
销售收入	1 500	2 000	2 000
减：销售成本	1 000	1 500	1 000
关税（10%）	—	150	150
毛利润	500	350	850
减：销售费用	100	100	200
应税收入	400	250	650
减：所得税（10%，30%）	40	75	115
净收入	360	175	535
高价出售策略：			
销售收入	1 800	2 000	2 000
减：销售成本	1 000	1 800	1 000
关税（10%）	—	180	180
毛利润	800	20	820
减：销售费用	100	100	200
应税收入	700	−80	620
减：所得税（10%，30%）	70	0	70
净收入	630	−80	550

对比表11—2和表11—3可以看出，在销售子公司所在国对进口货物征收10%关税的

情况下，国际企业合并后的净收入有所减少，减少的数额为销售子公司应纳关税的税后成本，即应纳关税税额×(1－所得税税率)。由于在不同的转移价格策略下，进口子公司的应纳关税税额不同，故其对母公司总体利润的影响也不一样。在高价策略下，国际企业应纳关税额较高，会导致总体利润有较大幅度的减少。但在进口子公司的所得税税率大于出口子公司时，高价策略会减少国际企业总体的所得税。因此，转移价格的决策应该考虑对关税和所得税的综合影响。

除了通过转移价格减少企业总体的关税和所得税外，国际企业还可以通过转移价格获得免税优惠，增加税收抵免，逃避预提税，进而增加企业的整体利润。

(三) 调节利润水平

国际企业通过调高或调低转移价格，还可以调节各子公司的利润水平。采用转移高价策略，可以调高出口子公司的利润，调低进口子公司的利润；采用转移低价策略，可以调高进口子公司的利润，调低出口子公司的利润。

国际企业调节利润的目的是出于其实现全球战略的需要，实现总体利益的最大化。国际企业调低子公司利润的目的有：

(1) 子公司在当地获得的利润较高，可能成为工资上升和其他福利开支增加的诱因，同时易引起东道国政府的注意和反感，有可能导致强制国有化的不利后果。国际企业通过转移价格来提高子公司的生产成本，以降低利润率，减轻子公司的压力。

(2) 子公司的利润水平过高，会导致更多的竞争对手进入同一市场，增加子公司的竞争压力。当地竞争对手越多，子公司就越容易与东道国产生利益冲突和矛盾。所以国际企业通过转移价格来转移子公司的利润，掩盖其真实盈利状况。

(3) 在国际企业与当地企业的合资企业中，利润是根据各出资方的出资比例分配的，因而从国际企业的角度看，并非利润越多越好。国际企业会设法运用转移价格，尽量在分配前将利润转移到母公司或其他子公司，压低合资企业的利润，减少当地合资者的收益。因此，在合资企业中，转移价格往往是个非常敏感的问题，容易引发矛盾和对立情绪。

国际企业调高子公司利润的目的有：

(1) 使子公司账面上显示出适当的利润率，从而支持该子公司的信誉，在东道国树立良好的形象，以便在当地市场上能获得更多的贷款机会，降低融资成本。

(2) 对于在国外新创设的子公司，国际企业除在资金等方面给予资助外，往往还通过较低的转移价格向子公司供应所需的产品，予以扶持，从而使之树立较高的信誉，增强其竞争能力。

(3) 对于在竞争中处境不佳的子公司，国际企业可以通过转移价格，使该子公司的盈利水平和财务状况得以改善，提高其在国际市场上的竞争地位。

(四) 避免限制和风险

世界上大多数国家对外国企业在本国的经营活动以及外资的流入流出都进行了严格的管理和控制，以限制不利于本国的行为。国际企业运用转移价格可以在一定程度上绕开这些限制。在政治局势不稳定的国家，国际企业的正当权益往往得不到保障，面临财产被剥夺、资产被国有化的风险。转移价格同样可以使国际企业在某种程度上规避这些风险，具体表现为：

（1）绕过东道国的外汇管制。许多国家政府为了改善其国际收支状况，避免外汇流失，往往会实行外汇管制。很多国家对外国公司在该国取得的利润的汇出份额作出了严格的限制，有的国家还对利润汇出征收利润汇出税。对此，国际企业可以通过转移价格来避开各种限制。国际企业可以采取转移高价向子公司提供产品或劳务，将该子公司的资金转移到母公司或其他子公司。国际企业还可利用高息贷款，将子公司的资金以支付利息的方式调出，以避免东道国的资金管制。

（2）规避东道国的价格管制。很多国家出于反暴利、反倾销等目的，颁布反垄断法和反倾销法，这些法律往往依据产品的生产成本对最终产品规定最高和最低限价，否则可能会被认定为垄断暴利或低价倾销。针对最高限价，国际企业可以通过转移高价来人为地提高子公司的生产成本，从而达到提高售价的目的；针对最低限价，国际企业可以通过转移低价降低子公司的生产成本，从而达到降低售价的目的。

（3）规避通货膨胀风险。通货膨胀的发生会使企业货币性资产的购买力下降。由于各国的通货膨胀存在很大的差异，为了减少因通货膨胀造成的损失，国际企业应该使处于通货膨胀较为严重的国家的子公司保持最低限度的净货币性资产。国际企业可以利用转移高价向这些国家的子公司提供商品和劳务，或以转移低价取得这些子公司的商品和劳务，提前或延缓这些资金的转移，以避免货币购买力的损失和外汇风险。

（4）规避政治风险。为了尽量降低国外子公司财产被东道国政府剥夺的风险，国际企业常常将子公司进口产品的转移价格调高，借以转移子公司的资金；或将子公司出口产品的转移价格调低，借以转移子公司的存货，以避免被没收的风险。

转移价格在实现国际企业的全球战略上确实起到了重要的作用。然而，它的运用也有很大的局限，许多国家都制定了相应的控制或限制转移价格的法规。例如，对于与国际市场价格有较大出入的转移价格，海关有权根据市场价格对产品重新估价，决定应征收的关税；税务机关也有权根据市场价格重新计算收入，征收所得税。美国国家税收法典第 482 节就规定：允许国家税务局在其认为有逃避税收的情况发生时，在有关公司之间重新分配总收入、税收扣除、抵免或津贴。“正确的内部交易价格”应反映为“独立”的交易价格，即公司内部的商品及劳务转移价格应当等于在相同条件下对其他非关联公司出售时的价格。独立交易价格的原则也为许多国家所接受。

第二节　影响国际转移价格制定的因素

国际转移价格的制定受到多种因素的影响，这些因素包括国际企业内部的因素，也包括国际范围内的外部因素。公司在制定国际转移价格时，必须综合考虑这两大方面的因素。

一、影响国际转移价格制定的内部因素

在现代国际企业中，采用转移定价是一个司空见惯的现象。但采用什么样的转移定价

则与各国际企业的诸多内部因素有关，其中主要的有企业的经营战略、集权与分权战略、组织形式、业绩评价系统、企业目标和管理者偏好、信息系统管理水平等。

（一）经营战略

国际企业的经营战略决定着公司是否采用国际转移价格。经营战略与转移价格间的关系主要取决于两个方面：一是在各子公司的相互依存关系上，是否存在纵向一体化战略。如果不存在纵向一体化战略，则各子公司可以自由选择购销对象。这样，只有当各子公司自愿相互交易，才会发生相互间的转移定价问题。如果存在纵向一体化战略，其内部交易则是根据国际企业管理当局的安排和指示进行的。在这种情况下，国际企业为确保全球战略的实现，就会面临确定最优的内部转移价格的问题。二是在国际企业的内部和外部交易上，各子公司是否被视为一个独立的企业。也就是说，如果一个子公司仅仅在对企业集团外部销售时才被视为一个独立的企业，而在集团内部销售时却作为一个制造单位或中转机构，那么需要采用转移定价。否则，该子公司在交易时不需要执行转移定价策略。

（二）集权与分权战略

国际企业是采用集权战略还是分权战略对国际转移价格的制定也会产生很大的影响。集权程度高的公司将制定国际转移价格的权利控制在公司总部，其他下属机构无权自定，往往采用以成本为基础的定价方法；分权程度高的公司则往往将国际转移价格的制定权下放给下属机构或部门，通常采用市场价格法或协商定价法。有些公司对部分产品价格的制定实行集权，部分产品价格的制定实行分权，分别采用不同的国际转移价格制定方法。集权还是分权，是影响国际转移价格制定的一个重要因素。

（三）组织形式

国际企业内部，子公司和分公司是两种不同的组织形式。分公司基本上完全受母公司控制，没有多少自主定价权。但子公司不一样，因为母公司只是通过控制股权来控制各子公司，不少子公司仍有一定的自主定价权，它们往往选择以市价为基础来定价；有些子公司与此相反，选择以成本为基础来定价。

（四）业绩评价系统

由于国际转移价格直接影响到国际企业内部购买方和供应方的成本和利润，影响到各有关子公司或机构的业绩，因此业绩评价系统也是影响国际转移价格的一个重要因素。一个优秀的业绩评价系统应该既客观公正，又能对各部门起到监督和激励的作用。国际转移定价政策应该能对国际企业所属的各子公司或分支机构及其主管人员的经营业绩进行充分和科学的测量，同时应能激励各下属子公司取得更好的业绩。特别是当一家子公司被当做利润中心时，子公司管理阶层会特别注意国际转移价格的制定。如果国际转移价格不符合子公司的利益，会受到管理阶层的消极抵制，从而使公司整体利益不能达到最优。但是，这种情况有时是难以避免的。经常出现的情况是，国际转移价格使甲子公司受益而使乙子公司受损。因此，国际企业在进行业绩评价时应充分考虑国际转移价格的影响，同时应力求国际转移价格对所有的子公司（或其他分支机构）都公平合理。

（五）企业目标和管理者偏好

国际企业的目标具有多样化的特征，不同的国际企业有着不同的目标，同一国际企业不同时期的目标也会发生变化。国际企业的目标可能是控制和占领市场，也可能是避免或减轻税负，还有可能是防范外汇风险等。企业的目标直接制约着国际转移定价。另外，由于不同国家的管理者所受的传统文化的影响不同，其管理偏好存在差异，因而他们在制定国际转移价格时对不同因素的看法、考虑的重点及其程度也不同。据国外有关人士的调查，美国、英国、日本、法国等国的财务主管都偏向于以成本为基础的定价；加拿大、意大利等国的财务主管则偏向于以市价为基础的定价。同时，美国、加拿大、法国和意大利的财务主管大多看重所得税，日本的财务主管则注重企业所在国的通货膨胀等因素。

（六）信息系统管理水平

在信息技术飞速发展的今天，如果公司的管理信息系统良好，可以非常及时地获取下属各公司或部门的相关信息，从而为统一制定国际转移价格、及时修订不合理的价格创造很好的条件。相反，如果公司的管理信息系统落后，收集信息费时很长，往往无法对国际转移价格进行有效的调整，其采用的国际转移价格就可能不合理，起不到应有的作用。

另外，国际企业的经营规模也对转移价格的制定产生一定影响。经营规模较大的公司，大多数都是在垄断的市场中经营，因而在转移定价方面可以从整体利益出发，往往倾向于以成本为基础来定价。相反，有些小企业则只能接受既定的市场价格。

二、影响国际转移价格制定的外部因素

影响国际转移价格制定的外部因素很多，主要包括税制差异、市场竞争、通货膨胀、外汇及政治风险等。

（一）税制差异

由于大部分国家的税制差别较大，因而国际企业管理当局有可能利用转移定价人为地调减企业的总体税负，以增加整体利润。但这种做法必然会使一些国家受益的同时损害其他一些国家的税收权益，从而有可能引起有关国家政府如各国税务当局、海关等对此采取某些干预性措施。比如，有的国家遵循“局外价格”的原则来检查、监督转移定价；有的国家则遵循“比较定价”的原则对国际企业的转移定价进行监督。这种国家之间的利益冲突往往是难以调和的，征税权益受到侵害的国家固然会强行调整国际企业的转移价格，同时受益国也很可能对这一调整不予承认，迫使国际企业对转移定价持慎重态度。国际企业必须为转移价格的制定寻找充分合理的依据，以求得有关国家政府的认可。

（二）市场竞争

国际企业在运用转移定价以增强其整体竞争实力时，有可能导致子公司所在国政府采取反托拉斯和反倾销行动，同时可能会遭到所在国其他竞争对手的报复，其结果会使子公司处境更为不利。另外，出于竞争的考虑而对子公司所采取的转移定价措施，实际上是对该子公司给予的一种变相价格补贴，这很难激发管理人员的竞争意识，会产生懒惰情绪和依赖思想。不真实的利润会涣散管理人员的积极性，损害员工的士气，最终与国际企业的初衷相背离。因此，市场竞争在一定程度上制约着国际企业所采取的转移定价。

(三) 通货膨胀

为了使货币购买力不因通货膨胀而发生损失，国际企业在转移定价中往往设法使设在高通货膨胀率国家的子公司的货币性资产保持在最低限度。但这种做法所引起的资产或资金的转移，可能会受到有关国家的限制。因此，国际企业应充分考虑这种转移定价可能产生的后果。

(四) 外汇及政治风险

在浮动汇率制下，国际企业面临着较大的外汇风险，往往会采取转移定价，将有关收益或资金从软货币国家转移到硬货币国家中去，从而减少外汇风险。在东道国政治局势不稳，存在资产被没收的风险时，国际企业也可以利用转移定价将实物资产转移至国外。

西方学者曾经对制定国际转移价格的影响因素作了详细的调查。Burns 在 1980 年调查了美国 63 个国际企业，Kim 和 Miller 也对美国 125 家国际企业作了调查，结果见表 11—4。

表 11—4　　影响国际转移定价的因素（按重要程度由大到小排序）

Burns 的研究	Kim 和 Miller 的研究
1. 东道国的市场状况	1. 东道国对利润汇回的限制
2. 东道国的竞争状况	2. 外汇管制
3. 国外子公司的合理利润	3. 东道国对合营的限制
4. 美国联邦税制	4. 东道国的关税负担
5. 东道国的经济状况	5. 东道国所得税负担
6. 进口限制	6. 美国联邦所得税
7. 关税	7. 美国的配额限制
8. 价格管制	8. 美国母公司的信用状况
9. 东道国税制	9. 国外子公司的信用状况
10. 外汇管制	
11. 美国的出口鼓励	
12. 汇率的波动	
13. 现金流动的管理要求	
14. 其他美国联邦税	

资料来源：徐经长、杜胜利、陈轲：《国际会计学》，北京，中国人民大学出版社，1999。

由此可见，国际企业实行转移定价要受到诸多因素的影响，其影响程度各不相同，且这些因素相互交织，共同影响，并处于不断变化之中。因此，国际企业管理当局应从整体利益出发，适应市场变化，建立完善的国际转移定价机制。

第三节　国际转移价格的确定方法

国际转移价格是国际企业用来实施全球战略、实现财务目标的一项重要策略。因此，国际企业必须适当地选择转移定价的方法。国际转移价格的确定有三种基本方法和一种混合方法，即以市价为基础的定价方法、以成本为基础的定价方法、交易自主的定价方法和双重定价方法。

一、以市价为基础的定价方法

以市价为基础的定价方法就是以转移产品时的外部市场价格作为企业内部转移定价基础的一种方法。采用这种定价方法确定企业内部转移价格时，将所属各子公司都视为独立经营的企业，所确定的转移价格基本上接近于正常的市场交易价格，但最后的内部售出价要从市价中减去一定百分比的毛利。这是因为公司在对外销售产品时会发生一些销售费用，而在国际企业内部销售时就省去了这些费用。当然，所扣除的毛利额的大小涉及各方利益，需要买卖双方协商确定。

以市价为基础的国际转移定价需要具备三个条件：一是存在一个竞争的中间产品市场；二是各公司在生产经营方面有较大的独立性和自主权，有权对外销售其产品和从外部采购其所需的原材料等物资和各种劳务；三是有市场价格可供参考。只有具备了这三个条件，以市价为基础的定价方法才能行之有效。

以市价为基础的定价方法的主要优点如下：

（1）有利于发挥子公司的主观能动性。从理论上说，在这种定价方法下，转移价格并不决定交易是在企业内部还是在企业外部进行，可达到分权经营的目的，有利于发挥子公司的自主权，有效地利用其有限的资源，取得正常的收益；同时，还有利于子公司管理人员充分利用市场，增强其适应市场的能力。由于这种定价方法所确定的转移价格基本上反映了真实的经营业绩，因而由此确定的子公司收益较为真实，从而有利于经营业绩的考评。

（2）排除了人为因素的影响，较为客观公平。许多人认为，以市价为基础的定价方法符合正常交易价格的原则，因此这种转移价格易为东道国政府接受。目前，许多国家都倾向于这种定价方法。经济合作与发展组织也倾向于采用这种定价方法来处理成员国之间、成员国与非成员国之间的双边税务问题。

以市价为基础的定价方法也不是十全十美的，其缺点如下：

（1）以市价为基础，国际企业管理当局在利用转移价格人为调整收益时，没有多少回旋余地。

（2）许多内部交易的中间产品很难找到中间市场和公允的市价。即使存在这样的市场，也很少是完全竞争性的，因而难以选定一个公正的市场价格作为其定价的基础。

（3）采用这种定价方法，有可能导致对成本数据收集工作的忽视，不利于成本管理。

二、以成本为基础的定价方法

以成本为基础的定价方法，其转移定价是以供货企业的实际成本、标准成本或预算成本为基础，加上一个固定比率的毛利来确定的。这种定价方法在以降低中间产品成本为目的的纵向一体化战略中常被采用。为实施纵向一体化战略，避免出现各销售利润中心采取对子公司最优而对国际企业整体不利的决策的问题，企业管理当局要求各销售利润中心必须拒绝单独对外销售会产生较多利润的诱惑，遵从企业的总体安排，按生产成本进行内部销售。

以成本为基础的定价方法的具体做法可分为以下三种。

(一)完全成本法

所谓完全成本法，是指国际企业将供应方所提供的中间产品或服务的全部成本作为内部转移价格的定价方法。全部成本包括直接材料、直接人工和制造费用。采用这种方法，可使有关部门能通过转移定价获取利润，达到转移定价的目的。但这种方法也有其缺陷，即供应方的全部生产成本都可通过转移价格转移给购买方，没有提高生产技术、降低生产成本的动力。为克服这一不足，国际企业可以采用标准成本作为确定生产成本的标准，以督促有关各方降低成本，提高生产效益。

(二)成本加利润法

成本加利润法是指按照公司产品或劳务的成本加上一定百分比的利润来确定转移价格的定价方法。这种方法可分为两种：一是在实际成本的基础上加上一定的利润；二是在标准成本的基础上加上一定的利润。成本加利润法近似于市场价格，特别是在中间产品不存在外部市场时尤为有用，比较有利于业绩评价。采用这种方法的主要问题是如何估计必要的利润。一般而言，采用标准成本与利润率相乘的方法来计算加成额比较科学。

(三)变动成本法

变动成本法就是以变动成本为基础制定转移价格的定价方法。变动成本包括直接材料、直接人工和变动制造费用。采用这种方法，可以避免因生产能力利用率的变动而使转移价格随单位产品所分摊的固定费用的增减而发生变化。实践中也有采用变动成本加利润定价方法的。

以成本为基础定价的方法克服了以市价为基础定价的某些局限性。另外，这种方法还有如下优点：

(1)简便易行。各公司的成本资料容易收集。同时，采用这种方法有助于各公司重视成本管理。

(2)避免在定价上的随意性。成本数据是客观现成的，可以减少定价时的人为因素。

(3)有利于国际企业内部间的相互协作。按成本定价在一定程度上避免了各内部子公司或分支机构之间因人为制定价格而产生的利益矛盾和冲突，所有部门的共同目标都是降低成本，以实现企业整体利益最大化，有利于企业内部间的相互合作。

(4)由于成本资料有据可依，也经得起各国税务部门的稽核和审查，以此确定的转移价格容易得到各国税务部门的认可。

但是，以成本为基础的定价方法也存在着局限性，具体表现为：

(1)不利于实现企业的分权化经营。以成本为基础的定价方法限制了各销售利润中心的出售权，失去了对外销售的盈利机会；这种定价方法也限制了各购买利润中心的购买权，阻止了这些购买利润中心从企业外部市场上取得价廉物美的货源。因此，各利润中心缺乏决策的灵活机动性。

(2)由于各国所确定成本的具体内容和范围不尽一致，因而即使生产和销售同样的产品，其成本也缺乏可比性。

(3)以产品实际成本为基础确定的转移价格，使购货公司分享了一部分销货公司的经营成果，不能促使公司重视和加强成本管理，不利于资源优化配置和生产效率的提高。

三、交易自主的定价方法

在交易自主的定价方法下，每个利润中心都被认为是一个独立经营的企业，它们可以自主交易并定价，总部基本上不予干涉，这种方法操作比较简单。转移定价决定了购买利润中心是否愿意内购，也决定了销售利润中心是否愿意内销。这种定价方法有利于企业的分权化经营，使各子公司经理人员的权责相结合，也有利于企业管理当局对各子公司进行业绩考评和奖惩。但是由于交易是自愿的，各子公司都从自身利益考虑，确定的转移价格对子公司有利，但可能对国际企业整体不利，不利于实现企业全球战略目标和整体利益最大化。为此，有些企业则运用双重定价方法或将交易自主定价作为辅助的方法。

四、双重定价方法

双重定价方法是指企业管理当局对购买利润中心采取以完全成本为基础的定价方法，对销售利润中心则采取以市场价格为基础的定价方法。它不会产生完全成本定价方法下销售利润中心既作为成本中心又作为利润中心的矛盾；也不存在以市价为基础的定价方法下购买利润中心不愿意内购的可能。这种定价方法不以任何方式改变各利润中心的职权，却减少了它们的责任。因为它与以成本为基础的定价方法不同，购买利润中心无须对进入最终产品的中间产品赚取的全部利润负责；也与以市价为基础的定价方法不同，销售利润中心无须对内部交易的中间产品的全部盈利负责。双重定价方法既有利于企业集团纵向一体化战略的实施，也对各利润中心比较有利。

然而，双重定价方法也有其自身的缺陷。在这种定价方法下，企业整体的收益小于各利润中心的收益之和，甚至当企业整体表现为亏损时，某些利润中心仍然显示为盈利。而且，双重定价方法还可能导致出现责任不明的问题。因此，双重定价方法也必须根据企业的实际情况选择使用，并与其他方法相结合。

国际企业确定转移价格的各类方法都有其优点和缺点，各自适用于不同的环境、服务于不同的目标。由于国际企业经营的环境复杂多变，企业确定转移价格的目标也不唯一，对于国际企业来讲，不可能存在一个唯一的、理想的、能够满足所有目标要求的国际转移定价方法。实践中，国际企业多以某一种定价方法为主，并辅以其他的定价方法，否则很难满足国际企业日益复杂多样化的经营需要。国际企业只有按其总的目标自行选择，才有可能实现通过国际转移价格谋取最大收益的目的。

本章小结

国际转移价格也称国际转让价格，是指国际企业管理当局以其全球战略目标为依据，在其内部母公司与子公司、子公司与子公司之间进行商品和劳务交易时所采用的内部价格。国际企业通过转移价格可以优化资金配置、减轻总体税负、调节利润水平、避免限制和风险。

影响国际转移价格制定的因素包括内部因素和外部因素。内部因素主要包括企业的经营战略、集权与分权战略、组织形式、业绩评价系统、企业目标和管理者偏好、信息系统管理水平等。外部因素主要包括税制差异、市场竞争、通货膨胀、外汇及政治风险等。

国际转移价格的确定方法有以市价为基础的定价方法、以成本为基础的定价方法、交易自主的定价方法和双重定价方法。

思考题

1. 国际转移价格的作用有哪些?
2. 影响国际转移价格制定的因素有哪些?
3. 国际转移价格的确定有哪些方法?

案例分析

芬兰政府因企业转移定价损失16亿欧元

据芬兰《赫尔辛基报》2012年8月8日报道，芬兰议会审计委员会公布报告称，芬兰政府年均税收为40亿～80亿欧元，但在企业税方面，由于企业存在转移定价行为，导致政府减少税收16亿欧元。转移定价通常发生在大型跨国企业，因此涉及税额较大。报道称，此事已引起芬兰议会审计委员会高度重视。芬兰议会审计委员会主席布拉克斯表示，芬兰在打击灰色经济和腐败方面具有较强的能力，目前转移定价行为在芬兰尚处于萌芽阶段，政府必须及时地处理该问题，报告的出台旨在提醒政府提高重视程度。芬兰税务管理局已于2012年初成立了一个由40人组成的工作组，专门调查企业转移定价行为并对企业进行不定期检查，预计整个调查将历时三年 。

资料来源：http://fi.mofcom.gov.cn/article/jmxw/201208/20120808275959.html。

思考与讨论：国际企业如何规避因转移定价产生的与东道国政府的冲突?

第十二章　国际税收管理

学习目标

理解国际税收的概念，掌握国际重复征税产生的原因、危害，掌握避免国际重复征税的方法，理解税收筹划的概念，掌握国际税收筹划的基础和主要方式。

第一节 国际税收概述

纳税是企业的法定义务，纳税支出是企业的一项重要的财务支出，合理的节税或避税措施可以减少企业的纳税支出，增加企业的盈利，因此，企业税收管理是财务管理的一项重要内容。国际企业的经营范围涉及多个国家，各国税制差异及各个国家之间的税收关系使国际企业的税收管理变得更为复杂和烦琐，同时为国际企业的纳税筹划提供了一些可供操作的条件。国际企业若要进行税收管理，首先就要对国际税收的内容有全面的了解。

一、国际税收的概念

税收是国家为实现其职能，凭借政治权力，按照法律规定，通过税收工具强制、无偿地参与国民收入和社会产品的分配和再分配，取得财政收入的一种形式。税收管辖权是国家主权的组成部分，由于在完全独立的国家主权之上并不存在超越国家的权力，因而除少数特例外，并不存在对各国具有普遍约束力的国际性税收法律。但是，在开放的经济条件下，因纳税人的经济活动扩大到境外，就会出现同一纳税人在不同国家同时具有纳税义务的情形，国际上对税收管辖权的确定有时会出现重叠，从而产生了双重管辖权。税收的管辖和征收关系到不同国家的财权，由此产生了国际税收的各种问题。国际税收所表现出来的种种税收现象，其背后隐含的是国与国之间的税收关系，主要表现在以下两个方面：一是国与国之间的税收分配关系；二是国与国之间的税收协调关系。国际税收是指涉及两个或两个以上的国家财权利益的税收活动，它反映着各自国家政府在对从事国际活动的纳税人行使征税权力而形成的税收征纳关系中所发生的国家之间的税收分配关系及税收协调关系。

二、国际税收的种类

世界各国所规定的税种十分繁多，其中与国际企业有关的税种主要包括以下几种。

（一）公司所得税

所得税是以收益或所得为对象而课征的税，根据征收的对象不同分为个人所得税、公司所得税和资本利得税。所得税是许多国家重要的财政收入来源。由于大多数发展中国家按人均计算的国民收入较低，一般对个人征收的所得税较少，因此，在发展中国家，公司所得税是财政收入的主要来源。

世界大多数的国家都对在其境内经营的国外公司所获得的利润征税，但各国的所得税税率存在很大差异。一般而言，发达国家的税率较高，发展中国家的税率较低，以吸引更多的投资者在当地进行直接投资。20 世纪 80 年代以来，各国纷纷进行税制改革，大幅度降低税率，各国间的税率差距有逐步缩小的趋势。根据 2008 年的资料，日本的公司所得税税率为 42%，美国的公司所得税税率为 35%，法国的公司所得税税率为 33.83%，这些国家都属于高税率国家。而新加坡的公司所得税税率为 18%，中国香港地区的公司所得税税率为 17.5%，智利的公司所得税税率仅为 17%，这些国家或地区都属于低税率国家或地区。还有一些国家和地区为了刺激当地企业的发展，吸引外国公司在当地投资，实行极低的公司所得税税率，甚至根本不征收公司所得税，这些国家和地区通常被称为避税港，如乌兹别克斯坦的公司所得税税率为 10%，科威特、百慕大群岛、开曼群岛、巴林等不征收公司所得税。一些发展中国家，为吸引投资而给予外国投资者一定的免税期，在免税期内，对外国投资企业免征公司所得税。表 12—1 列示了世界一些国家和地区的公司所得税税率。

表 12—1　　不同国家和地区的公司所得税税率

国家或地区	税率%	国家或地区	税率%	国家或地区	税率%	国家或地区	税率%
阿尔巴尼亚	10	多米尼加共和国	27	列支敦士登	20	沙特阿拉伯	20
安提瓜和巴布达	35	厄瓜多尔	25	立陶宛	15	塞尔维亚	10
阿根廷	35	埃及	20	卢森堡	22.88	圣基茨和尼维斯	35
澳大利亚	30	萨尔瓦多	25	中国澳门地区	12	圣卢西亚	30
奥地利	25	爱沙尼亚	21	马其顿	15	新加坡	18
阿塞拜疆	22	斐济	31	马来西亚	26	斯洛伐克	19
巴林	0	芬兰	26	马耳他	35	斯洛文尼亚	22
比利时	35.53	法国	33.83	毛里求斯	15	所罗门群岛	30
百慕大群岛	0	格鲁吉亚	20	墨西哥	28	南非	29
玻利维亚	25	德国	26.38	摩尔多瓦	19	西班牙	30
波斯尼亚	30	加纳	22	门的内哥罗	9	斯里兰卡	35
博茨瓦纳	25	直布罗陀	33	莫桑比克	32	斯威士兰	30
巴西	33.76	希腊	25	纳米比亚	35	瑞典	28
文莱	30	危地马拉	31	荷兰	25.5	瑞士	30
保加利亚	10	洪都拉斯	25	荷属安的列斯	34.5	中国台湾地区	25
柬埔寨	20	中国香港地区	17.5	新西兰	30	坦桑尼亚	30
加拿大	34.1	匈牙利	16	尼加拉瓜	30	泰国	30
开曼群岛	0	印度	33.99	挪威	28	特立尼达和多巴哥	25
根西岛	20	印度尼西亚	30	阿曼	12	土耳其	20
泽西岛	20	伊朗	25	巴基斯坦	35	乌干达	30
智利	17	爱尔兰	12.5	巴拿马	30	乌克兰	25
中国	28	以色列	27	巴拉圭	10	阿联酋	25
哥伦比亚	33	意大利	27.5	秘鲁	30	英国	28
刚果	40	象牙海岸	35	菲律宾	35	美国	35
哥斯达黎加	30	日本	42	波兰	19	乌拉圭	25
克罗地亚	20	哈萨克斯坦	30	葡萄牙	26.5	乌兹别克斯坦	10
塞浦路斯	15	韩国	27.5	卡塔尔	35	委内瑞拉	34
捷克共和国	21	科威特	0	罗马尼亚	16	越南	28
丹麦	25	拉脱维亚	15	俄罗斯	24		

资料来源：[美] 切奥尔·S·尤恩等：《国际财务管理》，406 页，北京，机械工业出版社，2009。

（二）资本利得税

资本利得税又称资本收益税，是指对企业出售资本性资产所得利益而课征的税。所谓资本性资产，是指那些不是准备随时变卖的资产，如持有期间比较长的股票、债券、房产、土地或土地使用权、专利权、商标权等。资本利得税征税的依据是资本性资产出售取得的收益，即资产增值。出售资本项目所得收益等于出售房屋、机器设备、股票、专利权和商标等资产所得到的毛收入，减去购置原值（或折旧、摊销后的账面净值）后的差额。资本利得作为一种所得，仍然属于所得税的征税范畴。在对资本利得是否征税，以及如何征税问题上存在三种不同的处理方式：(1) 视同普通所得征税，将资本利得并入公司一般经营性收益或所得一起计算所得税；(2) 专设资本利得税或财产收益税；(3) 对资本利得免税。

（三）预扣税

预扣税是由东道国政府对本国居民或经济法人向外国投资者和债权人支付的股息和利息所征的税。少数国家还对支付的特许权使用费、服务费、管理费和租金等征收预扣税。预扣税是由支付股息和利息的一方在对方收到这笔收入以前预先扣除的。例如，某子公司需要向其母公司支付 50 万美元的股利，如果预扣税税率为 20%，则该公司只向母公司支付 40 万美元，另外 10 万美元以预扣税形式交子公司所在国的税务机关。

不同国家和地区的预扣税税率存在很大的差异，一国向国外企业征收的不同性质的预扣税的税率也不相同，即使对同一种性质的支付，也会根据接受人的居住地不同而采取不同的预扣税税率。例如，美国根据不同的支付种类设定了 0～30%的不同税率，对居住在大多数西欧国家的纳税人不征收利息预扣税，但对居住在其他一些国家和地区的纳税人按 30%征收。国际上也有一些国家和地区不征收预扣税，如英国、中国香港地区、巴哈马、百慕大群岛、开曼群岛、巴林等。

（四）增值税

增值税是以商品生产和流通环节的新增价值或商品附加值为征税对象的一种流转税。它克服了传统流转税对已纳税销售额重复征税、税上加税的弊端，使同一产品不受生产流通环节多少的影响，始终保持同等税收含量，不致出现应税产品因生产环节的变化，税负时轻时重的问题，同时保持了流转税征收范围广和收入及时、稳定的特点。增值税是国际公认的一种透明度比较高的中性税收，它不仅有利于组织财政收入，而且有利于鼓励企业按照经济效益原则选择最佳的生产经营组织形式，还有利于按国际惯例对出口产品实行彻底退税，增强本国产品在国际市场上的竞争能力。目前许多国家都实行了增值税，但不同国家的增值税税率存在很大差异。根据 2010 年的统计资料，丹麦的增值税税率为 25%、瑞典为 25%、意大利为 20%、法国为 19.6%、德国为 19%、印度为 13.5%、韩国为 10%。

（五）关税

关税是一个国家的中央政府对过境的应税货物所征收的税，主要是对进口货物征收，只在极少数情况下才对出口货物征收。征收关税一是为了筹措财政收入，二是为了保护本国工业。出于前者目的所征收的关税，税率一般比较适中，出于后者目的所征收的关税，税率一般较高。提高关税虽然并没有损害外国商品的完整性和质量特征，但较高的税率必然导致外国商品的价格较高，因而不利于外国商品的竞争，从而可以保护本国民族工业的发展。

三、国际所得税制度的种类

所得税是国际企业国际税收中最主要的税种，也是其进行国际税收管理最主要的内容，因此，国际企业的财务管理人员需要了解各国的公司所得税制度。就公司所得税而言，世界上现行的税收制度可以概括为三种，即传统税制、分类所得税制和转嫁或抵减制。在传统税制下，公司所得税按单一的税率征收，分配给股东的股利作为股东个人收入按个人所得税税率计征。采用传统税制的国家有意大利、荷兰、西班牙、瑞典、美国以及多数英联邦国家或地区（英国除外）。分类所得税制是对同一纳税人在一定时期内的各种所得，按其所得的不同来源分为不同类别的所得，如工资薪金所得、稿酬所得、特许权使用费所得等，并对每一类所得按照单独的税率来计算其所得税的制度。采用这种制度的国家主要有日本、挪威和德国。税额转嫁或抵减制是指对公司收益按同一税率征税，但已纳税款中的一部分可作为股东应纳个人所得税的减项予以扣除。比利时、法国等都采用这种制度。三种税收制度并不是相互排斥的，同一国家可以将这些制度结合运用。

四、国家税收管辖权

税收管辖权是国家主权在税收领域的体现，是一国政府行使主权征税所拥有的管理权力。众所周知，一国政府有权自行决定对哪些人征税、征收哪些税以及征多少税，这种权力就是我们所讲的税收管辖权。到目前为止，世界上还没有任何一个国际公约对各个主权国家的税收管辖权加以任何约束。对于国际企业来讲，其取得收入的来源及构成情况错综复杂，各国基于各自的主权，对其收入以及在本国从事的经济活动等都有征税的权力，从而根据本国的政治经济政策，确定其行使税收管辖权的范围。国际税收理论中所指的税收管辖权，主要指国家在处理跨国所得征税方面所拥有的权限。

虽然各国在自己主权范围内可以自主行使税收管辖权，但税收管辖权的确定并非不受任何限制和约束。在确定纳税人方面，任何国家都无权对那些同本国毫无关系的人征税，一个国家行使其课税主权的权力总是要受一定原则的约束。税收是国家凭借其政治权力征收的，这一本质特征决定了一个国家行使其课税主权的权力不能超越这个国家政治权力所能达到的范围。也就是说，税收管辖权要受国家政治权力所能达到的范围的制约。一个主权国家的政治权力所能达到的范围主要包括两个方面：一方面，从地域的概念来说，它包括该国领土、领海范围内的全部空间；另一方面，从人的概念来说，它包括该国所有的公民或居民（包括自然人和法人）。由于地域标准与国籍标准之间存在着差异，这就产生了属地原则和属人原则的法律管辖权划分原则。

在属地原则下，国家采取收入来源地税收管辖权，即国家对来源于本国境内的所得征税，而对来自国外的所得免予征税。在属人原则下，国家采取居民税收管辖权，即国家对其居民的所有收入（无论是来自本国还是来自他国）都征收所得税。除少数国家和地区放弃对所得税的税收管辖权外，大多数国家和地区都同时采用居民税收管辖权和收入来源地税收管辖权，既对本国境内的所得拥有征税权，又对本国居民的世界所得拥有征税权。这些国家和地区包括亚洲、欧洲、大洋洲和北美洲的大多数国家和地区。

五、国外税收抵免

为避免重复征税，大多数国家对已经向东道国缴纳的公司所得税给予一定的税收抵免。各国计算国外抵免的方法是各不相同的。通常，如果国际企业向母公司汇回的利息、股息、特许权使用费以及其他收入已经向东道国缴纳了预扣税，那么汇回的收入可以获得国外税收抵免。增值税和其他销售税不能获得国外税收抵免，但可以作为费用在税前扣除。

六、国际税收协定

国际税收协定是指两个或两个以上的主权国家，为了协调相互之间的税收分配关系和处理税务方面的问题，通过谈判所签订的书面协议。

按照税收协定涉及的主体划分，国际税收协定可分为双边税收协定和多边税收协定。所谓双边税收协定，是指两个国家为了协调双方处理跨国纳税人征税事务和其他有关方面的税收关系，经过谈判而签订的一种书面协议。多边税收协定则是指超过两个以上的国家所缔结的税收协定。

按照税收协定涉及的内容和范围划分，国际税收协定可分为一般税收协定和特定税收协定。一般税收协定广泛涉及各种税收关系，如全面避免国际双重征税的协定；特定税收协定是缔约国之间就某一特定税种或税收问题所签订的协定，如对关税、增值税等的协定。

国际税收协定是出于避免国际重复征税、防止国际逃税、避免国际税收歧视等目的而产生的，现已成为调节国家间经济关系的重要工具。

七、国际税收管理的目标

国际税收管理是国际财务管理中一个十分复杂和极其重要的问题。国际企业在从事跨国经营时，把资本投向不同的国家，就会涉及多个国家的税法。各国税收管辖权的重叠以及各国税法的差异，使得国际企业在不同的财务安排下的税收负担存在很大差异，直接影响国际企业的整体利益。总的来说，国际企业税收管理的目标就是合理降低其总税负。这一目标当然要通过一系列的方法才能实现，税收管理的具体目标可以概括为：

（1）根据有关国家的税法、税收协定来避免国际企业被双重征税的情况。

（2）利用有关国家为吸引外资而采取的优惠政策，实现最多的纳税减免。

（3）利用各种避税港来减少公司所得税。

（4）利用内部转移价格把利润转移至低税率国家和地区，以便使总纳税额最少。

（5）利用其他方法来减少所得税的支付。

第二节　国际重复征税的免除

国际重复征税是指两个或两个以上的国家对同一纳税人的同一征税对象，各自根据本国税法分别征税，同一纳税对象被征收两次或两次以上的税收。由于国际税收主要涉及的是所得税，因此国际重复征税主要是指所得税的重复征收。国际重复征税现象，不利于公平竞争，应采用特定方法予以免除。

一、国际重复征税产生的原因

国际重复征税的产生是同税收管辖权紧密联系的，只有在多个国家对同一纳税人都能行使税收管辖权的情况下，才会产生国际重复征税问题。这主要有以下三种情况：

（1）两国都按收入来源地税收管辖权进行征税，但行使收入来源地税收管辖权的标准不统一。例如，甲国 A 公司贷款给乙国 B 公司，乙国 B 公司又将此贷款交给其在丙国的 C 子公司使用。C 子公司把利息汇给 B 公司时，丙国要按来源管辖权征税，B 公司将利息汇给 A 公司时，乙国又要按来源管辖权进行征税。这样，对同一笔利息收入进行了双重征税。

（2）两国都按居民（公民）税收管辖权征税，但行使居民（公民）税收管辖权的标准不统一。例如，一国可能将居民（公民）税收管辖连接点归于国籍或注册登记地，另一国则将连接点归于居住或管理机构所在地，而纳税人的这些管辖连接点可能分散在不同国家，从而会承担两国或多国的纳税义务。

（3）一国按居民（公民）税收管辖权征税，另一国按收入来源地税收管辖权征税，两者管辖权产生重叠，对同一纳税人的所得重复征税。在目前大多数国家都同时按属地原则和属人原则确定自己的税收管辖权的情况下，这种管辖权之间不统一产生的国际重复征税现象十分普遍。一般所说的国际税收的重复征税，主要是指这种情况。

二、国际重复征税的危害

国际重复征税的存在，对国际经济的发展，对跨国经营的推行，都会产生不利的影响。

（一）国际重复征税违背了税负公平原则

从国际企业来看，同一笔所得只能承担一次纳税义务。而国际重复征税的存在，使有的纳税人缴一次税，有的纳税人则要多次纳税，造成地位同等的纳税人在税收及相关的范围内处于不同的竞争状态，这不利于国际企业在平等竞争的环境中发展。

（二）国际重复征税大大地加重了纳税人的负担

一笔收入，两国同时对其征税，税后所得必然减少，如果两国均系高税率国家，则所剩更少。这会严重限制国际企业的生产经营活动，阻碍国际经济和技术合作的发展。

免除国际重复征税，可以减轻国际投资者的税负，消除他们对国际纳税的畏惧心理，从而有利于国际资本的流动和加强各国经济的合作，促进世界经济的发展。

三、避免国际重复征税的方法

国际重复征税的种种危害已为各国所共识，各国政府都期望消除彼此间税收管辖权的冲突，并在许多国际条约中列入了消除国际重复征税的原则和规定，也建立了许多避免国际重复纳税的方法。

(一) 免税法

免税是指本国纳税人来源于国外的所得如果已经在国外缴纳了所得税，则对这部分跨国所得予以免税，以避免国际重复征税。实行免税法的国家主要是欧洲大陆和南美洲的一些国家，如法国、海地、多米尼加、巴拿马、委内瑞拉等。免税法的实质在于征税国对本国纳税人来源于国外的所得放弃税收管辖权，该部分所得只在所得来源国缴纳一次税收，这就从根本上消除了因两种税收管辖权冲突而导致的国际重复征税。从这一点看，免税法是一种较为彻底的免除国际重复征税的有效方法。

免税法按照免税的范围大小，可以分为全部免税和部分免税。全部免税是指征税国对本国纳税人在国外取得的并由外国政府已征税的全部所得，免于课征国内所得税；部分免税是指征税国对本国纳税人在国外取得的并由外国政府已征税的所得给予免税，但只限于对一般收入项目免税，而对某些特定项目不予免税。这些特定项目一般包括股息、利息、特许权使用费等收入，此类不予免税的收入项目如果发生重复征税，可以采用其他方法给予免除。

免税法的具体计算方法有两种：全额免税和累进免税。全额免税是征税国对本国纳税人来自国外的所得免税，且在确定纳税人适用的税率时，来自国外的所得也不计入纳税人的全部应税所得。累进免税是征税国对境外所得虽给予免税，但在确定纳税人总所得的适用税率时，要将免税所得并入计算，然后按本国累进税率征税。

【例 12—1】 某跨国企业注册地在 A 国，A 国按属人原则对该国居民的全部所得征税。该跨国企业某年度有来自 A 国（居住国）的应税所得 20 万元，有来自 B 国的应税所得 40 万元。A 国的所得税实行累进税率，年应税所得不超过 10 万元的部分为 20%，10 万～50 万元的部分为 25%，超过 50 万元的部分为 30%；B 国的所得税采用比例税率，税率为 30%。A 国规定本国居民来自 B 国的收入全额免税。该跨国企业在 A 国的应纳税额为：

$$10\times20\%+(20-10)\times25\%=4.5(\text{万元})$$

如果 A 国采用累进免税法，则应纳税额为：

$$(60-50)\times30\%+(50-40)\times25\%=5.5(\text{万元})$$

由计算结果可知，在累进免税法下，居住国要比在全额免税法下取得较多的税款，故目前大多数国家都采用累进免税法。当然，如果居住国采用的是比例税率，两种免税计算方法的结果是一样的。也就是说，累进免税法只有在居住国所得税为累进税率的条件下才适用。

免税法将本国跨国纳税人来自国外并已纳税的那部分所得在本国的纳税义务全部予以免除，可以达到完全消除国际重复征税的目的，而且计算简便。但是它减少了居住国政府的税收，而且又不考虑收益来源国的税率高低，没有体现公平纳税原则，为国际企业利用国际税负的差别逃税、避税提供了可能。因此，目前国际上采用免税法的国家并不多，即使采用这种方法也一般实行部分免税，即将免税范围仅限于某些所得，并附加一些限制性条件。

（二）扣除法

扣除法是指征税国允许本国纳税人将向国外政府缴纳的所得税作为一般费用在总应税所得中扣除，然后就扣除后的余额按本国税法征税。其具体的计算方法是，将跨国纳税人的全部所得汇总，减去其来源于国外那部分所得承担的所在国税款，其余额按照本国适用的税率计算本国应纳税款。

【例 12—2】在例 12—1 中，如果 A 国对该国企业的国外所得不免税，但国外缴纳的税款可以作为费用扣减应税所得，即采用扣除法计算本国应纳所得税，则该跨国企业的本国应纳所得税计算如下：

纳税人在 B 国的应纳所得税额为：

40×30％＝12(万元)

纳税人本国应税所得为：

20＋40－12＝48(万元)

本国应纳所得税为 ：

(48－10)×25％＋10×20％＝11.5(万元)

将上述计算结果与免税法比较，我们不难看出，在扣除法下纳税人要比免税法卜在本国缴纳更多的税款，总税负也要高，以扣除法避免国际重复征税的效果并不理想。在扣除法下，纳税人在国外取得的所得虽然可以扣除其在国外实际缴纳的税款作为本国应纳税所得，但其国外所得减去纳税额后的实际净收入在本国仍然需要纳税，从理论上说，这部分收入已经在国外缴纳所得税，不应该再征税，否则就使得一笔所得两次纳税。从这个意义上讲，扣除法仅仅是缓和了重复征税的程度。目前，只有少数国家采用这种方法。

（三）抵免法

抵免法是指居住国允许本国居民纳税人在本国税法规定的限度内，用已在来源国缴纳的税款抵免应就其世界范围内所得向居住国缴纳税款的一部分，以避免重复征税的一种方法。

抵免法下纳税人在本国的应纳税额的基本计算公式为：

$$\text{纳税人向居住国应纳税额}=\text{纳税人按全部所得计算的应纳税额}-\text{纳税人在国外纳税可抵免税额}$$

纳税人向居住国应纳税额是指跨国纳税人实际应向本国缴纳的税款；纳税人按全部所

得计算的应纳税额是指不考虑抵免前跨国纳税人就其来自国内、国外的全部所得汇总后按照本国税法计算的本国应纳税额。纳税人在国外纳税可抵免税额的确定有全额抵免和限额抵免两种方法。

全额抵免是纳税人在收入来源国纳税多少，全部都给予抵免。全额抵免法下纳税人本国应纳税额的计算公式为：

$$\text{纳税人向居住国应纳税额}=\text{纳税人按全部所得计算的应纳税额}-\text{纳税人国外所得在国外实际已纳税款}$$

【例 12—3】某跨国纳税人居住地在 A 国，2013 年度其来源于 A 国（居住国）的应税所得为 60 万元，另有来自 B 国（非居住国）的应税所得 20 万元。A 国的所得税税率为 25%，B 国的所得税税率为 30%。A 国规定本国居民来自国外的所得已在国外缴纳的所得税可以抵免本国所得税，并采用全额抵免法。该跨国纳税人在 A 国 2013 年度的应纳税额为：

$$(60+20)\times25\%-20\times30\%=14(\text{万元})$$

如果 A 国采用免税法，则该跨国纳税人在 A 国的应纳税额为：

$$60\times25\%=15(\text{万元})$$

显然，在全额抵免法下，如果国外税率高于居住国税率，跨国纳税人在居住国缴纳的所得税反而会低于免税法下的税额。这是由于在国外税率高于居住国税率的情况下，跨国纳税人的国外所得在国外缴纳的所得税大于其按照本国税率应纳的本国所得税，如果其实际纳税额可以抵免本国所得税，则跨国纳税人不仅可以将国外已纳税款在居住国的应纳税款总额中全部冲抵，而且可以冲抵掉一部分国内所得的应纳税款。很显然，这损害了居住国的利益，也违背了避免重复征税的初衷。因此，对跨国纳税人的外国税款实行全额抵免显然是不可取的，完全有必要规定一个最高的可抵免数，以维护居住国的利益。

限额抵免就是对本国纳税人在用国外所缴纳的所得税抵免本国应纳所得税时，规定最高抵免限额为纳税人国外所得按居住国所得税税率计算所应缴纳的税款，低于或等于限额的可全数抵免，高于限额的则只能按限额抵免。当收入来源国的所得税税率低于或等于居住国的所得税税率时，抵免额为国外实际已缴纳税款，与全额抵免法并无区别。当收入来源国的所得税税率高于居住国所得税税率时，超过居住国税率所应纳税款的部分则不能抵免。这对跨国纳税人是不利的，但对征税国有利，因此世界上大多数国家都采用限额抵免法。

【例 12—4】如果在例 12—3 中，A 国采用限额抵免法，则跨国纳税人在 B 国已纳税部分在 A 国的最高抵免限额为：

$$20\times25\%=5(\text{万元})$$

跨国纳税人在 A 国的应纳税额为：

$$(60+20)\times25\%-5=15(\text{万元})$$

如果 B 国的所得税税率为 20%，则按在 B 国实际缴纳税额 4(20×20%) 万元抵免，跨国纳税人在 A 国的应纳税额为：

(60＋20)×25％－4＝16(万元)

(四) 税收协定法

税收协定法是通过有关国家签订双边税收协定，以避免国际纳税人被重复征税的一种方法。免税法、扣除法及抵免法是一国政府为避免本国企业承担双重税负作出的一种单边的避免重复征税的优惠政策，这些政策并不能解决在哪些情况下应由收入来源国优先行使征税权，哪些情况下应当仅由纳税人居住国征税，不能完全免除国际重复征税。因此，还必须采用税收协定的方法。运用税收协定避免国际重复征税主要有两种方法：一是将征税权完全划归一方，从而完全排除了另一方对该纳税对象的征税权，使国际重复征税得以免除；二是通过税收协定，缔约国双方可以确定各自税收管辖权的范围，明确哪些所得应由来源国一方优先行使来源地税收管辖权，哪些所得应限制其税收管辖权的行使等。

第三节　国际企业税收筹划

税收筹划又称纳税筹划，是指纳税人在不违反税法规定的前提下，通过对经营、投资、理财等事项的安排和策划，以充分利用税法所提供的包括减免税在内的一切有利政策，尽量减少其纳税义务的行为。国际企业面对复杂的税收环境，更加有可能和条件通过人和资金、财产的国际流动，利用合法的手段减少或消除其纳税义务。

一、国际企业税收筹划的基础

国际企业的子公司和分支机构遍布世界各国，而各国税法在纳税规定和纳税管理上存在很大差异，这些差异便是国际企业进行税收筹划的基础。各国税收的差异主要有以下几个方面。

(一) 纳税税率的差异

税率的高低直接关系到税负的轻重。各国规定的所得税税率存在很大差异，有的国家采用比例税率，有的国家采用累进税率，而且各国的税率高低也存在很大差异，从本章第一节中的表12—1可以看出，所得税税率最高的国家超过了40％，最低的国家为零，各国税率的差异是显而易见的事实。纳税人为了规避高税负，会采取各种办法，把其所得转移到低税率国家。

(二) 纳税基数的差异

纳税基数简称税基，是指课税的依据。在所得税中，税基即为应税所得。各国对国际企业所得税纳税基数的确认有不同的认识，在税法中有不同的规定。按照属地原则确定纳税基数时，只将领土内的所得确定为应税所得，而对于产生于领土之外的所得不予征税；按照属人原则确定纳税基数时，国际企业无论是从国内还是从国外取得的所得，都在应税范围之内。即使按照同一原则确定的应纳税额，各国在确定纳税人标准、收入来源地标准方面也不同。例如在确定法人居民身份时，有的国家采用注册登记地标准，有的国家采用管理机构所在地标准；在判断投资所得来源地的问题上，有的国家采用权利提供地标准，有的国家采用权利使用地标准。在计算应税所得时，各国税法对各项扣除项目的规定也有很大差异，在计算税基时，可能在甲国允许扣除的项目在乙国不允许扣除，或者相反。

（三）税种设置的差异

在税种设置上，各国的差异也很大。有的国家以所得税为主，有的国家以流转税为主；有的国家征收增值税，而有的国家不征收增值税。

（四）税收管理效率的差异

各国税法实施管理的有效程度是造成实际税负差异的一个潜在因素。例如，有的国家虽然在税法上规定了很重的纳税义务，但由于征收管理不善，实际课税很少，使税负变得名高实低。

（五）国际避免重复征税方法的差异

如前所述，国际重复征税是一个普遍存在的现象。各个国家为避免国际重复征税采取了不同的方法，各国采取的避免国际重复征税方法的差异也是国际企业税收筹划的一个重要基础。

正因为国家间在税收管理和纳税规定上有上述差异，国际企业便可利用这些差异进行税收筹划，采用适当的方法减少其纳税义务。

二、国际企业税收筹划的主要方式

国际企业进行税收筹划的方式多种多样，下面介绍一些国际企业常用的税收筹划方式。

（一）利用内部转移价格进行税收筹划

内部转移价格是国际企业内部母公司与子公司之间或子公司与子公司之间转移商品或劳务、提供技术、进行资金借贷时确定的内部价格。内部转移价格不取决于市场供求，只服从于国际企业整体利益的需要。国际企业利用各国间税率和税法的差异通过调节内部转移价格可以达到减少纳税义务的目的。国际企业与一般的国内企业及自然人不同，国际企业的分公司和子公司遍布世界各地，许多交易都是在国际企业内部进行的，这就为国际企业利用内部转移价格减少税负提供了可能。国际企业利用内部转移价格进行税收筹划的基本方法是根据所在国税率的高低不同，通过转让定价的各种方式，把高税率国家的利润转移到低税率国家去。这样国际企业在低税率国家的利润比以前相对增加，应纳税额也相应增加，但在高税率国家的应纳税款相应减少，由于所在国税率较高，减少的应纳税额比处于低税率国家的公司所增加的税额要多。因此，从总体上看，国际企业的总税负大大减少。

【例 12—5】某国际企业在 A 国和 B 国分别有一家子公司，A、B 两国的所得税税率分别为 40%和 20%。A 国子公司为 B 国子公司提供零部件，B 国子公司生产最终产品并在市场上对外销售。现 A 国子公司向 B 国子公司出售零部件一批，该批零部件的成本为 100 万美元，市场价格为 150 万美元，B 国子公司将该批零部件再花 50 万美元的成本加工成最终产品，该批产品的市场售价为 250 万美元。A 国子公司向 B 国子公司销售的零部件原来按市场价格结算，为了减少国际企业的整体税负，现改为按内部转移价格120万美元结算，两种方案下两个子公司的税后利润计算如表12—2所示。

表12—2　　单位：美元

项目	A国公司（税率为40%）	B国公司（税率为20%）
1. 按市场价格		
销售收入	150	250
销售成本	100	200
销售利润	50	50
所得税	20	10
税后利润	30	40
2. 按转移价格		
销售收入	120	250
销售成本	100	170
销售利润	20	80
所得税	8	16
税后利润	12	64

从表12—2中可以看出，在按市场价格进行结算的情况下，国际企业两个子公司的所得税总额为30万美元，净利润总额为70万美元；如果采用较低的转移价格120万美元结算，两个子公司的所得税总额为24万美元，税后利润总额为76万美元。该国际企业选择比较低的转移价格可以降低整体的税负。

除了在商品转移时采用合理的内部转移价格减少整体税负以外，国际企业还可以利用以下项目使用内部转移价格进行税收筹划。

1. 内部贷款

国际企业的母公司通常都以内部贷款的形式向其子公司提供资金。如果子公司所在国的税率较高，则贷款可采用高利率政策；如果子公司所在国的税率较低，则贷款可采用低利率政策。

2. 专利和专有技术等无形资产的转让费

专利和专有技术在国际企业内部的转移是非常普遍的现象，由于专利和专有技术等无形资产具有独占的特性，其真实价值很难确定，各国的税务机关很难对其转移价格进行合理的认定。国际企业为了减少整体的税负，在把专利和专有技术进行内部转移时，几乎可以随心所欲地提高或降低其转让价格。

3. 管理成本或费用

在国际企业内部，母公司常常为其国外附属企业提供各种管理服务，而这种管理服务的收费标准很难找到可作参考的公平市价。因此，国际企业可通过抬高或压低管理成本或管理费用的办法来实现其避税的目的。

4. 租赁费用

租赁费用对承租人来讲是一笔费用，对出租人来讲是一笔收入，租赁费用的高低会影响双方的利润，而且各国对租赁尤其是长期租赁下费用扣减的规定也存在差异，因此内部租赁价格成为国际企业一种新型的税收筹划方式。

(二）利用避税港进行税收筹划

避税港又称低税乐园或避税地，是指以免征某些税收或压低税率的方法，为外国投资者提供不纳税或少纳税环境的国家或地区。国际企业可以通过合理的安排，将其所得与资产转移至避税港，从而减轻整体的税负。

1. 避税港的一般特征

被称为避税港的国家或地区，一般都有如下特征：

(1）与大多数国家相比，税率明显偏低，或是应税收益的范围明显偏小。

(2）有着严格的保守银行秘密和商业秘密的传统，即使在国际协定中也不愿打破这一传统。

(3）银行和其他金融机构活动在其国民经济中占据较为重要的地位。

(4）有着较好的现代化通信设施。

(5）对外国人存取外币不加控制。

(6）努力成为国际金融中心。

2. 避税港的种类

避税港之所以能够在国际上存在，其主要原因是当地政府希望通过税收上的各种优惠措施，来吸引国际上的游资，从而推动当地经济的振兴和发展。第二次世界大战后，随着国际企业规模的不断扩大，除了几个老牌避税港外，新兴的避税港不断涌现，它们大致可分为如下几类：

(1）无税型。这样的避税港完全免除个人所得税、公司所得税、资本利得税和财产税。这类避税港主要有巴哈马、英属百慕大群岛、英属开曼群岛及法属新喀里多尼亚等。

(2）低税型。这样的避税港虽然征税，但是税率很低。列支敦士登公国、维尔京群岛等都属于此类。

(3）半避税型。这类避税港只对在当地形成的收益征税，对来自国外或地区外的收入不征税。中国香港、利比里亚、巴拿马等均属于此类。

(4）有限避税型。这类避税港一般都具有一定的税收优惠，它们在有限程度上也有避税港的特征。如瑞士、新加坡、荷属安得列斯群岛等都属于此类。

3. 利用避税港进行税收筹划的基本方法

国际企业利用避税港进行税收筹划的主要方法是在避税港设置各种各样的挂牌公司或信箱公司。这些公司一般都是出于减少纳税支出的目的而在避税港注册的。它们的实际经营活动往往并不发生在避税港内，但将收益在避税港申报，以避免征税。一般有以下几种做法：

(1）以挂牌公司作为虚设的中转销售公司。例如，一家国际企业在甲、乙两国各有一家子公司A与B，在某一避税港有一家子公司。甲国子公司A的产品实际上是直接供应给乙国子公司B的，为了避税，A公司以低价把产品销售给设在避税港内的C公司，C公司再以高价卖给B公司。这样，收益大都转给了C公司，而C公司所在避税港的税率较低，就可以少纳税甚至不纳税。这种情况实际上只在C公司的账簿上转了一笔账，而货物却直接由 A 公司发往 B 公司。

（2）以挂牌公司作为收付代理公司。任何国际企业的母公司都要为子公司提供贷款、技术服务、劳务服务、管理咨询服务等多种服务，这些服务收入是母公司一笔很大的收入。为了减少这部分收入的税负，可在避税港设置一个收付代理公司，这样就可以把大部分收入转移给该公司。但实际上，款项的贷出、许可证的发放、劳务的提供均不由收付代理公司完成，而是由母公司安排。

（3）以挂牌公司作为持股公司。国际企业的母公司一般都从子公司获得较多的股息和红利。为了避税，可在避税港设立一家持股公司，要求下属公司把股息和红利汇到避税港，以便减少纳税负担。

（三）利用公司组织形式进行税收筹划

国际企业在对外投资时，可以选择设立海外分支机构（海外分公司或常设机构）或子公司等不同的组织形式。从法律上讲，海外分支机构隶属于母公司，本身不具有独立的法人地位，而海外子公司却是在当地注册、登记并成立的具有独立法人地位的公司。海外分支机构和子公司享有的税收待遇和其他优惠存在很大差异，从税收角度看，海外分支机构相对子公司的优势和弊端主要体现在如下几个方面。

1. 优势

（1）设立分支机构的法律手续简单，可以免缴当地政府要求的资本注册登记税和印花税。

（2）可以避免对利息、股息、特许权使用费征收预提所得税。

（3）可以避免国际重复征税。

（4）分支机构发生的营业亏损可以冲减总机构的总利润。

2. 弊端

（1）内部转移定价更容易受到有关国家税务当局的关注或怀疑。

（2）一般不能享受当地政府为子公司提供的减免税优惠及其他投资鼓励政策。

（3）若将来分支机构转为子公司，可能要对由此产生的资本利得承担纳税义务，而且这种转变还要征得税务部门和其他部门的同意。

（4）分支机构一旦取得利润，总机构就需在母国纳税。如果分支机构位于低税率国家，而总机构位于高税率国家，则该机构一般无法获得低税率国家给予的减免税好处。

（5）总机构与分支机构之间支付的利息或特许权使用费不能从利润中扣除，缺乏灵活性。

根据上述税收待遇的差异，从税收筹划的角度，选择对外投资的组织形式需要考虑以下几个方面：

（1）投资的海外机构在开业后几年内是否亏损。分公司的预计亏损可以包括在母公司的利润表里，可以部分抵消母公司的盈利，减少应纳税所得额。而子公司的预计亏损一般不能与母公司的利润相合并，不能取得减税的效果。因此，如果该机构在开业后几年内亏损，选择分公司的组织形式较为适宜。

（2）支付预扣税与延期纳税之间的权衡。大多数国家对外国子公司向母公司支付的股息征收预扣税，国家之间是否签订双边税收协定影响着预扣税率的大小。但是如果分支机构是分公司，就不必缴纳预扣税。同时，许多国家对本国跨国公司海外的子公司来源于国外的所得有延期纳税的优惠，但是海外分公司得不到这种好处。因此，跨国公司必须在支付预扣税的不利因素和延期纳税的有利因素之间权衡，选择是采用子公司的形式还是采用分公司的形式。

（3）企业经营的性质。企业经营的性质不同，费用的列支范围会有不同的规定。比如一些国家对从事自然资源勘探和开发的跨国公司允许将勘探成本及部分开发成本作为经常性费用冲销企业当期利润，而不是在几年之内分摊。因此，许多从事石油和矿产开发的公司倾向于选择分公司的组织形式，这样可以用分公司的勘探和开发成本冲销母公司的利润，减少纳税额。

当然，投资组织形式的选择不仅要考虑税收待遇的差异，还要考虑设立程序、受管制程度、信息披露等多方面的影响，综合各方面因素后选择最有利的形式。

（四）利用免除国际重复征税或税收优惠政策进行税收筹划

如前文所述，为了避免国际重复征税带来的不利影响，许多国家和地区通过单边、双边和多边的形式实施了避免国际重复征税的不同政策，一些国家和地区为了鼓励外国资本对本国投资，也出台了许多外商投资的优惠政策，这些免除国际重复征税或税收优惠的政策为国际企业进行税收筹划提供了条件。比如，在避免重复征税时如果采用免税法，这些国家的国际企业可能通过转移定价等方法将利润转移至避税地或低税区的子公司，这些利润可以免税或减税，而且子公司将利润汇回国内时又可以享受免税的政策，这样，该企业不仅少承担甚至没有承担国外税负，而且合法地回避了本国的税负。在采用税收抵免方式避免国际重复征税时，有的国家不仅允许国外实际已纳税额抵免本国所得税，而且本国居民在国外享受减免税而未缴纳的那一部分所得税款，也视同已经缴纳，连同在国外实际缴纳的税款一起，给予税收抵免待遇。这种特殊的税收优惠为跨国纳税人实现双重纳税筹划创造了条件，国际企业可以尽可能地将利润转移至享受税收减免的国外子公司，然后汇回本国，进一步取得税收抵免的好处。

三、限制国际税收筹划的国际反避税措施

国际企业通过各种税收筹划方式规避纳税义务会造成征税国政府收入的减少，而且不利于企业之间的公平竞争，造成财富的不正当分配。为此，许多国家特别是发达国家纷纷采取对策，完善税收立法，加强征税管理，以防止和消除国际避税的泛滥。在长期实践中，一些国家逐渐积累了反避税的方法。虽然这些方法离真正消除避税行为的目标还有相当大的差距，但对抑制避税行为确实产生了良好效果。

（一）单边制定反避税法

反避税立法是反避税措施中主要的方面。各国反避税立法有以下几种形式：

（1）针对一种或多种国际企业的避税做法而设置特殊税法条款。如美国国家税收法典第 482 节、法国税收总法典第 57 条、比利时所得税法第 24 条等对国际企业内部转移价格都作出了具体的规定。又如，比利时所得税法第 46 条、法国税收总法典第 283 条，对纳税收入的可扣项目做了具体规定。

（2）设置具有全面影响力的综合性条款。有些国家制定了原则上适用于全部税收法规

的综合性避税条款。如德国 1977 年税收总法典第 4 款（2）和第 42 款，荷兰税收总法典第 31 条都属此类规定。

（3）设置必须获得政府同意的有关条款。在税法中明文规定某些交易活动必须事先征得税务当局的同意，否则便以违法论处的内容。这是国际反避税领域中最严厉的立法形式。

（二）双边或多边的反避税措施

双边反避税措施主要是通过签订双边税收协定来限制国际企业避税，并规定双方在纳税管理上要相互协助、互通信息。多边反避税措施是许多国家通过签订多边协定来防止国际企业避税的措施。例如，欧洲经济共同体于 1975 年作出的《关于共同体为反对国际避税和避税应采取的措施》的协定，便属于多边反避税措施。

（三）加强纳税管理

税法上规定的反避税措施必须在纳税管理实践中加以落实，否则再完善的法律也仅仅是一纸空文。为了有效地同国际避税行为作斗争，各国税务部门必须对国际企业在国外的经济活动有全面的了解，这是相当复杂和十分困难的事。为此，各国税务部门一般采取如下三种方法：

（1）向纳税人或第三方施加压力，要求它们提供详细的纳税资料。

（2）当税收人员为反避税需要纳税资料时，要求银行给予配合。

（3）各国之间加强税收情报的交流。

各国采取的反避税措施构成了国际企业进行税收筹划的限制条件，国际企业在进行税收筹划时需要认真分析各国的税收规定及采取的反避税措施，以合法地规避税收义务，争取企业整体利益的最大化。

本章小结

国际税收是指涉及两个或两个以上的国家财权利益的税收活动。国际税收的种类主要包括公司所得税、资本利得税、预扣税、增值税、关税等。

国际重复征税是指两个或两个以上的国家对同一纳税人的同一征税对象，各自根据本国税法分别征税，同一纳税对象被征收两次或两次以上的税收。国际重复征税产生的原因是税收管辖权的重叠。国际上许多国家通过免税法、扣除法、抵免法避免重复征税。

国际企业进行税收筹划的方式包括利用内部转移价格进行税收筹划、利用避税港进行税收筹划、利用公司组织形式进行税收筹划、利用免除国际重复征税或税收优惠政策进行税收筹划等。

思考题

1. 与国际企业跨国经营有关的税种主要有哪些？
2. 国际重复征税产生的原因是什么？

3. 避免国际重复征税的方法有哪些?
4. 国际企业税收筹划的主要方式有哪些?

案例分析

苹果公司的“三明治式”避税

苹果公司不仅是开发产品的天才、创新商业模式的天才，其历来更是避税的天才。苹果公司绚丽的避税魔术被戏称作“爱尔兰、荷兰、三明治”，因为其手法主要是在两家爱尔兰子公司和一家荷兰子公司之间腾挪资金，就像两片面包夹一片奶酪的三明治。

“爱尔兰、荷兰、三明治”

为了吸引投资解决就业，爱尔兰的企业所得税非常低。苹果公司在爱尔兰设立苹果国际销售公司，享受爱尔兰的低所得税税率。

苹果公司在爱尔兰又设立了一家苹果国际运营公司，其总部设立在著名的避税天堂——加勒比群岛。

由于爱尔兰的苹果运营公司是外国公司，它把收入汇到总部不需要向爱尔兰缴税，几乎是零成本。

苹果公司究竟通过何种方式把爱尔兰销售公司的销售收入便宜地转到爱尔兰运营公司？答案是知识产权。

知识产权的资产转移

爱尔兰销售公司通过荷兰运营公司的中转，将销售收入以专利使用费的名义转到爱尔兰运营公司，最终转到加勒比群岛上的总部。

在整个收入转移过程中，只需要缴纳荷兰低廉的交易税和部分爱尔兰低廉的所得税。

苹果公司基本上采用了国际上流行的三种避税策略：延期、转移定价和俗称 check-the-box 的报税法。如今，苹果公司又开始通过海外公司购买国债进行避税。这样它们在享受国债利息的同时，还不用担心所得税申报期限及巨额税单的到来。

资料来源：http://tech.hexun.com/2014-06-22/165921325.html。

思考与讨论：苹果公司为进行合理避税实行了哪些配套管理措施?

附表　时间价值计算的有关系数表

附表 1　　　　　　　　　　　　**复利终值系数表**

期数	1%	2%	3%	4%	5%	6%	7%	8%	9%	10%
1	1.010 0	1.020 0	1.030 0	1.040 0	1.050 0	1.060 0	1.070 0	1.080 0	1.090 0	1.100 0
2	1.020 1	1.040 4	1.060 9	1.081 6	1.102 5	1.123 6	1.144 9	1.166 4	1.188 1	1.210 0
3	1.030 3	1.061 2	1.092 7	1.124 9	1.157 6	1.191 0	1.225 0	1.259 7	1.295 0	1.331 0
4	1.040 6	1.082 4	1.125 5	1.169 9	1.215 5	1.262 5	1.310 8	1.360 5	1.411 6	1.464 1
5	1.051 0	1.104 1	1.159 3	1.216 7	1.276 3	1.338 2	1.402 6	1.469 3	1.538 6	1.610 5
6	1.061 5	1.126 2	1.194 1	1.265 3	1.340 1	1.418 5	1.500 7	1.586 9	1.677 1	1.771 6
7	1.072 1	1.148 7	1.229 9	1.315 9	1.407 1	1.503 6	1.605 8	1.713 8	1.828 0	1.9487
8	1.082 9	1.171 7	1.266 8	1.368 6	1.477 5	1.593 8	1.718 2	1.850 9	1.992 6	2.143 6
9	1.093 7	1.195 1	1.304 8	1.423 3	1.551 3	1.689 5	1.838 5	1.999 0	2.171 9	2.357 9
10	1.104 6	1.219 0	1.343 9	1.480 2	1.628 9	1.790 8	1.967 2	2.158 9	2.367 4	2.593 7
11	1.115 7	1.243 4	1.384 2	1.539 5	1.710 3	1.898 3	2.104 9	2.331 6	2.580 4	2.853 1
12	1.126 8	1.268 2	1.425 8	1.601 0	1.795 9	2.012 2	2.252 2	2.518 2	2.812 7	3.138 4
13	1.138 1	1.293 6	1.468 5	1.665 1	1.885 6	2.132 9	2.409 8	2.719 6	3.065 8	3.452 3
14	1.149 5	1.319 5	1.512 6	1.731 7	1.979 9	2.260 9	2.578 5	2.937 2	3.341 7	3.797 5
15	1.161 0	1.345 9	1.558 0	1.800 9	2.078 9	2.396 6	2.759 0	3.172 2	3.642 5	4.177 2
16	1.172 6	1.372 8	1.604 7	1.873 0	2.182 9	2.540 4	2.952 2	3.425 9	3.970 3	4.595 0
17	1.184 3	1.400 2	1.652 8	1.947 9	2.292 0	2.692 8	3.158 8	3.700 0	4.327 6	5.054 5
18	1.196 1	1.428 2	1.702 4	2.025 8	2.406 6	2.854 3	3.379 9	3.996 0	4.717 1	5.559 9
19	1.208 1	1.456 8	1.753 5	2.106 8	2.527 0	3.025 6	3.616 5	4.315 7	5.141 7	6.115 9
20	1.220 2	1.485 9	1.806 1	2.191 1	2.653 3	3.207 1	3.869 7	4.661 0	5.604 4	6.727 5
21	1.232 4	1.515 7	1.860 3	2.278 8	2.786 0	3.399 6	4.140 6	5.033 8	6.108 8	7.400 2
22	1.244 7	1.546 0	1.916 1	2.369 9	2.925 3	3.603 5	4.430 4	5.436 5	6.658 6	8.140 3
23	1.257 2	1.576 9	1.973 6	2.464 7	3.071 5	3.819 7	4.740 5	5.871 5	7.257 9	8.954 3
24	1.269 7	1.608 4	2.032 8	2.563 3	3.225 1	4.048 9	5.072 4	6.341 2	7.911 1	9.849 7
25	1.282 4	1.640 6	2.093 8	2.665 8	3.386 4	4.291 9	5.427 4	6.848 5	8.623 1	10.834 7
26	1.295 3	1.673 4	2.156 6	2.772 5	3.555 7	4.549 4	5.807 4	7.396 4	9.399 2	11.918 2
27	1.308 2	1.706 9	2.221 3	2.883 4	3.733 5	4.822 3	6.213 9	7.988 1	10.245 1	13.110 0
28	1.321 3	1.741 0	2.287 9	2.998 7	3.920 1	5.111 7	6.648 8	8.627 1	11.167 1	14.421 0
29	1.334 5	1.775 8	2.356 6	3.118 7	4.116 1	5.418 4	7.114 3	9.317 3	12.172 2	15.863 1
30	1.347 8	1.811 4	2.427 3	3.243 4	4.321 9	5.743 5	7.612 3	10.062 7	13.267 7	17.449 4

续前表

期数	11%	12%	13%	14%	15%	16%	17%	18%	19%	20%
1	1.110 0	1.120 0	1.130 0	1.140 0	1.150 0	1.160 0	1.170 0	1.180 0	1.190 0	1.200 0
2	1.232 1	1.254 4	1.276 9	1.299 6	1.322 5	1.345 6	1.368 9	1.392 4	1.416 1	1.440 0
3	1.367 6	1.404 9	1.442 9	1.481 5	1.520 9	1.560 9	1.601 6	1.643 0	1.685 2	1.728 0
4	1.518 1	1.573 5	1.630 5	1.689 0	1.749 0	1.810 6	1.873 9	1.938 8	2.005 3	2.073 6
5	1.685 1	1.762 3	1.842 4	1.925 4	2.011 4	2.100 3	2.192 4	2.287 8	2.386 4	2.488 3
6	1.870 4	1.973 8	2.082 0	2.195 0	2.313 1	2.436 4	2.565 2	2.699 6	2.839 8	2.986 0
7	2.076 2	2.210 7	2.352 6	2.502 3	2.660 0	2.826 2	3.001 2	3.185 5	3.379 3	3.583 2
8	2.304 5	2.476 0	2.658 4	2.852 6	3.059 0	3.278 4	3.511 5	3.758 9	4.021 4	4.299 8
9	2.558 0	2.773 1	3.004 0	3.251 9	3.517 9	3.803 0	4.108 4	4.435 5	4.785 4	5.159 8
10	2.839 4	3.105 8	3.394 6	3.707 2	4.045 6	4.411 4	4.806 8	5.233 8	5.694 7	6.191 7
11	3.151 8	3.478 6	3.835 9	4.226 2	4.652 4	5.117 3	5.624 0	6.175 9	6.776 7	7.430 1
12	3.498 5	3.896 0	4.334 5	4.817 9	5.350 3	5.936 0	6.580 1	7.287 6	8.064 2	8.916 1
13	3.883 3	4.363 5	4.898 0	5.492 4	6.152 8	6.885 8	7.698 7	8.599 4	9.596 4	10.699 3
14	4.310 4	4.887 1	5.534 8	6.261 3	7.075 7	7.987 5	9.007 5	10.147 2	11.419 8	12.839 2
15	4.784 6	5.473 6	6.254 3	7.137 9	8.137 1	9.265 5	10.538 7	11.973 7	13.589 5	15.407 0
16	5.310 9	6.130 4	7.067 3	8.137 2	9.357 6	10.748 0	12.330 3	14.129 0	16.171 5	18.488 4
17	5.895 1	6.866 0	7.986 1	9.276 5	10.761 3	12.467 7	14.426 5	16.672 2	19.244 1	22.186 1
18	6.543 6	7.690 0	9.024 3	10.575 2	12.375 5	14.462 5	16.879 0	19.673 3	22.900 5	26.623 3
19	7.263 3	8.612 8	10.197 4	12.055 7	14.231 8	16.776 5	19.748 4	23.214 4	27.251 6	31.948 0
20	8.062 3	9.646 3	11.523 1	13.743 5	16.366 5	19.460 8	23.105 6	27.393 0	32.429 4	38.337 6
21	8.949 2	10.803 8	13.021 1	15.667 6	18.821 5	22.574 5	27.033 6	32.323 8	38.591 0	46.005 1
22	9.933 6	12.100 3	14.713 8	17.861 0	21.644 7	26.186 4	31.629 3	38.142 1	45.923 3	55.206 1
23	11.026 3	13.552 3	16.626 6	20.361 6	24.891 5	30.376 2	37.006 2	45.007 6	54.648 7	66.247 4
24	12.239 2	15.178 6	18.788 1	23.212 2	28.625 2	35.236 4	43.297 3	53.109 0	65.032 0	79.496 8
25	13.585 5	17.000 1	21.230 5	26.461 9	32.919 0	40.874 2	50.657 8	62.668 6	77.388 1	95.396 2
26	15.079 9	19.040 1	23.990 5	30.166 6	37.856 8	47.414 1	59.269 7	73.949 0	92.091 8	114.475 5
27	16.738 7	21.324 9	27.109 3	34.389 9	43.535 3	55.000 4	69.345 5	87.259 8	109.589 3	137.370 6
28	18.579 9	23.883 9	30.633 5	39.204 5	50.065 6	63.800 4	81.134 2	102.966 6	130.411 2	164.844 7
29	20.623 7	26.749 9	34.615 8	44.693 1	57.575 5	74.008 5	94.927 1	121.500 5	155.189 3	197.813 6
30	22.892 3	29.959 9	39.115 9	50.950 2	66.211 8	85.849 9	111.064 7	143.370 6	184.675 3	237.376 3

续前表

期数	21%	22%	23%	24%	25%	26%	27%	28%	29%	30%
1	1.210 0	1.220 0	1.230 0	1.240 0	1.250 0	1.260 0	1.270 0	1.280 0	1.290 0	1.300 0
2	1.464 1	1.488 4	1.512 9	1.537 6	1.562 5	1.587 6	1.612 9	1.638 4	1.664 1	1.690 0
3	1.771 6	1.815 8	1.860 9	1.906 6	1.953 1	2.000 4	2.048 4	2.097 2	2.146 7	2.197 0
4	2.143 6	2.215 3	2.288 9	2.364 2	2.441 4	2.520 5	2.601 4	2.684 4	2.769 2	2.856 1
5	2.593 7	2.702 7	2.815 3	2.931 6	3.051 8	3.175 8	3.303 8	3.436 0	3.572 3	3.712 9
6	3.138 4	3.297 3	3.462 8	3.635 2	3.814 7	4.001 5	4.195 9	4.398 0	4.608 3	4.826 8
7	3.797 5	4.022 7	4.259 3	4.507 7	4.768 4	5.041 9	5.328 8	5.629 5	5.944 7	6.274 9
8	4.595 0	4.907 7	5.238 9	5.589 5	5.960 5	6.352 8	6.767 5	7.205 8	7.668 6	8.157 3
9	5.559 9	5.987 4	6.443 9	6.931 0	7.450 6	8.004 5	8.594 8	9.223 4	9.892 5	10.604 5
10	6.727 5	7.304 6	7.925 9	8.594 4	9.313 2	10.085 7	10.915 3	11.805 9	12.761 4	13.785 8
11	8.140 3	8.911 7	9.748 9	10.657 1	11.641 5	12.708 0	13.862 5	15.111 6	16.462 2	17.921 6
12	9.849 7	10.872 2	11.991 2	13.214 8	14.551 9	16.012 0	17.605 3	19.342 8	21.236 2	23.298 1
13	11.918 2	13.264 1	14.749 1	16.386 3	18.189 9	20.175 2	22.358 8	24.758 8	27.394 7	30.287 5
14	14.421 0	16.182 2	18.141 4	20.319 1	22.737 4	25.420 7	28.395 7	31.691 3	35.339 1	39.373 8
15	17.449 4	19.742 3	22.314 0	25.195 6	28.421 7	32.030 1	36.062 5	40.564 8	45.587 5	51.185 9
16	21.113 8	24.085 6	27.446 2	31.242 6	35.527 1	40.357 9	45.799 4	51.923 0	58.807 9	66.541 7
17	25.547 7	29.384 4	33.758 8	38.740 8	44.408 9	50.851 0	58.165 2	66.461 4	75.862 1	86.504 2
18	30.912 7	35.849 0	41.523 3	48.038 6	55.511 2	64.072 2	73.869 8	85.070 6	97.862 2	112.455 4
19	37.404 3	43.735 8	51.073 7	59.567 9	69.388 9	80.731 0	93.814 7	108.890 4	126.242 2	146.192 0
20	45.259 3	53.357 6	62.820 6	73.864 1	86.736 2	101.721 1	119.144 6	139.379 7	162.852 4	190.049 6
21	54.763 7	65.096 3	77.269 4	91.591 5	108.420 2	128.168 5	151.313 7	178.406 0	210.079 6	247.064 5
22	66.264 1	79.417 5	95.041 3	113.573 5	135.525 3	161.492 4	192.168 3	228.359 6	271.002 7	321.183 9
23	80.179 5	96.889 4	116.900 8	140.831 2	169.406 6	203.480 4	244.053 8	292.300 3	349.593 5	417.539 1
24	97.017 2	118.205 0	143.788 0	174.630 6	211.758 2	256.385 3	309.948 3	374.144 4	450.975 6	542.800 8
25	117.390 9	144.210 1	176.859 3	216.542 0	264.697 8	323.045 4	393.634 4	478.904 9	581.758 5	705.641 0
26	142.042 9	175.936 4	217.536 9	268.512 1	330.872 2	407.037 3	499.915 7	612.998 2	750.468 5	917.333 3
27	171.871 9	214.642 4	267.570 4	332.955 0	413.590 3	512.867 0	634.892 9	784.637 7	968.104 4	1 192.533 3
28	207.965 1	261.863 7	329.111 5	412.864 2	516.987 9	646.212 4	806.314 0	1 004.336 3	1 248.854 6	1 550.293 3
29	251.637 7	319.473 7	404.807 2	511.951 6	646.234 9	814.227 6	1 024.018 7	1 285.550 4	1 611.022 5	2 015.381 3
30	304.481 6	389.757 9	497.912 9	634.819 9	807.793 6	1 025.926 7	1 300.503 8	1 645.504 6	2 078.219 0	2 619.995 6

附表 2 **复利现值系数表**

期数	1%	2%	3%	4%	5%	6%	7%	8%	9%	10%
1	0.990 1	0.980 4	0.970 9	0.961 5	0.952 4	0.943 4	0.934 6	0.925 9	0.917 4	0.909 1
2	0.980 3	0.961 2	0.942 6	0.924 6	0.907 0	0.890 0	0.873 4	0.857 3	0.841 7	0.826 4
3	0.970 6	0.942 3	0.915 1	0.889 0	0.863 8	0.839 6	0.816 3	0.793 8	0.772 2	0.751 3
4	0.961 0	0.923 8	0.888 5	0.854 8	0.822 7	0.792 1	0.762 9	0.735 0	0.708 4	0.683 0
5	0.951 5	0.905 7	0.862 6	0.821 9	0.783 5	0.747 3	0.713 0	0.680 6	0.649 9	0.620 9
6	0.942 0	0.888 0	0.837 5	0.790 3	0.746 2	0.705 0	0.666 3	0.630 2	0.596 3	0.564 5
7	0.932 7	0.870 6	0.813 1	0.759 9	0.710 7	0.665 1	0.622 7	0.583 5	0.547 0	0.513 2
8	0.923 5	0.853 5	0.789 4	0.730 7	0.676 8	0.627 4	0.582 0	0.540 3	0.501 9	0.466 5
9	0.914 3	0.836 8	0.766 4	0.702 6	0.644 6	0.591 9	0.543 9	0.500 2	0.460 4	0.424 1
10	0.905 3	0.820 3	0.744 1	0.675 6	0.613 9	0.558 4	0.508 3	0.463 2	0.422 4	0.385 5
11	0.896 3	0.804 3	0.722 4	0.649 6	0.584 7	0.526 8	0.475 1	0.428 9	0.387 5	0.350 5
12	0.887 4	0.788 5	0.701 4	0.624 6	0.556 8	0.497 0	0.444 0	0.397 1	0.355 5	0.318 6
13	0.878 7	0.773 0	0.681 0	0.600 6	0.530 3	0.468 8	0.415 0	0.367 7	0.326 2	0.289 7
14	0.870 0	0.757 9	0.661 1	0.577 5	0.505 1	0.442 3	0.387 8	0.340 5	0.299 2	0.263 3
15	0.861 3	0.743 0	0.641 9	0.555 3	0.481 0	0.417 3	0.362 4	0.315 2	0.274 5	0.239 4
16	0.852 8	0.728 4	0.623 2	0.533 9	0.458 1	0.393 6	0.338 7	0.291 9	0.251 9	0.217 6
17	0.844 4	0.714 2	0.605 0	0.513 4	0.436 3	0.371 4	0.316 6	0.270 3	0.231 1	0.197 8
18	0.836 0	0.700 2	0.587 4	0.493 6	0.415 5	0.350 3	0.295 9	0.250 2	0.212 0	0.179 9
19	0.827 7	0.686 4	0.570 3	0.474 6	0.395 7	0.330 5	0.276 5	0.231 7	0.194 5	0.163 5
20	0.819 5	0.673 0	0.553 7	0.456 4	0.376 9	0.311 8	0.258 4	0.214 5	0.178 4	0.148 6
21	0.811 4	0.659 8	0.537 5	0.438 8	0.358 9	0.294 2	0.241 5	0.198 7	0.163 7	0.135 1
22	0.803 4	0.646 8	0.521 9	0.422 0	0.341 8	0.277 5	0.225 7	0.183 9	0.150 2	0.122 8
23	0.795 4	0.634 2	0.506 7	0.405 7	0.325 6	0.261 8	0.210 9	0.170 3	0.137 8	0.111 7
24	0.787 6	0.621 7	0.491 9	0.390 1	0.310 1	0.247 0	0.197 1	0.157 7	0.126 4	0.101 5
25	0.779 8	0.609 5	0.477 6	0.375 1	0.295 3	0.233 0	0.184 2	0.146 0	0.116 0	0.092 3
26	0.772 0	0.597 6	0.463 7	0.360 7	0.281 2	0.219 8	0.172 2	0.135 2	0.106 4	0.083 9
27	0.764 4	0.585 9	0.450 2	0.346 8	0.267 8	0.207 4	0.160 9	0.125 2	0.097 6	0.076 3
28	0.756 8	0.574 4	0.437 1	0.333 5	0.255 1	0.195 6	0.150 4	0.115 9	0.089 5	0.069 3
29	0.749 3	0.563 1	0.424 3	0.320 7	0.242 9	0.184 6	0.140 6	0.107 3	0.082 2	0.063 0
30	0.741 9	0.552 1	0.412 0	0.308 3	0.231 4	0.174 1	0.131 4	0.099 4	0.075 4	0.057 3

续前表

期数	11%	12%	13%	14%	15%	16%	17%	18%	19%	20%
1	0.900 9	0.892 9	0.885 0	0.877 2	0.869 6	0.862 1	0.854 7	0.847 5	0.840 3	0.833 3
2	0.811 6	0.797 2	0.783 1	0.769 5	0.756 1	0.743 2	0.730 5	0.718 2	0.706 2	0.694 4
3	0.731 2	0.711 8	0.693 1	0.675 0	0.657 5	0.640 7	0.624 4	0.608 6	0.593 4	0.578 7
4	0.658 7	0.635 5	0.613 3	0.592 1	0.571 8	0.552 3	0.533 7	0.515 8	0.498 7	0.482 3
5	0.593 5	0.567 4	0.542 8	0.519 4	0.497 2	0.476 1	0.456 1	0.437 1	0.419 0	0.401 9
6	0.534 6	0.506 6	0.480 3	0.455 6	0.432 3	0.410 4	0.389 8	0.370 4	0.352 1	0.334 9
7	0.481 7	0.452 3	0.425 1	0.399 6	0.375 9	0.353 8	0.333 2	0.313 9	0.295 9	0.279 1
8	0.433 9	0.403 9	0.376 2	0.350 6	0.326 9	0.305 0	0.284 8	0.266 0	0.248 7	0.232 6
9	0.390 9	0.360 6	0.332 9	0.307 5	0.284 3	0.263 0	0.243 4	0.225 5	0.209 0	0.193 8
10	0.352 2	0.322 0	0.294 6	0.269 7	0.247 2	0.226 7	0.208 0	0.191 1	0.175 6	0.161 5
11	0.317 3	0.287 5	0.260 7	0.236 6	0.214 9	0.195 4	0.177 8	0.161 9	0.147 6	0.134 6
12	0.285 8	0.256 7	0.230 7	0.207 6	0.186 9	0.168 5	0.152 0	0.137 2	0.124 0	0.112 2
13	0.257 5	0.229 2	0.204 2	0.182 1	0.162 5	0.145 2	0.129 9	0.116 3	0.104 2	0.093 5
14	0.232 0	0.204 6	0.180 7	0.159 7	0.141 3	0.125 2	0.111 0	0.098 5	0.087 6	0.077 9
15	0.209 0	0.182 7	0.159 9	0.140 1	0.122 9	0.107 9	0.094 9	0.083 5	0.073 6	0.064 9
16	0.188 3	0.163 1	0.141 5	0.122 9	0.106 9	0.093 0	0.081 1	0.070 8	0.061 8	0.054 1
17	0.169 6	0.145 6	0.125 2	0.107 8	0.092 9	0.080 2	0.069 3	0.060 0	0.052 0	0.045 1
18	0.152 8	0.130 0	0.110 8	0.094 6	0.080 8	0.069 1	0.059 2	0.050 8	0.043 7	0.037 6
19	0.137 7	0.116 1	0.098 1	0.082 9	0.070 3	0.059 6	0.050 6	0.043 1	0.036 7	0.031 3
20	0.124 0	0.103 7	0.086 8	0.072 8	0.061 1	0.051 4	0.043 3	0.036 5	0.030 8	0.026 1
21	0.111 7	0.092 6	0.076 8	0.063 8	0.053 1	0.044 3	0.037 0	0.030 9	0.025 9	0.021 7
22	0.100 7	0.082 6	0.068 0	0.056 0	0.046 2	0.038 2	0.031 6	0.026 2	0.021 8	0.018 1
23	0.090 7	0.073 8	0.060 1	0.049 1	0.040 2	0.032 9	0.027 0	0.022 2	0.018 3	0.015 1
24	0.081 7	0.065 9	0.053 2	0.043 1	0.034 9	0.028 4	0.023 1	0.018 8	0.015 4	0.012 6
25	0.073 6	0.058 8	0.047 1	0.037 8	0.030 4	0.024 5	0.019 7	0.016 0	0.012 9	0.010 5
26	0.066 3	0.052 5	0.041 7	0.033 1	0.026 4	0.021 1	0.016 9	0.013 5	0.010 9	0.008 7
27	0.059 7	0.046 9	0.036 9	0.029 1	0.023 0	0.018 2	0.014 4	0.011 5	0.009 1	0.007 3
28	0.053 8	0.041 9	0.032 6	0.025 5	0.020 0	0.015 7	0.012 3	0.009 7	0.007 7	0.006 1
29	0.048 5	0.037 4	0.028 9	0.022 4	0.017 4	0.013 5	0.010 5	0.008 2	0.006 4	0.005 1
30	0.043 7	0.033 4	0.025 6	0.019 6	0.015 1	0.011 6	0.009 0	0.007 0	0.005 4	0.004 2

续前表

期数	21%	22%	23%	24%	25%	26%	27%	28%	29%	30%
1	0.826 4	0.819 7	0.813 0	0.806 5	0.800 0	0.793 7	0.787 4	0.781 3	0.775 2	0.769 2
2	0.683 0	0.671 9	0.661 0	0.650 4	0.640 0	0.629 9	0.620 0	0.610 4	0.600 9	0.591 7
3	0.564 5	0.550 7	0.537 4	0.524 5	0.512 0	0.499 9	0.488 2	0.476 8	0.465 8	0.455 2
4	0.466 5	0.451 4	0.436 9	0.423 0	0.409 6	0.396 8	0.384 4	0.372 5	0.361 1	0.350 1
5	0.385 5	0.370 0	0.355 2	0.341 1	0.327 7	0.314 9	0.302 7	0.291 0	0.279 9	0.269 3
6	0.318 6	0.303 3	0.288 8	0.275 1	0.262 1	0.249 9	0.238 3	0.227 4	0.217 0	0.207 2
7	0.263 3	0.248 6	0.234 8	0.221 8	0.209 7	0.198 3	0.187 7	0.177 6	0.168 2	0.159 4
8	0.217 6	0.203 8	0.190 9	0.178 9	0.167 8	0.157 4	0.147 8	0.138 8	0.130 4	0.122 6
9	0.179 9	0.167 0	0.155 2	0.144 3	0.134 2	0.124 9	0.116 4	0.108 4	0.101 1	0.094 3
10	0.148 6	0.136 9	0.126 2	0.116 4	0.107 4	0.099 2	0.091 6	0.084 7	0.078 4	0.072 5
11	0.122 8	0.112 2	0.102 6	0.093 8	0.085 9	0.078 7	0.072 1	0.066 2	0.060 7	0.055 8
12	0.101 5	0.092 0	0.083 4	0.075 7	0.068 7	0.062 5	0.056 8	0.051 7	0.047 1	0.042 9
13	0.083 9	0.075 4	0.067 8	0.061 0	0.055 0	0.049 6	0.044 7	0.040 4	0.036 5	0.033 0
14	0.069 3	0.061 8	0.055 1	0.049 2	0.044 0	0.039 3	0.035 2	0.031 6	0.028 3	0.025 4
15	0.057 3	0.050 7	0.044 8	0.039 7	0.035 2	0.031 2	0.027 7	0.024 7	0.021 9	0.019 5
16	0.047 4	0.041 5	0.036 4	0.032 0	0.028 1	0.024 8	0.021 8	0.019 3	0.017 0	0.015 0
17	0.039 1	0.034 0	0.029 6	0.025 8	0.022 5	0.019 7	0.017 2	0.015 0	0.013 2	0.011 6
18	0.032 3	0.027 9	0.024 1	0.020 8	0.018 0	0.015 6	0.013 5	0.011 8	0.010 2	0.008 9
19	0.026 7	0.022 9	0.019 6	0.016 8	0.014 4	0.012 4	0.010 7	0.009 2	0.007 9	0.006 8
20	0.022 1	0.018 7	0.015 9	0.013 5	0.011 5	0.009 8	0.008 4	0.007 2	0.006 1	0.005 3
21	0.018 3	0.015 4	0.012 9	0.010 9	0.009 2	0.007 8	0.006 6	0.005 6	0.004 8	0.004 0
22	0.015 1	0.012 6	0.010 5	0.008 8	0.007 4	0.006 2	0.005 2	0.004 4	0.003 7	0.003 1
23	0.012 5	0.010 3	0.008 6	0.007 1	0.005 9	0.004 9	0.004 1	0.003 4	0.002 9	0.002 4
24	0.010 3	0.008 5	0.007 0	0.005 7	0.004 7	0.003 9	0.003 2	0.002 7	0.002 2	0.001 8
25	0.008 5	0.006 9	0.005 7	0.004 6	0.003 8	0.003 1	0.002 5	0.002 1	0.001 7	0.001 4
26	0.007 0	0.005 7	0.004 6	0.003 7	0.003 0	0.002 5	0.002 0	0.001 6	0.001 3	0.001 1
27	0.005 8	0.004 7	0.003 7	0.003 0	0.002 4	0.001 9	0.001 6	0.001 3	0.001 0	0.000 8
28	0.004 8	0.003 8	0.003 0	0.002 4	0.001 9	0.001 5	0.001 2	0.001 0	0.000 8	0.000 6
29	0.004 0	0.003 1	0.002 5	0.002 0	0.001 5	0.001 2	0.001 0	0.000 8	0.000 6	0.000 5
30	0.003 3	0.002 6	0.002 0	0.001 6	0.001 2	0.001 0	0.000 8	0.000 6	0.000 5	0.000 4

附表 3

年金终值系数表

期数	1%	2%	3%	4%	5%	6%	7%	8%	9%	10%
1	1.000 0	1.000 0	1.000 0	1.000 0	1.000 0	1.000 0	1.000 0	1.000 0	1.000 0	1.000 0
2	2.010 0	2.020 0	2.030 0	2.040 0	2.050 0	2.060 0	2.070 0	2.080 0	2.090 0	2.100 0
3	3.030 1	3.060 4	3.090 9	3.121 6	3.152 5	3.183 6	3.214 9	3.246 4	3.278 1	3.310 0
4	4.060 4	4.121 6	4.183 6	4.246 5	4.310 1	4.374 6	4.439 9	4.506 1	4.573 1	4.641 0
5	5.101 0	5.204 0	5.309 1	5.416 3	5.525 6	5.637 1	5.750 7	5.866 6	5.984 7	6.105 1
6	6.152 0	6.308 1	6.468 4	6.633 0	6.801 9	6.975 3	7.153 3	7.335 9	7.523 3	7.715 6
7	7.213 5	7.434 3	7.662 5	7.898 3	8.142 0	8.393 8	8.654 0	8.922 8	9.200 4	9.487 2
8	8.285 7	8.583 0	8.892 3	9.214 2	9.549 1	9.897 5	10.259 8	10.636 6	11.028 5	11.435 9
9	9.368 5	9.754 6	10.159 1	10.582 8	11.026 6	11.491 3	11.978 0	12.487 6	13.021 0	13.579 5
10	10.462 2	10.949 7	11.463 9	12.006 1	12.577 9	13.180 8	13.816 4	14.486 6	15.192 9	15.937 4
11	11.566 8	12.168 7	12.807 8	13.486 4	14.206 8	14.971 6	15.783 6	16.645 5	17.560 3	18.531 2
12	12.682 5	13.412 1	14.192 0	15.025 8	15.917 1	16.869 9	17.888 5	18.977 1	20.140 7	21.384 3
13	13.809 3	14.680 3	15.617 8	16.626 8	17.713 0	18.882 1	20.140 6	21.495 3	22.953 4	24.522 7
14	14.947 4	15.973 9	17.086 3	18.291 9	19.598 6	21.015 1	22.550 5	24.214 9	26.019 2	27.975 0
15	16.096 9	17.293 4	18.598 9	20.023 6	21.578 6	23.276 0	25.129 0	27.152 1	29.360 9	31.772 5
16	17.257 9	18.639 3	20.156 9	21.824 5	23.657 5	25.672 5	27.888 1	30.324 3	33.003 4	35.949 7
17	18.430 4	20.012 1	21.761 6	23.697 5	25.840 4	28.212 9	30.840 2	33.750 2	36.973 7	40.544 7
18	19.614 7	21.412 3	23.414 4	25.645 4	28.132 4	30.905 7	33.999 0	37.450 2	41.301 3	45.599 2
19	20.810 9	22.840 6	25.116 9	27.671 2	30.539 0	33.760 0	37.379 0	41.446 3	46.018 5	51.159 1
20	22.019 0	24.297 4	26.870 4	29.778 1	33.066 0	36.785 6	40.995 5	45.762 0	51.160 1	57.275 0
21	23.239 2	25.783 3	28.676 5	31.969 2	35.719 3	39.992 7	44.865 2	50.422 9	56.764 5	64.002 5
22	24.471 6	27.299 0	30.536 8	34.248 0	38.505 2	43.392 3	49.005 7	55.456 8	62.873 3	71.402 7
23	25.716 3	28.845 0	32.452 9	36.617 9	41.430 5	46.995 8	53.436 1	60.893 3	69.531 9	79.543 0
24	26.973 5	30.421 9	34.426 5	39.082 6	44.502 0	50.815 6	58.176 7	66.764 8	76.789 8	88.497 3
25	28.243 2	32.030 3	36.459 3	41.645 9	47.727 1	54.864 5	63.249 0	73.105 9	84.700 9	98.347 1
26	29.525 6	33.670 9	38.553 0	44.311 7	51.113 5	59.156 4	68.676 5	79.954 4	93.324 0	109.181 8
27	30.820 9	35.344 3	40.709 6	47.084 2	54.669 1	63.705 8	74.483 8	87.350 8	102.723 1	121.099 9
28	32.129 1	37.051 2	42.930 9	49.967 6	58.402 6	68.528 1	80.697 7	95.338 8	112.968 2	134.209 9
29	33.450 4	38.792 2	45.218 9	52.966 3	62.322 7	73.639 8	87.346 5	103.965 9	124.135 4	148.630 9
30	34.784 9	40.568 1	47.575 4	56.084 9	66.438 8	79.058 2	94.460 8	113.283 2	136.307 5	164.494 0

续前表

期数	11%	12%	13%	14%	15%	16%	17%	18%	19%	20%
1	1.000 0	1.000 0	1.000 0	1.000 0	1.000 0	1.000 0	1.000 0	1.000 0	1.000 0	1.000 0
2	2.110 0	2.120 0	2.130 0	2.140 0	2.150 0	2.160 0	2.170 0	2.180 0	2.190 0	2.200 0
3	3.342 1	3.374 4	3.406 9	3.439 6	3.472 5	3.505 6	3.538 9	3.572 4	3.606 1	3.640 0
4	4.709 7	4.779 3	4.849 8	4.921 1	4.993 4	5.066 5	5.140 5	5.215 4	5.291 3	5.368 0
5	6.227 8	6.352 8	6.480 3	6.610 1	6.742 4	6.877 1	7.014 4	7.154 2	7.296 6	7.441 6
6	7.912 9	8.115 2	8.322 7	8.535 5	8.753 7	8.977 5	9.206 8	9.442 0	9.683 0	9.929 9
7	9.783 3	10.089 0	10.404 7	10.730 5	11.066 8	11.413 9	11.772 0	12.141 5	12.522 7	12.915 9
8	11.859 4	12.299 7	12.757 3	13.232 8	13.726 8	14.240 1	14.773 3	15.327 0	15.902 0	16.499 1
9	14.164 0	14.775 7	15.415 7	16.085 3	16.785 8	17.518 5	18.284 7	19.085 9	19.923 4	20.798 9
10	16.722 0	17.548 7	18.419 7	19.337 3	20.303 7	21.321 5	22.393 1	23.521 3	24.708 9	25.958 7
11	19.561 4	20.654 6	21.814 3	23.044 5	24.349 3	25.732 9	27.199 9	28.755 1	30.403 5	32.150 4
12	22.713 2	24.133 1	25.650 2	27.270 7	29.001 7	30.850 2	32.823 9	34.931 1	37.180 2	39.580 5
13	26.211 6	28.029 1	29.984 7	32.088 7	34.351 9	36.786 2	39.404 0	42.218 7	45.244 5	48.496 6
14	30.094 9	32.392 6	34.882 7	37.581 1	40.504 7	43.672 0	47.102 7	50.818 0	54.840 9	59.195 9
15	34.405 4	37.279 7	40.417 5	43.842 4	47.580 4	51.659 5	56.110 1	60.965 3	66.260 7	72.035 1
16	39.189 9	42.753 3	46.671 7	50.980 4	55.717 5	60.925 0	66.648 8	72.939 0	79.850 2	87.442 1
17	44.500 8	48.883 7	53.739 1	59.117 6	65.075 1	71.673 0	78.979 2	87.068 0	96.021 8	105.930 6
18	50.395 9	55.749 7	61.725 1	68.394 1	75.836 4	84.140 7	93.405 6	103.740 3	115.265 9	128.116 7
19	56.939 5	63.439 7	70.749 4	78.969 2	88.211 8	98.603 2	110.284 6	123.413 5	138.166 4	154.740 0
20	64.202 8	72.052 4	80.946 8	91.024 9	102.443 6	115.379 7	130.032 9	146.628 0	165.418 0	186.688 0
21	72.265 1	81.698 7	92.469 9	104.768 4	118.810 1	134.840 5	153.138 5	174.021 0	197.847 4	225.025 6
22	81.214 3	92.502 6	105.491 0	120.436 0	137.631 6	157.415 0	180.172 1	206.344 8	236.438 5	271.030 7
23	91.147 9	104.602 9	120.204 8	138.297 0	159.276 4	183.601 4	211.801 3	244.486 8	282.361 8	326.236 9
24	102.174 2	118.155 2	136.831 5	158.658 6	184.167 8	213.977 6	248.807 6	289.494 5	337.010 5	392.484 2
25	114.413 3	133.333 9	155.619 6	181.870 8	212.793 0	249.214 0	292.104 9	342.603 5	402.042 5	471.981 1
26	127.998 8	150.333 9	176.850 1	208.332 7	245.712 0	290.088 3	342.762 7	405.272 1	479.430 6	567.377 3
27	143.078 6	169.374 0	200.840 6	238.499 3	283.568 8	337.502 4	402.032 3	479.221 1	571.522 4	681.852 8
28	159.817 3	190.698 9	227.949 9	272.889 2	327.104 1	392.502 8	471.377 8	566.480 9	681.111 6	819.223 3
29	178.397 2	214.582 8	258.583 4	312.093 7	377.169 7	456.303 2	552.512 1	669.447 5	811.522 8	984.068 0
30	199.020 9	241.332 7	293.199 2	356.786 8	434.745 1	530.311 7	647.439 1	790.948 0	966.712 2	1 181.881 6

续前表

期数	21%	22%	23%	24%	25%	26%	27%	28%	29%	30%
1	1.000 0	1.000 0	1.000 0	1.000 0	1.000 0	1.000 0	1.000 0	1.000 0	1.000 0	1.000 0
2	2.210 0	2.220 0	2.230 0	2.240 0	2.250 0	2.260 0	2.270 0	2.280 0	2.290 0	2.300 0
3	3.674 1	3.708 4	3.742 9	3.777 6	3.812 5	3.847 6	3.882 9	3.918 4	3.954 1	3.990 0
4	5.445 7	5.524 2	5.603 8	5.684 2	5.765 6	5.848 0	5.931 3	6.015 6	6.100 8	6.187 0
5	7.589 2	7.739 6	7.892 6	8.048 4	8.207 0	8.368 4	8.532 7	8.699 9	8.870 0	9.043 1
6	10.183 0	10.442 3	10.707 9	10.980 1	11.258 8	11.544 2	11.836 6	12.135 9	12.442 3	12.756 0
7	13.321 4	13.739 6	14.170 8	14.615 3	15.073 5	15.545 8	16.032 4	16.533 9	17.050 6	17.582 8
8	17.118 9	17.762 3	18.430 0	19.122 9	19.841 9	20.587 6	21.361 2	22.163 4	22.995 3	23.857 7
9	21.713 9	22.670 0	23.669 0	24.712 5	25.802 3	26.940 4	28.128 7	29.369 2	30.663 9	32.015 0
10	27.273 8	28.657 4	30.112 8	31.643 4	33.252 9	34.944 9	36.723 5	38.592 6	40.556 4	42.619 5
11	34.001 3	35.962 0	38.038 8	40.237 9	42.566 1	45.030 6	47.638 8	50.398 5	53.317 8	56.405 3
12	42.141 6	44.873 7	47.787 7	50.895 0	54.207 7	57.738 6	61.501 3	65.510 0	69.780 0	74.327 0
13	51.991 3	55.745 9	59.778 8	64.109 7	68.759 6	73.750 6	79.106 6	84.852 9	91.016 1	97.625 0
14	63.909 5	69.010 0	74.528 0	80.496 1	86.949 5	93.925 8	101.465 4	109.611 7	118.410 8	127.912 5
15	78.330 5	85.192 2	92.669 4	100.815 1	109.686 8	119.346 5	129.861 1	141.302 9	153.750 0	167.286 3
16	95.779 9	104.934 5	114.983 4	126.010 8	138.108 5	151.376 6	165.923 6	181.867 7	199.337 4	218.472 2
17	116.893 7	129.020 1	142.429 5	157.253 4	173.635 7	191.734 5	211.723 0	233.790 7	258.145 3	285.013 9
18	142.441 3	158.404 5	176.188 3	195.994 2	218.044 6	242.585 5	269.888 2	300.252 1	334.007 4	371.518 0
19	173.354 0	194.253 5	217.711 6	244.032 8	273.555 8	306.657 7	343.758 0	385.322 7	431.869 6	483.973 4
20	210.758 4	237.989 3	268.785 3	303.600 6	342.944 7	387.388 7	437.572 6	494.213 1	558.111 8	630.165 5
21	256.017 6	291.346 9	331.605 9	377.464 8	429.680 9	489.109 8	556.717 3	633.592 7	720.964 2	820.215 1
22	310.781 3	356.443 2	408.875 3	469.056 3	538.101 1	617.278 3	708.030 9	811.998 7	931.043 8	1 067.279 6
23	377.045 4	435.860 7	503.916 6	582.629 8	673.626 4	778.770 7	900.199 3	1 040.358 3	1 202.046 5	1 388.463 5
24	457.224 9	532.750 1	620.817 4	723.461 0	843.032 9	982.251 1	1 144.253 1	1 332.658 6	1 551.640 0	1 806.002 6
25	554.242 2	650.955 1	764.605 4	898.091 6	1 054.791 2	1 238.636 3	1 454.201 4	1 706.803 1	2 002.615 6	2 348.803 3
26	671.633 0	795.165 3	941.464 7	1 114.633 6	1 319.489 0	1 561.681 8	1 847.835 8	2 185.707 9	2 584.374 1	3 054.444 3
27	813.675 9	971.101 6	1 159.001 6	1 383.145 7	1 650.361 2	1 968.719 1	2 347.751 5	2 798.706 1	3 334.842 6	3 971.777 6
28	985.547 9	1 185.744 0	1 426.571 9	1 716.100 7	2 063.951 5	2 481.586 0	2 982.644 4	3 583.343 8	4 302.947 0	5 164.310 9
29	1 193.512 9	1 447.607 7	1 755.683 5	2 128.964 8	2 580.939 4	3 127.798 4	3 788.958 3	4 587.680 1	5 551.801 6	6 714.604 2
30	1 445.150 7	1 767.081 3	2 160.490 7	2 640.916 4	3 227.174 3	3 942.026 0	4 812.977 1	5 873.230 6	7 162.824 1	8 729.985 5

附表 4

年金现值系数表

期数	1%	2%	3%	4%	5%	6%	7%	8%	9%	10%
1	0.990 1	0.980 4	0.970 9	0.961 5	0.952 4	0.943 4	0.934 6	0.925 9	0.917 4	0.909 1
2	1.970 4	1.941 6	1.913 5	1.886 1	1.859 4	1.833 4	1.808 0	1.783 3	1.759 1	1.735 5
3	2.941 0	2.883 9	2.828 6	2.775 1	2.723 2	2.673 0	2.624 3	2.577 1	2.531 3	2.486 9
4	3.902 0	3.807 7	3.717 1	3.629 9	3.546 0	3.465 1	3.387 2	3.312 1	3.239 7	3.169 9
5	4.853 4	4.713 5	4.579 7	4.451 8	4.329 5	4.212 4	4.100 2	3.992 7	3.889 7	3.790 8
6	5.795 5	5.601 4	5.417 2	5.242 1	5.075 7	4.917 3	4.766 5	4.622 9	4.485 9	4.355 3
7	6.728 2	6.472 0	6.230 3	6.002 1	5.786 4	5.582 4	5.389 3	5.206 4	5.033 0	4.868 4
8	7.651 7	7.325 5	7.019 7	6.732 7	6.463 2	6.209 8	5.971 3	5.746 6	5.534 8	5.334 9
9	8.566 0	8.162 2	7.786 1	7.435 3	7.107 8	6.801 7	6.515 2	6.246 9	5.995 2	5.759 0
10	9.471 3	8.982 6	8.530 2	8.110 9	7.721 7	7.360 1	7.023 6	6.710 1	6.417 7	6.144 6
11	10.367 6	9.786 8	9.252 6	8.760 5	8.306 4	7.886 9	7.498 7	7.139 0	6.805 2	6.495 1
12	11.255 1	10.575 3	9.954 0	9.385 1	8.863 3	8.383 8	7.942 7	7.536 1	7.160 7	6.813 7
13	12.133 7	11.348 4	10.635 0	9.985 6	9.393 6	8.852 7	8.357 7	7.903 8	7.486 9	7.103 4
14	13.003 7	12.106 2	11.296 1	10.563 1	9.898 6	9.295 0	8.745 5	8.244 2	7.786 2	7.366 7
15	13.865 1	12.849 3	11.937 9	11.118 4	10.379 7	9.712 2	9.107 9	8.559 5	8.060 7	7.606 1
16	14.717 9	13.577 7	12.561 1	11.652 3	10.837 8	10.105 9	9.446 6	8.851 4	8.312 6	7.823 7
17	15.562 3	14.291 9	13.166 1	12.165 7	11.274 1	10.477 3	9.763 2	9.121 6	8.543 6	8.021 6
18	16.398 3	14.992 0	13.753 5	12.659 3	11.689 6	10.827 6	10.059 1	9.371 9	8.755 6	8.201 4
19	17.226 0	15.678 5	14.323 8	13.133 9	12.085 3	11.158 1	10.335 6	9.603 6	8.950 1	8.364 9
20	18.045 6	16.351 4	14.877 5	13.590 3	12.462 2	11.469 9	10.594 0	9.818 1	9.128 5	8.513 6
21	18.857 0	17.011 2	15.415 0	14.029 2	12.821 2	11.764 1	10.835 5	10.016 8	9.292 2	8.648 7
22	19.660 4	17.658 0	15.936 9	14.451 1	13.163 0	12.041 6	11.061 2	10.200 7	9.442 4	8.771 5
23	20.455 8	18.292 2	16.443 6	14.856 8	13.488 6	12.303 4	11.272 2	10.371 1	9.580 2	8.883 2
24	21.243 4	18.913 9	16.935 5	15.247 0	13.798 6	12.550 4	11.469 3	10.528 8	9.706 6	8.984 7
25	22.023 2	19.523 5	17.413 1	15.622 1	14.093 9	12.783 4	11.653 6	10.674 8	9.822 6	9.077 0
26	22.795 2	20.121 0	17.876 8	15.982 8	14.375 2	13.003 2	11.825 8	10.810 0	9.929 0	9.160 9
27	23.559 6	20.706 9	18.327 0	16.329 6	14.643 0	13.210 5	11.986 7	10.935 2	10.026 6	9.237 2
28	24.316 4	21.281 3	18.764 1	16.663 1	14.898 1	13.406 2	12.137 1	11.051 1	10.116 1	9.306 6
29	25.065 8	21.844 4	19.188 5	16.983 7	15.141 1	13.590 7	12.277 7	11.158 4	10.198 3	9.369 6
30	25.807 7	22.396 5	19.600 4	17.292 0	15.372 5	13.764 8	12.409 0	11.257 8	10.273 7	9.426 9

续前表

期数	11%	12%	13%	14%	15%	16%	17%	18%	19%	20%
1	0.900 9	0.892 9	0.885 0	0.877 2	0.869 6	0.862 1	0.854 7	0.847 5	0.840 3	0.833 3
2	1.712 5	1.690 1	1.668 1	1.646 7	1.625 7	1.605 2	1.585 2	1.565 6	1.546 5	1.527 8
3	2.443 7	2.401 8	2.361 2	2.321 6	2.283 2	2.245 9	2.209 6	2.174 3	2.139 9	2.106 5
4	3.102 4	3.037 3	2.974 5	2.913 7	2.855 0	2.798 2	2.743 2	2.690 1	2.638 6	2.588 7
5	3.695 9	3.604 8	3.517 2	3.433 1	3.352 2	3.274 3	3.199 3	3.127 2	3.057 6	2.990 6
6	4.230 5	4.111 4	3.997 5	3.888 7	3.784 5	3.684 7	3.589 2	3.497 6	3.409 8	3.325 5
7	4.712 2	4.563 8	4.422 6	4.288 3	4.160 4	4.038 6	3.922 4	3.811 5	3.705 7	3.604 6
8	5.146 1	4.967 6	4.798 8	4.638 9	4.487 3	4.343 6	4.207 2	4.077 6	3.954 4	3.837 2
9	5.537 0	5.328 2	5.131 7	4.946 4	4.771 6	4.606 5	4.450 6	4.303 0	4.163 3	4.031 0
10	5.889 2	5.650 2	5.426 2	5.216 1	5.018 8	4.833 2	4.658 6	4.494 1	4.338 9	4.192 5
11	6.206 5	5.937 7	5.686 9	5.452 7	5.233 7	5.028 6	4.836 4	4.656 0	4.486 5	4.327 1
12	6.492 4	6.194 4	5.917 6	5.660 3	5.420 6	5.197 1	4.988 4	4.793 2	4.610 5	4.439 2
13	6.749 9	6.423 5	6.121 8	5.842 4	5.583 1	5.342 3	5.118 3	4.909 5	4.714 7	4.532 7
14	6.981 9	6.628 2	6.302 5	6.002 1	5.724 5	5.467 5	5.229 3	5.008 1	4.802 3	4.610 6
15	7.190 9	6.810 9	6.462 4	6.142 2	5.847 4	5.575 5	5.324 2	5.091 6	4.875 9	4.675 5
16	7.379 2	6.974 0	6.603 9	6.265 1	5.954 2	5.668 5	5.405 3	5.162 4	4.937 7	4.729 6
17	7.548 8	7.119 6	6.729 1	6.372 9	6.047 2	5.748 7	5.474 6	5.222 3	4.989 7	4.774 6
18	7.701 6	7.249 7	6.839 9	6.467 4	6.128 0	5.817 8	5.533 9	5.273 2	5.033 3	4.812 2
19	7.839 3	7.365 8	6.938 0	6.550 4	6.198 2	5.877 5	5.584 5	5.316 2	5.070 0	4.843 5
20	7.963 3	7.469 4	7.024 8	6.623 1	6.259 3	5.928 8	5.627 8	5.352 7	5.100 9	4.869 6
21	8.075 1	7.562 0	7.101 6	6.687 0	6.312 5	5.973 1	5.664 8	5.383 7	5.126 8	4.891 3
22	8.175 7	7.644 6	7.169 5	6.742 9	6.358 7	6.011 3	5.696 4	5.409 9	5.148 6	4.909 4
23	8.266 4	7.718 4	7.229 7	6.792 1	6.398 8	6.044 2	5.723 4	5.432 1	5.166 8	4.924 5
24	8.348 1	7.784 3	7.282 9	6.835 1	6.433 8	6.072 6	5.746 5	5.450 9	5.182 2	4.937 1
25	8.421 7	7.843 1	7.330 0	6.872 9	6.464 1	6.097 1	5.766 2	5.466 9	5.195 1	4.947 6
26	8.488 1	7.895 7	7.371 7	6.906 1	6.490 6	6.118 2	5.783 1	5.480 4	5.206 0	4.956 3
27	8.547 8	7.942 6	7.408 6	6.935 2	6.513 5	6.136 4	5.797 5	5.491 9	5.215 1	4.963 6
28	8.601 6	7.984 4	7.441 2	6.960 7	6.533 5	6.152 0	5.809 9	5.501 6	5.222 8	4.969 7
29	8.650 1	8.021 8	7.470 1	6.983 0	6.550 9	6.165 6	5.820 4	5.509 8	5.229 2	4.974 7
30	8.693 8	8.055 2	7.495 7	7.002 7	6.566 0	6.177 2	5.829 4	5.516 8	5.234 7	4.978 9

续前表

期数	21%	22%	23%	24%	25%	26%	27%	28%	29%	30%
1	0.826 4	0.819 7	0.813 0	0.806 5	0.800 0	0.793 7	0.787 4	0.781 3	0.775 2	0.769 2
2	1.509 5	1.491 5	1.474 0	1.456 8	1.440 0	1.423 5	1.407 4	1.391 6	1.376 1	1.360 9
3	2.073 9	2.042 2	2.011 4	1.981 3	1.952 0	1.923 4	1.895 6	1.868 4	1.842 0	1.816 1
4	2.540 4	2.493 6	2.448 3	2.404 3	2.361 6	2.320 2	2.280 0	2.241 0	2.203 1	2.166 2
5	2.926 0	2.863 6	2.803 5	2.745 4	2.689 3	2.635 1	2.582 7	2.532 0	2.483 0	2.435 6
6	3.244 6	3.166 9	3.092 3	3.020 5	2.951 4	2.885 0	2.821 0	2.759 4	2.700 0	2.642 7
7	3.507 9	3.415 5	3.327 0	3.242 3	3.161 1	3.083 3	3.008 7	2.937 0	2.868 2	2.802 1
8	3.725 6	3.619 3	3.517 9	3.421 2	3.328 9	3.240 7	3.156 4	3.075 8	2.998 6	2.924 7
9	3.905 4	3.786 3	3.673 1	3.565 5	3.463 1	3.365 7	3.272 8	3.184 2	3.099 7	3.019 0
10	4.054 1	3.923 2	3.799 3	3.681 9	3.570 5	3.464 8	3.364 4	3.268 9	3.178 1	3.091 5
11	4.176 9	4.035 4	3.901 8	3.775 7	3.656 4	3.543 5	3.436 5	3.335 1	3.238 8	3.147 3
12	4.278 4	4.127 4	3.985 2	3.851 4	3.725 1	3.605 9	3.493 3	3.386 8	3.285 9	3.190 3
13	4.362 4	4.202 8	4.053 0	3.912 4	3.780 1	3.655 5	3.538 1	3.427 2	3.322 4	3.223 3
14	4.431 7	4.264 6	4.108 2	3.961 6	3.824 1	3.694 9	3.573 3	3.458 7	3.350 7	3.248 7
15	4.489 0	4.315 2	4.153 0	4.001 3	3.859 3	3.726 1	3.601 0	3.483 4	3.372 6	3.268 2
16	4.536 4	4.356 7	4.189 4	4.033 3	3.887 4	3.750 9	3.622 8	3.502 6	3.389 6	3.283 2
17	4.575 5	4.390 8	4.219 0	4.059 1	3.909 9	3.770 5	3.640 0	3.517 7	3.402 8	3.294 8
18	4.607 9	4.418 7	4.243 1	4.079 9	3.927 9	3.786 1	3.653 6	3.529 4	3.413 0	3.303 7
19	4.634 6	4.441 5	4.262 7	4.096 7	3.942 4	3.798 5	3.664 2	3.538 6	3.421 0	3.310 5
20	4.656 7	4.460 3	4.278 6	4.110 3	3.953 9	3.808 3	3.672 6	3.545 8	3.427 1	3.315 8
21	4.675 0	4.475 6	4.291 6	4.121 2	3.963 1	3.816 1	3.679 2	3.551 4	3.431 9	3.319 8
22	4.690 0	4.488 2	4.302 1	4.130 0	3.970 5	3.822 3	3.684 4	3.555 8	3.435 6	3.323 0
23	4.702 5	4.498 5	4.310 6	4.137 1	3.976 4	3.827 3	3.688 5	3.559 2	3.438 4	3.325 4
24	4.712 8	4.507 0	4.317 6	4.142 8	3.981 1	3.831 2	3.691 8	3.561 9	3.440 6	3.327 2
25	4.721 3	4.513 9	4.323 2	4.147 4	3.984 9	3.834 2	3.694 3	3.564 0	3.442 3	3.328 6
26	4.728 4	4.519 6	4.327 8	4.151 1	3.987 9	3.836 7	3.696 3	3.565 6	3.443 7	3.329 7
27	4.734 2	4.524 3	4.331 6	4.154 2	3.990 3	3.838 7	3.697 9	3.566 9	3.444 7	3.330 5
28	4.739 0	4.528 1	4.334 6	4.156 6	3.992 3	3.840 2	3.699 1	3.567 9	3.445 5	3.331 2
29	4.743 0	4.531 2	4.337 1	4.158 5	3.993 8	3.841 4	3.700 1	3.568 7	3.446 1	3.331 7
30	4.746 3	4.533 8	4.339 1	4.160 1	3.995 0	3.842 4	3.700 9	3.569 3	3.446 6	3.332 1

主要参考书目

1. 齐寅峰著．公司财务学．北京：经济科学出版社，2008.

2. 荆新，王化成，刘俊彦主编．财务管理学．北京：中国人民大学出版社，2012.

3. 王化成主编．国际财务管理．北京：中国财政经济出版社，2001.

4. 张超英，吴海燕编著．国际财务管理．北京：北京大学出版社，2005.

5. 谢志华主编．国际财务管理．北京：高等教育出版社，2008.

6. 陈玉菁，薛跃编著．国际财务管理．上海：立信会计出版社，2007.

7. 张明明，陈玉菁编著．国际财务管理．北京：高等教育出版社，2008.

8. 王建英，支晓强，袁淳编著．国际财务管理学．北京：中国人民大学出版社，2011.

9. 蒋屏主编．国际财务管理．北京：对外经济贸易大学出版社，2011.

10. [美] 杰夫·马杜拉著．国际财务管理．北京：北京大学出版社，2010.

11. [美] 切奥尔·S·尤恩等著．国际财务管理．北京：机械工业出版社，2009.

12. 夏乐书，李琳编著．国际财务管理．大连：东北财经大学出版社，2014.

13. 刘园主编．国际金融．北京：北京大学出版社，2012.

14. 陈雨露主编．国际金融．北京：中国人民大学出版社，2011.

15. 刘惠好主编．国际金融．北京：中国金融出版社，2007.

16. 胡松明主编．国际金融．北京：北京师范大学出版社，2012.

17. Brian J. Arnold & Michael J. McIntyre 著．国际税收基础．北京：北京师范大学出版社，2012.

18. 杨斌著．国际税收．上海：复旦大学出版社，2003.

19. [美] 斯蒂芬 A. 罗斯等著．公司理财（第九版）．北京：机械工业出版社，2012.

后　记

经全国高等教育自学考试指导委员会同意，由经济管理类专业委员会负责高等教育自学考试经济管理类专业教材的审定工作。

《国际财务管理》(2015 年版) 自学考试教材由李胜坤主编。本书各章的编写人有河南师范大学李胜坤副教授（第一、七、九、十、十一、十二章）；山东大学刘海英教授（第三、四、五、六章）；河南师范大学李俊华副教授（第二、八章）。全书由李胜坤修改定稿。

参加本教材审稿讨论会并提出修改意见的有中国人民大学徐泓教授、刘俊彦副教授。

编审人员付出了大量努力，在此表示一并感谢。

全国高等教育自学考试指导委员会
经济管理类专业委员会
2015 年 1 月